2024
国际军备控制与裁军

戴怀成◎主编

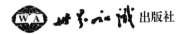世界知识出版社

图书在版编目（CIP）数据

2024 国际军备控制与裁军／戴怀成主编 . --北京：世界知识出版社，2024. 11. --ISBN 978-7-5012-6876-4

Ⅰ. D815. 1-53；E118-53

中国国家版本馆 CIP 数据核字第 2024N831D1 号

责任编辑	刘豫徽
责任出版	李　斌
责任校对	张　琨

书　　名	**2024 国际军备控制与裁军** 2024 Guoji Junbei Kongzhi yu Caijun
主　　编	戴怀成
出版发行	世界知识出版社
地址邮编	北京市东城区干面胡同 51 号（100010）
网　　址	www. ishizhi. cn
电　　话	010-65233645（市场部）
经　　销	新华书店
印　　刷	北京虎彩文化传播有限公司
开本印张	720 毫米×1020 毫米　1/16　30 印张
字　　数	400 千字
版次印次	2024 年 11 月第一版　2024 年 11 月第一次印刷
标准书号	ISBN 978-7-5012-6876-4
定　　价	135.00 元

前　言

《2024 国际军备控制与裁军》应约与读者见面了，作为中国军控与裁军协会编撰的年度出版物，本书收录了 16 篇论文，涉及核、外空、生物、网络、人工智能、导弹防御等领域最新情况和态势，基本涵盖了过去一年国际军控、裁军、防扩散领域的重大事件，在一定程度上反映了中国专家学者对相关问题的看法。

2023 年，世界充满动荡不安，人类面临多重挑战，全球地缘政治竞争和大国博弈加剧，国际军控、裁军与防扩散进程经历深刻调整。美国政府将大国竞争视为国家安全战略的核心，继续推动加强美英澳三边安全伙伴关系、四边机制、五眼联盟等"小圈子"盟友体系，谋求压倒性军事优势，严重冲击全球战略安全稳定，破坏地区和平与安宁。美西方国家与俄罗斯关系持续恶化，集团政治与阵营对抗推高核战争风险，抵消国际军控前进动力。美俄核裁军陷入僵局或引发全球核武库逆势上涨，地区安全风险骤升必然阻碍核不扩散进程。由于美国拒绝回应伊朗和朝鲜的正当合理关切，并企图拼凑亚太版北约，实施错误的中东政策，伊朗、朝核等地区防扩散热点问题延宕难决。新兴科技推动世界新军事革命加速发展，主要国家纷纷就生物安全、外空安全、网络与数据安全、人工智能军事化应用等新兴领域治理提出主张，相关全球安全治理进程和博弈更趋激烈。

尽管挑战重重，中国坚定做动荡世界中的稳定力量，在过去一年来继续为维护全球和地区和平与稳定作出积极贡献。中国政府于 2023 年 2 月发布《全球安全倡议概念文件》，呼吁各方坚持共同、综合、合作、可持续的安全观，坚持尊重各国主权和领土完整，坚持遵守《联合国宪章》宗旨和原则，坚持重视各国合理安全关切，坚持通过对话协商以和平方式解决国家间的分歧和争端，坚持统筹维护传统领域和非传统领域安全，携手推进人类命运共同体。2023 年 10 月，中国政府发布《全球人工智能治理倡议》，为新兴科技领域全球治理贡献中国方案。中国政府推动各方落实 2022 年 1 月五核国领导人发表的《关于防止核战争与避免军备竞赛的联合声明》，坚决维护"核战争打不赢也打不得"共识，降低核战争风险。中国坚定维护以《不扩散核武器条约》为基石的国际核不扩散体系，深入参与有关地区防扩散问题的政治解决进程。坚定主张"美英澳核潜艇合作"保障监督安排应通过透明包容的政府间进程进行讨论。中国主张全面落实联大通过的"在国际安全领域促进和平利用国际合作"决议，认真履行《禁止化学武器公约》《禁止生物武器公约》等多边条约，提升各国防扩散出口管制、生物安全、化武防护等能力水平。中方的上述努力和主张得到国际社会的广泛认可和好评。

2024 年是中国军控与裁军协会连续第二十一年编辑出版本论文集，旨在为国内专家学者提供展示自己学术成果的平台，同时希望对研究国际军控、裁军、防扩散等问题的学者有所启迪。书中各位专家观点仅代表作者个人，不代表中国军控与裁军协会的看法。衷心感谢参与撰稿的所有作者，以及世界知识出版社的同事们为本书的编辑和出版付出的辛勤努力。由于课题组水平所限，书中谬误在所难免，恳请国内外专家和读者批评指正。

《国际军备控制与裁军》课题组
2024 年 5 月于北京

目　录

【综述】

2023 年国际军控形势、挑战及趋势

陈庆鸿　谢浩　刘冲

2023 年国际军控形势、挑战及趋势

陈庆鸿　谢浩　刘冲

内容提要：2023 年，地区冲突此起彼伏，日趋复杂难决，大国博弈升级，军备竞赛加剧，全球战略稳定受到冲击，世界安全形势逐步脱离稳定轨道，国际军控形势随之受到严重影响。此外，随着人工智能等新兴技术的迅猛发展，地区战场出现了新技术、新战法、新模式，也给国际军控进程带来新挑战。

关 键 词：军备控制；国际形势；评估
作者单位：中国现代国际关系研究院

2023 年，美国执意推进大国对抗，国际安全赤字不断飙升，军备竞赛已现端倪，地区武装冲突此起彼伏，国际安全形势愈加严峻。乌克兰危机持续发酵，俄罗斯宣布暂停履行《新削减战略武器条约》和撤销对《全面禁止核试验条约》的批准，原有国际军控格局再受冲击。ChatGPT 横空出世，无人战争、智能战争方兴未艾，国际军控面临新挑战，军控环境日趋复杂。

一、世界核军控形势持续恶化

俄罗斯与美西方的矛盾更趋尖锐。2023 年 2 月 28 日，俄罗斯指责美西

方国家图谋让俄罗斯在乌克兰遭遇"战略失败"，① 宣布暂停履行《新削减战略武器条约》（New START）。美俄之间仅存的核军控条约岌岌可危，全球战略稳定面临重大挑战。

《新削减战略武器条约》是美俄 2010 年签署 2011 年生效的核裁军条约，2021 年两国互换外交照会，使条约有效期延长至 2026 年 2 月 5 日。该条约主要有两大要点，一是限定美俄"可部署的战略核武器"的数量上限，即各自部署不超过 1 550 枚核弹头和不超过 700 件远程弹道导弹和重型轰炸机；二是明确履约核查机制，规定双方每年可相互进行多达 18 次的"临时通知性质现场核查"。在美国 2019 年退出《中导条约》后，该条约已成为两国间唯一的核军控条约，对全球战略稳定和国际军控体系具有重要意义。

当前国际军控体系的形成与发展与全球战略稳定密不可分。全球战略稳定源于冷战时期美苏之间的核军备竞赛，意指两大核武国家对核冲突可能引发"相互确保摧毁"和"不可接受损失"的担忧而达成的某种相对克制的均衡状态。在这一过程中，美苏/俄及国际社会逐渐构建起了较为完备的核裁军和核军控体制。但近年来，由于美俄之间的战略竞争与对抗不断加剧，乌克兰危机更是将两大核武器国家推到了冲突边缘，双方之间的核威慑与反威慑持续上演，国际核裁军与军控体制濒临瓦解。

第一，"扩充、更新"而非"限制、裁减"核武库成为国际核政策的新取向。尽管俄罗斯在宣布暂停履约的同时表示仍将遵守该条约关于进攻性战略武器最大数量的要求，但对抗与敌意正促使美国及西方国家考虑扩充或者现代化改造现有的核武库，可能引发新的核军备竞赛。在美方看来，俄罗斯暂停履约，不排除是为了扩充核武库，以摆脱在乌克兰战场上所暴

---

① 《俄罗斯外交部关于俄罗斯联邦暂停履行〈新削减战略武器条约〉的声明》，俄罗斯外交部，2023 年 2 月 21 日，https://mid.ru/1855184/?lang=cn，访问日期：2024 年 2 月 20 日。

露出的常规军力疲弱形象，彰显军事大国地位，增强对美西方军事威慑。2023 年 10 月，俄罗斯国家杜马通过撤销对《全面禁止核试验条约》的批准，更是进一步强化了美西方对俄罗斯可能重启核试验扩充核武库的揣测。① 与此相对应的是，美国虽然宣称仍将遵守《新削减战略武器条约》，但也表明正在着力升级自身核力量。6 月，美总统国家安全顾问杰克·沙利文在军控协会（ACA）年度论坛上表示，美国正在推动核力量的现代化，用下一代的系统更新替换美国老旧的核指挥、控制和通信架构，打造"哨兵"陆基洲际弹道导弹、B-21 战略轰炸机和"哥伦比亚"级核潜艇新"三位一体"战略力量。② 而美国国会精心挑选的"战略态势委员会"则在10 月 12 日发布重磅报告，极力鼓动升级所有核弹头、运载系统和基础设施，及在亚洲和欧洲部署更多战术核武器、生产更多的 B-21 隐形轰炸机和新的"哥伦比亚"级核潜艇等。③ 可以说，随着《新削减战略武器条约》名存实亡，鼓吹核扩张而非核限制正在成为新的时代口号，争相谋求核优势使得新一轮核军备竞赛箭在弦上。

第二，鼓噪"核共享"，强化"延伸威慑"成为一些国家安全新诉求。乌克兰危机爆发恶化了欧洲安全形势，不仅芬兰、瑞典寻求加入北约，一些国家还幻想核武所能起到的战略威慑效用，要求参加北约的"核共享"计划。根据该计划，美国目前仅在德、意、荷、比、土五国部署战术核武

① Geoff Brumfiel, "Russia Is Scrapping Its Ratification of a Key Nuclear Test Ban. Here's What That Means," NPR, October 17, 2023, accessed February 20, 2024, https://www.npr.org/2023/10/17/1206 114320/russia-is-scrapping-its-ratification-of-a-key-nuclear-test-ban-heres-what-that-m.

② "Remarks by National Security Advisor Jake Sullivan for the Arms Control Association (ACA) Annual Forum," The White House, June 2, 2023, accessed February 20, 2024, https://www.whitehouse.gov/briefing-room/speeches-remarks/2023/06/02/remarks-by-national-security-advisor-jake-sullivan-for-the-arms-control-association-aca-annual-forum/.

③ Hans Kristensen, et al., "Strategic Posture Commission Report Calls for Broad Nuclear Buildup," Federation of American Scientists, December 10, 2023, accessed February 21, 2024, https://fas.org/publication/strategic-posture-commission-report-calls-for-broad-nuclear-buildup/.

器，但在北约持续扩张和乌克兰危机难解的现实背景下，"核共享"计划被更多意欲拥有核武器的国家纳入视野，刺激其拥核野心，以图借机实现所谓核威慑。6月30日，波兰总理莫拉维茨基再次要求加入北约"核共享"计划，并以俄罗斯在白俄罗斯部署战术核武器为由，也要求美国在波兰本土部署。更多证据表明，美国计划时隔十余年再次在英国部署战术核武器。[①] 在亚洲，日、韩等国也以遭受朝鲜核导威胁为由，要求强化美国的"延伸威慑"或者说是"核保护伞"。4月，韩国总统尹锡悦访美，与美方达成《华盛顿宣言》，宣布成立韩美核咨商小组并增加美在朝鲜半岛周边的战略资产部署等。尹锡悦还表示愿意与美国和日本就延伸威慑举行三方磋商。开展"核共享"、强化"延伸威慑"是冷战背景下阵营对抗的产物。现在沉渣泛起，严重损害地区和全球安全和稳定，无疑存在两大危险趋势：一是军事集团化趋势，通过参加"核共享"或接受"延伸威慑"，一些国家或主动或被动地集结到美国的"核保护伞"下，实质上实现了与美国的深度捆绑，最终导致利益阵营化、军事集团化；二是核冲突风险，通过在更多盟友的领土上部署核武或者向盟友提供核保护承诺，使对手因为关注点增多而增加误判的风险，同时美国自身被盟友"卷入"风险的可能性也将大大增加。

第三，核冲突管控而非核裁军日益成为国际安全新议题。二战结束以来，核武器的巨大毁灭性尤其是美苏形成的"核恐怖平衡"，不仅促成了核军控与裁军进程，还使核冲突成为一种"禁忌"。但是，乌克兰危机引发的使用核武器风险，不仅使国际核裁军进程严重受挫，还使在冲突中能否动

---

① Mattkorda and Hans Kristensen, "Increasing Evidence That the US Air Force's Nuclear Mission May Be Returning to UK Soil," Federation of American Scientists, August 28, 2023, accessed February 21, 2024, https://fas.org/publication/increasing-evidence-that-the-us-air-forces-nuclear-mission-may-be-returning-to-uk-soil/.

用核武器成为广泛议论的话题。尤其是,战术核武器爆炸当量相对较小,在 1 000 吨以下到 10 万吨 TNT,加上现代高精度制导武器的发展,将其用于战场的可行性正逐渐被论证甚至被接受。然而,即便爆炸当量较小,其产生的威力也不容小觑,二战时美国投向广岛的原子弹爆炸当量也才 1.6 万吨。而且,一旦在战场上使用了战术核武器,突破了"核禁忌",局势能否控制在战术级范围并不可知,但局势升级失控引发大规模核战争的风险却不容低估。鉴于乌克兰危机持续僵持,为取得速胜,有关方对武器的选择不断升级,包括英国、美国在内的西方国家开始向乌克兰提供备受争议的贫铀弹、集束弹药,恐将酿成严重的人道主义灾难和环境破坏。随着战争禁忌接续被打破,在美俄相互强化战术核武器前沿部署和相互威慑的背景下,一方动用战术核武器以扭转战场态势的可能性增大,爆发核冲突的风险也将急剧上升。

二、战争新形态衍生军控新挑战

乌克兰危机推升核冲突风险,同时也催生了一些新型战法,军事智能化迈出重要一步,军事攻防逻辑可能被改写,未来战争新形态正在加快到来,国际军控正面临前所未有的新挑战。

第一,无人作战成为"新常态",传统军控理念被突破。近年来,随着科技的进步与产业的发展,无人机性能愈加成熟,成本越来越低,"在武器装备体系中的地位日益突出,已开始加速由战场辅助装备向主战装备发展,成为战场侦察、信息支援、火力打击的重要力量,将大大改变未来作战概念和作战样式"。① 在乌克兰危机陷入僵持之际，双方对无人机的使用更加频繁，甚至达到空前的规模。英国皇家联合军种国防研究所发表报告指出，乌克兰军方在战场上每个月就损失大约 1 万架无人机，或者每天 300 多架，相比之下，法国目前拥有的各类型号无人机总共才 3 000 多架。②

第二，除了无人机外，乌克兰的无人水面舰艇在遏止俄罗斯黑海舰队进攻方面也发挥了重要作用。俄罗斯自由媒体网称，"俄乌冲突已经成为一场独特的世界军用无人机产业成就展"。显然，无人装备所具备的"空间多维、全天候、非对称、非接触、非线性、人员零伤亡"等作战运用特点③在乌克兰危机中获得充分展现，无人作战日益成为现代战争的主要作战样式。鉴于此，美国等加紧研发部署无人作战装备和作战概念。8 月，美国国防部副部长凯瑟琳·希克斯（Kathleen Hicks）宣称，美五角大楼已制订"复制者"计划，准备在 2 年内大量装备无人作战系统，企图通过大规模部署"可消耗的自主系统"来对抗中国军队的"大规模体量"。④ 9 月，美国还将其"幽灵舰队"部署至日本，联手日、韩等盟国，极力提升在西太平洋的无人战力。总之，无人作战的出现，至少将在一定程度上改变当前以防御为主导的作战态势，某种意义上说并不利于战争冲动的抑制，同时其军民两用的特性突破了传统的军控理念、框架和设计路径，更加难以有效管控，如何阻止无人机成为人道伤害"利器"是未来军控急需研究的重大

---

① 刘书雷、徐海洋：《无人机在军事行动中的作用评析》，《国际社会科学杂志（中文版）》2023 年第 1 期。

② Cédric Pietralunga, "Russia and Ukraine Take Drone Warfare to Unprecedented Scale," Le Monde, June 18, 2023, accessed February 22, 2024, https://www.lemonde.fr/en/international/article/2023/06/18/russia-and-ukraine-take-drone-warfare-to-unprecedented-scale_6033281_4.html.

③ 刘海民、郭秋呈：《智能化无人装备改变了什么》，《解放军报》2019 年 7 月 23 日，第 7 版。

④ Noah Robertson, "Pentagon Unveils 'Replicator' Drone Program to Compete with China," Defense News, August 28, 2023, accessed February 22, 2024, https://www.defensenews.com/pentagon/2023/08/28/pentagon-unveils-replicator-drone-program-to-compete-with-china/.

课题。

第三，"兵民一体战"趋势渐显，军控形态受到冲击。对军队规模的限制是军备控制的重要内容。一直以来，战争主要由军人主导。但是，随着网络通信技术的发展，尤其是智能手机的普及，民众对战争的参与度不断上升。据统计，当美国 2001 年入侵阿富汗时，不到 1% 的当地民众能够上网；2011 年叙利亚爆发内战时，手机开始普及，但这一比例仍然只有22%；2014 年乌克兰危机时，这一比例达到 46%，而当 2022 年乌克兰危机再次爆发时，这一比例则飙升至近 80%。① 这些民众利用手中的智能手机、卫星地图甚至无人机等，不仅帮助本国军队追踪、定位、干扰敌军，甚至还自发地通过自媒体、网络等平台，对敌方发动认知战、网络战。而且，在敌对与冲突中，破坏对手关键基础设施愈加成为敌对双方的选择，而这些关系到国计民生的关键基础设施的脆弱性也引起越来越多的关注。在此趋势下，一方面，平民通过新兴技术应用参与战争，延伸了战争的军事专业属性，模糊了军队组成概念，冲击军备控制形态和应用场景；另一方面，对平民大量参与战争的法理和可能造成的人道风险外溢难以量化评估。

第四，智能战争异军突起，当前军控进程难以获取有效抓手。2023 年，以 ChatGPT 为代表的人工智能模型席卷全球。在其引领下，各国纷纷加强人工智能投入、研发，并由民用向军事领域拓展，出现在乌克兰危机和巴以冲突前线。俄乌双方利用人工智能无人机互相摧毁目标，以色列采用"福音"人工智能系统自动生成轰炸建议。在此背景下，人工智能军事化的潜力受到了极大的关注，包括其将有助于增强武器装备的自主性、强化对战场态势的实时感知、提升指挥与控制系统的决策效率等，已经成为大国

---

① "Technology Is Deepening Civilian Involvement in War," *The Economist*, July 3, 2023, accessed February 23, 2024, https://www.economist.com/special-report/2023/07/03/technology-is-deepening-civilian-involvement-in-war.

军事竞争的重中之重。美国、日本、欧洲国家等都已加大对人工智能军事化运用的研发投入与部署。而人工智能的发展及其军事化无疑将给国际军控带来巨大挑战。一是人工智能技术两用性决定了其难以被规制，人工智能诞生的每个环节都具有高度分散性，旨在限制人工智能并减少其扩散的机制可行性极小；二是人工智能军事界限模糊，难以明确军控焦点，大量民用人工智能应用瞬时可变为战场杀手，国际社会难以有效确立统一规范。总之，人工智能给人类带来科技进步与无限可能的同时，日益威胁军备控制的可行性、有效性和规范性，也将带来难以想象的安全挑战。

三、全球动荡深刻影响未来军控形势

随着全球战略稳定格局的削弱以及新兴战争形态的出现，大国战略竞争更趋激烈与复杂，安全困境进一步加剧，敌意与误判螺旋式上升，冲突与破坏多发频发，未来军控进程面临严峻形势。

第一，大国冲突风险急剧上升，军控体系将面临"空窗期"。2022年底，美国拜登政府相继推出《国家安全战略报告》与《国防战略报告》，将应对大国竞争视为"未来决定性十年"的优先事项，进一步强化削弱和打压中、俄的"双遏制"政策，包括强化在欧亚两端的前沿军事部署和编织军事同盟网络，极力推动国际社会"集团化""军事化"和"对抗化"。在此政策牵引下，美国上下对外部世界的看法日趋悲观、消极、阴暗，而且不吝于从最恶意角度揣度他国，甚至到了歇斯底里的程度。近年来，美国军方在亚太地区频繁的军事挑衅与抵近侦察很容易引发误判，以至于出现摩擦乃至冲突，美在亚太部署陆基中导严重影响地区和平稳定。在乌克兰战场，以美国为首的北约对乌克兰的武器支援不断升级，从防御性到进攻性，从贫铀弹到集束弹药，使俄罗斯对以美国为首的北约的威胁感知更趋强烈。在大国博弈日趋激烈的背景下，以往的军控成果即将被冲散，新军控体系尚无基本架构，国际军控秩序恐将步入"空窗期"。

第二，军备竞赛更加激烈，军控意愿开始降低。随着美国转向大国竞争，"以实力求和平""以权力对比关系界定安全""不追求优势实力就等于选择失败"等霸权冷战思维沉渣泛起。军事优势成为大国博弈的优先事项。美国、日本、澳大利亚、北约各国等都纷纷加大军费开支。例如：美国白宫 2024 财年预算案计划为国防部拨款 8 420 亿美元，是美政府有史以来提出的最高军费预算；日本则在 2022 年底制订的《防卫力整备计划》决定将 2023—2027 年度的防卫费增至 43 万亿日元（约合 3 320 亿美元），比上一个五年计划增加六成；北约 3 月召开防长会议，提出各成员国应将年度国防开支提升到 GDP 的 2% 作为"最下限"而非"最上限"的目标。在此基础上，各大国还将主要精力瞄准新兴技术的军事化运用，以期在新的科技发展浪潮中抢占到军事变革的先机。一方面，各大国加大军事研发投入与协作，其中最突出的是，美英澳三边安全伙伴关系（AUKUS）拉拢日、韩、新（西兰）等开展所谓"第二支柱"合作，加快人工智能、量子、先进网络能力、高超声速能力以及电子战等关键技术的协同发展并将其应用于军事。鉴于芯片在发展人工智能作战体系方面所具有的不可或缺的地位，美国纠集所谓的"芯片联盟"，对华实施"脱钩断供"，图谋进一步扩大中美之间的军事代差。一些美国学者还大肆鼓噪，要将芯片尤其是人工智能芯片视为浓缩铀一样的材料实施严格的出口管制。[①] 可以说，军备竞赛由常规力量向新兴技术领域拓展，各国热衷于你追我赶，争相抢占军事高地，军备控制意志逐步消散。

第三，武装冲突多发频发，军控环境更趋恶劣。在全球战略稳定遭到

---

① Paul Scharre, "What AI Means for Global Power," *Foreign Policy*, Summer 2023, p. 37.

破坏、国际安全格局面临重构的背景下，一些地区矛盾冲突日益突出，并越来越倾向于诉诸武力解决。美国学者指出，这是一个大国"分心"的年代，一些沉寂多年的旧冲突正在被重新点燃，演变成新的危机。[①] 2023 年以来，巴以冲突再起，中东和平进程遭到严重逆转；阿塞拜疆与亚美尼亚一度剑拔弩张；非洲政变潮继续蔓延，马里、苏丹、尼日尔等国的暴力冲突酿成严重的人道主义灾难。此外，朝鲜半岛局势愈加紧张，美韩不断提升军事协作水平并加强在朝鲜半岛的战略核威慑，极易引起紧张局势升级乃至失控。10 月 13 日，针对美国"罗纳德·里根"号核动力航母进入韩国釜山港，朝鲜朝中社发表评论文章警告称，"朝鲜公布的核武器使用原则允许该国在遭到或判断即将遭到核武器攻击时可采取必要的行动程序"。在全球武装冲突频发多发、潜在矛盾日益激化的背景下，国际社会难以聚焦军控进程，军控环境日益恶化。

总之，在当前百年未有之大变局之下，大国关系态势已从注重合作向聚焦竞争迅速转换，全球战略稳定格局和原有军控体系受到严重冲击；快速迭代的战争新形态可能改变军事规则，刺激大国加紧以科技竞争为主要内容的军备竞赛，各方军控意愿逐渐降低；大国对抗更加激烈，地区冲突更加易发、多发，世界和地区和平与安全面临更加严峻的挑战。国际社会应积极践行人类命运共同体理念，共同推进全球安全倡议，在风险中寻机遇，在冲突中找平衡，加强新兴技术全球治理，维护世界长期和平稳定。

---

① Michael Kimmage and Hanna Notte, "The Age of Great-Power Distraction," *Foreign Affairs*, October 12, 2023, accessed February 25, 2024, https://www.foreignaffairs.com/middle-east/age-great-power-distraction-kimmage-notte.

【核政策与核裁军】

美国战略态势评估与潜在走向分析

张启正　孙向丽

探析高超声速导弹发展对战略稳定的影响及
　　未来军控措施

张玉　史建斌

一体化威慑及其对全球战略稳定的影响浅析

筱卉　郭晓兵　陈庆鸿

美国战略态势评估与潜在走向分析

张启正　　孙向丽

内容提要： 2023 年 10 月，美国会授权成立的战略态势委员会发布了《美国战略态势》报告，对美国核态势作出最新评估，提出了与拜登政府 2022 年的《核态势审议》报告不同的威胁判断，推出较为强硬的应对建议。《美国战略态势》一定程度地反映了当前美两党一些共识性看法，对未来政府决策和核态势走向产生重要影响。本文分析认为两份报告的差异源于两种不同的核战略思想路线，因而提出了不同的应对方法。基于对两份战略文件的梳理比较，分析核态势评估差异的形成原因，可为理解未来美国核态势的潜在走向提供参考。

关　键　词： 核战略；核态势；《核态势审议》；《美国战略态势》

作者单位： 中国工程物理研究院战略研究中心

一、引言

2023 年 10 月，美国国会授权的跨党派委员会——战略态势委员会发布了《美国战略态势》（*America's Strategic Posture*）报告。报告对美国核态势作出最新评估，提出了与拜登政府 2022 年的《核态势审议》（*Nuclear Posture Review*）报告不同的威胁判断和对策建议。《美国战略态势》虽然只是国会咨询性文件，但从委员会成员的权威性看，它一定程度上反映了美国当前战略界的新动向，可能对未来美国的核态势调整产生重要影响。如何看待《美国战略态势》和《核态势审议》两份文件的差异？美国核态势未来会走向何方？围绕这两个问题，本文基于对两份战略报告的梳理比较，探究核态势评估产生差异分歧的深层原因，并对美国未来核态势的潜在走向进行分析判断。

二、2022 年版《核态势审议》报告主要内容

2022 年 10 月，美国国防部发布了新版《核态势审议》报告，作为美国政府机制化的核政策宣示，对 2022 年出台的核指导原则和核力量发展规划进行了阐释。总体而言，既展现了美国核态势的延续性，又展示了与特朗普政府时期《核态势审议》的不同。2022 年版《核态势审议》报告延续了前几届政府核战略的核心内容，与 2018 年特朗普政府《核态势审议》报告相比，新版报告的变化与调整主要体现在威胁评估、核威慑战略和核力量态势三个方面。

（一）威胁评估

与 2018 年版《核态势审议》报告相比，新版《核态势审议》报告在评估外部威胁时，在关注的核威胁对象及核威胁排序方面有明显变化。

1. 核威胁对象变化：聚焦中国

在谈及核领域威胁时，新版《核态势审议》报告首次将中国放在第一位论述，称中国是美国面临的"全方位步步紧逼的挑战"。[①] 不过谈及俄罗

---

① Department of Defense, *2022 Nuclear Posture Review*, October 2022, p. 4, accessed January 18, 2024, https://media. defense. gov/2022/Oct/27/2003103845/-1/-1/1/2022-NATIONAL-DEFENSE-STRATEGY-NPR-MDR. PDF.

斯时，仍称其为"持久的生存性威胁""仍然是拥有最强能力和最多样化核力量的对手"。① 可以说，虽然中国在核力量规模等方面不是美国的最大威胁，但却成为美国当前最担心和最关注的国家，聚焦中国是新版报告非常鲜明的新特点。

2. 核威胁排序调整：俄罗斯的有限核使用（核胁迫）是首要威胁，
   中国核扩张及其带来的核战略变化是另一重大挑战

美国历届政府对核领域各种威胁场景的紧迫程度判断不断变化。冷战时期美国最担心的威胁是核战争尤其是核大战，冷战后核扩散问题成为其最大关切，奥巴马时期核恐怖主义被置于关切首位，特朗普政府则将对手有限核使用视为最现实的一种核威胁，不过对此描述比较含蓄。新版《核态势审议》报告明确判定：核武器需要在四种重大威胁场景中发挥威慑作用。第一位核威胁来自俄罗斯，"阻止俄罗斯在地区冲突中有限核使用是美国和北约的首要任务"。② 如果对俄方有限核使用没有应对策略，就难以阻止俄罗斯发起地区战争，这是当前美国面临的最紧迫而棘手的挑战。第二位核威胁是中国的核扩张，以及由此带来的中国核战略转变，认为核扩张将给中国带来更多核选项以进行核胁迫。报告声称中国的核扩张将给美国的应对策略带来复杂性，认为"随着安全环境的演变"美国可能有必要考虑调整核战略与核力量。③ 言外之意，当前美国的核战略、核力量可维持不变，但将来要视中国发展情况而定。第三位核威胁是机会主义侵略，指在与一位竞争对手的冲突中，另一位竞争对手为寻求地区利益而伺机进行机会主义侵略；并且认为与两个核国家几乎同时发生冲突构成一种极端情况。

① Department of Defense, *2022 Nuclear Posture Review*, October 2022, p. 4, p. 11, accessed January 18, 2024, https://media. defense.gov/2022/Oct/27/2003103845/-1/-1/1/2022-NATIONAL-DEFENSE-STRATEGY-NPR-MDR. PDF.

② Ibid., p. 5.

③ Ibid., p. 4.

第四位核威胁来自新兴技术，包括外空、网络等多域能力发展带来的升级管控的困境。新版《核态势审议》报告对此类威胁严重程度的判断显然低于2018年版报告。

（二）核威慑战略

涉及核威慑战略方面，新版《核态势审议》报告在核威慑作用的对外宣示及威慑构成部分做了调整。

1. 核威慑作用对外宣示的调整：重归刻意模糊

美国长期执行首先使用核武器政策，核武器威慑作用范围涵盖核攻击及非核攻击，但在对外宣示时对具体使用条件保持刻意模糊。特朗普政府的《核态势审议》报告一反常态，明确写明极端情况可能包括"重大的非核战略攻击"，因此备受世界舆论批评，称其扩大了核武器作用范围。[①] 美国国内战略界也强调使用核武器的门槛或场景过于明细化易陷入"承诺陷阱"，批评这一做法不明智。[②] 因此，新版《核态势审议》报告删除了"极端情况"的具体场景描述，宣称只"在一些范围很窄的""有战略影响的非核攻击"方面发挥威慑作用。[③] 这是其核宣示政策一贯模糊的回归，模糊并不代表着范围实际收窄，仅在宣示上有象征性意义。新版报告还取消

① Lynn Rusten, "The Trump Administration's 'Wrong Track' Nuclear Policies," Arms Control Association, March 2018, accessed January 18, 2024, www. armscontrol. org/act/2018-03/features/trump-administrations-wrong-track-nuclear-policies.

② Steve Fetter and Jon Wolfsthal, "No First Use and Credible Deterrence," *Journal for Peace and Nuclear Disarmament* 1, no. 1 (2018): 102−114.

③ Department of Defense, *2022 Nuclear Posture Review*, p. 8.

了自小布什政府以来坚持的"防范不确定未来"① 说法，显然为了彰显美国"减少对核武器依赖"的姿态。② 事实上，美国仍保留着数千枚非部署现役核弹头及核武器综合体扩大生产能力，可以说是一种换汤不换药的做法。新版报告一定程度地撤回了特朗普政府报告的一些不明智内容，实际上仍为核武器作用范围保留足够空间。

2. 核威慑战略调整：打造"一体化威慑"概念

在应对各种核威胁场景方面，报告呼应美国《国家战略报告》，强调一体化威慑（综合威慑）概念，即通过无缝连接整合核与常规等一切国家手段和联盟关系以应对冲突谱上的所有可能威胁场景。其中强调针对不同国家的定制威慑，也强调升级管理、风险管控及建立信任措施等外交手段。

一体化威慑并非一个清晰概念。由于特朗普政府针对有限核使用威胁明确采取的强硬手段备受批评，拜登政府倾向于将应对手段模糊化，打造包罗万象的"一体化威慑"概念，却并未给出具体策略。不过，从相关论述中可以推测，其主要依靠加强延伸威慑区域能力、灵活反应选项及定制威慑来应对中俄可能的有限核使用，具体包括 W76-2 海基低威力核弹头、可全球部署的轰炸机、两用战斗机及空射巡航导弹（弹头威力可调）等。

---

① 自小布什政府《核态势审议》以来始终有"防范不确定未来"的提法。小布什政府报告 2001 年 12 月提交至国会，未发布公开版，仅可查询到摘录版本。报告中指出其核能力要为"美国未来数十年可能面对的不确定威胁"做好准备，也有"防范不确定的潜在战略威胁"的提法，参见 *Nuclear Posture Review (Excerpts)*, December 31, 2001, p. 2; p. 6, accessed January 19, 2024, https://uploads.fas.org/media/Excerpts-of-Classified-Nuclear-Posture-Review.pdf; 奥巴马政府 2010 年版《核态势审议》报告指出要减少其他国家拥有核武器动机以"防范不确定未来"，参见 Department of Defense, *2010 Nuclear Posture Review*, April 2010, p.ⅵ, accessed January 19, 2024, https://dod.defense.gov/Portals/1/features/defenseReviews/NPR/2010_Nuclear_Posture_Review_Report.pdf; 特朗普政府 2018 年版《核态势审议》报告将"防范不确定未来"作为核武器的四大作用之一，参见 Department of Defense, *2018 Nuclear Posture Review*, February 2018, p. 24, accessed January 19, 2024, https://media.defense.gov/2018/Feb/02/2001872886/-1/-1/1/2018-NUCLEAR-POSTURE-REVIEW-FINAL-REPORT.PDF。

② 2022 年版《核态势审议》报告提出要采取负责任的步骤来减少核武器在美国战略中的作用，参见 Department of Defense, *2022 Nuclear Posture Review*, p. 3。

同时，从 2022 年版《导弹防御审议》报告可以看出，导弹防御系统也是一体化威慑的组成之一，可通过其拒止和限制损害能力，应对核胁迫行为，加强延伸威慑。可以说，报告虽罗列了一系列应对选项，却没有给出明细的应对思路。

（三）核力量态势

新版《核态势审议》报告在涉及核力量规模、结构、维护策略及军控方面分别作出调整。

1. 核力量态势调整：保持"三位一体"结构，调整少量高成市计划

新版报告在核力量态势方面调整内容不大，先是再次重申保持"三位一体"对核威慑的重要性；其次强调，因为服役时间到期，大部分核力量面临更新换代。除了决定退役老旧的 B83 - 1 核炸弹外，唯一的明显"变化"就是取消发展海基核巡航导弹（SLCM - N）的计划。认为海基核巡航导弹属于冗余选项，且成本高，作为军控谈判杠杆作用不明显。取消该计划，既可以在政治上展示拜登政府降低核武器作用的姿态，同时对现有核力量结构影响不大。

关于核力量规模问题，报告的判断是无须增加。这是预测中国到 2030 年核武库可能会达到 1 000 枚的前提下作出的决定，说明美国对目前的核力量规模仍有自信。[①] 尽管新 START 条约规定美俄实战部署的战略核武器数量相当，但实际上加上非部署的核武器，美国目前可用的战略核武器数量近 4 000 枚。不过，报告也明确表示，鉴于中国的快速核扩张，未来美核力量是否增加仍有不确定性，要视中国的发展情况而定。

---

① Department of Defense, *2022 Nuclear Posture Review*, p. 4.

2. 核武库维护策略调整："局部整治"策略不再适用，明确提出核武器研制全频谱能力需求

自从 1996 年签署《全面禁止核试验条约》以来，美国通过实施"基于科学的武库维护与管理"计划，在没有核试验情况下维持核武库的安全、安保与有效性；主要技术策略是不增加新武器型号，通过库存武器实施"整治延寿"来延长使用寿命。2022 年明确指出，30 余年实施以"局部整治"为主的延寿策略不再符合美国利益，需调整该策略，以建成能够应对新威胁、响应不确定性的"平衡且灵活"的核武库。

上述动向说明，美国一方面力保当前"三位一体"核力量更新进程的顺利推进，以确保基本威慑；另一方面则通过建设弹性的生产能力体系，结合不断发展的武器设计研制能力，来确保快速响应未来可能的核军备数量和种类增加需求。从《核态势审议》报告的威胁判断推测，核武库规模响应需求在很大程度上取决于中国核武库未来发展大小。而对新武器设计需求的紧迫程度，则取决于对未来"打击加固深埋目标"等新军事需求及武库老化趋势等挑战的判断。随着生产弹性的不断提升，结合持续发展的核武器认证评估能力，美未来核武库维护及核力量弹性发展将具有更大竞争优势。

3. 核军控路径调整：军控谈判聚焦俄方，与中方开展战略对话

与 2018 年版报告消极对待军控不同，新版报告"重新强调军备控制、核不扩散和减少风险"，[1] 认为这些政策是美国核政策和力量结构决策的补充。同时指出，美国已有新的军备控制策略，主要分两部分：一是仍致力于可核查的核军备控制，"这方面仍将聚焦俄罗斯"，[2] 特别要继续双边新

---

[1] Department of Defense, *2022 Nuclear Posture Review*, p. 16.

[2] Ibid., p. 16.

START 条约机制；二是关注中国的核扩张，希望通过双边和多边平台与中国开展战略议题讨论，包括减少军事冲突、危机沟通、信息共享、相互克制、减少风险、新兴技术以及通向核军备控制的各种途径等问题的讨论。报告提到"增强与中国和俄罗斯的战略稳定"，这可谓是承认中美之间存在相互脆弱性（相互核威慑关系）的另一种表示。报告明确放弃了特朗普政府"三边军控"概念，提出以战略对话方式与中国谈军控，这大概是未来中美核军控的主要模式。

总体而言，2022 年版《核态势审议》报告呈现出以下四个特点。

第一，关注聚焦中国，突出"中国威胁"。报告针对中国的指向性非常明显。中国已被美国视为最大的战略竞争对手，对美而言，俄罗斯只是核领域的"单项冠军"，而中国则是未来的"全能冠军"种子。未来一段时期内中国必将是美国主要遏制打压对象，作为战略基石的核力量发展态势也必将受美国重点关注。

第二，对当前核力量态势自信。报告认为美国当前的核力量规模无须增加，并寻求裁撤高成本的武器计划，不增加新武器型号；认为当前的核武库安全、可靠、有效，继续推进库存武器的现代化。

第三，强调通过军控谈判对话方式来减少风险。报告将谈判与对话方式作为未来减少风险的重要途径，希望与俄国推动条约谈判进程，与中国开展战略议题讨论。

第四，延续了美国制胜型核战略的基本原则。报告在很多方面保持了美国核战略的一贯思想和路线：仍维持战略"三位一体"核力量的现有结构、规模及较高戒备状态，决定进行全面现代化更新；仍保持首先使用政策，并执行以打击军事目标（counterforce）为主的政策，通过强大的战略核力量以及一定的非战略核打击能力与不受限制发展的导弹防御能力，维持强大的战略威慑以及控制升级能力。充分体现出以限制损害为核心目标的制胜型核战略主要特征，自 20 世纪 60 年代以来延续的制胜型核战略基本原则并未实质性改变。

三、《美国战略态势》报告主要内容

2022 年美国国会成立了第二届战略态势委员会，负责评估美国长期的战略态势并提出建议，于 2023 年 10 月发布最终报告《美国战略态势》。[①]报告全文共 11 个章节，提出了 131 条研究发现和 81 条对策建议，从内容上看可大体分为三部分：威胁评估、战略研判及应对措施。

（一）威胁评估

1. 史无前例的威胁：美国将历史上首次同时面对两个同级别核对手

报告认为，中国快速的核力量扩张、俄罗斯不断增加的核武器依赖以及潜在的核武库扩张，使得美国面临史无前例的不断增长的威胁；美国与这两个核武装的大国发生军事冲突的风险不断上升，同时发生亚太和欧洲两个战区冲突的可能性正在增加；中俄之间的良好伙伴关系可能构成潜在的机会主义侵略和联合侵略；中国和俄罗斯在未来的 2027—2035 年可能单独或联合对美构成生存威胁（指"大规模的核攻击"）。[②]

---

① 2008 年国会曾根据 2008 财年国防授权法案成立第一届战略态势委员会，主席为前防长威廉·佩里。该委员会所发布的第一版《美国战略态势报告》对美国的外部安全环境判断较为乐观，将核扩散和核恐怖主义视为美核态势面临的最大风险。随着大国战略竞争加剧，中美两国进入关键决胜阶段，国会根据 2022 财年国防授权法案成立由 6 名民主党和 6 名共和党共 12 人组成的第二届战略态势委员会，开展审查并提出建议。

② Madelyn R. Creedon, et al., "AMERICA'S STRATEGIC POSTURE: The Final Report of the Congressional Commission on the Strategic Posture of the United States," Institute for Defense Analysis, 2023, pp. 11, 26, accessed January 21, 2024, http://www.jstor.org/resrep53523.

2. "中国威胁"：2035 年可能与美形成核均势，核战略可能已经改变

报告认为：中国正在以美苏核军备竞赛以来从未有过的规模和速度进行扩张，到 2035 年左右，中国部署的核弹头将至少达到 1 500 枚，与美形成大致均势；中国有能力部署高超声速导弹、部分轨道轰炸系统（FOBS）或多重轨道轰炸系统（MOBS），可能先发制人地对美国发动斩首行动；报告声称：虽然中国采取"不首先使用"政策，但当遭遇威胁中国核力量、威胁指挥控制生存能力、战略效果接近核打击的常规打击时，或当常规军事失败严重威胁到生存时，可能会首先使用核武器，以核打击进行还击；中国似乎已经决定改变核武器在国家安全战略中的作用，如扩大核武器在战区常规作战中的作用，包括潜在的台海冲突场景，或追求更广泛的国家目标；报告认为：美国不清楚中国核力量的长期发展目标，也不清楚其发展目标与 2050 年成为国际一流军队目标之间的关系；中国快速变化的能力和意图不透明，给美国国防和核战略带来巨大挑战。[1] 报告建议美国利用情报力量支持对中国未来核力量规模及核战略运用前景的评估与预测。这一定程度上显示出美国对 2035 年后中国核力量是否会继续大幅扩张，中国核战略是否会改变仍未十分确定。

3. 俄罗斯威胁：俄拥有最大核力量，非战略核武器是控制升级的重要选项

报告认为俄罗斯拥有全世界最大的核力量，并且这种优势可能持续到 2035 年，俄罗斯将继续扩大和增强核力量，其核力量的增长将集中于非战略核系统，这些非战略核武器被视为威慑对手、控制升级的重要选项；乌克兰危机是全球拐点性事件，可能重塑全球秩序，在冲突中俄罗斯表明其

---

① Madelyn R. Creedon, et al., "AMERICA'S STRATEGIC POSTURE: The Final Report of the Congressional Commission on the Strategic Posture of the United States," Institute for Defense Analysis, 2023, pp. 12–15, accessed January 21, 2024, http://www.jstor.org/resrep53523.

核能力是维持威慑、实施胁迫和在与北约的潜在冲突中实现目标的必要条件。①

（二）战略研判

报告认为，虽然当前美国的战略态势依然稳固，但难以应对2027—2035年的威胁。鉴于中国快速增长的核能力以及未来发展的不透明，美国不能再将中国的核威胁视为解决俄罗斯核威胁时可顺带解决的次要附属威胁，中国将来可单独对美构成生存性威胁；美国当前立足于"一场主要战争"的国防战略可以应对当前条件下的两场区域战争，但难以充分应对2027—2035年可能同时出现的来自中俄的两场战争威胁；因此呼吁美国必须准备进行战略态势调整，核力量必须向规模更大、结构更多元、运用方式更区别化三个方向调整。②

报告认为，美国核战略的六个核心原则（确保二次打击、灵活反应、定制威慑、延伸威慑和确保、刻意模糊、防范风险）基础依然健全有效，但战略运用方式必须改变，以应对新的威胁环境。③

（三）应对措施

报告认为，为充分应对未来威胁，美国必须从现在开始调整战略态势。在核力量打击方案、部署态势、核基础设施建设、非核能力发展及降低核风险方面提出建议。

---

① Madelyn R. Creedon, et al., "AMERICA'S STRATEGIC POSTURE: The Final Report of the Congressional Commission on the Strategic Posture of the United States," Institute for Defense Analysis, 2023, pp. 16-20, accessed January 21, 2024, http://www.jstor.org/resrep53523.

② Ibid., p. 7.

③ Ibid., p. 25.

1. **核力量态势调整：增加措施应对更大规模战略核目标和有限核使用**

美国的战略核力量必须确保：针对更多的战略目标，特别是中国扩大了的核力量，在威慑失败时能够同时打击中俄目标；应对可能的中国对美战略核力量的大规模攻击；确保美国具有充足战略选项以避免依赖"遇袭即发射"。

战略核力量紧迫的调整措施包括：准备重新上载部分或全部备用（非部署）弹头；以分导式多弹头构型部署"哨兵"洲际弹道导弹；增加远程防区外武器（LRSO）、B-21轰炸机、哥伦比亚级核潜艇等数量；探索部署公路机动洲际弹道导弹部队；演练重新上载洲际弹道导弹和潜射弹道导弹弹头；重新恢复受新 START 条约限制改装的核潜艇和轰炸机的载核能力；提供资金，使现有部署的系统适当延寿。[①]

战区核力量必须确保：提供一系列灵活反应选项，以对等应对中俄战区的有限核使用；满足在亚太战区部署或驻扎美国战区核部队的需要；弥补美国和盟国在应对中俄连续或同时发生的两个战区冲突中非核能力的不足；应对中俄防空和导弹防御系统。

战区核力量紧迫的调整措施包括：（1）开发在欧亚前沿部署、高生存力、多威力、可突防、及时交付的战区核武器。（2）确保欧洲司令部和"印太司令部"能够协同一体化核常联合作战行动。[②]

2. **核基础设施方面：修复扩大基础设施，解决现代化及未来扩军需要**

报告提出两点建议：（1）紧急扩大战略基础设施，以便满足当前核现代化在建项目所需要求，同时满足战略态势调整所需能力要求。（2）建议

---

① Madelyn R. Creedon, et al., "AMERICA'S STRATEGIC POSTURE: The Final Report of the Congressional Commission on the Strategic Posture of the United States," p. 48.

② Ibid., p. 49.

国会为实现核安全企业的改革发展提供充足资金。①

3. 非核能力与盟伴方面：加强非核能力，深化盟伴合作

报告建议提高非核能力。美国必须发展和部署本土一体化防空和导弹防御系统，以威慑和击败中俄的胁迫性攻击（包括有限的常规和核攻击），充分保护其关键基础设施；强化美国及盟友的常规军事力量，否则可能提高对核武器的依赖；为推进满足作战需求的远程非核精确打击计划提供资金；强化太空、网络和电子战优势；利用经济和财政工具增强战略态势和威慑能力等。②

报告认为维持、加强和扩大美国的盟友和伙伴关系网络符合美国的国家利益，建议未来进一步加强与盟友的磋商合作，最大限度地发挥地区威慑作用。③

4. 降低核风险：采取有效措施，降低战略风险

报告认为，降低战略风险至关重要，主要包括不扩散和军备控制措施：建议先根据威胁评估制定核战略需求，再判断军控提案对美国是否有利；未来可能的军控谈判要寻求限制俄罗斯全部核武器，对特定的武器技术优先关注和限制，如中国部分轨道轰炸系统和多重轨道轰炸系统技术发展；对核查技术进行研究，以便服务未来军控谈判；在当前难以达成正式军控协议情况下，建议采取降低核风险措施，如弹道导弹发射通报、领导人沟通协议或热线、战略稳定对话等；向中俄施压，让中俄远离核扩军，转向有效、可核查的军控措施；支持以《不扩散核武器条约》为核心的核不扩

---

① Madelyn R. Creedon, et al., "AMERICA'S STRATEGIC POSTURE: The Final Report of the Congressional Commission on the Strategic Posture of the United States," pp. 60-62.

② Ibid., pp. 72-74.

③ Ibid., p. 80.

散机制，防止威胁性新兴技术向敌对国家扩散。①

总体而言，《美国战略态势》报告呈现出以下三个特点。

第一，报告首次提出中国未来的核力量发展将对美构成生存威胁。目前大多数美国学者认为中国已与美国具有相互脆弱性关系，这意味着中国当前的核力量已经可以对美构成"不可承受的打击能力"，即形成最低威慑。而报告则称中国在2027—2035年才将对美构成"生存威胁"，从报告内容看，"生存威胁"是指能对美进行大规模核攻击的能力。这意味着只有大规模核攻击才能对美造成不可承受的打击能力，形成威慑，只有到2027年以后中国才能对美国具备大规模核攻击能力。因此，在报告看来，虽然当前中国的核武器对美国形成了一定威胁，但仍然可以承受，尚不足以对美构成威慑，中美实际上未形成相互脆弱性关系。这与《核态势审议》报告判断有明显不同。

第二，强调美国史无前例的同时面对中俄两个核武装大国威胁，未来可能面对中俄同时或联合的核攻击，当前战略态势难以充分应对未来可能同时出现的双重威胁，美国必须调整核力量态势，增强核力量。显然，该报告将一种在2027—2035年阶段可能出现的极端情况作为重点威胁准备，将应对或打赢两场核战争作为核力量规模与能力要求的标准，这显然远高于当前美国的核力量规模，对美未来核力量扩张提出了较强需求。

第三，对军控谈判和对话较为悲观，做了"双轨策略"准备，即一方面通过条约机制和对话机制限制中俄核力量发展，另一方面为未来无法达成正式军控协议做好准备，扩大美核力量以应对中俄核力量现代化。

---

① Madelyn R. Creedon, et al., "AMERICA'S STRATEGIC POSTURE: The Final Report of the Congressional Commission on the Strategic Posture of the United States," p. 86.

四、两份报告评估差异的深层原因

2022 年版《核态势审议》和《美国战略态势》两份报告在评估外部威胁、构思应对战略和对待军控外交三个方面存在清晰差异。深层来看，两份报告的评估分歧与美国国内两种核战略路线之争相关。

（一）两个报告评估差异

基于对 2022 年版《核态势审议》和《美国战略态势》内容的对比，可以发现其主要存在以下三方面差异。

第一，威胁评估不同。《核态势审议》仍将俄罗斯视为拥有最强大和最多样化核力量的竞争对手，而中国则是步步紧逼的威胁。《核态势审议》将中俄机会主义或联合侵略视为极端情况，且并未过多讨论。《美国战略态势》报告首次将 2027—2035 年的中国核力量视为"生存性威胁"，将"中国威胁"提升到与俄罗斯同等级别；与此同时，将同时面对两个同级别核对手的威胁，特别是机会主义和联合侵略风险提升为重点防范场景。

第二，应对战略不同。《核态势审议》报告判断当前美国的战略态势依然安全、充足、有效，就目前基于对 2030 年中国核力量发展水平的预测而言，美国足以充分应对，无须增加力量规模。《美国战略态势》报告则认为当前的美国战略态势难以充分应对 2027—2035 年的威胁，即难以应对中俄双重威胁，为此需要增加限制损害能力，准备同时应对与中俄的两场核战争。这样一来，对核力量总规模的未来需求就提出了很高要求。

第三，对军控谈判对话的态度不同。《核态势审议》报告将军控谈判和对话视为外交工作的努力方向，寻求通过美俄军控条约谈判加强战略稳定，同时寻求与中国开展战略对话，降低战略风险。《美国战略态势》报告则对未来的军控外交较为悲观，强调"双轨策略"，为没有军控协议的未来做好准备。

（二）差异产生的深层原因

两份报告的出台时间分别是 2022 年 10 月和 2023 年 10 月，时隔一年国际安全环境并未发生太大变化，两份战略文件对美国核态势的评估为何有如此鲜明的差异？

直接来看，《美国战略态势》报告的出台是由于美国鹰派对民主党政府《核态势审议》报告感到不满。2021 年 6 月疑似中国导弹发射井建设事件的报道出现后，引燃了美国内对中国核力量发展的严重关切，"中国要赶超美国核规模、中国核战略性质要改变"的声音甚嚣尘上，鹰派对此反应强烈。时任美参联会副主席海顿将军（John Hyten）称，中国几乎一夜之间建造了这么多导弹井，"这种威胁的速度才是真正最令人担心的"。[①] 在此背景下，鹰派认为《核态势审议》对来自中俄威胁的应对过于"温和"。[②] 因此，跨党派的国会战略态势委员会成为鹰派表达态度的重要平台，这是《美国战略态势》与《核态势审议》报告显著不同的直接原因。

深层来看，美国核态势评估分歧根本源于核战略路线之争。最低威慑战略与制胜型核战略（或限制损害战略）两种战略思路在美国内长期同时存在，相互争论了大半个世纪，都对美国实际执行的核战略产生影响，但制胜型核战略思路在军方、鹰派及实际的核战略运用中影响更大。这也是

---

① John A. Tirpak, "Strategic Command Needs New Three-Way Deterrence Model, Deputy Commander Says," Air and Space Forces, August 27, 2021, accessed January 18, 2024, https://www.airandspaceforces.com/strategic-command-new-three-way-nuclear-deterrence-model/; Mikayla Easley, "JUST IN: Hyten Says Pentagon Moving 'Unbelievably Slow' with Modernization," September 13, 2021, accessed January 18, 2024, https://www.nationaldefensemagazine.org/articles/2021/9/13/hyten-says-pentagon-is-moving-unbelievably-slow-in-defense-modernization.

② David J. Trachtenberg and Keith B. Payne and John Harvey, "Assessing the 2022 Nuclear Posture Review," *Journal of Policy & Strategy* 3, no. 2 (2023): 99–110.

美国政府对外宣示的核战略及核力量态势基本延续一致，长期呈现制胜型核战略特色的原因。但民主党中信奉最低威慑战略的鸽派相对较多，因而民主党政府的核政策宣示总体更加倾向于最低威慑战略的逻辑。当然，他们也难以改变美国核力量发展运用的主要原则。他们认为美国具备极为可靠的二次打击能力，足以应对中国潜在核扩张带来的威胁。《核态势审议》报告中的判断就体现了这一思维。国家安全事务助理杰克·沙利文（Jake Sullivan）在 2023 年 6 月的讲话中强调美国核力量无须超过中俄之和，即可成功威慑中俄两国。[1] 此外，战略态势委员会成员、民主党人莱昂诺尔·托梅罗（Leonor Tomero）也曾指出美国无须增加核武库规模数量。[2] 这些高官与专家的言辞表明，拜登政府对当前的核力量规模仍有自信，基本是在现有规模上对核"三位一体"进行更新换代，其依据就是美国拥有高生存力的海基核力量，即便中国继续扩展核力量，美国也能做到在任何情况下给中俄不可承受的报复打击，这是以最低威慑战略逻辑来应对中国可能增加的核力量规模。

一般而言，共和党中支持制胜型核战略的鹰派较多。持这种战略逻辑的人非常看重在打击军事目标上的能力优势，因此强调要扩充规模以提升打击军事力量（counterforce）能力。不过，冷战后他们常常避免使用"打赢""制胜"（warfighting）等词，而更多使用"限制损害"等概念，这样听上去更具有正当性。《美国战略态势》报告虽是两党报告，但迫于国内政治形势，鹰派观点成为报告基色，它更多展示了制胜型核战略思路，强调

---

① Whitehouse, "Remarks by National Security Advisor Jake Sullivan for the Arms Control Association (ACA) Annual Forum," June 2, 2023, accessed January 18, 2024, https://www.whitehouse.gov/briefing-room/speeches-remarks/2023/06/02/remarks-by-national-security-advisor-jake-sullivan-for-the-arms-control-association-aca-annual-forum/.

② Leonor Tomero, "Deterring Two Peer Competitors for U. S. Deterrence Strategy: Time to Innovate," in *Project Atom: A Competitive Strategies Approach for U. S. Nuclear Posture through 2035*, CSIS, September 2023, accessed January 20, 2024, https://nuclearnetwork.csis.org/project-atom-2023/.

了保持核优势、提升打击军事目标能力的逻辑。按此逻辑，在面对中俄可能的两场核战争时，美国部署核武器数量必然要明显增加。委员会中民主党成员有明显不同意见，但最后依然同意发布了这样一份比较强硬的报告，分析其原因，估计也是为了迎合地缘政治需要而作出妥协，这样做一方面迎合美国遏制中国崛起、维持其霸权地位的大战略需要，另一方面可对中国形成外交舆论压力，通过制造"中国威胁论"制约中国核现代化努力。

五、美国核态势的潜在走向

由于美国国内两种核战略思路同时存在，两种战略思路对共和党政府及民主党政府的影响力有很大不同，难以形成共识。可以预见，未来两党仍会持续就长期战略态势调整问题展开争论，对美国核战略态势的评估建议将随着大选年后的政府更迭对美国核态势的潜在走向产生不同影响。

若民主党继续执政，在中美关系等外部安全环境不发生重大变化的情况下，民主党政府较大可能会延续当前的核战略立场和核态势，重点是完成核"三位一体"更新换代任务。战略对话仍是其从外交层面维护战略稳定、降低核风险并制约中国发展的重要手段，这从当前美国积极推动与中国开展的多领域战略对话中可见一斑。当然，在共和党鹰派的压力下，民主党政府也有可能以某种形式对核态势作出一定调整，在一定程度范围内采取一些行动，比如展现重新上载能力、调整对华打击方案等。《美国战略态势》报告提到的重新上载备用核弹头措施，是短期内快速增加部署核武器数量较易实现的办法。按照军控专家们的预测，美国现有核运载工具有再重新上载至少 2 000 枚备用核弹头的潜力，已远超过美目前预估的 2035年中国核弹头总量。此外，《美国战略态势》报告提到要开发可前沿部署、高生存力、多威力、可突防、及时交付的战区核武器，可能会导致海基核巡航导弹项目死灰复燃。鉴于对中国 2035 年后是否继续大幅扩张并不是十分确定，预计美政府将通过多种渠道对中国的核现代化目标进一步确认。如果确定中国的核现代化主要旨在提升生存力，美政府也有短期内不明显调整核态势的可能。

若共和党再次执政，制胜型核战略逻辑将在塑造美国官方核战略中发挥更大作用，共和党新政府的核战略可能较 2018 年《核态势审议》报告中展现得更加激进，针对中国的特点更加突出，追求打击军事目标能力（counterforce）或制胜能力更加明显，对战略稳定产生更大的破坏作用。不过，《美国战略态势》报告提出的态势调整建议庞杂，除重新上载非部署核弹头或少量增加应对有限核使用的一些新选项外，大规模增加运载工具及核武器数量或发展核武器新的部署方式恐较难落实。其中，核基础设施产能不足和国防预算限制将是主要制约因素，党派分歧也将会是重要障碍和掣肘。另外，越来越多的人认为，当前面临的主要核威胁是有限核使用，这与大量增加战略核武器数量没有直接关系，而且美对中国未来是否继续大幅扩张仍不确定，这使得花巨资扩充核武库以应对极端场景的需求动力不足。因此，《美国战略态势》中提出的扩张核武库建议前景，多半将是雷声大雨点小。再有，大规模改变部署的数量或核武器总体规模，也会给美俄新 START 条约到期后双边军控安排的下一步走向产生重大影响。在一个显著扩大了的核武库规模基础上延续双边军控条约机制将变得十分复杂，可能需要重新设定框架。对此，俄罗斯的态度尚不明朗，若美国的井基核武器再次多弹头化，美国一再标榜的消解不稳定的核武器系统措施将被放弃，可谓是军控层面的"开倒车"，美俄间新 START 条约后续机制的维持将更加困难。

整体而言，若美国按照建议明显扩充总体的武库规模，追求更大的限制损害能力，不仅浪费资源，造成额外经济负担，还可能刺激军备竞赛，恶化大国政治关系，对美俄、中美战略稳定性造成损害。

探析高超声速导弹发展
对战略稳定的影响及未来军控措施

张玉　史建斌

内容提要：高超声速导弹作为武器谱系中异军突起的新兴力量，兼具弹道导弹速度快和巡航导弹机动性强的技术特性，军事性能独特，突防优势明显，其快速发展引发国际社会对维护战略稳定的关注以及采取军控措施的探讨。当前高超声速导弹发展态势未对大国间战略稳定构成根本性影响，但仍有必要对其可能引发的安全风险进行管控。目前没有专门针对高超声速导弹的军控与防扩散机制。鉴于高超声速导弹具有核常兼备的军事属性以及军民两用的技术特点，而且各国发展的战略需求与技术进展不同，短期内国际上很难达成硬性的条约类军控措施，建立软性的相互信任措施更具可行性。无论考虑何种军控措施，维护战略稳定是基本原则，关联导弹防御是基本要求。

关 键 词：高超声速导弹；核武器；战略稳定；军控措施

作者单位：中国工程物理研究院战略研究中心

一、引言

高超声速导弹在不同文献资料中的定义有所差异，但被广泛理解为需要同时具有三个典型特征：大部分飞行轨迹在地球大气层内；速度超过5

马赫；具备做大范围不规则机动飞行的能力。① 高超声速导弹一般分为高超声速助推滑翔飞行器和高超声速巡航导弹两类，前者先由火箭助推加速到高超声速，然后无动力滑翔；后者亦先由助推器加速，随后由携带的先进吸气式发动机提供动力达到并维持高超声速。高超声速导弹与弹道导弹相比，具有机动性能好、飞行轨道低的特点；与巡航导弹相比，具有速度快、射程远的特点。这使得高超声速导弹难以被探测、跟踪、拦截，在突破反导系统和防空系统方面尤具优势，成为备受瞩目的新兴军事力量。

全球有多个国家正在发展高超声速导弹技术，并处于不同技术发展阶段。俄罗斯的高超声速武器研发工作从 20 世纪 80 年代开始，② 当前"三位平台并举，核常型号兼顾"，积极推进陆基弹道导弹搭载的"先锋"高超声速滑翔器、舰载"锆石"高超声速巡航导弹和空射"匕首"高超声速导弹的研发与部署。③ 外界普遍认为俄罗斯高超声速导弹既可携带常规弹头，也可携带核弹头。④ 美国最早开展高超声速技术研究，一度处于领先地位，但尚未进入实际部署阶段，当前正"多个项目齐上，攻防系统同建"，通过海军、陆军、空军及国防高级研究计划局（DARPA）的多项计划，全面布局，增加投资，快速推进，不仅研发用于进攻的高超声速导弹，还研发相应的防御系统。⑤ 此外，澳大利亚、印度、法国、德国、韩国、朝鲜、日本

① Timothy Wright, "Hypersonic Missiles Proliferation: An Emerging European Problem?" *EU Non-Proliferation and Disarmament Consortium Disarmament Papers*, No. 80, May 2022, p. 3.

② Timothy Wright, "Hypersonic Missiles Proliferation: An Emerging European Problem?" *EU Non-Proliferation and Disarmament Consortium Disarmament Papers*, No. 80, May 2022, p. 5.

③ Jill Hruby, "Russian's New Nuclear Weapon Delivery Systems: An Open-Source Technical Review, " Nuclear Threat Initiative, November 2019, pp. 9–10.

④ Kolja Brockmann and Dmitry Stefanovich, "Hypersonic Boost-Glide Systems and Hypersonic Cruise Missiles: Challenges for the Missile Technology Control Regime, " Stockholm International Peace Research Institute (SIPRI) , April 2022, p. 12.

⑤ Kelley M. Sayler, "Hypersonic Weapons: Background and Issues for Congress, " *Congressional Research Service*, R45811, February 9, 2024, p. 5.

等国也在研发高超声速导弹技术，但大都处于初期阶段，距离实际装备尚有较大差距。①

高超声速导弹不仅具有突防优势，而且既可携带常规弹头作为常规快速打击武器，也可携带核弹头作为核武器，其快速发展态势引起国际社会的高度关注并担忧其可能引发的安全风险。本文探析高超声速导弹发展对战略稳定的影响，探讨高超声速导弹可能的军控措施，并评议其未来军控方向。

二、高超声速导弹对战略稳定的影响

探析高超声速导弹发展对战略稳定的影响是探讨未来可能的军控措施的基础。在常规领域，尽管高超声速导弹的独特军事属性吸引了一些国家发展，一定程度地助长了军备竞赛态势，但从毁伤效应角度讲，高超声速导弹与弹道导弹、飞机、舰艇等主要常规装备无实质区别，而且纵观军控历史进程，不论现在还是未来，国际上都很难对常规军事力量的发展与使用进行专门控制。因此，本节立足于核领域探析高超声速导弹对战略稳定的影响。

学术界对高超声速导弹是否以及如何影响核国家之间的战略稳定并无定论，相关探讨基本围绕着"一个态势两个特性三个模糊"展开，即高超声速导弹的快速发展态势，速度快、机动性强的两大独特技术属性，以及弹头模糊、目标模糊、落点模糊这三个风险触发点。经典的战略稳定概念诞生于冷战时期的美苏核关系之中。一般认为，当两个核国家处于相互脆

① Susan Davis, "Hypersonic Weapons: A Technological Challenge for Allied Nations and NATO," NATO Parliamentary Assembly, October 30, 2020, p. 8.

弱状态时，即不论谁先动手都无法消除对方的二次打击能力的时候，双方就没有进行第一次打击的动机，这就是战略稳定的状态。战略稳定又分为危机稳定和军备竞赛稳定这两种情况：如果在危急时刻双方都没有先发制人打击的动机，则说明有较好的危机稳定；如果双方都没有扩充发展核力量动机，则说明有较好的军备竞赛稳定。① 本节试从经典战略稳定概念的角度探析高超声速导弹对战略稳定的影响。

（一）高超声速导弹发展态势对军备竞赛稳定的影响

通常认为高超声速导弹发展将提升进攻方的突防能力、降低对手弹道导弹防御体系的价值，从而增加对手部分核力量遭受突袭、反击能力遭到削弱的风险。② 对手由此可能产生扩充核力量的动机，从而破坏军备竞赛的稳定。

高超声速导弹作为新兴武器，与弹道导弹相比现阶段费效比仍然较低，③ 大量发展并不现实，作为一次打击手段成本太高，而且精度不够理想，因此只适合做二次打击武器。对于核力量具有很高生存力的核国家而言，即使对手发展了大量高超声速导弹，也难以影响其二次打击能力。

（二）高超声速导弹技术特性对危机稳定的影响

通常认为高超声速导弹破坏危机稳定的技术特性体现在两方面。其一，

① Michael S. Gerson, "The origins of Strategic Stability: The United States and the Threat of Surprise Attack," in Elbridge A. Colby, Michael S. Gerson Editors, *Strategic Stability: Contending Interpretations* (Carlisle Barracks: US Army War College Press, 2014), pp. 1–37.

② Dean Wilkening, "Hypersonic Weapons and Strategic Stability," *Survival* 61, no. 5 (2019), pp. 137–138.

③ Congressional Budget Office, "U. S. Hypersonic Weapons and Alternatives," January 31, 2023, p. 3; Carrie A. Lee, "Technology Acquisition and Arms Control: Thinking through the Hypersonic Weapons Debate," *Texas National Security Review* 5, Iss. 4 (2022).

速度快。这将缩短导弹飞抵目标的时间。其二，机动性强。尽管高超声速导弹在助推阶段很可能被预警卫星或预警雷达探测到，然而，其大部分飞行阶段飘忽不定而且飞行轨道相对较低，难以被持续探测和跟踪。[1] 这两项技术特性引发了一个共同的问题，就是缩短了高超声速导弹可被探测的时间窗口，[2] 致使受袭方的决策、响应时间太短。对于美国本土与俄罗斯本土之间的距离，洲际弹道导弹发射后可留给对手20—30分钟的决策、响应时间，而高超声速导弹将把该时间段缩短为仅约5分钟。[3] 这增强了受袭方对遭受先发制人打击的担忧，从而有可能破坏危机稳定。

综合分析，战略判断时间可能被缩短这个问题在核军控领域由来已久，并非高超声速导弹所引发的新问题，也并非高超声速导弹所独有的问题。例如，潜射弹道导弹如果在抵近对手海岸的战略核潜艇上压低弹道发射，其飞行时间也很短，同样会压缩对手的战略判断时间。[4] 如果一个国家核力量拥有足够生存力以应对潜射弹道导弹攻击的话，那么同样能应对高超声速导弹攻击，并不会仅仅出于对高超声速导弹的担忧而破坏危机稳定。

（三）高超声速导弹模糊问题对危机稳定的影响

通常认为高超声速导弹如同其他全球快速打击力量一样，存在弹头模

---

① Ivan Oelrich, "Cool Your Jets: Some Perspective on the Hyping of Hypersonic Weapons," *Bulletin of the Atomic Scientists*, January 1, 2020, https://thebulletin.org/premium/2020-01/cool-your-jets-some-perspective-on-the-hyping-of-hypersonic-weapons/.

② Richard H. Speier, etc., *Hypersonic Missile Proliferation: Hindering the Spread of a New Class of Weapons*, Santa Monica, Calif.: RAND Corporation, 2017, p. 107.

③ Torben Schutz, "Technology and Strategy: Hypersonic Weapon Systems Will Decrease Global Strategic Stability-and Current Control Regimes Won't Do," DGAP kompakt, No. 4, March 2019, p. 2.

④ David Wright and Cameron Tracy, "The Physics and Hype of Hypersonic Weapons," *Scientific American*, August 1, 2021, https://www.scientificamerican.com/article/the-physics-and-hype-of-hypersonic-weapons/.

糊、落点模糊和目标模糊等问题，可能引发或激化危机升级的风险。[1] 弹头模糊源自高超声速导弹的核常两用性质。由于对手没有可靠的方法获悉来袭高超声速导弹携带的是常规弹头还是核弹头，有可能将之识别为装有核弹头的武器并作出核反应。落点模糊问题指一个国家虽然能探测到飞行中的高超声速导弹，但由于后者具有偏离其初始轨道数百千米的能力，[2] 因而不到导弹的飞行终段则无法确定自身是否为打击对象。目标模糊是指一个国家即使能探测到高超声速导弹并正确识别到自己是受袭方，但也可能到最后一刻才知道己方受袭目标是核威慑力量还是常规力量。上述每一个模糊因素都可能引起对手的战略误判，提高核升级风险，从而破坏危机稳定。当攻击方的常规与核运载系统同址或近址部署，或受袭方的核资产与常规资产同址或近址部署时，这种风险可能会加剧。

这三个模糊因素往往纠缠在一起，而弹头模糊是其中最常提及也是风险最大的因素，落点模糊和目标模糊则与高超声速导弹机动性强的技术特性挂钩。在核军控领域，弹头模糊问题也同样不是高超声速导弹所独有，其他核常两用武器系统一直存在类似问题。例如，美国现役的 F-16 歼轰机以及正在研发的 F-35 歼轰机都既可装载常规炸弹也可装载核炸弹，其引发误判导致核升级风险的问题长期被军控界所关注。因而，高超声速导弹因模糊性问题而引起的误判升级风险也不是新问题，只是如何管控此类升级风险将引起更多关注。

综上，当前高超声速导弹发展态势并未对核国家之间的战略稳定造成颠覆性影响。事实上，出于对核战争的恐惧，理性的领导层不会因为面临

① James M. Acton, *Silver Bullet? Ask the Right Questions about Conventional Prompt Global Strike*, New York: Carnegie Endowment for International Peace, 2013, p. 111.

② Shannon Bugos, "Arms Control Tomorrow: Strategies to Mitigate the Risks of New and Emerging Technologies," Arms Control Association, May 2023, p. 8.

高超声速导弹引发的战略决策时间短、核常两用挑战等问题而仓促、轻易地作出核反应授权。[①] 如果所有核武器国家都采纳并奉行"不首先使用核武器"政策，或相互承诺不首先使用核武器，将最大限度地降低高超声速导弹发展可能引发的对战略稳定的影响。

三、高超声速导弹对现有导弹控制机制与
防扩散机制的挑战

尽管高超声速导弹对大国间战略稳定的影响甚微，但是由于常规高超声速导弹一定程度地刺激了军备竞赛，国际上仍然出现了对其进行限制与控制的呼声。鉴于高超声速导弹与其他导弹系统在定义上有所交叉，虽然现有导弹控制机制与防扩散机制并未明确针对高超声速导弹提出限制要求，但这些控制机制对高超声速导弹的适用性已进入国际军控界视野。

（一）与联合国平台相关的讨论或机制

联合国平台可能与限制高超声速导弹相关的讨论或机制包括联合国大会第一委员会（"联大一委"）相关讨论、根据联大 1991 年第 46/36L 号决议设立的"联合国常规武器登记册"以及安全理事会第 1540 号决议。[②]

"联大一委"负责处理裁军、威胁和平的国际挑战等国际安全事务，并应对国际安全制度中的挑战。"联大一委"分别在 2001—2002 年、2004 年、2007—2008 年举行过三次会议，全方位讨论导弹问题，但没有涉及助

---

① Evan Braden Montgomery and Toshi Yoshihara, "Speed toward Instability: Hypersonic Weapons and the Risks of Nuclear Use," Center for Strategic and Budgetary Assessments, 2023, p. 13.

② United Nations Office for Disarmament Affairs, United Nations Institute for Disarmament Research, *Hypersonic Weapons: A Challenge and Opportunity for Strategic Arms Control* (New York: United Nations Publication, 2019), pp. 27–29.

推滑翔系统。此后，该委员会没有就导弹问题形成过决议，也没有正式讨论过高超声速导弹问题。

"联合国常规武器登记册"作为国际常规武器转让领域的一项透明机制，用以登记七类武器的进出口情况，其中"导弹和导弹发射器"类别涵盖能够把大规模杀伤性弹头或武器投掷至 25 千米以外的火箭、弹道导弹和巡航导弹。目前，"登记册"政府专家组没有审议过高超声速导弹问题，也没有把高超声速导弹明确列入"导弹和导弹发射器"类别。

安全理事会第 1540 号决议是安理会第一个专门针对非国家行为体的防扩散决议，决议要求各国不得以任何形式支持非国家行为体开发、获取、制造、拥有、运输或使用大规模杀伤性武器或其运载工具。其中，运载工具被定义为"专门设计的能够运载核生化武器的导弹、火箭和其他无人驾驶系统"。从定义来看，高超声速导弹落入受限运载工具的范畴，但此决议仅针对非国家行为体的扩散风险，并未制约国家行为体发展高超声速导弹。

（二）可能相关的多边机制与协议

一些国际多边机制与协议可能对高超声速导弹进行限制或管控，主要包括 1987 年建立的"导弹及其技术控制制度"（MTCR）、2002 年制定的"防止弹道导弹扩散海牙行为准则"与 1996 年发起的"瓦森纳安排"。但是，这些机制与协议在创立时不可能虑及新兴军事技术，因而对高超声速导弹没有明确涵盖的条文、没有直接适用的措施。

"导弹及其技术控制制度"是一项限制导弹及相关技术扩散的非正式政治备忘录，包括有关出口政策的"准则"（Guideline）以及列出详细管制物项的"附件"（Annex）。"附件"罗列了应受控制的能够运载大规模杀伤性武器系统及相关物项和技术，其中的"第Ⅰ类"涉及敏感物项，"第Ⅱ类"

涉及较低敏感物项。① 近年来，关于高超声速导弹是否适用于"导弹及其技术控制制度"的讨论增多。2020 年"导弹及其技术控制制度"在其技术专家会议和全体会议讨论了高超声速导弹，但尚未将之纳入控制范围。② 2022 年瑞典斯德哥尔摩国际和平研究所（SIPRI）的一份研究报告认为，鉴于该制度管控"能够将至少 500 千克有效载荷投送到至少 300 千米以远的运载系统"，而且大多数情况下高超声速导弹的有效载荷和射程已落入此定义范畴，因此该制度规定的出口控制已经涵盖高超声速导弹所需的子系统、项目和技术。③ 但是，对于高超声速导弹是否落入"附件"中"第 I 类"或"第 II 类"的管制，国际上存在分歧意见，"导弹及其技术控制制度"对此也未明确规定。

"防止弹道导弹扩散海牙行为准则"旨在通过透明和建立信任措施等手段，防止和控制能够运载大规模杀伤性武器的弹道导弹的扩散。该准则要求各国在开发、试验和部署弹道导弹方面实行最大限度的克制，并对弹道导弹和民用航天器的发射采取透明措施。尽管美俄曾单边通报过一些高超声速导弹相关系统的试飞，但该准则没有讨论过高超声速助推滑翔器问题，也没有明确将之归入"弹道导弹"类别。

"瓦森纳安排"旨在促进常规武器和两用物品及技术转让的透明度，从而加强对大规模杀伤性武器及其运载系统的管控。参与国须对"瓦森纳安

---

① 第 I 类包括"能够将至少 500 千克有效载荷送到 300 千米以远"的任何完整火箭系统和无人航空飞行器系统（包括弹道导弹、运载火箭、巡航导弹和无人侦察机等）；完整子系统（例如火箭各级和发动机、制导系统和再入飞行器）；相关软件和技术；专门设计的生产设施。第 II 类包括两用导弹和无人飞行器相关部件，以及射程至少 300 千米但有效载荷能力不论的完整火箭系统和无人飞行器系统。

② MTCR, "Missile Technology Control Regime Newsletter, " September 3, 2020.

③ Kolja Brockmann and Dmitry Stefanovich, "Hypersonic Boost-Glide Systems and Hypersonic Cruise Missiles: Challenges for the Missile Technology Control Regime, " Stockholm International Peace Research Institute（SIPRI）, April 2022, p. 15.

排"的控制清单中所列物品实行出口控制，其中包括弹道导弹系统及其部件。"瓦森纳安排"同样没有审议过高超声速导弹问题，也未确定其在控制清单中的所属类别。[①]

此外，高超声速导弹也可能在国际人道主义法框架下进行管控。《特定常规武器公约》（CCW）作为国际人道主义法的一项重要文书以及常规军控领域的重要机制，其五项议定书旨在禁止或限制对平民造成滥杀滥伤或给战斗人员造成不必要痛苦的特定武器类型。该公约尽管在解决常规武器滥用引发的人道主义关切等方面发挥了重要作用，但目前并没有涉及高超声速导弹问题。

四、高超声速导弹可能的军控措施

迄今为止，除了俄罗斯的"先锋"高超声速导弹因使用 SS-19 洲际弹道导弹作为助推器而被纳入美俄双边新 START 条约总额限制外，[②] 专门针对高超声速导弹的军控措施尚处空白阶段。高超声速导弹军控措施的达成和实施既有政治障碍，也有技术挑战。首先，各国发展高超声速导弹技术的动因不同，除了突防导弹防御系统这一重要驱动因素外，也伴随着加强远程快速打击能力的军事需求、提升国家威望的政治需求、促进航天事业的商业需求等驱动因素，而且所处技术阶段并不相同，因此对相关军控的参与意愿以及关注问题可能迥异。其次，高超声速导弹作为核常两用武器，在核武器领域与常规武器领域的军控关切点不同，增加了军控挑战性与核

[①] Wassenaar Arrangement Secretariat, "List of Dual-Use Goods and Technologies and Munitions List," WA-LIST (21) 1, December 2021, https://www.wassenaar.org/app/uploads/2021/12/Public-Docs-Vol-II-2021-List-of-DU-Goods-and-Technologies-and-Munitions-List-Dec-2021.pdf.

[②] Hans M. Kristensen, Matt Korda, Eliana Johns and Mackenzie Knight, "Russian Nuclear Weapons, 2024," *Bulletin of the Atomic Scientists* 80, no. 2 (2024), p. 119.

查复杂性。虽然当前国际上不存在任何军控条约或措施对高超声速导弹的发展形成实际限制，但出于维护战略稳定与减少危机风险的关切，高超声速导弹军控问题将越来越受重视。未来相关军控措施大致可分为三类，一是条约类军控措施，二是建立信任措施，三是出口管制措施。

（一）条约类军控措施

参照国际核军备控制领域现有的正式条约或协定，针对高超声速导弹的条约类军控可考虑三种模式，即《战略武器削减条约》（START）模式、《不扩散核武器条约》（NPT）模式和《全面禁止核试验条约》（CTBT）模式。这些军控条约模式理论上都有助于禁止或限制高超声速导弹的发展与扩散，但都存在一定难点。

《战略武器削减条约》模式，即限制或削减高超声速导弹数量。当前《新战略武器削减条约》（简称"新START条约"）继承了于2009年12月到期的《战略武器削减条约》，进一步以法律条文的形式限制了美、俄实战部署的战略进攻性武器数量，并在2021年续约时开创先例，将"先锋"高超声速导弹与其他洲际弹道导弹一并纳入总数限制。此外，新START条约具有开放性，其第五条规定，"当一缔约方认为一种新型战略进攻性武器正在出现时，该方有权提出这种战略进攻性武器的问题，供双边协商委员会审议"，这为俄罗斯和美国达成协议把更多高超声速导弹纳入条约限制范围提供了可能性。[①] 但新START条约将在2026年到期，乌克兰危机爆发后，美俄宣布暂停执行新START条约，随后是否再次延期或被新条约所取代未知，而且延期条约或后续条约是否会扩大限制范围也未详，这将直接影响

---

① U. S. -Russia, "Treaty between the United States of America and the Russian Federation on Measures for the Further Reduction and Limitation of Strategic Offensive Arms," signed in Prague on April 8, 2010, Article V.

"先锋"及其他高超声速导弹未来是否受限以及如何受限。此外，新 START 条约在"序言"中强调，"认识到战略进攻性武器与战略防御性武器之间存在内在联系，随着战略核武器的削减这种内在联系将更为重要，当前的防御性战略武器不要破坏双方战略进攻性武器的可行性和有效性"，未来是否会将高超声速导弹限制与导弹防御体系进行关联未明。

《不扩散核武器条约》模式，即在全球范围内谈判达成"不扩散高超声速导弹条约"，从而把高超声速导弹拥有权限制在那些已经掌握特定能力的国家，在全球范围内禁止高超声速导弹及其控制权转让，但保障其他国家和平利用高超声速技术的权利。然而这种模式的困境有三：其一，高超声速导弹核常两用，如何限制他国发展常规高超声速导弹能力成为挑战；其二，高超声速技术军民两用，对广大国家如何既保障其和平发展权利又防止其"民转军用"成为矛盾；其三，已发展国家与未发展国家的权益不同，如何说服未发展国家放弃发展权利成为难题。

《全面禁止核试验条约》模式，即达成一项暂停或禁止高超声速导弹试验的国际军控协议，从而限制高超声速导弹的能力获取（横向扩散）或能力发展（纵向扩散）。但是，目前各国高超声速技术正处于发展阶段，而且难以核查试验的军民性质，因此推进这种军控模式缺乏必要的技术基础和政治意愿。

（二）建立信任措施

随着高超声速导弹技术的发展以及国际军备控制"去管制化"的整体趋势，[①] 数据交换、战略对话、危机热线、降低戒备、试验通报等建立信任

[①] 孙向丽：《核军备控制的未来：方向与议程》，载李驰江主编《2022 国际军备控制与裁军》，世界知识出版社，2022，第9页。

措施受到越来越多的关注。这些措施的主要目的是增加透明度、提高可预测性、减少误判可能性、降低升级风险，主要形式有单边、双边和多边。例如，就高超声速武器相关的风险和理论、战略和政策进行对话，将有助于建立信任。整体来看，针对高超声速导弹的建立信任措施提议与核武器领域的降低风险问题并无实质区别，往往需要结合安全、军事、政治、经济、外交等诸多考虑因素。参考核军控领域的经验，一些非正式的相互信任措施的成效并不亚于正式的军控条约。例如，美苏/俄在 20 世纪 90 年代初发起"总统核倡议"（PNIs）① 以单边自愿的方式削减了数以万计的战术核武器，这种力度远超美与苏/俄之间的任何正式军控条约。

（三）出口管制措施

高超声速导弹长时间、长距离在大气层中飞行，作战环境异常严酷苛刻，需要有先进的系统、部件、材料以及实验设施。由于大多数国家资源及能力有限，在缺乏外援的情况下无法独立发展高超声速导弹，因此通过控制特定物项及技术的出口，可以起到阻止高超声速导弹扩散的作用。② 实施出口管制的一种可行方案是对现有的防扩散机制进行修订，但这种管制应在联合国框架内经各方讨论确定，同时确保不影响发展中国家和平利用的权利。

---

① 20 世纪 90 年代初，美国总统乔治·布什、苏联总统米哈伊尔·戈尔巴乔夫以及俄罗斯总统叶利钦都单方面宣布了大幅度削减战术核武器的措施，世称"总统核倡议"。参见 George Bush, "Address to the Nation on Reducing United States and Soviet Nuclear Weapons," September 27, 1991; Soviet President Mikhail Gorbachev, "Address to the Nation on Reducing and Eliminating Soviet and United States Nuclear Weapons," October 5, 1991; Russian President Boris Yeltsin, "Address to the Nation on Russia's Policy in the Field of Arms Limitation and Reduction," January 29, 1992。

② Richard H. Speier, et al. , *Hypersonic Missile Proliferation: Hindering the Spread of a New Class of Weapons* (Santa Monica, Calif. : RAND Corporation, 2017) , p. 107.

五、结语

在当前大国战略竞争以及国际核军控体制动荡转型的全球安全背景下，高超声速导弹发展态势引发国际社会对其影响战略稳定、刺激军备竞赛、提升危机风险的担忧，如何通过军控措施对高超声速导弹发展进行一定程度的管控成为热点问题。由于高超声速导弹既具有核常两用的军事特点，又具有军民两用的技术特性，兼之各国因发展的战略需求及技术阶段不同而造成的参与意愿与关注焦点不同，极大地增加了军控防扩散的复杂性，现阶段启动正式军控条约谈判进程的条件并不成熟，达成协议更是遥不可及。相比之下，建立数据交换、战略对话等透明与信任措施更具可行性，尽管这些措施缺乏建立在条约文本上的法律约束力以及建立在核查机制上的透明度和确信性，但能有效减少高超声速导弹引发的安全风险，缓解国际社会的安全担忧，而且能为今后达成正式条约或协定奠定基础。

随着国际安全环境的变化，未来高超声速导弹技术可能不断发展，从而对全球战略格局和安全稳定的影响不断增强，相关军控问题将更为复杂。国际社会需要研究制定包括各种措施与选项的军备控制工具包，从而应对可能的风险挑战。[1] 无论是采取硬性的条约类军控措施还是软性的建立信任措施，都是为了维护战略稳定、降低战略风险——这是考虑任何高超声速导弹军控措施的基本原则。此外，尽管不同国家面临的战略挑战不同，但突破导弹防御系统是发展高超声速导弹的最重要驱动力，因此考虑任何高超声速导弹军控措施必须与导弹防御问题挂钩。

---

[1] Shannon Bugos, "Arms Control Tomorrow: Strategies to Mitigate the Risks of New and Emerging Technologies," Arms Control Association, May 2023, https://www.armscontrol.org/sites/default/files/files/Reports/ACA_Report_ArmsControlTomorrow.pdf.

一体化威慑及其对全球战略稳定的影响浅析

筱卉　郭晓兵　陈庆鸿

内容提要： 在大国竞争加剧背景下，美国拜登政府提出并推行"一体化威慑"战略概念，通过"全军种""全领域""全政府""全手段""全盟伴"等五个维度的力量和资源整合，统筹"拒止性威慑""韧性威慑""直接和集体强加成本威慑"等三重威慑逻辑，打造高层次、体系化综合战略威慑能力，旨在掌握大国竞争战略优势、把持军事科技领先地位、巩固外交同盟和伙伴体系。这势将在军备竞赛稳定、危机稳定和国际防扩散等方面带来新的挑战和风险，从而给全球战略稳定带来负面影响。

关 键 词： 一体化威慑；战略稳定；大国竞争

作者单位： 中国现代国际关系研究院研究生部
中国现代国际关系研究院军控研究中心

一体化威慑是美国拜登政府国防战略的核心理念。它以中国为主要对手，通过"全军种""全领域""全政府""全手段""全盟伴"的五个一体化谋求军事优势地位。它片面强调大国竞争，模糊核与非核界限，驱动美与盟国和伙伴国之间的核扩散行为，将给全球战略稳定带来新挑战。

一、一体化威慑的演化及内涵

"一体化威慑"作为国家战略概念，系由美国拜登政府于 2021 年正式提出，但"一体化"并非全新的理念，其思想和实践起源和初步发展可追溯至冷战结束初期。长期以来，威慑战略一直是美国国家安全战略的重要指导理论，是美国国防政策和军事战略的重要基石。冷战初期，作为首先掌握核武器的国家，核威慑是美国用于针对苏联的主要威慑力量。冷战期间，随着国际安全形势变化和科学技术发展，美国的威慑战略不断发展演变，先后提出大规模报复战略、现实威慑战略、确保摧毁核战略、有限核选择战略、抵消战略等多种威慑战略。[①]冷战结束后，美国因应不断变化的国际安全形势大幅调整威慑战略，历届政府均在探索一定程度的"一体化"战略，即保持传统核威慑的同时，将网络空间和太空纳入构建威慑力量范畴。乔治·W. 布什政府末期提出、奥巴马政府时期不断发展的"跨域威慑"概念，为拜登政府正式推出"一体化威慑"概念提供了基础。

（一）从跨域威慑到一体化威慑

冷战结束后，特别是随着信息化时代发展，美国对其威慑战略进行大幅度调整。核威慑作用一度有所降低，但仍是主要传统威慑力量。同时，网络、信息、太空等新兴领域安全风险和挑战上升，美国日益重视发展与之相适应的威慑力量。核武器和常规武器等传统力量，以及反卫星武器、自主机器人、无人机、网络技术、生物技术等新兴领域的非传统力量，多域威慑力量共存发展、互补融合的一体化特性日益明显。

乔治·W. 布什政府末期，美国提出"跨域威慑"（Cross Domain Deterrence）的概念，在传统陆、海、空作战区域基础上，将网络空间和太空纳入新的

---

① 凌云志：《美提出"一体化威慑"新战略，谋求大国竞争新优势》，澎湃新闻，2023 年 7 月 24 日，https://m.thepaper.cn/wifiKey_detail.jsp?contid=13710845&from=wifiKey#。

作战区域，协作联动发挥威慑作用。① 威慑包括实力、决心、信息传递三大要素，其中实力是基础和后盾。美国发展跨域威慑，依仗的是"多域作战"的能力发展。美国认识到冲突可能跨越陆地、空中、海上、太空和网络空间，因此长期以来致力于加强跨领域整合能力，以获得竞争优势并增强威慑力。为系统推进多域作战能力建设，美国相继提出"全谱优势"理念、"全域战"概念和"联合全域指挥与控制"战略。所谓"全谱优势"理念，是指在所有军事行动中美军都能单独或与盟国部队及"跨机构伙伴"协同行动，击败任何对手并控制局势，保持对对手的战略威慑态势，并以此提出了联合作战的四项基本原则：制敌机动、精确打击、全维防护和聚焦式后勤。所谓"全域战"概念，由美参联会副主席海顿2020年2月提出，是指"深度融合各类作战能力，使其能够在陆、海、空、天、网等'全领域'展开新型协同行动"。② 所谓"联合全域指挥与控制"（JADC2）战略，由美国国防部长奥斯汀（Lloyd James Austin Ⅲ）2021年5月签署，旨在将原本分散在陆海空天各军兵种和海军陆战队的监视、侦察数据整合至统一的网络，帮助美军保持可以在综合训练、协作和战争中实现实时共享信息的能力，从而有效应对全球作战、大规模杀伤性武器威胁、不确定状态的低强度冲突等挑战。

美国拜登政府上台以来，进一步调整威慑战略，强调融合发展和综合运用威慑手段，以服务于其大国战略竞争的需要。2021年，美国国防部长劳埃德·奥斯汀在4月"印太司令部"指挥权交接仪式上、7月美国人工

---

① Jon R. Lindsay and Erik Gartzke, "Introduction: Cross-Domain Deterrence, from Practice to Theory," *Cross-Domain Deterrence: Strategy in an Era of Complexity* (New York, 2019; online edn, Oxford Academic, July 18, 2019), accessed March 5, 2024, p. 3, https://doi.org/10.1093/oso/9780190908645.003.0001.

② 《美推动"全域战"应对"大国竞争"》，中国军网，2020年5月7日，http://www.81. cn/jfjbmap/content/2020-05/07/content_260638.htm。

智能国家安全委员会举办的全球新兴技术峰会等多个场合提及一体化威慑（Integrated Deterrence）概念，强调技术的飞速进步正在改变战争的形式，美国军方需要将技术、作战概念和各种能力以适当方式交织融合，以形成可靠、灵活、强大的威慑能力体系，同时加大对尖端技术的研发投入，加强创新和投资，保持技术领先优势，发展新的作战概念，并加强与欧洲和太平洋地区盟友的合作，整合优势、形成合力。[①] 2022 年，美国白宫和国防部先后发布《美国国家安全战略报告》和《美国防务战略报告》，正式写入一体化威慑概念，成为美国国防战略的指导思想。2022 年 4 月 15 日，美国国防部网站公布了一份简短的《2022 年国防战略的基本情况》，指出一体化威慑是美国实现有关战略目标的重要途径。2023 财年美国防预算草案中明确了美军重点投资方向，基本确立了未来 3—5 年军备建设重点，强调一体化威慑。

（二）一体化威慑的内涵

美意图构筑的一体化威慑是一种"全军种""全领域""全政府""全手段""全盟伴"的一体化，[②] 将最大限度整合和发挥各方优势，进而以绝对优势取得慑止对手行动的效果。这一概念是，实际上是对"跨域威慑"及"全谱优势""联合全域指挥与控制"理论的进一步提炼与深化，其核心要素是将较分散的多域战斗部队与盟伴力量进行联网，建立一支新的分散但高度协调联动的部队，并在一定程度上采取集体行动，大大增强整体威慑能力。

---

① "Secretary of Defense Austin Remarks at the Global Emerging Technology Summit of the National Security Commission on Artificial Intelligence (As Delivered) ," Secretary of Defense Lloyd J. Austin III, July 13, 2021, https: //m. thepaper. cn/wifiKey_ detail. jsp?contid = 13710845&from = wifiKey#.

② 陈庆鸿：《美国"印太"军事威慑战略评析》，《现代国际关系》2023 年第 6 期。

美国国防部长奥斯汀强调，要通过将美国及其盟友的优势结合，形成对潜在对手的军事优势，通过融合现有和新型军事能力，与盟友和伙伴共同确保21世纪安全。为此，他将一体化威慑概念的内容主要归纳为四个方面：一是与盟友和合作伙伴携手合作；二是跨越多个领域，动员开展更多协调、创新和合作；三是掌握最好的武器系统和最新的尖端技术，包括开发利用人工智能和量子计算等工具；四是运用新的作战概念，消除军种及其能力之间的障碍，在陆地、空中、海洋、太空和网络空间协同作战。此后，美国军方高层多次在不同场合阐述了一体化威慑概念。

一体化威慑的战略内涵在2022年发布的拜登政府《国家安全战略》和美国《国防战略》报告中最终确立。根据2022年10月发布的美国《国家安全战略》，"一体化战略"意味着各种能力的无缝结合，旨在对手相信其进行敌对活动的成本超过了收益。主要包括五方面内容：一是跨领域"一体化"，即跨越军事（陆地、空中、海洋、网络和太空）和非军事（经济、技术和信息）领域的"一体化"；二是跨区域"一体化"，主要是美国本土利益和关键区域的"一体化"；三是跨冲突形式的"一体化"；四是"全政府"的"一体化"；五是与盟国和合作伙伴的"一体化"。①

在此基础上，美国2022年10月随后发布的《国防战略》报告进一步指出，一体化威慑试图通过调整政策、投资和活动，针对特定的竞争对手量身定制地加强威慑，并在国防部内外协调以达到最大效果。美国将通过"拒止性威慑""韧性威慑""直接和集体强加成本威慑"三种不同的逻辑加强威慑行动，并根据具体环境和威慑目标进行调整，以寻求最佳组合。具体而言包括：一是拒止威慑，即打消对手认为能够在战场上速战速决并

① The White House, *National Security Strategy*, October 12, 2022, https://www.whitehouse.gov/wp-content/uploads/2022/10/Biden-Harris-Administrations-National-Security-Strategy-10. 2022. pdf.

造成既成事实的想法，让对手望而却步；二是韧性威慑，指提升自身抗打击和迅速恢复能力，增加对手成本或取胜难度，使对手知难而退；三是直接和集体强加成本威慑，意在提升对手将招致反击和集体反制的预期，使对手感到得不偿失。①

综上所述，美国的一体化威慑概念主要包括以下六层含义。

一是全域威慑整合。一体化威慑力求打造全领域、多维度的整体威慑效果，强调运用综合手段，跨域整合威慑力量，不仅涵盖陆、海、空、天、网五大军事领域，还包括经济、科技、信息等非军事领域；不仅涵盖陆海空天物理域，还包含网络、电磁信息域以及心理、决策认知域；不仅强化传统核威慑，还更加突出网络、太空、深海、高超声速等新兴领域的威慑作用，塑造多域力量优势叠加的威慑态势。②

二是创新技术整合。一体化威慑既依赖创新与投资，也依赖技术和理论的融合，是颠覆性技术与变革性作战理论相结合的军事创新，通过不断推动技术创新和作战理念发展，维护美国在军事领域的优势地位和威慑力。就具体技术而言，是将人工智能、电磁频谱、无人系统、量子计算等高新技术领域，与"联合全域作战"等作战概念充分结合，从而生成可靠而有效的威慑能力。

三是全球战区整合。一体化威慑强调打破各战区之间的地理界限，覆盖美国本土及本土以外关键地区，加强作战力量的动态部署和一体运用，以达到全球一体化作战的威慑效应。北约组织、七国集团、美日印澳"四边机制"、"五眼联盟"等是美国构筑区域威慑网的重要依托。

① U. S. Department of Defense, *2022 National Defense Strategy*, October 2022, https://media. defense. gov/2022/Oct/27/2003103845/-1/-1/1/2022-NATIONAL-DEFENSE-STRATEGY-NPR-MDR. PDF.

② 童真、侯亚晨：《美军推进"一体化威慑"面临多重障碍》，《解放军报》2021 年 11 月 4 日，http://military. people. com. cn/n1/2021/1104/c1011-32273329. html。

四是应用场景整合。一体化威慑将威慑应用到从"灰色地带"的各类竞争、威胁和冲突，到小规模武装冲突、高端战争等各种场景；从慑止对手改变现状、损害美核心利益，到防止越过冲突门槛；贯穿和平、危机和战争的全过程全时段，最大限度地发挥威慑功能。

五是国家资源整合。一体化威慑强调采取更加综合和全面的威慑方法的重要性，认为军事、外交、经济和技术要素相互关联，因此要深化国防部与国务院、商务部、能源部等政府机构的合作，全面发挥美国在外交、情报、经济工具、安全援助、军力部署等方面的优势，采取多样化威慑手段，整合各部门资源形成合力。

六是盟友力量整合。一体化威慑整合美国盟友和伙伴的力量，加大投入，加强作战体系的互操作性和联合作战能力发展，同时加强军事合作部署计划、经济和外交行动等方面的协调联动。美国防部提出针对中国的"太平洋威慑倡议"及北约在美国主导下提出的"欧洲—大西洋威慑和防御""联合全域作战"等概念，一定程度上即是一体化威慑的实践。

二、美国实施一体化威慑的动因

一体化威慑是美国传统威慑战略的延伸和升级，系因应地缘政治关系、国际和地区安全形势、新型安全威胁和风险、高新科技发展等变量，作出的战略调整。其动机是谋求美国在大国战略竞争、高新科技发展、巩固军事同盟等方面的绝对优势，以综合实力慑止对手威胁或攻击行动，从而保障美国及其盟友的安全和利益。

（一）战略上，保持大国竞争优势的需要

美国提出一体化威慑战略，旨在谋求大国竞争新优势。美国在 2022 年

发布的《国家安全战略》报告和《国防战略》报告中毫不讳言地称，中国是美国"最重要的战略竞争对手"，俄罗斯是美国的"严重威胁"。根据公开发布的2022年美国国防战略报告情况说明书，美国提出国防战略的四项重点任务：第一，保卫美国本土，应对中国日益增长的多领域"威胁"；第二，阻止对美国、盟国和合作伙伴的战略攻击；第三，威慑侵略，准备在可能的冲突中取胜，优先考虑中国在"印太"地区的挑战，其次是俄罗斯对欧洲的挑战；第四，建立有韧性的联合部队和防御生态系统。报告直接点明，中国是美国"最重要的战略竞争对手"，也是"美国国防部面临的主要挑战"，并称美国国防部"将采取紧急行动，维持和加强威慑"。

一体化威慑旨在慑止中国、俄罗斯等国"侵略"，强调中国等竞争对手不断上升的军事实力，特别是"反介入/区域拒止"能力，正在加速削弱美国传统军事优势和威慑效果，美国需对应发展可持续的、强化的威慑战略和能力。美国寻求展示其实力优势及使用实力手段的决心，迫使对手承认威胁或攻击美国及盟友的成本代价高昂，从而实现"不战而屈人之兵"的最佳威慑效果。

（二）技术上，新兴战略力量发展带来的变革需求

美国谋求把持新兴科技领域技术优势，赢得在"第四次工业革命"中的竞逐，打造全域全维作战能力和更高层次的战略威慑能力。一体化威慑强调增加对人工智能、无人系统、网络信息、高速数据处理等关键技术的研发投入，以促进美军的效率和快速反应能力实现新的飞跃。这与美国于2014年提出的第三次"抵消战略"一脉相承，即通过在新兴高科技领域实现突破，占据技术领先高地，拉大与其他国家的军事技术代差，从而保持美国全球军事霸权地位。

（三）外交上，巩固和加强同盟体系的需要

全球同盟体系是美国二战以来维持霸权、遏制对手的重要战略支柱，是美国国防战略的重要方面，旨在通过建立协同作战体系增强集体威慑力。一体化威慑强调加强与盟友的协作和优势结合，实施协调一致的多国军事行动，包括快速收集、共享和处理情报并将其用于实战等。这一战略是美国拉拢和借助盟友力量、提升其在大国竞争中整体力量的重要举措，同时，不乏修补特朗普政府造成的盟友裂痕、重建盟友对美国安全承诺信任等考虑。

三、一体化威慑对全球战略稳定的影响

一体化威慑是美国谋求绝对军事优势和霸权地位的又一战略举措，秉承美国一贯信奉的零和博弈、实力制胜的丛林法则，势将加剧大国战略竞争和紧张局势，给全球战略稳定带来消极影响。

（一）对军备竞赛稳定的影响

一体化威慑延续传统核威慑战略，同时加大新兴领域军事力量建设，将加剧全球军备竞赛从核领域扩展至新兴领域的趋势。美国 2022 年发布的《核态势评估报告》指出，美国核武器的根本作用是威慑核攻击，但也保留了"极端情况"下使用核武器的可能性。特朗普政府降低核武器使用门槛的一个重要举措是威胁以核武器报复太空和网络攻击。拜登政府在这个问题上也未改弦更张，而是延续了特朗普政府的政策。

同时，美国以同时应对两个势均力敌的核武器国家为借口，升级迭代核武器运载工具，加速发展全球导弹防御系统，整合核常力量综合运用等，

提升美国战略威慑实力。根据美国公布的 2023 财年预算提案和国防部申请的经费项目，美国将延续"高技术转型"趋势，加快研发和采购高超声速、定向能等新一代武器，并更新空基、海基和陆基"三位一体"核武库。在已经具备显著常规优势的情况下，美国进一步强化其战略攻防力量，并推进一体化威慑战略，将影响其他核武器国家核力量的生存能力和突防能力，加剧全球军备竞赛势头，冲击全球战略稳定。①

在此背景下，美俄延续双边核裁军进程、维持现有框架的动力被一定程度削弱了。例如美国将乌克兰危机爆发后对俄罗斯采取的系列措施视为运用一体化威慑的经典案例。但事实却是美俄之间硕果仅存的重要核裁军条约《新削减战略武器条约》休克。2023 年 2 月，俄罗斯宣布暂停履行《新削减战略武器条约》。3 月底，美国停止同俄方交换有关其核武器库存的详细数据。这意味着《新削减战略武器条约》朝着退出历史舞台又迈进了一步。关于进一步深度裁减核弹头数量的新条约谈判更是变得遥遥无期。

（二）对危机稳定的影响

一体化威慑突破了核与新兴战略力量之间的界限，降低了冲突门槛，增加了常规冲突向核冲突升级的风险。新兴领域和新兴技术的非核常规战略威慑力量构建，包括网络和人工智能等新型武器系统的出现，不仅改变战争形态，也改变威慑形态，打破了以传统核威慑为基础的危机稳定框架下的脆弱平衡，可能导致不必要的紧张局势和危机的升级。一体化威慑促进各军种和各武器系统的一体化，极大增强快速反应能力和战斗力，特别是新型武器系统隐蔽性强、精准和快速打击等特点，加强战争智能化、体

---

① 高乔：《美国是全球战略稳定破坏因素》，《人民日报海外版》第 10 版，2022 年 4 月 12 日，http://paper.people.com.cn/rmrbhwb/html/2022-04/12/content_25912174.htm。

系化、混合化等特征，极大加快战争进程。其可能引发的快速毁灭性后果，加大决策者"先发制人"倾向，加大出现误解、误判导致冲突的风险，从威慑止战转向威慑致战的危险。一体化威慑基于敌手假设和报复性反应，不利于国家间互信，导致有关方在危机时倾向于采取强硬立场，而非通过对话和合作来解决问题，加大了危机升级的风险。

当然，也要注意美国将一体化威慑作为国防战略的根本指针，核心还是威慑其认定的对手，而不是追求战胜对手。这与美国二战期间对德意日法西斯轴心以及"9·11"后对国际恐怖主义的战略有所不同。之所以如此，一方面是因为美国认为与中俄的竞争尚不至于你死我活的地步，另一方面是因为长期反恐战争烂尾造成的心理阴影仍在，美国国内对于再度卷入一场大战，特别是与大国的战争意愿不高。所以，一体化威慑的战略目标是维持于美总体有利的现状。但这种情况会随着美国对形势的判断变化而变化。如果看衰中国未来发展在美国成为普遍共识，如果乌克兰危机中以俄罗斯严重受挫收场，那么一体化威慑会迅速转变为一体化胁迫，即采取各种措施将中俄推回美国认定的合理界限之内。美国甚至会进而搞一体化侵略，威胁其对手的主权和政权安全。届时美国与其他大国之间爆发核冲突的风险更是会急剧上升。

（三）对国际防扩散的影响

一体化威慑延续了美国传统核威慑战略，强调推进美国空基、海基和陆基"三位一体"核力量及其配套系统的现代化，是美国威慑对手的必要条件，仍是美国国防建设的优先重点。这将进一步刺激一些国家发展核武器，以加强其威慑能力，加剧核扩散风险。同时，一体化威慑强调与盟国之间的合作，为此美国甚至不惜违反《不扩散核武器条约》的宗旨和原则，向无核武器国家转让大量武器级裂变材料，并筹划增强核武器的境外部署。

这将进一步削弱国际防扩散体系的权威性和有效性，使更多国家对于参与多边裁军与防扩散努力持更加谨慎态度。人工智能、无人武器系统、高超声速武器等尚属国际规则空白领域，有关技术多具有军民两用特征，其在军事领域应用的无序发展，增添了新兴技术领域扩散风险，进一步削弱全球裁军和防扩散努力的动力。

一体化威慑战略本质是信奉零和博弈、实力制胜的丛林法则，是美国着眼赢得大国高端战争、打造军事竞争新优势的举措，标志着美军将从根本上打破单纯依靠兵力数量和规模取胜的固有局限，转而寻求通过多维、多域手段形成现代化威慑力量，达到"不战而屈人之兵"效果。随着大国博弈、国际安全格局、新一轮科技革命的演进发展，美国正加快推进一体化威慑战略落地，但其发展和实施也面临诸多制约因素，包括美国政府大选换届、国防预算拨款额度、盟友立场与合作意愿差异、尖端技术研发不确定性等，其后续发展前景和影响有待进一步观察。

【核不扩散】

北约核共享安排与
《不扩散核武器条约》的兼容性辨析

赵学林　肖朝凡　雷晨曦　黎子琛

美国对华核出口管制动向探析

袁永龙　宋岳　赵畅

北约核共享安排与
《不扩散核武器条约》的兼容性辨析

赵学林　肖朝凡　雷晨曦　黎子琛

内容提要：作为冷战思维的产物和阵营对抗的工具，北约核共享并没有随着冷战的结束而退出历史舞台，反而存在着继续在欧洲扩展的可能性。特别令人关注的是，近年来核共享还出现了向亚太地区扩散的迹象。这不仅对以《不扩散核武器条约》（NPT）为基石的国际核不扩散体系构成了进一步挑战，而且危及国际和地区的和平与安全。本文在广泛调研开源资料的基础上，系统梳理北约核共享的机制性安排，明确揭示其违反《不扩散核武器条约》的法律事实，通过历史和法理的视角，有针对性地驳斥了美国及其北约盟国在这一问题上谎言和诡辩，并提出了各方共同维护国际核不扩散体系权威性、完整性和有效性的建议。

关 键 词：北约核共享；《不扩散核武器条约》（NPT）；国际核不扩散体系

作者单位：中核战略规划研究总院

一、北约核共享的机制性安排

根据北约官方发布的情况说明书，[①] 所谓"核共享"，是指美国与其北约盟国间达成的一种强化"延伸威慑"[②] 的安排，即在部分北约无核武器成员国境内部署美国的核武器，平时由美国控制、监管与维护，战时在获得北约"核规划小组"的政治批准以及美国总统和英国首相的授权后，由北约指定的核常两用战斗机投入作战使用。北约目前有 32 个成员国，[③] 除法国奉行独立的核政策以外，其他 31 个成员国均加入了核共享安排。[④]

北约核共享最早发端于冷战时期。自 1949 年成立之初起，北约就将核威慑作为其共同安全保障与集体防御的核心，其首份战略概念文件便指出"确保能够使用所有类型的武器，无一例外地以所有可能的方式迅速实施战略轰炸，这主要是美国的责任，同时也需要其他国家的协助"。[⑤] 美国在 1953 年将战区核武器确定为其前沿防御的关键内容，1954 年第一批战术核武器运抵欧洲，1966 年北约成立专门讨论核政策的"核规划小组"，标志

[①] NATO, "Fact Sheet: NATO's Nuclear Sharing Arrangements," February 2022; NATO, "Fact Sheet: NATO and the Non-Proliferation Treaty," March 2017; NATO, "Fact Sheet: NATO Nuclear Deterrence," February 2020.

[②] 也称"核保护伞"，是指美将核威慑的保证承诺范围扩大至盟国，以自身核实力慑止对手攻击其盟国，是美核战略的重要组成部分，也是美赖以维系全球同盟体系的手段之一。自冷战以来美始终为其北约盟国以及日韩澳等提供"延伸威慑"。

[③] 包括美、英、法 3 个《不扩散核武器条约》核武器缔约国，以及其他 29 个《不扩散核武器条约》无核武器缔约国。

[④] 截至 2024 年 4 月，最新加入北约的芬兰、瑞典两国迄未公开明确表示是否参加北约核共享安排，但据瑞典首相乌尔夫·克里斯特松 2022 年 11 月表态，即"同芬兰一样，瑞典无意将境内部署核武器作为加入北约的先决条件，但我们欣然接受北约在核武器方面的所有能力"，我们合理推测两国同样加入核共享安排，包括加入"核规划小组"。

[⑤] NATO, *The Strategic Concept for the Defense of the North Atlantic Area (DC 6/1)*, https://www.nato.int/docu/stratdoc/eng/a491201a.pdf.

着北约"核共享"安排正式达成,此后逐步演化并延续至今。[1] 截至2024年初,北约最新版战略概念文件更新于2022年6月,它仍然要求北约无核武器成员国广泛参与核共享,强调"北约的核威慑态势还依赖于美国在欧洲前沿部署的核武器以及相关盟国的贡献"。[2]

(一) 美国在欧洲部署的核武器

美国及北约始终没有披露目前在欧洲部署的美核武器相关确切信息。[3] 据国际智库专家估计,[4] 现有约100枚美国的B61-3、B61-4核航弹部署在北约5个盟国的6个军事基地内,包括比利时的小布罗赫尔基地、德国的比歇尔基地、意大利的阿维亚诺和盖地-托雷基地、荷兰的沃尔克尔基地以及土耳其的因吉尔利克基地[5],并正增加B61-12新型核航弹部署。[6] 这些核航弹置于上述基地的地下仓库中,需要时由北约指定的战斗机投入作战使用,平时由美掌握用于激活这些核武器的行动授权链接。冷战期间,美国在欧洲部署的核武器峰值曾达到约7 300枚(1971年),后随着冷战结束

---

① Alberque, W., "The NPT and the Origins of NATO's Nuclear Sharing Arrangements, Institut Français des Relations Internationales," February 2017; Burr, W., "The U. S. Nuclear Presence in Western Europe, 1954-1962," Part I, *Briefing Book #714*. National Security Archive, July 21, 2020.

② NATO 2022 STRATEGIC CONCEPT, Adopted by Heads of State and Government at the NATO Summit in Madrid, June 29, 2022.

③ "Fact Sheet: U. S. Nuclear Weapons in Europe," August 18, 2021, Center for Arms Control and Non-Proliferation.

④ Hans M. Kristensen & Matt Korda, "United States Nuclear Weapons, 2022," *Bulletin of the Atomic Scientists* 78, no. 3 (2023), pp. 162-184, DOI: 10. 1080/00963402. 2022. 2062943.

⑤ 另据智库专家分析,北约正在对英国皇家空军莱肯希思空军基地的基础设施进行升级改造,以作为未来可能部署美国核武器的潜在场址。参见 Matt Korda & Hans Kristensen, "Increasing Evidence That The US Air Force's Nuclear Mission May Be Returning To UK Soil," Federation of American Scientists, August 23, 2023, https://fas. org/publication/increasing-evidence-that-the-us-air-forces-nuclear-mission-may-be-returning-to-uk-soil/。

⑥ Stockholm International Peace Research Institute, *SIPRI, 2023*, Sweden, Retrieved from https://policycommons. net/artifacts/8340100/sipri/9271111/.

以及美国防优先事项调整而逐步减少。

（二）核规划小组

"核规划小组"成立于1966年12月，旨在为北约成员国提供有关联盟核武器政策的协商与决策平台。目前除法国未参加以外，其余31个北约成员国均加入了该机制。"核规划小组"还下设了关于核政策与规划事项的高级咨询机构，由美国担任主席，北约各国的国家政策制定人员以及专家组成。据北约官网资料，"核规划小组"讨论事项包括"北约核威慑的总体有效性、核武器安全安保与生存能力、通信与信息系统等"，其作用则是"根据不断演变的安全环境审查并在必要时调整北约的核政策"。

（三）核常两用飞机

北约将核常两用飞机视为其核威慑任务的核心，[1] 这种飞机既能够为北约提供常规空中力量，如空中预警和作战支持，也能够在北约"核规划小组"作出政治批准后，在战时使用美国核武器来执行核打击任务。北约公开宣称有7个成员国的空军被指定为北约核任务提供核常两用飞机，除美国外，最广为人熟知的是德国、意大利、比利时和荷兰。[2] 目前，比利时和荷兰的空军正在使用F-16"战隼"战斗机执行核任务，德国和意大利的空军则使用PA-200"龙卷风"战斗机执行核任务，但四国都在寻求采购美国F-35A战斗机来替换老旧飞机。此外，捷克、丹麦、匈牙利、波兰以及

---

[1] NATO, *NATO's Nuclear Deterrence Policy and Forces*, Last updated: July 6, 2022.

[2] 有消息称，土耳其为第6个国家，其部分F-16战斗机可能具备投掷美国B61系列核炸弹的能力；还有推测称，第7个国家或为希腊。虽然2001年美国核武器已撤离希腊，但希腊军队中仍保留有相关预备役单位和任务计划。参见"NATO Steadfast Noon Exercise and Nuclear Modernization in Europe, Federation of American Scientists," October 17, 2022, https://fas.org/publication/steadfast-noon-exercise-and-nuclear-modernization/。

其他两个不具名国家也随时准备为北约的核活动提供常规空中战术支持。①

（四）核威慑演习

近年来，北约每年都会举行代号为"坚定正午"的例行核威慑演习，每次由不同北约成员国主办，演习科目涉及将部署在欧洲的美国核武器，从地下储存点取出，安全运送并安装至核投送平台，以及在不安装实弹的情况下进行训练飞行。最近一次"坚定正午"核威慑演习发生于 2023 年 10 月 16—23 日，地点选在意大利、克罗地亚和地中海上空，当时有来自 13 个北约成员国的 60 架各型军用飞机参演，其中包括侦察机、加油机以及可携带核航弹的核常两用战斗机。值得注意的是，美国空军连续第二次派遣具有核打击能力的 B-52H 战略轰炸机赴欧洲参演。北约秘书长斯托尔滕贝格称，此次演习有助于确保北约核威慑力量的可信性、有效性和安全性。②

二、北约核共享违反《不扩散核武器条约》的法律事实

《不扩散核武器条约》于 1968 年达成，并于 1970 年生效，其缔约国目前包括五个核武器国家在内的 191 个国家，是国际核不扩散体系的基石，也是战后国际安全体系的重要组成部分。在其生效后的 50 余年里，《不扩散核武器条约》在防止核武器扩散、推动裁军进程等方面发挥了至关重要且不可替代的作用。1995 年召开的《不扩散核武器条约》第五次审议大会

---

① Hans M. Kristensen, Matt Korda, Eliana Johns & Mackenzie Knight, "Nuclear Weapons Sharing, 2023," *Bulletin of the Atomic Scientists* 79, no. 6 (2023) : 393−406, DOI: 10. 1080/00963402. 2023.2266944.

② "NATO Holds Long-planned Annual Nuclear Exercise," October 13, 2023, https://www. nato. int/cps/en/natohq/news_219443. htm.

决定将条约无限期延长。根据《不扩散核武器条约》规定，每五年召开一次审议大会，以审查条约的实施情况。

《不扩散核武器条约》第一条和第二条明确规定了核武器国家和无核武器国家在防扩散方面的义务，是条约的核心内容之一。具体而言，《不扩散核武器条约》第一条规定，"每个有核武器缔约国承诺不直接或间接向任何接受国转让核武器或其他核爆炸装置，或对这种武器或爆炸装置的控制权；并不以任何方式协助、鼓励或引导任何无核武器国家制造或以其他方式取得核武器或其他核爆炸装置，或对这种武器或爆炸装置的控制权"。① 《不扩散核武器条约》第二条规定，"每个无核武器缔约国承诺不直接或间接从任何让与国接受核武器或其他核爆炸装置，或对这种武器或爆炸装置的控制权的转让；不制造或以其他方式取得核武器或其他核爆炸装置；也不寻求或接受在制造核武器或其他核爆炸装置方面的任何协助"。②

根据北约核共享的机制性安排，美国在欧洲前沿部署的核武器平时由美国控制、监管和维护，但在战时，经过北约"核规划小组"政治批准以及美国总统和英国首相的最终授权后，这些核武器的控制权将从美国转移至部分北约无核武器成员国的手中。届时，来自这些国家的空军飞行员将控制这些核武器，并全权负责将其投送至预定目标。正如美国时任参谋长联席会议主席厄尔·惠勒上将 1969 年在参议院军事委员会上作证时所言，"除了英国所拥有的核武器外，北约所有的核武器都始终由我们（美国）保管和控制，直至战争爆发，而那时总统可以授权让我们的盟国使用这些武器"。③ 此外，美国还在和平时期定期对上述国家的空军飞行员进行核武

---

① United Nations Office for Disarmament Affairs, *Treaty on the Non-proliferation of Nuclear Weapons* (NPT) .

② United Nations Office for Disarmament Affairs, *Treaty on the Non-proliferation of Nuclear Weapons*.

③ Military Implications of the Treaty on the Non-Proliferation of Nuclear Weapons, Hearing before the US Senate Armed Services Committee, February 91-2, 27 and 28, 1969, p. 23.

器投送相关培训和演练。而上述安排意味着：在战争时期，美国将有条件地向部分北约无核武器成员国转让对核武器的控制权；在和平时期，美国协助部分北约无核武器成员国掌握在战时取得核武器控制权的能力。

由此可见，核共享本质上是一种特殊形式的核扩散。作为《不扩散核武器条约》核武器国家，美国的行为构成违反《不扩散核武器条约》第一条规定；作为《不扩散核武器条约》无核武器国家，有关北约无核武器成员国在战时取得美核武器的控制权，也相应违反《不扩散核武器条约》第二条规定。

三、美国及其北约盟国为核共享所做的辩解

关于北约核共享安排是否违反《不扩散核武器条约》问题，美政府官方曾作出如下解释：

"条约草案不涉及在盟国境内部署核武器的安排，因为这些安排不涉及核武器或其控制权的转让，除非并直到决定进入战争，而那时条约已不再具有约束力。"①

上述解释来自《美国盟国就〈不扩散核武器条约〉草案提出的问题及美国的回答》文件（以下简称《问答》），载于美时任国务卿戴维·迪安·腊斯克写给约翰逊总统的一封信中。该文件于 1968 年 7 月 9 日被提交至美国会参议院，当时参议院正在举行有关美批准《不扩散核武器条约》的听证会。根据现有文件，这也是公开记录中最早的美国对《不扩散核武器条约》的单方面解释。

---

① Dean Rusk, "Questions on the Draft Non-Proliferation Treaty Asked by US Allies together with Answers Given by the United States," NPT Hearings 90-92 (Washington, D. C.: United States Senate, 1968), pp. 262-63.

多年来，来自美国及其北约盟国的政府官员多次在国际场合为北约核共享进行辩解，这样的例子比比皆是。例如，2023 年 8 月，美国总统防扩散事务特别代表亚当·沙因曼在《不扩散核武器条约》第十一次审议大会第一次筹备会一般性辩论上环节发言时称：

"北约的核共享安排早于《不扩散核武器条约》，并始终完全符合《不扩散核武器条约》。就这些安排而言，美国对它们的使用保持完全监管和控制。这是《不扩散核武器条约》第一条和第二条的基础。"①

2022 年 8 月，美国务院国际安全与防扩散高级顾问托马斯·康特里曼在《不扩散核武器条约》第十次审议大会第一委员会发言时称：

"核共享安排被参加《不扩散核武器条约》谈判的代表团明确知晓，并在当时就得以公开。在《不扩散核武器条约》生效后的最初 45 年里，核共享得到了毫无疑问的承认，直到 2015 年《不扩散核武器条约》第九次审议大会才开始受到质疑。"②

同样在 2022 年 8 月，德国常驻裁军谈判会议代表托马斯·戈贝尔在《不扩散核武器条约》第十次审议大会一般性辩论环节发言时称：

"在《不扩散核武器条约》谈判时就已经考虑到了北约的核共享安排，北约的核共享安排早已被所有《不扩散核武器条约》缔约国接受并公开理解。"③

综上所述，美国及其北约盟国为核共享辩解的说辞可以归纳为以下两点：一是核共享安排先于《不扩散核武器条约》而存在，在条约谈判时已

---

① Right of Reply delivered by Ambassador Adam Scheinman at the NPT Preparatory Committee, US Department of State.

② Right of Reply delivered in Main Committee Ⅱ of the NPT Review Conference, US Department of State.

③ Right of Reply by the Federal Republic of Germany General Debate Delivered by Ambassador Thomas Göbel, Permanent Mission of the Federal Republic of Germany to the United Nations New York.

公之于众，但在谈判过程中以及条约生效后的最初 45 年内并未受到任何质疑；二是只有在战争时期，美国才会向北约国家转让核武器或其控制权，而《不扩散核武器条约》在战时不再具有法律约束力。

四、对北约核共享的质疑由来已久

美国及其北约盟国曾强调核共享安排早于《不扩散核武器条约》，在《不扩散核武器条约》谈判时已公开且在长时间内未受质疑，因此不违反《不扩散核武器条约》。这种说法似意援引《维也纳条约法公约》第二十八条 "条约不溯既往" 原则，① 主张《不扩散核武器条约》对其生效之日前发生的行为或事实不发生效力。然而，该原则只适用于条约生效前发生的行为或事实，对于条约生效后持续发生的行为或事实，则不适用。联合国国际法委员会在《条约法条款草案》（此系《维也纳条约法公约》的蓝本）的评注中指出，"如果一项行为、事实或情势在条约生效前发生，在条约生效后持续存在，则将受到条约的约束。" 鉴于此，北约核共享安排虽发生在《不扩散核武器条约》生效前，但相关安排持续至《不扩散核武器条约》生效后，自然受到《不扩散核武器条约》规制，其转让核武器或其控制权的做法构成对《不扩散核武器条约》的违反。

另一方面，经过详细查阅和比对大量信函、备忘录、谈话记录、会议记录以及政策文件后，我们发现，美国及其北约盟国辩称的核共享安排在条约谈判过程中及其生效后最初 45 年内未受到任何质疑的说法也站不住脚。

---

① 该条规定为：除条约表示不同意思，或另经确定外，关于条约对一当事国生效之日以前所发生之任何行为或事实或已不存在之任何情势，条约之规定不对当事国发生拘束力。详见《维也纳条约法公约》，https://www.un.org/zh/documents/treaty/ILC-1969-3。

（一）在《不扩散核武器条约》谈判及签署时，包括部分北约国家在内的许多国家都对核共享安排细节并不知情

历史证据表明，在《不扩散核武器条约》谈判期间，美国并未公开北约核共享安排的细节，即使是部分北约国家也不完全清楚核共享安排的细节，非北约国家更无从了解这一安排。当时北约成员国内部被严禁相互讨论这一安排，只允许与美国进行双边讨论。例如，美国禁止加拿大讨论在其西德境内的基地部署核武器问题，也禁止加拿大讨论有关授权使用核武器的问题，而这些细节加拿大原本准备对外公开。① 再如，瑞典在 1968 年签署《不扩散核武器条约》时竟以为其他欧洲国家也都放弃了共享核武器的计划。②

（二）在签署或批准《不扩散核武器条约》时，仅有个别国家知悉美国将核共享单方面解释为不违反《不扩散核武器条约》的国家立场

关于美国所谓核共享不违反《不扩散核武器条约》的单方面解释（即《问答》），在 1968 年 7 月 1 日《不扩散核武器条约》开放签署时，只有苏联、当时的北约成员国以及十八国裁军委员会的个别成员国才收到过这一立场，多数国家对此毫不知情。③ 1968 年 7 月 9 日，《问答》连同其他相关文件一并提交给美国参议院，供参议院批准《不扩散核武器条约》时审议。这是公开记录中最早的美国对《不扩散核武器条约》的单方面解释。

---

① John Clearwater, *Canadian Nuclear Weapons* (Toronto: Dundurn Press, 1998), p. 44.

② Butcher, Martin, *Questions of Command and Control: NATO, Nuclear Sharing and the NPT*, Berlin: Project on European Nuclear Non-Proliferation, February 20, 1999.

③ Non-Proliferation Treaty, Hearings before the Committee on Foreign Relations, US Senate, Executive H, February 90-2, 18 and 20, 1969, p. 340.

然而，这一解释是在《不扩散核武器条约》开放签署8天后提出的，当时首批56个国家已经签署了该条约。美国的逻辑是，通过将《问答》保存在参议院听证会的文字记录中，美国假定了所有《不扩散核武器条约》缔约国都会知晓并同意美国关于核共享不违反《不扩散核武器条约》的单方面解释。正如时任美国务院副国务卿尼古拉斯·卡岑巴赫坦言，确保其他国家在《不扩散核武器条约》开放签署之后才会知晓《问答》中美国对《不扩散核武器条约》的解释，是美政府经过深思熟虑后制定的策略，否则将违反美国及其盟国的利益。① 美国关于北约核共享不违反《不扩散核武器条约》的单方面解释并非通过政府官方声明发布，其在签署《不扩散核武器条约》时也未提交任何相关声明，再次说明美国根本无意将其立场正式知会所有《不扩散核武器条约》缔约国。

（三）在《不扩散核武器条约》生效后，国际社会对北约核共享质疑、批评与反对的声音迭起

在条约生效后的最初几年里，的确没有太多国家对核共享表达反对，这主要源于美国对核共享安排保持不透明，并曾有意隐瞒了对条约的单方面解释。在1966年，时任美国防部长罗伯特·麦克纳马拉曾经承诺，"美国愿意尽一切努力来解释其核不扩散立场和北约核共享安排，并证明两者之间没有任何矛盾"。② 但美国及其北约盟国并未做到这一点，其他许多国家根本无法分析验证美国单方面解释的有效性，更谈不上同意或反对美国刻意隐瞒的特定安排。③

---

① Evans Gerakas, et al. , op. cit. , p. 574.

② US Congress, "Joint Committee on Atomic Energy: Nonproliferation of Nuclear Weapons, " Washington, D. C. , 1966, p. 77.

③ Non-Proliferation Treaty, Hearings before the Committee on Foreign Relations, US Senate, Executive H, February 90-2, 18 and 20, 1969, p. 364.

但随着《不扩散核武器条约》缔约国逐渐意识到北约核共享安排与《不扩散核武器条约》第一条和第二条的不兼容性问题，越来越多的质疑在《不扩散核武器条约》审议进程中出现。早在1985年，《不扩散核武器条约》第三次审议大会协商一致通过的最终成果文件强调，"审议大会同意，严格遵守《不扩散核武器条约》第一条和第二条的规定，对于实现在任何情况下防止核武器进一步扩散，维护《不扩散核武器条约》对和平与安全，包括对非《不扩散核武器条约》缔约国和平与安全重要贡献的共同目标仍然至关重要"。[①] 联系后续进程看，这种强调实际上反映了《不扩散核武器条约》缔约国对北约核共享安排的早期质疑。

在1995年《不扩散核武器条约》审议与延期大会上，许多国家都对北约核共享是否符合《不扩散核武器条约》第一条和第二条提出了严重关切。例如，墨西哥要求北约就核共享安排可能违反《不扩散核武器条约》作出解释澄清；尼日利亚质疑核武器国家的无核武器盟国是否会在战争时期获得核武器；坦桑尼亚认为如果在无核武器国家境内部署核武器可能被解释为转让核武器，那这将直接违反《不扩散核武器条约》第一条。在随后的辩论中，尽管北约国家坚称核共享不违反《不扩散核武器条约》并建议大会支持北约的核共享安排，[②] 但更多的非北约国家表达出截然不同的观点，包括建议大会负责审议裁军事务的第一委员会在其工作报告中写入，"大会对某些《不扩散核武器条约》核武器缔约国之间及其与《不扩散核武器条约》无核武器缔约国之间进行核合作，或根据区域安全联盟与安排进行核武器及其控制权的转让表示严重关切；大会深信这种行为违反了《不扩散核武器条约》第一条和第二条的精神和案文，并造成了核武器所有方面的

---

① NPT/CONF. Ⅲ/64/Ⅰ.

② NPT/CONF. 1995/MC. Ⅰ/1, 9qua.

扩散"。①

在此后的《不扩散核武器条约》审议进程中，有关各方进一步明确表达了对北约核共享的质疑和批评，并敦促北约立即停止这一安排。

在2000年《不扩散核武器条约》第六次审议大会上，《不扩散核武器条约》不结盟缔约国集团在其提交的工作文件中呼吁，《不扩散核武器条约》核武器国家应该"重申对《不扩散核武器条约》第一条和第二条最充分执行的承诺"，以及"不在任何形式的安全安排下，出于军事目的与核武器国家、无核武器国家以及非《不扩散核武器条约》缔约国进行核共享"。② 南非对"北约东扩的核扩散影响"表示严重关切，强调"北约的扩张计划将导致参与核训练、规划决策并在其国防政策中加入核威慑因素的无核武器国家数量增加"。③ 新议程联盟（NAC）④ 指出应堵住条约解释中可能允许核共享的任何漏洞，并强调"《不扩散核武器条约》的所有条款在任何时候、任何情况下都对所有缔约国具有约束力"。⑤ 埃及强调，北约核共享安排的确引发了对某些北约成员国是否遵守《不扩散核武器条约》第一条和第二条的强烈质疑，提议"审议大会应该以明确和毫不含糊的措辞表明，《不扩散核武器条约》第一条和第二条不允许任何例外情况，《不

① NPT/CONF. 1995/MC. Ⅰ/1, 9bis.

② Working Paper Presented by the Members of the Movement of the Non-Aligned Countries, Parties to the Treaty, 1998 Preparatory Committee for the 2000 Review Conference of the Treaty on the Non-Proliferation of Nuclear Weapons, April 28, 1998.

③ "Statement by the Permanent Representative of South Africa," Ambassador K. J. Jele, to the First Preparatory Committee Meeting for the Year 2000 Review Conference of the Treaty on the Non-Proliferation of Nuclear Weapons, April 8, 1997, New York.

④ 新议程联盟（NAC）诞生于1998年6月，由巴西、埃及、爱尔兰、墨西哥、新西兰、南非和瑞典组成，旨在达成国际共识，推动核裁军的进程。

⑤ "New Agenda Statement," para. 13, Ambassador Luiz Tupy Caldas de Moura of Brazil, May 12, 1999.

扩散核武器条约》在和平时期和战争时期对缔约国都具有法律约束力"。①

在2005年《不扩散核武器条约》第七次审议大会上，新议程联盟再次提交工作文件申明，"《不扩散核武器条约》的每一条规定，不论什么时候和在什么情况下，对所有缔约国都具有约束力，各缔约国务须严格遵守条约对它们规定的义务"，② 类似关切也多次被写入审议大会筹备会的主席摘要中。③ 古巴表示注意到美国及北约通过新版战略概念文件在其军事学说中赋予核武器的基本作用，并表示它对无核武器国家构成了严重威胁。④

在2010年《不扩散核武器条约》第八次审议大会上，伊朗明确表示核共享安排特别是在欧洲的北约无核武器成员国境内部署核武器的做法违反了《不扩散核武器条约》第一条，⑤ 而那些希望在欧洲或亚洲远东地区部署美国核武器的国家显然违反了《不扩散核武器条约》第二条。⑥ 印度尼西亚指出，北约采用保留涉核武器政策的新版战略概念文件的行为，与《不扩散核武器条约》规定的核裁军义务背道而驰，呼吁撤回在北约无核武器成员国境内部署的核武器。⑦ 埃及等国家呼吁那些加入了区域性"核联盟"的国家，主动报告为降低和消除核武器在集体安全政策中的作用而采取或未来计划采取的步骤，并将其作为一项重要的透明和建立信任措施。⑧

在2015年《不扩散核武器条约》第九次审议大会上，拉丁美洲及加勒比国家共同体代表发言时表示，"作为核军事同盟成联盟成员而支持集体核

① "Statement by Ambassador Zahran," before the Third Session of the PrepCom for the 2000 NPT Review Conference, New York, May 12, 1999.

② NPT/CONF. 2005/PC. Ⅰ/WP. 1; NPT/CONF. 2005/PC. Ⅱ/16; NPT/CONF. 2005/PC. Ⅲ/11.

③ NPT/CONF. 2005/PC. Ⅲ/WP. 27.

④ NPT/CONF. 2005/PC. Ⅱ/WP. 10.

⑤ NPT/CONF. 2010/PC. Ⅰ/SR. 4.

⑥ NPT/CONF. 2010/PC. Ⅱ/SR. 3.

⑦ Ibid.

⑧ NPT/CONF. 2010/WP. 8.

威慑政策的国家，也应该按照《联合国宪章》的宗旨和根据《不扩散核武器条约》承担的义务，执行能使它们摆脱对其他国家核武器依赖的政策"。①《不扩散核武器条约》不结盟缔约国集团对核武器国家和北约的军事与安全理论深表关切，表示这些理论试图以无理的核威慑概念和核军事同盟作为使用或威胁使用核武器的理由。俄罗斯再次强调，在北约的集体核任务框架下，无核武器国家的军事人员正在接受涉核训练、参加核规划流程，此举违反《不扩散核武器条约》第一条和第二条，并呼吁美国及相关北约无核武器成员国遵守条约义务，暂停违反条约的行为。② 委内瑞拉表示，"现在是那些依赖其他国家核安全政策的无核武器国家采取必要步骤，朝着最终消除核武器的方向迈进的时候了；这些国家应该拒绝成为通过使用和威胁使用核武器来保护它们的安全理论的一部分，并禁止这些武器在其领土、领空和领海内的输运"。③

在 2022 年《不扩散核武器条约》第十次审议大会上，南非指出，"并非只有核武器国家才承担着降低核武器在其安全战略中作用的责任，那些享受'核保护伞'的国家也正在肆意鼓吹核威慑的收益，并鼓励继续拥有核武器"。④ 肯尼亚敦促核武器国家和享受"核保护伞"的无核武器国家采取不涉及核武器的新的防务安全学说。伊朗表示，德国等少数无核武器国家允许在其领土上部署核武器，违反了《不扩散核武器条约》的精神和案文。⑤ 秘鲁强调，军事联盟，即所谓的"核联盟"的扩大破坏了根据条约作出的减少对核武器依赖的承诺，并造成了更多的不信任和不安全，从而

---

① NPT/CONF. 2015/SR. 12.
② NPT/CONF. 2015/SR. 2.
③ NPT/CONF. 2015/SR. 7.
④ NPT/CONF. 2020/SR. 3.
⑤ NPT/CONF. 2020/SR. 6.

使冲突升级。① 厄瓜多尔呼吁所有通过军事联盟获得"延伸威慑"保护的无核武器国家都应该重新制定安全政策。② 《不扩散核武器条约》不结盟缔约国集团对北约成员国奉行的防务安全战略概念表示强烈反对，认为它基于用或威胁使用核武器，实质是为了促进和发展军事联盟与核威慑政策的不合理安全理念。③

在 2023 年《不扩散核武器条约》第十一次审议大会第一次筹备会上，《不扩散核武器条约》不结盟缔约国集团明确表示，参与核武器横向扩散和核共享安排的核武器国家、无核武器国家分别违反了《不扩散核武器条约》第一条和第二条规定的各自的防扩散义务，并敦促上述国家立即停止核共享安排，无论是在任何情况或任何形式的安全安排之下，包括在和平时期和战争时期。④ 埃及强调，核共享安排不符合《不扩散核武器条约》，应明确予以撤销和放弃。⑤ 巴西指出，某些国家正热衷于积极安全保证，无论是通过加入核军事联盟或是所谓核共享安排，而这将明显违反《不扩散核武器条约》的第一条和第二条。⑥ 印度尼西亚关切地注意到，希望加入核共

① NPT/CONF. 2020/SR. 7.

② NPT/CONF. 2020/PC. Ⅲ/SR. 6.

③ NPT/CONF. 2020/PC. Ⅲ/WP. 15.

④ "Statement by The Delegation of the Republic pf Indonesia on behalf of the Non-Aligned Movement States Parties to the Treaty on the Non-Proliferation of Nuclear Weapons at the First Session of the Preparatory Committee for the 11th Review Conference of the Treaty on the Non-Proliferation of Nuclear Weapons, " Vienna, August 2023, https://meetings. unoda. org/meeting/67442/statements.

⑤ "Statement by the Delegation of the Arab Republic of Egypt the 1st Preparatory Committee for the 11th NPT Review Conference, " Vienna, July 31-August 11, 2023, https://meetings. unoda. org/meeting/674 42/ statements.

⑥ "Statement by the Delegation of Brazil Special Representative of Brazil to the Conference on Disarmament, " Vienna, July 31-August 11, 2023, https://meetings. unoda. org/meeting/67442/statements.

享的成员国明显增多，这一趋势为国际核裁军形势引入了新的复杂因素。[①]马来西亚认为，出于所谓防御目的而提高核威慑在特定国家集团中的作用，会对国际核不扩散努力产生消极影响并破坏共同安全，应在国家和集体安全学说和政策中降低对核武器的依赖，特别是在军事同盟的框架下。[②]

五、《不扩散核武器条约》在任何时候、任何情况下都有法律约束力

美国还声称，只有在战争时期，美国才会向北约国家转让核武器或其控制权，而《不扩散核武器条约》在战争时期将不再具有法律约束力。然而，从国际法的角度看，这一说法缺乏法律依据。

根据一般国际法，条约在武装冲突时并不当然终止或终止实施，特别是：（1）条约明文规定其在战时应继续实施；（2）条约性质、目的和宗旨等表明其在战时应继续实施，通常认为，建立国际社会所需一般国际法规则的多边造法条约被认为具有此效果；（3）侵略国不能为自身利益主张退出或中止、终止条约；（4）条约规定的义务是习惯国际法或其他国际法下的义务等。此外，当条约继续施行与一国合法行使自卫权或执行联合国安理会决议有冲突时，该国可全部或部分终止条约的实施。

从上述规则看，《不扩散核武器条约》不属于战时当然终止或中止实施

---

① "Statement by H. E. Mr. Febrian A. Ruddyard Alternate Head of Delegation of the Republic of Indonesia at the General Debate of the First Preparatory Committee Meeting for the 2026 Review Conference of the Parties to the Treaty on the Non-Proliferation of Nuclear Weapons," Vienna, August 1, 2023, https://meetings. unoda. org/meeting/67442/statements.

② "Statement by Representative of Malaysia at the First Session of the Preparatory Committee for the 2026 Review Conference of the Parties to the Treaty on the Non-Proliferation of Nuclear Weapons," Vienna, July 31–August 11, 2023, https://meetings. unoda. org/meeting/67442/statements.

的条约。第一，从条约本身看，《不扩散核武器条约》序言明确规定需要竭尽全力避免发生核战争的危险，1985 年《不扩散核武器条约》第三次审议大会最后文件的附件一第二页第二段中明确指出，大会赞同"《不扩散核武器条约》第一条与第二条旨在实现防止任何情形下（under any circumstance）核武器进一步扩散的共同目标"，这表明《不扩散核武器条约》应适用于战时状态。

第二，从条约性质来看，《不扩散核武器条约》属于建立限制核扩散国际法律框架的多边造法条约，战时仍应有效，否则将增加常规战争发展成核战争的风险，也不符合《不扩散核武器条约》的目标宗旨。

第三，不扩散核武器已成为防扩散领域的习惯国际法。《不扩散核武器条约》已生效 54 年并有 191 个缔约国，其规定得到国际社会的普遍接受。联大在《不扩散核武器条约》缔结期间还就不扩散核武器通过第 1665 号决议、第 2028 号决议、第 2149 号决议、第 2153 号决议等一系列决议。国际社会在联大和《不扩散核武器条约》历届审议会议上都敦促印度、巴基斯坦、以色列和朝鲜加入（重返）《不扩散核武器条约》。以《不扩散核武器条约》为基石的国际防扩散体系是二战后国际安全秩序至关重要的部分，即使美国及其北约盟国不遵守《不扩散核武器条约》，它们仍然负有遵守《不扩散核武器条约》所体现的习惯国际法义务。

第四，若美国及其北约盟国发动侵略战争，则其不能为自身利益主张退出或中止、终止《不扩散核武器条约》。

第五，一国履行《不扩散核武器条约》义务一般不会与其合法行使自卫权以及执行现有联合国安理会决议相冲突。一国行使自卫权可能涉及该国使用其拥有的核武器，一般不涉及将核武器转让他国。目前也没有安理会决议的执行需要一国转让核武器给其他国家的情况。因此，不存在因为妨碍当事国在战时行使自卫权或执行安理会决议而需中止或终止履行《不扩散核武器条约》义务的情况。

六、结语

当今世界变乱交织，国际战略安全与军控领域乱象丛生，核军备竞赛与核冲突风险上升。在此背景下，作为当前国际核不扩散与核军控体系的基石和战后国际安全架构的重要组成部分，《不扩散核武器条约》的重要地位和作用只能加强，不能削弱。北约应该摒弃陈旧的冷战思维和阵营对抗，立即停止这种具有明显核扩散性质的排他性集体防务安排，更不得向其他地区特别是亚太地区扩散和复制这一安排。广大缔约国应以《不扩散核武器条约》第十一轮审议周期为重要契机，通过各种方式，包括审议大会成果文件，明确各缔约国都应严格遵守条约的所有条款，重申条约在任何时候、任何情况下——无论在和平时期还是战争时期——均具有约束力，这对维护以《不扩散核武器条约》为核心的国际核不扩散体系的权威性、完整性和有效性至关重要，对实现彻底消除核武器和防止进一步核扩散的共同目标意义重大。

美国对华核出口管制动向探析

袁永龙　宋岳　赵畅

内容提要：核工业是高科技战略产业，是国家安全的重要基石。核出口管制涵盖对核设施、核设备、核材料、涉核军民两用物项及相关技术出口的管制，对于防止核武器扩散，促进和平利用核能的国际合作，维护国家安全和社会公共利益具有重要作用。在中美战略博弈日益加剧的背景下，美国近年来不断泛化国家安全概念，滥用出口管制工具，对中国涉核企业采取歧视性和排他性出口管制措施，加强民用核技术、核设备、核材料、涉核军民两用物项等对中国的出口限制，对中国核工业进行全方位遏制打压。本文结合美国的出口管制体系总结了涉及核出口管制的 4 个方面，在此基础上梳理分析了美国近年来对华核出口管制动向。

关 键 词：出口管制；核工业；军民两用；实体清单；核不扩散
作者单位：中核战略规划研究总院

出口管制是指对两用物项、军品、核以及其他与维护国家安全和利益、履行防扩散等国际义务相关的货物、技术、服务等物项出口，采取禁止或者限制性措施。[①] 自特朗普政府以来，美国将中国视为主要战略竞争对手，并进行全面遏制打压。在此背景下，出口管制措施成为美国维护自身科技

---

① 中华人民共和国国务院新闻办公室：《中国的出口管制》，新华社北京 12 月 29 日电，中国政府网，https://www.gov.cn/zhengce/2021-12-29/content_5665104.htm。

霸权和遏制中国科技发展的重要工具。与半导体、先进计算机等领域类似，美国在核领域同样以所谓"国家安全"为由，频繁利用出口管制工具对中国核工业进行恶意封锁和无理打压，试图以此维持其在核领域的优势和主导地位。

一、美国的核出口管制

美国现代出口管制制度始于 1940 年，之后在几十年实践中不断完善，逐渐演变为当前庞大复杂的出口管制体系。[①] 美国对出口管制实行分类管理，核产品出口由核管理委员会（以下简称"核管会"）和能源部专门负责管理，军品出口由国务院国防贸易管制局负责管理，军民两用物项出口（包含涉核军民两用物项）由商务部工业和安全局负责管理。[②]

（一）核产品的出口管制

美国核管会和能源部主要依据《美国联邦法规》第 10 编第 110 条和第 810 条对核产品的出口活动进行管控，核管会主要负责核设施、核设备和核材料的出口管制，能源部负责核技术出口管制。

核管会所管控的物项共包括 12 类。其中，核设施和核设备包括 7 类，分别是核反应堆、铀浓缩设施、乏燃料后处理厂、铀和钍转化厂、重水或氚生产厂、核燃料制造厂、锂同位素分离设施等，以及专为上述设施设计或制造的设备、部件和组件；核材料包括 5 类，分别是特殊核材料（任何

---

① "The U. S. Export Control System and the Export Control Reform Act of 2018," Congressional Research Service, Updated June 7, 2021, https://crsreports. congress. gov/product/pdf/R/R46814.

② 《美国出口管制相关问题》，中国出口管制信息网，2021 年 12 月 30 日，http://exportcontrol. mofcom. gov. cn/article/cjwt/202111/289. html，访问日期：2024 年 1 月 5 日。

物项中的低浓铀残留物，心脏起搏器中的钚-238，仪器中传感元件所含的浓缩铀、钚或铀-233，某些装置所含的钚-236 和钚-238 等）、源材料（含有钍或铀的材料等）、副产品材料（包含 200 多种材料）、氘（重水）、核级石墨等。上述 12 类物项出口需获得核管会的一般许可授权或特殊许可授权。

能源部主要对涉及核燃料循环活动、商用核电站、研究堆和实验堆的技术转让和援助等活动进行限制，具体包括：铀和钍的转化和纯化，钚和镎的转化和纯化，核燃料制造（包括燃料元件、组件及包壳的制备），铀同位素分离（铀浓缩）、钚同位素分离以及其他可用于铀、钚同位素分离的任何元素的同位素分离技术，核反应堆开发，加速器驱动的亚临界装置系统的开发、生产和使用，重水生产和氢同位素分离，后处理，以及专用于上述活动的设备或材料的开发、生产或使用技术的转让。上述技术对英国、法国、日本、国际原子能机构等 48 个国家/地区/机构（不包括中国）进行转让和援助仅需一般许可，除此之外的其他国家则须向能源部申请特殊许可，能源部将与核管会、商务部和国防部共同进行审核。

（二）涉核军民两用物项的出口管制

军民两用物项指既可用于民事用途，又可用于恐怖主义、军事或大规模杀伤性武器等方面用途的货物、技术和服务。美国商务部工业和安全局主要依据《出口管理条例》（EAR）具体管理军民两用物项的出口，主要包括对特定出口行为、物项、出口目的地以及最终用户和最终用途的管制。

1. 出口行为管制

根据《出口管理条例》，受管制的出口行为可细分为四类：一是出口，包括将受管制物项运出美国，向在美国境内的外国人披露或转让受管制的技术或源代码，以及境内人士将受管制的航天器转让给其他国家等；二是再出口，包括将受管制物项从一国运至另一国，将出口至一国的受管制技术或源代码披露或转让给其他国家，以及境外人士将拥有的受美国管制的航天器转让给其他国家等；三是披露，包括外国人以目视或其他检查方式获取受管制技术或源代码，与外国人就受管制技术或源代码进行口头或书面交流等；四是境内转移，指出口至一国的物项，其最终用途或最终用户改变。①

2. 物项管制

美国商务部工业和安全局所管制的物项，包括《出口管理条例》中商业管制清单所列物项以及 EAR99 物项。② 商业管制清单中的物项分为 10 大类：0-核材料、设施、设备以及其他杂项，1-特殊材料及相关设备、化学品、微生物和毒素，2-材料加工，3-电子，4-计算机，5-电信和信息安全，6-激光和传感器，7-导航及航空电子，8-船舶，9-航空航天与推进。每一类别下的物项分为五组，分别是设备、组件和部件，测试、检验和生产设备，材料，软件，技术。其中，涉核军民两用物项主要分布在 0、1、2、3、6 类物项中。

商业管制清单所含物项的受管制原因可分为 7 大类，分别是：（1）国家安全原因（NS），（2）导弹技术原因（MT），（3）核不扩散原因（NP），（4）化学和生物武器原因（CB），（5）商务部决定的涉及国家安全或外交政策管制的物项，（6）"600 系列"管制物项,③（7）反恐、犯罪控制、地区稳定、供应短缺和联合国制裁等。每一物项的受管制原因可能有多个，

---

① 《美国出口管制制度之出口管制环节介绍》，中国出口管制信息网，2021 年 12 月 30 日，http://exportcontrol. mofcom. gov. cn/article/zjsj/202111/521.html，访问日期：2024 年 1 月 17 日。

② EAR99 物项受《出口管理条例》管制，但不在商业管制清单中，主要是一些低技术消费品，通常情况下此类物项的出口无须许可。

③ 属于《关于常规武器与两用产品和技术出口控制的瓦森纳协定》军品清单（WAML）上的物项，或此前属于美国军品清单（USML）上的物项。

其中涉核军民两用物项主要受核不扩散原因管制，核不扩散原因又可细分为 NP1 和 NP2 两种情况。受 NP1 管制的物项涉及广泛，主要包括材料制造设备、同位素制备装置、辐射防护装置、重水生产相关的设备和材料、各类检测仪器等，该类物项出口至核供应国集团成员国①时无须许可，但中国、俄罗斯和白俄罗斯等 3 个成员国被排除在外。受 NP2 管制的物项包括 8 项，该类物项仅在出口至俄罗斯、白俄罗斯、巴基斯坦、伊拉克、以色列、委内瑞拉、利比亚、中国等 8 个国家时受到限制。②

3. 出口目的地管制

美国商务部工业和安全局目前将所有出口国家划分为 A、B、D、E 共四组。A 组国家为特定的国际多边机制成员，大多为美国盟友及伙伴，对其出口管制最为宽松，从 A 组至 E 组，出口管制逐渐加强，中国当前处于 D 组。

4. 最终用户和最终用途管制

美国商务部工业和安全局依据《出口管理条例》，通过实体清单、军事最终用户清单、未经验证清单、被拒绝人员清单等四类制裁清单，对受管制物项的最终用户和最终用途进行管控。③

一是实体清单。美国商务部工业和安全局通过实体清单管控对特定最终用户的出口，被列入清单中的企业、研究机构、政府和私人组织、个人和其他类型法人等实体从美国进口商业管制清单上的物项时，须向美国商

---

① 成立于 1975 年，现有 48 个成员国，宗旨是确保主要核供应国协调和加强核出口控制，防止核领域敏感物项的扩散，通过"核转让准则"及"与核有关的两用设备、材料、软件和相关技术的转让准则"实施出口控制，要求进口国接受国际原子能机构全面保障监督作为核出口条件，严格控制敏感核物项及技术（如后处理、铀浓缩和重水生产）的出口。2004 年，中国成为核供应国集团成员国。

② 自 2023 年 8 月 14 日起，NP2 物项出口至中国开始受到限制，具体情况在下文详述。

③ 《美国出口管制制度之实体清单制度介绍》，中国出口管制信息网，2021 年 12 月 30 日，http://exportcontrol.mofcom.gov.cn/article/zjsj/202111/519.html，访问日期：2024 年 1 月 18 日。

务部申请许可，并将面临额外的严格审查，往往难以获得许可。清单中实体的增加、移除或修改由美国商务部、国务院、国防部、能源部及财政部的代表组成的最终用户审查委员会决定。

二是军事最终用户清单。军事最终用户指陆军、海军、海军陆战队、空军或海岸警卫队等国家武装部队，以及国民警卫队、国家警察、政府情报或侦察组织，或行动、职能意在支持军事最终用途的任何实体，向此类实体出口受管制物项的限制更加严格。清单中实体的增加、移除或修改同样由最终用户审查委员会决定。

三是未经验证清单。指通过以前的交易无法对其目的进行验证的实体，此类实体须提供详细的备案信息并作出严格承诺才可获得许可豁免。

四是被拒绝人员清单。被列入清单中的实体不得以任何方式（直接或间接）参与涉及受管制物项出口的活动。

二、美国加强对华核出口管制动向

核工业是国家综合实力的重要体现，是大国竞争的战略必争领域。自特朗普政府上台以来，美国政府屡次修订对中国的核出口管制规定、滥用实体清单等出口管制工具，不断加强对中国的核出口管制，以制约中国核科技工业快速发展，护持自身在核领域的优势和主导地位。

（一）加强民用核技术出口限制，抢夺核科技竞争战略制高点

当前，大国核科技竞争越来越呈现出体现国家意志的体系化竞争态势，美国在不断加大核科技创新投入力度、加快自身核科技发展的同时，重点利用出口管制手段加强对中国的核技术封锁，遏制中国的核科技发展进步。2018 年 10 月 11 日，美国能源部发布《美国对中国民用核能合作政策框

架》，以防止中国非法将美国民用核技术用于军事或其他未经许可的目的为由，加强向中国出口民用核技术的限制。美国时任能源部长里克·佩里对此表示，美国不能忽视中国在美中民用核合作既定进程之外获取核技术的行为对美国国家安全的影响。

《美国对中国民用核能合作政策框架》依据《美国联邦法规》第 10 编第 810 条规定对向中国出口民用核技术的政策作出调整。核技术出口方面，限制向中国出口小型模块化轻水堆技术和非轻水先进反应堆技术，以及源代码（包括计算机程序、系统或组件）和某些工程制造技术；2018 年前已批准向中国转让的技术，除小型模块化轻水堆技术和非轻水先进反应堆技术以外仍可获得许可。核设备和部件出口方面，限制向中国出口与美国有直接竞争的"华龙一号"反应堆相关的设备和部件，以及与 CAP1400 反应堆相关的美国专有设备和部件；支持 AP1000 和 CAP1000 反应堆后续建设项目的相关设备和部件，以及与 CAP1400 反应堆相关的通用设备和部件的出口仍可获得许可；小型模块化压水堆①或非轻水先进反应堆的设备和部件的出口仍可获得许可，但禁止转让安装和运行以外的技术。

此外，《美国对中国民用核能合作政策框架》限制向中国广核集团及其子公司或相关实体出口核技术、设备、部件和材料，对于向中国广核集团以外的中间商或最终用户的出口，将逐案进行审查，评估出口技术或物项被转用于军事用途的风险，以及对美国国家和经济安全的风险等。

（二）滥用出口管制工具，遏制打压中国涉核产业发展

实体清单是美国出口管制的重要手段，也是其目前使用最为频繁的制裁手段之一。自 2019 年以来，美国商务部工业和安全局将多个涉核实体纳

---

① 轻水堆分为压水堆和沸水堆。

入实体清单。

2019 年 8 月 14 日，美国商务部工业和安全局将中国广核集团有限公司（中广核）及其关联公司共 4 个实体列入实体清单，称其均参与或努力获取美国先进核技术和材料，并转用于军事用途。[①] 2020 年 6 月 5 日，美国商务部工业和安全局将中国工程物理研究院[②]所有、经营或直属的 10 个实体纳入实体清单，称其将采购的原产于美国的物项用于损害美国国家安全或外交政策利益的活动。2022 年 10 月 7 日，美国商务部工业和安全局修订《出口管理条例》，限制部分先进计算产品对华出口，并对中国国家超级计算长沙中心、国家超级计算广州中心、国家超级计算天津中心、国防科技大学等 4 个已被列入实体清单[③]的实体实施额外限制，认为国家超级计算长沙中心、广州中心和天津中心的"天河一号"（二期系统）和"天河二号"超级计算机用于核爆炸活动，国防科技大学在生产"天河一号"（二期系统）和"天河二号"超级计算机时使用了源自美国的处理器和主板。美国称，该项规定旨在"通过限制中国获得用于军事现代化（包括核武器发展）的先进计算技术，保护美国国家安全和外交政策利益"。

（三）泛化国家安全概念，收紧核材料及涉核军民两用物项对华出口管制

2021 年 10 月 1 日，美国核管会发布命令，暂停对中广核及其子公司或相关实体出口特殊核材料、源材料、副产品材料和氚的一般许可授权，并

---

① "Addition of Certain Entities to the Entity List, Revision of Entries on the Entity List, and Removal of Entities from the Entity List, 84 FR 40237," FEDERAL REGISTER, August 14, 2019, https://www.federalregister.gov/documents/2019/08/14/2019-17409/addition-of-certain-entities-to-the-entity-list-revision-of-entries-on-the-entity-list-and-removal.

② 中国工程物理研究院在 1997 年 6 月 30 日已被列入实体清单。

③ 2015 年被列入实体清单。

称该项规定是为了促进美国的国家安全利益，加强美国的共同防御和安全。① 2023 年 8 月 14 日，美国核管会配合商务部的对华核出口管制措施，暂停对中国出口特殊核材料、源材料和氚（最终用于核用途）的一般许可授权，规定任何企业向中国出口上述物项必须按核管会规定申请特殊许可，将对中国出口核材料的限制范围从中广核等个别最终用户扩大到整个中国。②

2023 年 8 月 14 日，美国商务部工业和安全局发布《扩大对中国和澳门的核不扩散管制》，③ 以应对所谓的"中国军事现代化努力、军民融合战略和核力量扩张"为由，加强对华出口涉核军民两用物项的监控和限制，确保出口的涉核军民两用物项仅用于核电、医学、制药和其他非军事行业等和平活动。根据商务部工业和安全局《出口管理条例》中的商业管制清单，涉核军民两用物项可分为 NP1 和 NP2 两类，此前美国已限制 NP1 物项向中国及中国澳门出口，此次规定具体针对 NP2 物项。NP2 物项共包括 8 类，分别是：1A290（用于医疗、同位素电源或放射性物质运输包装等用途的贫铀），1C298（用于反应堆以外用途的氘、氘的化合物、核级石墨），2A290（用于核电站的发电机及其他设备，包括热交换器、汽轮机、冷凝器，以及相应的过程控制系统等），2A291（除 2A290 以外，与核材料加工

---

① "Order Suspending General License Authority to Export Radioactive Material and Deuterium to China General Nuclear（CGN），CGN Subsidiaries，or Related Entities，86 FR 54487，" FEDERAL REGISTER，October 14, 2021，https://www.federalregister. gov/documents/2021/10/01/2021-21342/order-suspending-general-license-authority-to-export-radioactive-material-and-deuterium-to-china.

② " Order Suspending General License Authority to Export Special Nuclear Material，Source Material，and Deuterium for Nuclear End Use to the People's Republic of China，88 FR 55081，" FEDERAL REGISTER，August 14, 2023，https://www.federalregister. gov/documents/2023/08/14/2023-17394/order-suspending-general-license-authority-to-export-special-nuclear-material-source-material-and.

③ 该项规定中的中国和中国澳门是美国《出口管理条例》中的出口目的地概念，自 2020 年 12 月 23 日起，美国商务部工业和安全局已取消了中国香港作为《出口管理条例》下单独出口目的地的地位。

处理和反应堆有关的设备及其零部件、配件，包括反应堆过程控制系统、模拟器，燃料装卸设备、反应堆和燃料检查设备、运输高放物质的容器、特殊核材料探测或测量设备、氢气复合器和穿透性密封件等安全壳设备），2D290（为2A290、2A291管制物项的开发、生产或使用专门设计、修改的软件），2E001（涉及2A290、2A291、2D290的开发技术），2E002（涉及2A290、2A291的生产技术），2E290（涉及2A290、2A291的使用技术）。该项规定颁布后，美国所有受管制的涉核军民两用物项对华出口均受到限制。

三、结语

当今世界正进入新的动荡变革期，国际安全体系和秩序受到冲击，不稳定性不确定性显著增加，世界和平面临多元挑战和威胁，国际出口管制面临诸多挑战。公正、合理、非歧视的出口管制，对于有效应对新形势下国际和地区安全风险与挑战、维护世界和平与发展的地位和作用进一步凸显。各国应合理利用出口管制对有关风险和威胁实施有效管控，同时积极推动科技发展的普惠共享。任何国家和地区都不应泛化国家安全概念、滥用出口管制措施，任意实施歧视性限制措施，甚至推动出口管制有关多边机制趋向歧视性和排他性，将出口管制作为遏制打压他国经济发展、科技进步和护持自身霸权的工具。

中国始终以负责任的态度积极推进全球和平利用核能事业发展，一贯严格履行防扩散国际义务，在相互尊重、互利共赢的基础上与各国开展和平利用核能合作。美国应清醒认识到，泛化国家安全概念，滥用出口管制措施，拉拢"小圈子"推行"脱钩断链""筑墙设垒"，对中国核工业发展进行恶意封锁打压、对有关企业肆意实施单边制裁，一方面难以阻止中国核工业的发展进步，对其自身发展也无益处，还将给核科技领域正常国际交流与合作，以及全球核能产业链、供应链安全顺畅运转带来不利影响；另一方面将出口管制作为遏制他国发展、谋取一己私利的工具，背离了国际出口管制服务共同安全与发展的初衷，逆国际潮流而动，终将会被国际社会所摒弃。

【外空与反导】

外空安全活动与国际法的关系

王国语　张承云

美导弹防御系统最新发展动向及对太空安全的影响

曹志杰　熊瑛　王惜伟　王林

外空安全活动与国际法的关系

王国语　张承云

内容提要：外空安全活动是一国开展的维护国家安全的外空活动，包括和平时期的军事遥感、侦察、通信活动、灰色地带的电磁干扰、激光致盲间谍卫星、网络干扰（攻击）等活动，以及冲突期间在外空的使用和威胁使用武力行为等。外空安全活动的开展应当遵守国际法，国际法是建立和维系外空国际秩序的基础。现有的外空领域的国家安全、军事领域术语和国际法术语并未有效相互呼应和衔接，这种法律解释与适用上的模糊性和信息不对称，极易引发国家间的误解误判、引发外空冲突以及冲突升级。无论是从维护国家外空安全还是从推进外空安全国际治理的角度来看，都应对外空安全活动形态予以细化区分，并与国际空间法、国家责任法、使用武力法以及武装冲突法的术语一一对接，分析具体规则在特定外空场景的法律解释适用问题，从而更好地理解外空安全活动与国际法的关系。法律解释思维比之美西方的负责任/不负责任的外空军控逻辑，更为优越和可行，对特定外空安全行为的合法性/不法性讨论，是外空安全国际治理的必由之路。

关　键　词：外空安全国际治理；外空军控；外空安全活动；国际法

作者单位：北京理工大学空天政策与法律研究院

北京理工大学法学院

善意解释和运用国际法规则，形成外空安全活动法律立场和方案，是各国开展外空安全活动的重要软实力保障，也是推动外空国际法治发展的必然要求。在外空博弈中，了解博弈对手的相关法律立场同样重要，既有利于博弈方制订具有针对性的法律斗争方案，也有助于研判对手行为意图，避免误解误判，避免不必要的外空冲突。从国际视角，这对维系外空稳定和外空安全将起到重要作用。

外空安全活动有多种形态，明确不同场景下适用何种国际规则，是判断该行为或活动是否涉嫌违反国际法的基本前提。外空安全活动形态的界定与划分，是对接和分析相关国际规则的关键，不同的形态对应着不同的国际规则。如果国家安全、军事领域术语和国际法术语难以有效相互呼应和衔接，将导致各方对国际法解释和适用的困难，继而可能带来误解误判。例如，对抗、作战、战争等术语在现有国际法体系下，缺少与其一一对应的规则体系，国际法使用的是干扰、有害干扰、干涉、使用武力、武力攻击、武装冲突等法律术语。无论是从国际还是国内视角来看，统一谈判各方以及不同学科间讨论的语境和场景势在必行，这是促进有效、可行外空安全国际治理发展的重要保障。本文提出外空安全活动整体形态三分法，即"平时—灰色地带—战时"，以及外空安全对抗形态的三分法，即"灰色地带有限的外空安全对抗—灰色地带涉及外空自卫的冲突—战时的外空武装冲突"，在此基础上，对不同形态下的相关国际法规则重点内容进行分析，以期为推动外空安全国际治理提供有益理论借鉴。

一、外空安全活动的形态划分

外空安全活动的形态划分将直接影响与国际法规则对标的问题，不同的形态可能对应不同种类的国际规则。外空安全活动的整体形态应采取

"平时—灰色地带—战时"的三分法，外空安全对抗形态则应分为"灰色地带有限的外空安全对抗—灰色地带涉及外空自卫的冲突—战时的外空武装冲突"三种形态。

（一）外空安全活动的整体形态划分

关于外空安全活动整体形态，一般有两分法（平时—战时）、三分法（平时—灰色地带—战时）的划分方式。传统上，国际社会较多使用"平时/战时"的两分法，但国际规则谈判实践中开始倾向于"平时—灰色地带—战时"的三分法，[①] 也有学者将"灰色地带"称为"紧张或危机时期"。三分法将成为未来相关国际谈判的主流，因为它能更好地解决与现有国际法体系对标的问题。

平时的外空安全活动，包括但不限于卫星发射、正常在轨运行、例行军事通信、监视和侦察等相对不敏感的活动。当前的外空安全对抗，集中在以各类外空安全操作、行为、行动为代表的灰色地带，而一般国际法以及 20 世纪六七十年代制定的国际空间法并没有明确的和直接对应的规则。为了准确解读和运用除了外空法以外的相关国际规则，必须对外空安全对抗形态进行进一步划分。

（二）外空安全对抗的形态划分

国内外尚无关于外空安全对抗形态的划分，这不利于各方厘清安全需求与国际法之间的关系。按照国家间紧张关系程度以及对抗烈度，可将外空安全对抗形态划分为 3 种形态，即"灰色地带有限的外空安全对抗—灰

---

① 笔者从 2018 年开始在多个国际谈判或会议场合使用"灰色地带"概念，包括联合国外空军控系列会议，该概念得到了与会代表的普遍认可。另，本文中的外空安全活动包括但不限于军事航天活动。

色地带涉及外空自卫的冲突—战时的外空武装冲突"。

"灰色地带有限的外空安全对抗"一般以干扰、威慑或能力验证为特点，包括但不限于网电干扰对抗、定向能干扰（如激光致盲间谍卫星）、在轨抵近侦察骚扰以及其他带有干扰性质的在轨操控，如抓捕、移除他国卫星等。此外，带有威慑性质的技术能力验证也属于灰色地带有限外空安全对抗，如开展反卫星试验、在轨清除试验、可重复使用运载器试验等。[①] 一旦上述行为可在国际法上被认定为"使用武力"，则不再属于有限外空安全对抗，而转入了下面两种更高烈度的形态。

"灰色地带涉及外空自卫的冲突"以使用武力为特征，泛指敏感度更高的、使用武力进行攻防对抗的场景。如相互间的网络攻击（如篡夺卫星操控权）[②]、共轨攻击（如使用定向能、动能、物理撞击等手段损毁对方卫星）、地基动能或定向能反卫星攻击等使用武力的情形。此类相互攻击并不一定意味着国家间进入了国际法上的交战状态。但如果双方不能及时通过和平方式（外交谈判、仲裁、诉讼等）解决争端，而是继续在外空互用武力，则进入第三种形态"战时的外空武装冲突"。

"战时的外空武装冲突"，是指国家间已经进入正式的、连续的武装冲突或交战（战争）状态，此时各方可能采取烈度和敏感度较低的军事手段（不使用武力），也可能采取烈度和敏感度较高的军事手段（使用武力）。战时的外空军事活动包括上述的所有安全、对抗或作战样式，虽然也包括平时的对抗样式，但整体上国家间已处于国际法上的武装冲突状态。

---

① 外空核爆试验也属于能力验证，一方面，外空核爆已被国际法所禁止；另一方面，在现有轨道条件下，开展外空核爆试验将不被视为有限的外空安全对抗，而可能被认定为武力攻击。

② 有关网络攻击在多大程度上才能构成国际法上的使用武力，国际社会并无定论。

二、"平时"外空安全活动与国际法的关系

国际法一方面为国家开展平时的外空安全活动提供了法律依据，另一方面也提出了相关限制和要求。国际法没有禁止所有的外空安全活动，同时，国际空间法明确规定了国家有探索和利用外空的自由，一般认为包括了开展外空安全活动的自由。国际法对平时外空安全活动的限制大致可分为三类：禁止性规定、限制性规定和其他一般性义务和要求。研判一国外空行为是否符合国际法，尤其是其中的限制性规定，是外空国际法治的重点和难点内容。

第一，关于禁止性规定。《外空条约》第四条明确禁止在外空任何位置部署核武器及其他大规模毁灭性武器，禁止在天体建立军事基地、军事设施和工事、试验任何类型的武器和进行军事演习。

第二，关于限制性规定。限制性规定包括但不限于一般国际法上的诚信原则、审慎义务，以及国际空间法中的妥为顾及义务、提前磋商义务。其中，妥为顾及义务是重中之重。《外空条约》要求，一国在开展外空活动（包括安全活动）时，应当妥为顾及其他国家的相应利益。2022年5月，联合国"负责任外空行为"开放式工作组一期会上，各国代表首次在外空军控议题下对妥为顾及等法律术语展开正式讨论，但未形成一致意见。关于如何界定妥为顾及等核心法律概念将成为未来外空军控规则解释与制定的焦点。"妥为顾及"意味着对自由的某种限制，应结合特定事实和环境予以解释。美西方试图通过界定"负责任/不负责任"外空行为，继而作为判断是否符合妥为顾及义务的标准，这是用政治标准来代替法律思维，是对外空法治精神的贬损，并不可取。判断是否符合妥为顾及义务的要素应当为：对有害后果的合理预见程度、采取预防措施的程度（技术措施、通知

通报、磋商）以及证明程度。

第三，关于其他一般性义务和要求。国际空间法还规定了外空物体登记义务、空间碎片减缓要求、及时通知通报等透明度要求，这些都适用于平时的外空安全活动。这些义务或要求虽然不是对外空安全对抗活动进行直接的限制，但违反方会在国际舆论以及规则博弈中陷入被动局面。

三、"灰色地带"外空安全活动与国际法的关系

"灰色地带"的有限外空安全对抗以及行使自卫权对应着不同的国际法规则，前者主要涉及国际空间法、国际电信法、国家责任法和一般国际法的解释适用问题，后者则主要涉及使用武力法的解释适用问题。

（一）有限外空安全对抗与国际法的关系

"灰色地带"的外空安全对抗具有谋求威胁威慑的特点。威胁威慑是一国保障自身安全和谋求战略均衡或战略领先的重要手段，其存在具有一定必然性和合理性，因此国际法并没有明文禁止这些外空威胁威慑行为，但仍有相关限制性规定。这些规则主要来自国际空间法、国际电信法、国家责任法和一般国际法。

第一，与国际空间法的关系。《外空条约》第九条规定的妥为顾及（due regard）①、提前磋商和不得有害污染义务与外空安全对抗活动联系最为紧密。《外空军事利用国际法适用手册》（MILAMOS，2016-2022）② 编撰中，

---

① Due regard，也译为"妥善顾及""适当顾及""充分注意"等。

② 该项目由加拿大麦吉尔大学发起，参与者来自各国的军方律师、政府官员以及学者。该手册没有法律约束力，但会对联合国外空军控、外空安全国际规则的解释和制定产生一定影响。笔者作为编委会成员，参加了手册讨论编写工作。

关于这些义务是否以及在多大程度上适用仍存在较大争议。部分美西方专家认为激光致盲、网电干扰等行为与一般的民商事外空活动一样，同样需遵守这些义务，但显然这些行为的安全对抗性质意味着对妥善顾及进行解释时，应当采取与民商事外空活动不同的标准。

一是妥为顾及义务。该义务提出了有关行为尺度、行为必要性、采取必要预防措施等限制。虽然妥为顾及要求一国在开展外空活动时应当妥善照顾其他国家的相应利益，也就是不能对他国活动产生威胁或损害，但鉴于外空安全对抗行为的威胁威慑本质，这个要求显然是不切实际的。换言之，对外空安全活动的要求要适当低于对其他外空活动的要求，但仍应注意尺度的把握。例如，在激光致盲敌方间谍卫星时，如果功率过大导致了卫星部件损害，就超出了"反间谍"的意图，而可能被认定为违反妥善顾及义务，构成侵权行为甚至是使用武力等违法行为。

二是提前磋商义务。如一国有理由相信其即将开展的外空活动将对他人造成潜在的有害干扰，那么在开展活动前，应当主动与对方提前磋商，以避免有害干扰的发生。这显然难以适用于一些本就已"造成有害干扰"的外空安全任务，如阻断式干扰和欺骗等。

三是避免造成有害污染义务。欧洲一些学者从外空环保主义角度出发，认为空间碎片属于对外空的污染，因此国家应承担避免造成空间碎片的义务。无论其初衷如何，这客观上都对以动能为主要威慑手段的国家产生了限制。以正常外空活动也会产生碎片为由，不加区分地认为空间碎片属于有害污染是不科学的。但如果故意制造大量长期滞留外空的空间碎片，则涉嫌违反该义务。

第二，与国家责任法的关系。国家责任法是以联合国国际法委员会2001年通过的《国家对国际不法行为的责任条款》和系列习惯规则构成的，其核心是如何界定一国存在国际不法行为及规定其应承担法律后果。

其中与外空安全对抗紧密相关的是其关于归因（attribution）和不法性免除情形的规定。

归因，即将一个实体的行为界定为是某国的行为。如某国国家机构开展的行为或该国指示、指挥或控制某个非政府实体开展的活动，就等同于该国的行为。商业航天公司行为的归因是国际法上的难点问题。如乌克兰危机中，美太空探索技术公司（SpaceX）向乌军提供军事通信的行为能否等同于美国政府行为？根据国家责任法，只有证明这些活动是在美国政府指示、指挥或控制下做出的，才可能将这些行为界定为美国政府行为。但根据国际空间法，只要证明 SpaceX 或其外空活动整体上与美国存在密切联系（如美国颁发的发射和频谱许可，公司是美国国籍等），即可主张这些活动属于美国的"本国活动"（national activity）。根据《外空条约》第六条，一国应当为其"本国活动"承担国际责任。需要注意的是，国际空间法规定的仅是责任归属，而非行为归因。也就是说，虽然根据国际空间法，SpaceX 星链卫星提供直接军事通信的行为将被认定为美国的"本国活动"，美国应当对该活动承担国际责任，但这并不意味着可以将"太空探索技术公司的介入行为"视为"美国的介入行为"。[①]

此外，国家责任法规定了反措施、同意、危难、危急情况、不可抗力等排除不法性的情形。一国根据这些规则可以辩称其开展的外空对抗任务是符合国际法的。以在轨抵近对抗场景为例，假设 A 国卫星抵近骚扰 B 国卫星，B 国采用反抵近操作与之"缠斗"或对其直接实施网电干扰。此时，如果 A 国宣称 B 国违反妥为顾及等国际义务，B 国就可援引国家责任法的反措施制度，来主张是 A 国卫星抵近骚扰的行为违反妥为顾及义务在先，

---

① 王国语、胡艺凡：《商业航天介入他国武装冲突的法律问题分析》，《2023 国际军备控制与裁军》，世界知识出版社，2023，第 135 页。

此时 B 国的抵近和干扰行为即便违法，但其目的是敦促 A 国改变其在先的违法行为，继而主张这些行为的不法性可以免除，即间接证明自己的行为是合法的。反措施制度也设定了相关要求，例如，B 国应将其采取反措施的意图提前告知 A 国，且采取的措施应符合"相称性"，即措施力度与"敦促 A 国纠正不法行为"的意图是相称的，如果采取抓捕、破坏乃至摧毁等"过当行为"，则难以排除其行为的不法性。

第三，与其他军控规则和一般国际法的关系。目前尚无专门的外空军控条约，与之相关的是 1976 年《禁止为军事或任何其他敌对目的使用改变环境的技术的公约》（《禁止改变环境公约》）。该公约规定，不为军事或任何其他敌对目的使用具有广泛、持久或严重后果的改变环境的技术作为摧毁、破坏或伤害任何其他缔约国的手段。据此，诸如改变电离层等以影响他国的通信链路、制造大量有害空间碎片的行为，都可能被视为违反该公约。美在 20 世纪 60 年代初开展的西福特计划以及美苏开展的外空核爆试验，也属于此类行为，但《禁止改变环境公约》是没有溯及力的，即不能主张美苏 60 年代的行为违反 70 年代的国际法。

一般国际法中的主权原则、诚实信用原则、善邻原则、不干涉原则、审慎义务等，与外空安全对抗也有密切联系。国家虽然不能"对外空"主张主权，但可主张国家"在外空"是有主权的。[1] 根据《外空条约》第八条，国家对其登记的空间物体保有管辖权和控制权，此外，国家也可依据所有权等法律事实，主张对其未登记的空间物体享有国际法上的管辖权，而管辖权就是主权的核心内容。在外空舆论法理斗争中，国家可主张他国行为侵害了本国在外空的主权权利，属于违反《联合国宪章》主权原则的

---

① 参见王国语《外空、网络法律属性与主权法律关系的比较分析》，《法学评论》2019 年第5 期。

行为。该主张的力度、给对手施加的压力要大于"某国行为违反了国际空间法某某义务"或"某国违反了国际法"之类的泛泛主张，因为毕竟涉及违反《联合国宪章》的问题，性质会更加严重。

此外，不干涉原则也是《联合国宪章》规定的重要国际法原则之一，即一国不得干涉他国在内政外交上的重大决策等内部事务。在《外空军事利用国际法适用手册》（MILAMOS）谈判中，美西方学者主张激光致盲行为在特定情形下涉嫌违反不干涉原则，如美利用卫星对某国是否试图对美采取核攻击进行侦察，以此作为是否采取斩首行动以及其他制裁措施的依据。此时，对美卫星进行激光致盲的行为就可能影响美重大的外交决策，因此涉嫌违反不干涉原则。

（二）外空自卫

在必要时，行使外空自卫权是一国捍卫其国家安全、在外空的主权以及维护其外空资产安全的不二选择。与其相对应的国际法被称为"使用武力法"，是由《联合国宪章》相关规定以及国际习惯法组成的。使用武力法的核心就是不使用武力原则以及自卫权。和平解决国际争端，不诉诸武力解决，是当代国际法确立的基本原则，而使用武力自卫是符合国际法的。

假设 B 国认为 A 国对其外空资产实施了武力攻击，就可运用武力手段对 A 国行使外空自卫权，A 国则可能辩称 A 国行为不属于武力攻击，而是 B 国反应过激从而作出了错误的法律判断，因此 B 国行为不属于合法自卫，而是违法使用武力的行为。可见，关于外空自卫权的法律解释，是国家间进行外空舆论法理斗争的重要内容之一。与有限外空安全对抗不同，行使自卫权就必然涉及使用武力行为来损害、摧毁他国外空物体或其相关地面设施，其烈度和敏感度更强。如果 A 国在遭受自卫反击后，不选择通过外交谈判、仲裁或诉讼等和平方式来解决争端，而是继续针对 B 国外空资产采取军事打击，B 国继而予以还击，那么双方则进入了外空武装冲突阶段，此时涉及的就不是使用武力法的问题，而是武装冲突法。

鉴于外空脆弱性以及爆发武力冲突可能带来的不可逆后果，国际社会认为应当审慎行使外空自卫权，甚至有些发展中国家不承认外空自卫权的合法性。外空自卫权是合法存在的，这点毋庸置疑，国际社会公认自卫权是一国的固有权利，但关于如何界定外空自卫权合法行使的前提和标准，尚无定论。主要焦点问题包括如何界定"在外空使用武力"和"外空武装攻击"、预先外空自卫是否合法、如何界定一国行为是否符合自卫权的相称性要求、商业公司的外空资产能否成为行使自卫权的主体和对象等。

最为核心和关键的问题是如何界定外空使用武力行为和外空武装攻击。动能等杀伤性手段相对容易被界定为使用武力或武力攻击，相比之下，电磁、网络、抓捕等不产生明显或持久损伤的"软杀伤"手段则应根据具体场景逐一讨论。2022 年 5 月的联合国"负责任外空行为"开放式工作组首次会议上，作为应邀参会的国际专家，笔者在发言中提出了"总量综合达标理论"，用于界定外空使用武力和武力攻击。也就是说，一个外空行为构成武力攻击必须同时满足主观故意和客观后果两个要件，此外，可将符合武力攻击的门槛值设为 10。如果一个行为的主观恶意达到 5，客观后果达到 5，总量达标（10），即可认定其为武力攻击；若主观意图不明，如估值仅为 3，但造成了较为严重的后果，如可估值为 7，则仍可界定其为武力攻击；若后果虽不明显（3），但主观恶性明显（7），则仍可被界定符合构成武力攻击的门槛值，这就是总量综合达标理论的基本思路。根据该理论，外空行为的恶意程度与其可被界定为武力攻击的可能性成正比。恶性越大、越明显，越容易被界定为武力攻击；行为自身的烈度越高、杀伤力越强，越容易被界定为武力攻击；外空行为的后果性越严重，越容易被界定为武力攻击；除了主观恶意和后果之外，该行为的规模和威慑力也与武力攻击的界定有紧密联系，一般为正比的关系。规模越大，威慑力越强，则越有可能被界定为武力攻击。①

此外，有关能否在外空进行预先自卫、商业公司能否行使自卫权和成为自卫对象的问题，也十分敏感而复杂。《联合国宪章》规定在武力攻击发生时，国家可以行使自卫权，但并未明文规定"武力攻击发生时"是合法实施自卫的唯一条件。国际习惯法则认为，当存在迫在眉睫、即将发生的武力攻击时，也可以实施预先自卫。诚然，预先自卫可能为滥用武力打开"方便之门"，但毋庸置疑，如一国外空资产面临迫在眉睫的武力攻击威胁，如不及时采取措施，就可能会丧失自卫"窗口期"，这种情况下的预先自卫具备一定的合法性理由。因此，离开具体场景来断言外空预先自卫是否合法，是片面和武断的。

一旦某个商业公司在外空使用武力，是否等同于某个国家使用武力？这同样是一个有关归因性的问题。一般情况下，如果可以证明一个商业公司"武力攻击"另一国国家卫星的行为是在某国的指示、指挥或控制下开展的，即可认定为该国发动了武力攻击，受攻击国即可对该国的相关外空资产实施自卫权（包括但不限于商业公司用于实施攻击的空间物体）。即便不能证明归因的存在，受攻击国也可依据法律一般原则，如刑法上的正当防卫，对该商业公司用于实施攻击的空间物体实施武力自卫，但却不能对该公司管辖国的其他外空资产行使自卫权。如果该公司攻击的是另一国的非国家卫星，如其商业公司的卫星，只要受攻击卫星并未承担国家安全任务，则应一般界定为损害赔偿问题，此时应通过赔偿途径而非行使自卫权来解决。当然，受攻击的商业公司也可以采取防卫措施，但这就不属于国

---

① 相关内容请参见王国语、任凯艺《太空自卫权行使中"武力攻击"的确定标准（上）》，《世界知识》2022年第10期；王国语、胡艺凡：《太空自卫权行使中"武力攻击"的确定标准（下）》，《世界知识》2022年第12期。

际法上自卫权的概念，而类似于刑法上的正当防卫。

四、"战时"外空安全活动与国际法的关系

互用武力未必意味着双方一定进入国际法上的"战时"状态，也可能属于使用武力法规制的范畴。但如果双方持续互用武力，则进入战时状态。此时，交战双方的作战行动应遵守武装冲突法（也称国际人道法），武装冲突法的区分原则和比例原则对于涉及外空的作战方式手段作出了一定限制。虽然除了武装冲突法之外的其他国际法不适用于战时，但仍需具体问题具体分析，不能一概而论。

（一）战时法、战争法、武装冲突法与战时

现代国际法中的"使用武力法"（*jus ad bellum*）和"武装冲突法"（*jus in bello*）取代了传统国际法中战时法或战争法的概念。17 世纪初，荷兰国际法学家格劳秀斯将国际法分为和平法（平时法）与战争法（战时法），并认为行使自卫权也属于战争范畴。进入 21 世纪，国内仍有观点认为国际关系中有关使用武力的法律规则就是战争法，这并不符合国际法发展实际。现代国际法已将有关使用武力的规则区分为使用武力法和武装冲突法两个法律体系。使用武力法适用于非战争情形下判断"先动手"一方是否违反不得威胁和使用武力原则以及另一方是否合法行使自卫权的问题，武装冲突法则主要关于战争及其他武力冲突如何开始、进行（如对作战手段的限制）和结束以及保护平民、战俘的人道主义问题。

"战时"中的"战"不仅仅指交战或战争状态，也包括一般的武力冲突状态。"战时"应分为一般武力冲突与特殊武力冲突两种情形，后者即指交战或战争状态。根据本文对外空安全活动整体形态的三分法，本文中的

"战时法"仅指武装冲突法，不包括使用武力法。

（二）互用武力与武力冲突、交战、战争和作战的区别

在军事领域，可能有观点认为，只要双方互用武力，便可视为双方处于武力冲突、战争或交战状态，即进入"战时"。但这个观点并不利于区分使用武力法和武装冲突法，容易导致法律认识和适用的错误，也会导致军事领域和法律领域概念的混淆及其使用上的混乱。

第一，互用武力未必就是武力冲突、交战或战争状态。假设一方使用武力，而另一方使用武力自卫，如果此后（第一轮交手后）双方就选择和平方式解决争端，而并没有继续相互使用武力，那么就没有进入国际法上的武力冲突、交战或战争状态。此时，法律博弈焦点是如何依据使用武力法来主张己方合法、对方违法，而非武装冲突法问题。

第二，如果在"第一回合"互用武力后，双方没有选择通过和平方式解决争端或者协商无果而继续互用武力（第二回合），则可视为进入一般武力冲突状态，此时则应适用武装冲突法来判断双方的交战行为是否符合对作战手段的限制，是否符合人道主义等。

第三，在上述"第二回合"或之后的交锋中，如果一方或双方宣战，就会被认定为存在明确的"交战意图"，在法律上即可确定无误地界定为双方交战或战争状态，即特殊的武力冲突状态，关于作战手段方法限制及人道主义问题仍然适用武装冲突法。

第四，军事学广义的作战概念可能涵盖了灰色地带的有限外空安全对抗、涉及外空自卫权的冲突、一般武装冲突以及特殊武装冲突（交战或战争）各个情形，其范围超出了法律上的交战概念。如果在军事学对"作战"作出过于宽泛的界定，则不利于相关法律的识别、解释和运用。

（三）武装冲突法对外空交战的限制

国家间尚未对外空武装冲突法问题进行正式讨论，但很多学者和美西方一些国家认为，作为国际习惯法，武装冲突法应当无条件地适用于外空武装冲突，这是值得商榷的。因为武装冲突法中的区分原则、比例原则、预防措施要求等核心内容，都会对动能等"硬杀伤"作战手段产生较大限制，这无异于提高了"开展外空作战以维护国家安全"的门槛。此外，有关武器、攻击、使用武力等武装冲突法的核心概念如何在外空领域识别和确认的问题，国际社会尚未进入深层讨论，在此之前就断言"武装冲突法应当无条件地适用于外空武装冲突"是极具争议性的。

第一，根据武装冲突法的规定，"攻击"只能针对军用目标发起，"民用物体"只有在其用于军事用途时，才可能成为合法攻击目标。然而外空物体多为两用性质，攻击方如果没有足够证据证明其攻击的民商卫星正在执行与武力冲突紧密相关的军事任务，则可能被认定为违反区分原则。

第二，根据比例原则，一国在攻击对方军用目标时，可能附带导致平民生命受损失、平民受伤害、平民物体受损害，如果这些损害与其预期的军事利益相比是过分的（不成比例的），则此类攻击是被禁止的。外空交战中，如果攻击军事卫星产生的碎片给受攻击方及他国的民商事卫星造成过分的损害，则涉嫌违反比例原则。关键在于攻击方能否证明这些损害与其预期的军事利益是相称的。

第三，武装冲突法还要求攻击方应当尽力采取预防措施，避免对平民及民用物体造成损害，当此类损害确属无法避免时，也应采取预防措施，使损害降低到最小。这对"硬杀伤"的外空作战手段也产生了较大限制。

（四）“战时”外空安全活动与非战时法的关系

非战时法即除了武装冲突法之外的使用武力法、国家责任法、国际电信法、国际空间法以及和外空安全活动相关的一般国际法，既包括平时法，也包括适用于外空灰色地带的国际法。非战时法原则上不适用于战时，但交战方与外空武装冲突、外空交战并非直接相关的外空活动仍应遵守非战时法有关空间物体登记、妥为顾及等义务。

五、结论

综合各国外空安全活动、外空对抗理论与实践以及国际社会亟待推动外空安全治理的需求，并基于与外空安全活动相关的国际法发展和国际规则谈判现状，关于如何推进外空安全国际治理、外空军控进程以避免大国间误解误判乃至发生外空冲突，提出以下思路供外空军控谈判各方考虑：一是继续在中国和俄罗斯共提的“防止在外空放置武器、对外空物体使用或威胁使用武力条约”（PPWT）草案基础上推进外空军控条约谈判，在后续外空军控谈判中立即开展有关军事、军控与法律相关术语的对接、衔接和统一的讨论；二是军控谈判各方应深化对外空安全活动与国际法关系的认识，从“负责任/不负责任”向“合法/违法”以及“合法/违法可能性有多大”的思维转变。各国开展相关外空安全活动的前提，不是简单地判断该活动是否负责任，而是应考虑这些活动与国际法中合法/违法边界的关系，这是各国国际法专家、军队律师、外空法顾问的使命和价值所在，也是外空安全国际治理和外空军控进程良性发展的应有和必经路径。

美导弹防御系统最新发展动向及
对太空安全的影响

曹志杰　熊瑛　王惜伟　王林

内容提要：2023年，美国将导弹防御职能从战略司令部转移至太空司令部，导弹预警、导弹防御和太空态势感知三大任务领域由太空司令部统一指挥，指挥权统一将有助于美国统筹太空体系架构建设，加速构建高、中、低轨结合的大规模卫星星座。此外，美国大力升级拓展现役地基拦截弹的作战能力，并重新开展天基拦截方案的能力评估。美国统筹加快反导系统建设，布局多轨星座和新型拦截弹方案，将对未来的太空安全环境、太空交通管制和太空行为规范等产生重大影响，并可能引发太空军备竞赛，将对人类和平利用太空、维护全球战略稳定与安全产生重要影响。

关 键 词：导弹预警；导弹防御；低轨星座；天基拦截；太空安全
作者单位：北京航天长征科技信息研究所

一、美导弹防御发展动向

2023年，美国导弹防御在组织管理和防御策略上发生重大改革，体系转型、装备升级和技术创新步伐显著加快，主要发展动向可总结为以下六个方面。

（一）美太空司令部接管导弹防御任务，推进跨区域作战和全面导弹挫败方案

2023年4月25日，美国总统拜登批准并指示实施新版《统一指挥计划》（UCP），将导弹防御职能从美国战略司令部转移至美国太空司令部，陆军第100导弹防御旅从战略司令部转隶到负责本土防御的北方司令部，一体化导弹防御联合职能司令部（JFCC-IMD）由战略司令部转隶至太空司令部。[1] 太空司令部将协调完成跨区域导弹防御规划和作战支持；支持评估导弹防御作战能力；并根据需要确保作战的连续性。此次调整后，本土防御任务将由北方司令部统筹实施，战区导弹防御任务将由各战区司令部执行，太空司令部或将承担跨战区导弹防御的协调任务，并通过跨机构协调，整合太空、网络、精打等力量，实现导弹挫败的目的。

6月，美陆军太空和导弹防御司令部（SMDC）表示将负责开发"导弹挫败"概念，与美国政府各部门共同努力，以限制对手导弹的研发、获取、扩散、潜在和实际使用等，并降低其使用时造成的损害。[2] 导弹防御将从军事领域拓展到政治、经济、军事、外交、科技、教育等多个领域。

（二）全面推进高、中、低轨一体化卫星星座建设，重启天基拦截弹项目评估

高轨方面，3月，天基红外系统（SBIRS）第6颗地球同步轨道卫星正

---

[1] "USSPACECOM Assumes Missile Defense Mission," U. S. Space Command, May 30, 2023, https://www. spacecom. mil/Newsroom/News/Article-Display/Article/3411944/usspacecom-assumes-missile-defense-mission/.

[2] Cecil Longino, "AMD integrator explains trans-regional missile defense concept," U. S. Army Space and Missile Defense Command, June 2, 2023, https://www. dvidshub. net/news/446144/amd-integrator-explains-trans-regional-missile-defense-concept.

式由太空系统司令部（SSC）移交给太空作战司令部，标志着天基红外系统系统建设完成。[1] 美国在 2024 财年预算中取消了下一代过顶红外第 3 颗地球同步轨道卫星的研制，未来下一代过顶红外系统将由 2 颗地球同步轨道卫星和 2 颗极地轨道卫星组成。5 月，诺斯罗普·格鲁曼公司研发的极地轨道卫星完成初步设计评审，计划于 2028 年发射。[2]

中轨方面，太空系统司令部将与太空发展局合作，发展中地球轨道导弹预警/导弹跟踪卫星星座。[3] 该星座将采用渐进式研发模式，每 2—3 年发射一次配备先进功能的新卫星。太空系统司令部预计在 2026 年交付"纪元 1"，在两个轨道平面上部署 9 颗卫星，为全球多个地区提供导弹预警和跟踪能力；在 2024 年底至 2025 年初授出"纪元 2"合同，在 4 个轨道平面上部署 18 颗卫星，与"纪元 1"一起实现全球覆盖；于 2030 年初交付"纪元 3"，用两个新的轨道平面卫星取代"纪元 1"。11 月，太空系统司令部完成"纪元 1"的关键设计评审，将开始制造卫星，并计划于 2026 年底发射。

低轨方面，1 月，太空发展局将原"国防太空架构"更名为"面向作战人员的可扩展太空体系（PWSA）"，4 月发射首批 0 期卫星，9 月发射了第二批 0 期卫星，标志着面向作战人员的可扩展太空体系开展部署。[4] 在

① "Press Release: SBIRS GEO-6 Operational Acceptance," Space Operations Command, March 28, 2023, https://www.spoc.spaceforce.mil/News/Article-Display/Article/3343866/press-release-sbirs-geo-6-operational-acceptance.

② Debra Werner, "Missile-warning satellite passes preliminary design review," *Space News*, May 24, 2023, https://spacenews.com/missile-warning-satellite-passes-preliminary-design-review/.

③ Sandra Erwin, "Space Force to begin procurement of missile-tracking satellites for medium Earth orbit constellation," *Space News*, October 30, 2023, https://spacenews.com/space-force-to-begin-procurement-of-missile-tracking-satellites-for-medium-earth-orbit-constellation/.

④ "SDA Layered Network of Military Satellites Now Known as 'Proliferated Warfighter Space Architecture'," Space Development Agency, January 23, 2023, https://www.sda.mil/sda-layered-network-of-military-satellites-now-known-as-proliferated-warfighter-space-architecture/.

发展规划上，太空发展局计划 2025 年完成 1 期卫星星座的部署，包括 126 颗传输层卫星、35 颗跟踪卫星和 12 颗开发和实验系统卫星（T1DES），将提供持续的区域性探测和数据传输能力；计划 2026 年开始发射 2 期卫星星座，包括 216 颗传输层卫星、54 颗跟踪卫星和约 20 颗开发和实验系统卫星（T2DES），将提供全球通信和导弹预警/跟踪能力，并为导弹防御提供火控质量数据。导弹防御局（MDA）负责研发高超声速和弹道导弹天基探测器（HBTSS），该项目原定于 2023 年发射，但由于技术问题推迟至 2024 年第二季度发射。[①]

此外，2024 财年美国国防政策法案要求导弹防御局对天基拦截弹开展新一轮评估。[②] 此次评估将分析天基能力在应对导弹威胁时所能发挥的效能，以及天基导弹防御能力的技术成熟度，为未来天基拦截弹开发和运行提供建议。

（三）继续升级拓展现役地基拦截弹的拦截区域，下一代拦截弹 通过初步设计评审

美国继续提升现役地基拦截弹（GBI）的部署规模和能力。2023 年，美国防部完成最新 2 枚地基拦截弹的组装，预计将部署在阿拉斯加州格里利堡，届时美军将部署 46 枚拦截弹，携带 CE-1、CE-2、CE-2 Block1 三

---

① Sandra Erwin, "Pentagon Agencies Team Up in Upcoming Launch of Hypersonic Tracking Satellites," *Space News*, December 28, 2023, https://spacenews.com/pentagon-agencies-team-up-in-upcoming-launch-of-hypersonic-tracking-satellites/.

② Jason Sherman, "Space-based Interceptors Set for New 'Independent' Assessment; IDA to Update 2011 Study," Inside Defense, December 13, 2023, https://insidedefense.com/daily-news/space-based-interceptors-set-new-independent-assessment-ida-update-2011-study.

种型号杀伤器。① 12 月 11 日，美国导弹防御局成功开展了配备 2/3 级可选助推器的地基拦截弹首次拦截试验（代号 FTG-12），成功拦截了一枚中程弹道导弹，演示了指令第三级不点火提前释放杀伤器的能力，显著扩大了拦截区域和可拦截时间，为作战人员提供了额外的发射机会来消除来袭导弹威胁。②

美国正在为地基中段防御系统研发"下一代拦截弹"（NGI），选择诺斯罗普·格鲁曼公司与洛克希德·马丁公司进行下一代拦截弹的方案设计。9 月 29 日，洛克希德·马丁公司设计方案通过了导弹防御局的初步设计评审，并计划于 2025 年进行关键设计评审。③ 诺斯罗普·格鲁曼公司将于2024 财年进行初步设计评审。

（四）频繁开展区域性反导系统飞行试验，重点提升拦截能力和一体化作战能力

3 月 23 日，洛克希德·马丁公司开展 PAC-3 导弹分段改进型（MSE）飞行试验，成功拦截一枚中程弹道导弹目标，验证了爱国者升级后的软件，为下一代爱国者系统软件部署奠定基础。④

① "Boeing Delivers Two Ground-Based Interceptors for U. S. Missile Defense Threats," *Huntsville Business Journal*, December 20, 2022, https://huntsvillebusinessjournal. com/lead/2022/12/20/boeing-delivers-two-ground-based-interceptors-for-u-s-missile-defense-threats/.

② Jason Sherman, "New '2-/3-stage GBI' Intercepts Target, Breaking Nearly 5-year 'Strategic Pause' in GMD Testing," Inside Defense, December 11, 2023, https://insidedefense. com/daily-news/new-2-3-stage-gbi-intercepts-target-breaking-nearly-5-year-strategic-pause-gmd-testing.

③ Jason Sherman, "Lockheed Martin's NGI Proposal Cleared to Proceed with Detailed Design," Inside Defense, October 16, 2023, https://insidedefense. com/daily-news/lockheed-martins-ngi-proposal-cleared-proceed-detailed-design.

④ "PAC-3 Flight Test Paves the Way for New Patriot Software Release," Lockheed Martin, March 28, 2023, https://news. lockheedmartin. com/2023-03-28-pac-3-flight-test-paves-the-way-for-new-patriot-software-release.

3月30日，美国成功开展标准-6双模2导弹齐射拦截试验。[1] 试验中，丹尼尔·井上号（DDG118）宙斯盾舰齐射2枚标准-6双模2软件升级（SWUP）导弹，成功拦截1枚从夏威夷考艾岛太平洋导弹靶场发射的中程弹道导弹目标，验证了宙斯盾系统的探测、跟踪、交战能力。本次试验是宙斯盾基线9.C2.0（BMD5.1）系统首次使用标准-6双模2软件升级导弹拦截中程弹道导弹目标。

10月25日，美国在"印太司令部"辖区内联合开展"警惕双足飞龙"演习，成功拦截了来自夏威夷考艾岛太平洋导弹靶场的多个目标。[2] 试验中，卡尔·M.莱文号导弹驱逐舰探测、跟踪目标，发射了两枚标准-3-1A导弹，成功拦截了两个近程弹道导弹目标，发射了4枚标准-2-3A导弹，成功拦截了两个亚声速反舰巡航导弹无人机靶弹。这是阿利·伯克级驱逐舰在一体化防空反导（IAMD）试验中首次同时拦截近程弹道导弹靶弹和反舰巡航导弹靶弹，也是美国"印太司令部"辖区有史以来最大规模的一体化防空反导活动之一，并首次展示了弹道导弹防御和防空战并行的作战场景。

（五）探索多样化的拦截方式，推动高超声速拦截弹的快速装备

拦截技术方面，导弹防御局于9月授予罗切斯特大学研制合同，开展短脉冲激光在高超声速防御方面的演示验证，并分析脉冲激光对导弹的杀

---

[1] "MDA Test Successfully Intercepts Ballistic Missile Target," Navy, March 31, 2023，https://www. navy. mil/DesktopModules/ArticleCS/Print. aspx? PortalId = 1&ModuleId = 2892&Article = 3349208.

[2] Mark Wright, "US Navy and MDA Successfully Intercept Multiple Targets in Integrated Air and Missile Defense Test," Defense Visual Information Distribution Service, October 25, 2023, https://www. dvidshub. net/news/456584/us-navy-and-mda-successfully-intercept-multiple-targets-integrated-air-and-missile-defense-test.

伤机制。① 国防预先研究局（DARPA）于9月授予波音公司滑翔破坏者第二阶段的技术开发合同，旨在发展所需的知识，使轨姿控系统（DACS）推进的杀伤器（KV）能够在射流相互作用下实现滑翔段拦截，一旦成功，将为未来拦截弹计划奠定基础。② 装备研制方面，美国正在加速滑翔段拦截弹（GPI）快速装备，积极推动爱国者-3分段改进型（PAC-3 MSE）拦截弹与宙斯盾舰融合形成末段拦截能力。国防部于4月批准滑翔段拦截弹计划进入技术研发阶段，重点推动杀伤器、姿态轨道控制系统、材料、导引头窗口等关键技术的成熟；③ 将加速推进滑翔段拦截弹计划，在2029年底前部署首批12枚初始作战型拦截弹，该型导弹只能与舰载雷达通信以接收有关机动威胁目标的更新信息；在2032年底之前部署24枚全面作战型拦截弹，能够与天基和地面雷达通信。6月，美国成功完成陆军PAC-3 MSE拦截弹与海军SPY-1雷达首次通信试验。④ 试验中，PAC-3 MSE拦截弹配备的S波段数据链与海军SPY-1雷达通信，验证了通信设备的设计方案，为该型弹竞标海军反高超声速导弹和巡航导弹项目奠定基础。

（六）进一步加强与盟国的合作，提升重点地区反导能力

在"印太"地区，美日韩多次开展三边反导演习，改善信息共享和指

---

① "MDA Award to the University of Rochester Laboratory for Laser Energetics," GovTribe, June 8, 2023, https://govtribe.com/opportunity/federal-contract-opportunity/mda-award-to-the-university-of-rochester-laboratory-for-laser-energetics-hq086023c6000.

② Joe Saballa, "Boeing Wins 'Glide Breaker' Hypersonic Missile Interceptor Phase Ⅱ Deal," *The Defense Post*, September 11, 2023, https://www.thedefensepost.com/2023/09/11/boeing-glide-breaker-hypersonic/.

③ Theresa Hitchens, "DoD Approves Next Step for GPI to Defend against Hypersonic Missiles," Breaking Defense, April 27, 2023, https://breakingdefense.com/2023/04/dod-approves-next-step-for-gpi-to-defend-against-hypersonic-missiles/.

④ Jason Sherman, "Datalink Connecting PAC-3 MSE to SPY-1 Demonstrated; Flight Test, Possible DOD Funding Next," Inside Defense, July 11, 2023, https://insidedefense.com/daily-news/datalink-connecting-pac-3-mse-spy-1-demonstrated-flight-test-possible-dod-funding-next.

控机制，加强反导技术领域的共同合作。2月，美日韩在日本海进行了三边弹道导弹防御演习。① 4月，美日韩在国际水域开展海上导弹防御演习。② 7月，美日韩三国在朝鲜半岛东部公海举行导弹防御演习，重点演练探测和跟踪计算机模拟的弹道导弹目标并共享相关信息。③ 8月，美日韩测试了共享朝鲜导弹发射实时数据的系统和连接美日、美韩双边指挥和控制系统的机制，并于2023年12月启动了数据共享系统，实时交换导弹预警数据。④ 此外，美日还将共同研制滑翔段拦截弹，美国将建设关岛"增强型一体化防空反导系统"，计划于2024年开始在关岛部署首批新装备。⑤

欧洲地区，5月，美国参与了北约"强大盾牌2023"一体化防空反导演习，提升了美军与盟伴导弹防御的互操作性。⑥ 12月15日，波兰陆基宙斯盾系统正式服役，标志着"欧洲分阶段适应方法"（EPAA）的第三阶段完成。⑦

---

① "U. S. , Japan, Republic of Korea Conduct Trilateral Ballistic Missile Defense Exercise," Navy, February 22, 2023, https://www. navy. mil/Press-Office/News-Stories/Article/3306157/us-japan-republic-of-korea-conduct-trilateral-ballistic-missile-defense-exercise/.

② "U. S. , Japan, Republic of Korea Conduct Trilateral Ballistic Missile Defense Exercise," U. S. Indo-Pacific Command, April 16, 2023, https://www. pacom. mil/Media/News/News-Article-View/Article/3364282/us-japan-republic-of-korea-conduct-trilateral-ballistic-missile-defense-exercise/.

③ Jesse Johnson, "Japan, South Korea and U. S. Hold Trilateral Missile Defense Drill after North's ICBM Launch," *The Japan Times*, July 16, 2023, https://www. japantimes. co. jp/news/2023/07/16/national/us-japan-south-korea-trilateral-missile-defense-exercises/.

④ Greg Hadley, "US, Japan, South Korea Agree to Shared Missile Warning by End of 2023, Annual Exercises," Air and Space Forces, August 18, 2023, https://www. airandspaceforces. com/us-japan-south-korea-annual-exercises-missile-warning/.

⑤ Jen Judson, "First Flight Test for Guam Missile Defense Planned for End of 2024," *Defense News*, August 10, 2023, https://www. defensenews. com/training-sim/2023/08/09/first-flight-test-for-guam-missile-defense-planned-for-end-of-2024/.

⑥ "Allies Launch Combined Integrated Air and Missile Defence Exercise Formidable Shield," NATO Allied Air Command, May 10, 2023, https://ac. nato. int/archive/2023/FOSH23_ starts.

⑦ Jason Sherman, "After ' Grossly Unacceptable Delay,' Aegis Ashore Poland Set for Navy Inventory, Maintenance," Inside Defense, December 7, 2023, https://insidedefense. com/daily-news/after-grossly-unacceptable-delay-aegis-ashore-poland-set-navy-inventory-maintenance.

二、美导弹防御能力发展对太空安全的影响

2023 年，美国导弹防御系统"用天、控天"的趋势愈加明显，将对未来的太空安全构成更加严重的威胁。传统的弹道导弹中段拦截本质就是太空作战，无论是对导弹还是航天器的打击都将产生大量太空碎片，危及太空安全。当前，随着美国导弹防御系统的建设和作战重心向太空转移，太空的战场属性将进一步提升，太空资源（轨位、频谱）的争夺将日趋激烈，美国还在酝酿重启天基拦截项目，未来可能导致太空军备竞赛的全面升级。

（一）美国将导弹防御职能划归太空司令部，将加剧太空疆域战场化，颠覆太空和平利用的发展前景

早在 2022 年 10 月，美国出台新版《国家安全战略》文件，已明确将太空视为作战域，开始发展太空军事能力。此次美国将导弹防御职能转移至太空司令部，正是在这一政策方针指导下作出的重大转变，将导弹防御的战火引至和平的外层公共空间，使用武力推行"美国优先"霸权思维和强权逻辑。战略上，未来美国将重视太空域对导弹防御的重要作用。此次职能调整后，导弹预警、导弹防御和太空态势感知三大任务领域将由太空司令部统一指挥，能够更有效地集成和融合全球探测器的数据，以进行快速探测、表征、跟踪和分发，确保对目标的成功拦截。战术上，太空司令部将与其他作战司令部、军种以及政府机构、盟国和合作伙伴协调，承担跨区域导弹防御的协调任务，"美国太空司令部进行跨区域导弹防御规划和行动支持；支持评估导弹防御作战能力；并根据需要确保作战的连续性"。

反导防御的作战形式和作战空间也将发生重大变革。太空将成为美国导弹预警、探测、跟踪、火控与通信的重要节点，并对拦截效果进行评估。

2023 年 11 月，由美国和以色列合作研发的箭 - 2 反导系统在大气层外成功拦截了一枚胡塞武装发射的弹道导弹，引发各方关注，表明太空已经成为反导的重要作战空间。

（二）美国发展多星、多轨道的卫星星座，将恶化太空环境治理，加剧太空安全的不稳定风险

太空治理的主要方面是太空资源的开发利用、太空环境保护与太空安全。美国部署多星、多轨道卫星星座，导致太空环境更加拥挤，增大了空间系统意外碰撞的风险，直接威胁太空安全；同时美国抢占为数不多的太空资源，也剥夺了其他国家利用太空的权利。

首先，中低轨卫星星座的部署将占据大量太空轨道资源。根据世界经济论坛网站统计，[1] 在美太空军成立之初，全球共有 2 666 颗人造卫星绕地球运行，其中军用卫星数量为 339 颗，占比 13%。然而根据美太空发展局的规划，其将在 2026 年拥有超过 1 000 颗近地轨道卫星，用于导弹预警和数据传输，[2] 远超各国现有军事卫星数量总和。美国利用自己的科技优势，联合盟伴抢占、瓜分为数不多的轨位和频谱资源，剥夺其他国家平等享有的利用空间的权利和机会，是对国际太空治理规则的不负责任的、不公平的冲击和挑战。此举必将刺激其他国家跟进发射太空军用卫星，尤其是轨道资源较为紧缺的近地轨道卫星，造成轨道无线电频率和轨道空间资源枯竭，后来者可能面临无频轨资源可用的境地，频轨资源 "先到先得" 原则有蜕化为 "先到永占" 的危险，加剧太空安全的不友好不稳定形势。

① "Who Owns Our Orbit: Just How Many Satellites Are There in Space?" World Economic Forum, October 23, 2020, https://www. weforum. org/agenda/2020/10/visualizing-easrth-satellites-sapce-spacex/.

② Courtney Albon, "How the Space Development Agency 'Could Have Died Any Number of Ways'," Space Development Agency, December 8, 2022, https://www. sda. mil/how-the-space-development-agency-could-have-died-any-number-of-ways/.

其次，低轨卫星星座具有数量大、可靠性低的特点，且其目标特征小，地面监测、预警难度大。大规模低轨卫星星座在发射、部署、运行、报废的全寿命周期中使脆弱的太空环境雪上加霜。第一，数量庞大的低轨卫星将占据太空发射交通要道，压缩发射窗口，并且极大增加部署轨道空间目标的撞击概率，恶化太空交通秩序。第二，低轨卫星星座挤占极宽频段的可用频率资源，对地面和低轨道天文观测及太空物体监测造成严重负面影响。第三，当低轨卫星入轨失败、运行失效、寿命结束后，难以保证可靠地离轨，最终成为太空垃圾，危害太空环境。

最后，在太空军民两用的条件下，太空意外碰撞事故更易造成误判和冲突升级。如果在商业卫星上搭载军用载荷，使用成熟商业卫星平台开发军用卫星，甚至直接使用商业卫星撞击敌方卫星，将导致更严重的定义模糊和核查困难，进而造成意外事故引发误判和冲突升级的风险。美国导弹防御局已经部署"天基杀伤评估"（SKA）项目，使用商用卫星搭载传感器，以进行反导拦截的杀伤评估。太空军明确表示，"面向作战人员的可扩展太空体系"（PWSA）中的监视层将采用商业卫星搭载方式，实现对时敏目标的全天候监视。未来，太空意外碰撞不仅是民事问题，而且与战略稳定息息相关。

（三）美国升级、演练新型拦截弹技术，将加剧太空冲突的风险，严重威胁太空装备的运行安全

美国不断改进现有地基中段防御系统，并加速开发下一代中段拦截弹。2023 年 9 月，美"下一代拦截弹"项目通过初步设计评审，新的本土防御陆基拦截弹将通过全新助推器来携带多目标杀伤器。2023 年 12 月，美导弹防御局为现役地基拦截弹配备新型 2/3 级可选助推器，并成功进行拦截试验 FTG-12，扩大了中段拦截区域与窗口。中段反导的拦截区域一般位于大

气层外的近地轨道，拦截弹与来袭弹头相撞后会产生大量太空碎片，分布于撞击轨道周围甚至向其他轨道扩散，并很有可能引发与其他航天器的连锁碰撞，严重威胁太空安全。

增强的导弹防御系统具有直升式反卫能力，美国利用反导装备实战化反卫能力，将造成严重后果。地基拦截弹的射高可以达到 2 000 千米，覆盖近地轨道，通过对助推器的灵活调整，几乎可以威胁近地轨道上的任何卫星，具有极强的反卫星能力。虽然美国发展反导系统的主要目的不是反卫星，但不妨碍该系统成为有史以来部署的最大破坏性反卫星系统，可以使其他国家在太空中的很大一部分资产面临威胁。与此同时，目前关于干扰或摧毁卫星的国际法律尚未建立完善。美国正在通过外交举措塑造对其有利的太空规则，提出"停止破坏性直升式反卫星试验"倡议，推进"负责任太空行为准则"讨论。这些规则并没有限制美陆基导弹防御系统等硬件设施，而是专注于创建行为规范、限制他国开展试验获得相同能力，其用心用意之深，可见一斑。

（四）美国酝酿天基拦截方案，可能突破底线引发太空对抗升级，导致全面军备竞赛的严重后果

不在太空部署武器、防止外空武器化和军备竞赛是长期以来国际太空能力发展的底线和红线。各国现役具备在轨作战能力的典型装备，都是以在轨服务和空间态势感知的名义开展，尽力回避其武器属性，谨慎对待在太空部署武器可能引发的巨大政治争议。然而，美国 2024 财年国防政策法案要求导弹防御局重启"天基导弹防御能力（包括轨道拦截弹）"评估，表明美国从未放弃部署天基拦截弹计划，不断武装太空系统，使太空成为新战场。天基预警系统与天基拦截弹相结合将提升美国助推段拦截与射前攻击能力，削弱他国核力量的生存能力和作战效能，迫使他国寻求反制措

施，严重破坏全球战略安全平衡与和平稳定局势。

美国导弹防御系统天基拦截方案的提出和发展，是对"不在太空部署武器"这一国际共识的巨大挑战。未来一旦部署，将彻底突破太空装备发展的底线，必然掀起太空领域的全面军备竞赛。在这场竞赛中，各国将加速推进太空武器的研发部署，甚至将太空纳入核战略考量，使地外空间成为一个政治和战略争夺的焦点，引发各国之间的紧张关系，进而影响全球的安全和稳定。此外，太空军备竞赛很可能破坏国际社会在太空领域的合作框架，使共同应对太空威胁的难度加大。互相不信任和竞争的态势可能导致无法形成有效的国际规范和协议，进而使太空活动更加不可预测，诱发误解和军事冲突。

三、结语

美国在强化自身导弹防御能力的同时，不可避免地影响了全球太空安全格局。其在太空军事化方面的举措可能引发一系列潜在的后果，包括太空军备竞赛的加剧、太空冲突风险的上升以及太空环境治理的恶化等。太空安全是一个全球性的挑战，需要国际社会共同努力来解决。单边主义和军备竞赛并非解决太空安全问题的根本途径。国际社会需要加强对太空活动的合作与监管，建立包容、开放、透明的太空治理机制，确保太空能够持续和平、安全地被利用。只有通过国际合作与共识，我们才能够共同应对太空安全面临的挑战，确保太空成为人类共同发展的宝贵资源，而非军事竞争的战场。各国应在太空领域秉持构建人类命运共同体的理念，共同维护太空安全与稳定，共同开创太空利用的美好未来。

【生物军控与生物安全】

2023 年国际生物安全形势综述

蒋丽勇　刘术

美国生物安全战略评析

王小理　王尼

2023年国际生物安全形势综述

蒋丽勇　刘术

内容提要： 2023年，国际生物安全威胁形势依然严峻，传染病溢出风险加剧，人工智能的融合应用，加大了颠覆性生物技术谬用风险。全球生物安全治理体系处于调整完善之中，国际生物军控多边进程在分歧与合作中稳步推进，2023年《禁止生物武器公约》缔约国会议如期举行，加强公约工作组各项工作全面铺开，多方展开建设性对话。指称使用生化武器联合国秘书长调查机制各项活动的组织趋向常规化。世界卫生组织从规则制定和传染病防控技术准备等方面推进全球卫生安全能力建设。在国家和地区层面，对新冠疫情的反思和总结、防控技术谬用成为关注重点，各国加大了在传染病预警、防控药物及设备研发方面的投入力度，加快完善生物安全法规制度体系，试图遏止技术负面影响。但技术"围栏"的建构通常晚于技术潜在负面效应的形成。唯有秉持人类卫生健康共同体、人与自然生命共同体和地球生命共同体理念，积极推动多方合作，才是保障全球生物安全的唯一有效途径。

关 键 词： 生物安全；生物军控；《禁止生物武器公约》；全球治理

作者单位： 中国军控与裁军协会生物项目组

2023年，新冠疫情（COVID-19）虽已不再构成"国际关注的突发公共卫生事件"，但以新冠病毒感染为代表的传染病频发，仍对全球卫生安全产生重要影响；人工智能（AI）在生物领域的融合应用使得技术谬用更加难防难控；生物武器威胁依然存在，国际生物军控曲折前行，国际生物安全形势总体严峻。对新冠疫情的反思总结，推动全球及国家和地区层面生物安全能力建设步入新阶段，全球生物安全治理体系更趋完善。

一、国际生物安全威胁

2023 年，国际生物安全威胁来源广，种类多，各类传染病频繁流行，生物武器威胁未消，颠覆性生物技术谬用难控，实验室安全隐患难除。

（一）传染病溢出风险不断上升

人口数量增长，气候变化及生态环境破坏程度加剧，导致传染病溢出风险上升。截至 2023 年 12 月，全球共监测到传染病 72 种，涉及 236 个国家和地区，其中新冠病毒、猴痘、登革热、麻疹和霍乱等疫情传播范围最广、感染人数最多。截至 2023 年 12 月 17 日，全球已报告超过 7.72 亿新冠确诊病例，近 700 万死亡病例。新冠病毒奥米克戎 BA.2.86 变体的亚分支 JN.1 型感染病例迅速增加，发展成亚洲、欧洲、北美洲和大洋洲流行的优势变异株。2023 年 12 月 18 日，世界卫生组织（WHO）将其升级为"需关注的变异株"。[①] 截至 2024 年 1 月，全球 117 个国家和地区报道确诊猴痘病毒 93 321 例，死亡病例 179 例，主要分布于美国、葡萄牙、泰国、越南和英国。[②] 2023 年全球登革热病例数激增，80 多个国家和地区共报告病例超

---

① WHO, "COVID-19 Epidemiological Update," December 22, 2023, accessed March 4, 2024, https://www.who.int/publications/m/item/covid-19-epidemiological-update---22-december-2023.

② WHO, "2022 - 23 Mpox (Monkeypox) Outbreak: Global Trends," February 23, 2024, accessed March 4, 2024, https://worldhealthorg.shinyapps.io/mpx_global/#3_Detailed_case_data.

过 500 万，接近历史最高水平。2023 年全球累计报告 534 672 例麻疹疑似病例，较 2022 年增长 44.8%，主要分布于东南亚、东地中海和非洲区域。[①]

（二）生物武器威胁仍未消除

随着生命科学的快速发展，生物技术两用性凸显，生物武器研发隐匿性更强，可能存在以和平利用为幌子违规开展生物武器研发的情况。俄罗斯国家杜马和俄罗斯联邦委员会于当地时间 2023 年 4 月 11 日、12 日先后审议并一致通过议会调查委员会关于美国在乌克兰生物实验室活动的最终调查报告。[②] 该报告称，美国在乌克兰系统开展生物军事化活动，乌克兰已成美国此类活动的主要试验场。美国在乌克兰的生物计划由美军工作人员和承包商执行，旨在收集传染病病原体相关菌毒株。乌克兰境内的生物实验室储存了大量危险和烈性病原体。报告评估，美国具有在特定地区模拟当地和全球流行病传播及防控相关疾病的能力，认为美国以生物医学活动为幌子开展的秘密军用项目，将对俄罗斯乃至整个人类社会安全构成威胁。

（三）生物技术误用谬用难防难控

合成生物学、基因编辑等现代技术的快速发展及 AI 在生物领域的融合应用加剧了生物技术谬用风险。美国政府问责局发布合成生物学风险评估报告，[③] 认为合成生物学对生物医药、农业及环境保护产生了重要影响，但

---

① 韩辉、伍波、贾娇娇等：《2023 年 12 月全球传染病疫情概要》，《疾病监测》2024 年第 39 卷第 1 期，第 4—6 页。

② ГОСУДАРСТВЕННАЯ ДУМАФЕДЕРАЛЬНОГО СОБРАНИЯ РОССИЙСКОЙ ФЕДЕРАЦИИ, "Государственная Дума утвердила итоговый доклад Парламентской комиссии по расследованию деятельности биолабораторий США на Украине," ГОСУДАРСТВЕННАЯ ДУМА, April 11, 2023, accessed March 4, 2024, http://duma.gov.ru/news/56830/.

③ GAO, "Science & Tech Spotlight: Synthetic Biology," April 17, 2023, accessed March 4, 2024, https://www.gao.gov/products/gao-23-106648.

被谬用于开发新型生物武器的可能性大，恐对国家安全构成威胁。工程生物学产物被释放到自然环境中，将产生不可逆的恶性影响。乔治·梅森大学研究人员认为，基因编辑技术与合成生物学、AI 等现代技术的深度融合，可能催生两用性新工具，重塑生物安全格局。[1] 英国长期复原力研究中心发布题为《AI 如何推动生物武器研发》[2] 报告，分析了 AI 对生物武器研发过程中某些特定环节的影响。该报告认为，AI 工具包括两类，即大语言模型（LLM）和生物设计类工具（BDT），其中大语言模型基于自然语言训练生成问答内容；生物设计类工具即指通过深度神经网络等机器学习技术训练生物数据的 AI 工具，可用于设计蛋白、病毒载体和其他生物剂，有助于突破现有技术壁垒，增强危害效应。AI 工具可在恶意行为体计划、制造和释放生物武器的过程中发挥作用。兰德公司发布的报告《AI 在大规模生物攻击中的风险》[3] 称，AI 的加持，将提高生物技术被滥用的有效性和可能性。模拟场景推演显示，大语言模型可根据疫情规模和成本预算推荐病原体，剖析肉毒毒素的不同传播机制，并评估利弊。此外，政府对 AI 及其与生物技术融合研发应用领域的监管尚不完善，可能成为诱发技术滥用的重要原因。

---

① Katherine Paris, "Genome Editing and Biological Weapons: Assessing the Risk of Misuse," Springer Link, March 31, 2023, accessed March 4, 2024, https://link. springer. com/book/10. 1007/978-3-031-21820-0.

② Sophie Rose & Cassidy Nelson, "Understanding AI-Facilitated Biological Weapon Development," THE CENTER FOR LONG-TERM RESILIENCE, October 18, 2023, accessed March 4, 2024, https://www. longtermresilience. org/post/report-launch-examining-risks-at-the-intersection-of-ai-and-bio.

③ Christopher A. Mouton, Caleb Lucas, Ella Guest, "The Operational Risks of AI in Large-Scale Biological Attacks," RAND, October 12, 2023, accessed March 4, 2024, https://www. rand. org/pubs/research_ reports/RRA2977-1. html.

（四）高危病原体实验室安全风险引发担忧

高等级生物安全实验室数量激增。2023 年 3 月，美国乔治·梅森大学和英国伦敦国王学院联合发布阶段性研究成果《全球生物实验室报告》，[①]定位和评估了全球高等级生物安全实验室的地理位置及潜在风险。该报告认为，新冠疫情的暴发和蔓延，引发全球高等级实验室建设热潮，推动了全球对功能获得性研究等高风险课题的投入和关注。2021 年，全球有近 60 个生物安全四级实验室（包括已建成、在建和规划中），近 10 年内建成的至少 20 个，超过 75% 位于病毒易传播的城市中心地带。2022 年，全球生物安全四级实验室数量上升至 69 个。此外，目前全球至少建有 55 个生物安全"三级+"实验室（又名强化实验室）。全球生物安全三级实验室数量更多，分布更为广泛。

高等级生物安全实验室监管存在漏洞。研究显示，在设有生物安全四级实验室的国家中，仅约四分之一建立了相对完善的生物安全风险管理法规制度，仅 3 个国家出台了两用生物技术研究监管政策，尚无国家颁布或实施新的生物风险管理标准。与生物安全四级实验室和生物安全三级实验室相比，国家对强化实验室的监管和指导更少。在国家生物安全风险管理能力综合评分中，包括印度在内的 5 个国家得分较低。

部分地区政治环境动荡不定，也让实验室安全如头悬利剑。世界卫生组织驻苏丹代表称，[②] 武装分子占领了苏丹公共卫生实验室，或将给该国带来巨大生物安全风险。苏丹因国内权力斗争陷入战火，冲突一方控制了中

[①] Gorge Mason University, *Global BioLabs Report 2023*, King' College London, March 6, 2024, accessed March 4, https://www.kcl.ac.uk/warstudies/assets/global-biolabs-report-2023.pdf.

[②] UNMC. "Biohazard Warning as Fighters Seize Sudan Lab: WHO," University of Nebraska Medical Center, April 25, 2023, accessed March 4, https://www.unmc.edu/healthsecurity/transmission/2023/04/25/biohazard-warning-as-fighters-seize-sudan-lab-who/.

央公共卫生实验室，并驱逐了所有相关技术人员。该实验室存有麻疹、结核病、霍乱、脊髓灰质炎和新冠病毒等病原体样本，专业人员的被迫撤离可能会带来泄漏风险。

二、全球生物安全治理进程

2023年《禁止生物武器公约》（以下简称"公约"）缔约国会议如期举行，加强公约工作组（以下简称"工作组"）为各方提供了更为灵活的沟通交流平台，有望打破自2001年以来围绕核查议定书谈判形成的僵局。

（一）公约进程

2023年，多国向公约缔约国会议提交工作文件，就国际合作与援助、与公约相关的科技进展等多方关注议题表达立场；工作组举行2次实质性会议，多方展开建设性对话；履约支持机构积极推动国家履约工作；公约普遍性获提升。

1. 2023年缔约国会议如期举行

公约缔约国会议于2023年12月11—13日在日内瓦举行，厄瓜多尔常驻联合国日内瓦办事处代表担任主席，德国常驻裁军谈判会议代表以及保加利亚常驻联合国办事处代表担任副主席。会议议程包括通过工作计划、议事规则、闭会期间工作方案等常规项目，增设"加强公约工作组2023年工作情况汇报"环节。共120个缔约国代表团，2个签署国代表参会，乍得、科摩罗和以色列等国及欧盟、联合国粮食及农业组织等机构以观察员身份与会，联合国裁军研究所、联合国区域间犯罪和司法研究所、联合国裁军事务厅以及25个非政府组织和研究机构列席会议。缔约国会议听取工作组主席总结2023年工作成果并通过2024年工作组会期安排。

会上，俄罗斯、美国、日本等 31 个缔约国共向缔约国会议提交 49 份工作文件，主要涉及 6 个议题，① 但未在会上开展讨论。

一是讨论指称使用生化武器联合国秘书长调查机制（以下简称"秘书长调查机制"）。俄罗斯代表委内瑞拉、中国等 16 个国家提交联合声明，支持秘书长调查机制的建设和完善工作。该声明称，公约面临生化恐怖主义等新威胁新挑战，情势已与秘书长调查机制设立之初不尽相同，但相关操作指南和程序要求几无更新，呼吁联合国秘书处更新该机制下指称使用生化武器调查的操作指南和程序，定期审查技术指导和程序要求。② 瑞典工作文件③指出，秘书长调查机制在指称使用生化武器调查过程中不可或缺，瑞典国防研究机构将继续参与该机制开展的演习和培训。澳大利亚工作文件④提到，应维护秘书长调查机制的完整性和独立性。

二是审议与公约相关的科技进展。瑞典提到，科技发展和相关专业知识的全球化提高了生物武器扩散风险，建议监管与公约相关的科技进展。⑤澳大利亚表示，建立与公约相关科技进展审查机制，完善国际合作与援助

---

① The Chairman of the 2023 Meeting of States Parties, *Report of the 2023 Meeting of States Parties*, UNODA, December 13, 2023, accessed March 4, 2024, https://documents.un.org/doc/undoc/gen/g23/263/29/pdf/g2326329.pdf?token=eYmdgDXau0F4VslgMg&fe=true.

② Russian Federation, *Joint Statement in Support of the Efforts to Strengthen the United Nations Secretary-General's Mechanism for Investigation of the Alleged Use of Chemical and Biological Weapons (Geneva, 13 December, 2023)* UNODA, December 13, 2023, accessed March 4, 2024, https://documents.un.org/doc/undoc/gen/g23/261/77/pdf/g2326177.pdf?token=BtYLPjhGklON6GuVHe&fe=true.

③ Sweden, *Statement by H. E. Ms Anna Jardfelt*, UNODA, December 13, 2023, accessed March 4, 2024, https://docs-library.unoda.org/Biological_Weapons_Convention_-Meeting_of_States_Parties_(2023)/G2326023.pdf.

④ Australia, *Australia's National Statement to the 2023 BWC Meeting of States Parties*, UNODA, December 13, 2023, accessed March 4, 2024, https://docs-library.unoda.org/Biological_Weapons_Convention_-Meeting_of_States_Parties_(2023)/G2326026.pdf.

⑤ Sweden, *Statement by H. E. Ms Anna Jardfelt*, UNODA, December 13, 2023, accessed March 4, 2024, https://docs-library.unoda.org/Biological_Weapons_Convention_-Meeting_of_States_Parties_(2023)/G2326023.pdf.

程序，是澳大利亚代表团与会的重要目标。^① 德国工作文件^②强调，评估与公约相关的科技进展并建立审查机制至关重要。

三是关注公约第十条框架下的国际合作与援助问题。日本代表七国集团（G7）提交工作文件，^③ 赞同将国际合作与援助、与公约相关的科技进展等议题作为近期优先事项；印尼的工作文件^④提出，加强国际合作与援助，确保充分、有效且无歧视地执行公约第十条；泰国^⑤建议积极开展国际合作，有效履行公约第十条，强调知识共享、技术转让和能力建设的重要性；菲律宾代表东盟成员国提交工作文件，^⑥ 呼吁公约关注发展中国家的援助请求，加强公约框架下对发展中国家的援助能力建设、技术支持及不指定用途的资金资助。

---

① Australia, *Australia's National Statement to the 2023 BWC Meeting of States Parties*, UNODA, December 13, 2023, accessed March 4, 2024, https://docs-library. unoda. org/Biological _ Weapons _ Convention_-Meeting of_ States_ Parties_（2023）/G2326026. pdf.

② Germany, *Statement by Germany*, UNODA, December 13, 2023, accessed March 4, 2024, https://docs-library. unoda. org/Biological _ Weapons _ Convention _-Meeting _ of _ States _ Parties _（2023）/G2326028. pdf.

③ Japan, *Joint Statement submitted by Japan on behalf of the G7（Canada, France, Germany, Italy, Japan, the United Kingdom and the United States and the European Union）to the Biological and Toxin Weapons Convention Meeting of States Parties*, UNODA, December 11, 2023, accessed March 4, 2024, https://documents. un. org/doc/undoc/gen/g23/261/51/pdf/g2326151. pdf? token = 01ghMC9pLm22GRlHd7&fe =true.

④ Indonesia, *Statement by the Delegation of the Republic of Indonesia*, UNODA, December 13, 2023, accessed March 4, 2024, https://documents. un. org/doc/undoc/gen/g23/260/60/pdf/g2326060. pdf? token = M6fk9gcGBGYjZ5PUIq&fe =true.

⑤ Thailand, *Statement of the Delegation of Thailand*, UNODA, December 13, 2023, accessed March 4, 2024, https://documents. un. org/doc/undoc/gen/g23/260/67/pdf/g2326067. pdf?token = 7fF9dTnoYWEZ4fVkE6&fe =true.

⑥ Philippines, *Joint Statement on behalf of the Member States of the Association of Southeast Asian Nations（ASEAN）, Namely Brunei Darussalam, Cambodia, Indonesia, Lao People's Democratic Republic, Malaysia, Myanmar, the Philippines, Singapore, Thailand and Vietnam*, UNODA, December 13, 2023, accessed March 4, 2024, https://documents. un. org/doc/undoc/gen/g23/262/50/pdf/g2326250. pdf? token = aLb1Cv FirtSFuZaRKF&fe =true.

四是建立有效核查机制。东盟①认为，缺乏必要的核查措施会给公约有效性提升带来挑战；澳大利亚支持建立分阶段逐步推进的生物武器核查机制；德国、印尼等国支持建立核查机制；中国②建议尽快建立核查机制，公正解决遵约关切；南非工作文件③赞同编写具有法律约束力的核查文书，制定核查措施，加强公约履约；乌干达工作文件④建议提高核查行动的成本效益。

五是提高女性参与度。日本代表七国集团建议将性别因素纳入公约相关事务的考量范畴，提高专家和代表团人员构成中的女性比重，提倡更多女性参与生物军控事务；瑞典、澳大利亚、挪威、乌干达等缔约国建议关注裁军事务中的性别平等问题。

六是完善公约运行机制。澳大利亚代表阿尔巴尼亚、阿根廷等 50 个国家提交工作文件，⑤ 提出包容性参与公约事务的重要性，对工作组在 2023

① Philippines, *Joint Statement on behalf of the Member States of the Association of Southeast Asian Nations (ASEAN), Namely Brunei Darussalam, Cambodia, Indonesia, Lao People's Democratic Republic, Malaysia, Myanmar, the Philippines, Singapore, Thailand and Vietnam*, UNODA, December 13, 2023, accessed March 4, 2024, https://documents. un. org/doc/undoc/gen/g23/262/50/pdf/g2326250. pdf? token = aLb1Cv FirtSFuZaRKF&fe = true.

② 中国政府：《中国代表团在〈禁止生物武器公约〉缔约国大会一般性辩论的发言》，UNODA, December 13, 2023, accessed March 4, 2024, https://documents. un. org/doc/undoc/gen/g23/263/16/pdf/g2326316. pdf? token = 6FvMSbfmCQd9vnEKbT&fe = true。

③ South Africa, *Statement Delivered by H. E. Ms. Tsholofelo Tsheole, Deputy Permanent Representative of the Permanent Mission of the Republic of South Africa on the occasion of the General Debate of the Meeting of States Parties of Biological Weapons Convention*, UNODA, December 13, 2023, accessed March 4, 2024, https://documents. un. org/doc/undoc/gen/g23/261/97/pdf/g2326197. pdf? token = BSUxXhapoozojP4jSQ&fe = true.

④ Uganda, *Statement of the Republic of Uganda*, UNODA, December 13, 2023, accessed March 4, 2024, https://documents. un. org/doc/undoc/gen/g23/261/98/pdf/g2326198. pdf?token = EAQlKKfTkI3Pj6Sd1m&fe = true.

⑤ Australia, *The Value of Inclusive Participation in Meetings of the Biological and Toxin Weapons Convention*, UNODA, December 13, 2023, accessed March 4, 2024, https://documents. un. org/doc/undoc/gen/g23/261/61/pdf/g2326161. pdf? token = Bqi7WzPJlX4B54ZXQO&fe = true.

年 12 月第三次会议及 2023 年缔约国会议试图取消以观察员身份出席会议的国家或组织在全体会议上发言并参与审议的权利这一做法表达遗憾立场，认为上述行为破坏了公约包容、透明和开放的原则。该文件指出，世界卫生组织、红十字国际委员会等组织在公约关键议题的研讨中作出了重要贡献。观察员的深度参与，将极大提升审议内容的广度和深度。法国建议加强履约支持机构的能力建设，倘若国际合作与援助、科技审议等机制成形，将履约支持机构设为常设秘书处，将更有利于职责分担和业务开展；澳大利亚建议扩大履约支持机构的职能。

此外，部分缔约国也在工作文件中肯定了提交建立信任措施材料的重要性，但认为此举不能取代核查机制及相关措施；古巴[①]认为，有必要制定具有法律效力的议定书，完善和加强公约公正性和无歧视原则。俄罗斯、乌克兰、巴勒斯坦等国则表达了国家在某些具体问题中的关切和立场。俄罗斯共向缔约国大会提交多份工作文件，内容涉及俄罗斯联邦议会关于美国在乌克兰境内建立生物实验室的调查结果，俄罗斯第四届"国际生物安全面临挑战、问题及解决方案"国际会议基本情况，俄罗斯对公约第十条、第七条履约作出的贡献，俄罗斯移动实验室快速反应小组联合演习情况等；乌克兰[②]在工作文件中强调，该国不承认俄罗斯在公约机制下设立一国集团。巴勒斯坦[③]提到，该国加沙地区正面临紧急生物灾难，在部分收容所里

[①] Cuba, "Intervención de Cuba: Debate General," UNODA, December 13, 2023, accessed March 4, 2024, https://documents. un. org/doc/undoc/gen/g23/261/83/pdf/g2326183. pdf?token = hxNmpbjTgPjk7 WAjXk&fe = true.

[②] Ukraine, *Statement of the Delegation of Ukraine at the Meeting of State Parties to the Biological Weapons Convention (11–13 December 2023, Geneva)*, UNODA, December 13, 2023, accessed March 4, 2024, https://documents. un. org/doc/undoc/gen/g23/260/86/pdf/g2326086. pdf?token = sWgO1rr1jqjeH0mHAs& fe = true.

[③] Palestine, *State of Palestine's Views on the Effective Implementation of the BWC*, UNODA, December 13, 2023, accessed March 4, 2024, https://documents. un. org/doc/undoc/gen/g23/261/96/pdf/g232 6196. pdf?token = kGC2fPI7catCUjoNJb&fe = true.

发现了急性呼吸道传染、皮肤感染和甲型肝炎等病例。

2. 工作组各项工作稳步推进

2023 年工作组共举行 2 次实质性会议。

工作组筹备会议于 3 月 15—16 日在日内瓦举行，82 个缔约国代表团与会，巴西驻日内瓦裁军谈判会议特别代表担任主席，审议通过此次会议议程及工作组 2023—2026 年议题安排表，明确工作组将在 2025 年底前或 2026 年第二次会议期间撰写工作报告。[①] 其间，俄罗斯提交工作文件，[②] 建议建立一个向所有缔约国开放的运行机制，协助缔约国充分落实、执行和参与公约第十条框架下的国际合作与援助事务；制定指南，明确程序要求，灵活运用和匹配资源，填补空缺，满足各方需求；倡导国际合作，共同应对传染病威胁；建立与公约相关的科技进展评估机制；关注建立信任措施材料的数量和质量，提高透明度互信度；重新定义相关术语，明确客观标准；报告与公约义务条目相关的数据等。在涉及公约第七条时，俄方建议制定一系列指南和表格，标准化援助请求和援助提供程序；评估机动生物医学单位（mobile biomedical units）在促成有效援助和响应过程中的作用；拓展国际社会参与传染病疫情应对渠道；探索有效防控恶意使用生物剂破坏农业、牲畜和自然环境的方法。

首次实质性会议于 8 月 7—18 日在日内瓦举行，122 个缔约国代表团与会，主要议题包括国际合作与援助、与公约相关的科技进展、国家履约，并任命"主席之友"，协助会议开展。在此次会议中，多国提交工作文件，

---

① BWC WG, *Procedural Report of the First Session of the Working Group on the Strengthening of the Convention*, UNODA, March 15, 2023, accessed March 4, 2024, https://documents. un. org/doc/undoc/gen/g23/052/07/pdf/g2305207. pdf?token = HoIeymhanNWvxoREpr&fe = true.

② Russia, "Topics to be Considered by the Working Group on the Strengthening of the BWC," UNODA, March 15 - 16, 2023, accessed March 4, 2024, https://documents. un. org/doc/undoc/gen/g23/050/45/pdf/g2305045. pdf?token = aD9sUtvdMqJ70NFDMW&fe = true.

会议达成程序性报告。

工作组第二次实质性会议于 12 月 4—8 日在日内瓦举行，117 个缔约国代表团与会，主要议题包括：建立信任措施和提高透明度，遵约与核查，会议组织、运行机制及财务问题。中国、哈萨克斯坦、美国等多个缔约国提交工作文件。专家组认为，现代科技的快速发展，为遵约与核查提供了机会和手段。此外，俄罗斯就"美国和乌克兰违反公约精神，在乌克兰开展生物军事研究活动"等问题提交工作文件。[①] 乌克兰就俄罗斯上述议案作出评论，[②] 指出俄方所称的"美乌在乌克兰境内开展生物军事活动"这一论断毫无根据。

3. 履约支持机构各项工作取得积极成效

公约第九次审议会议决定在履约支持机构内增设一个全职岗位。2023 年 10 月 2 日，人员得以落实，现有 4 个岗位填补完成，在推动公约各项事务方面取得积极成效。一是承担工作组会议组织工作。二是增设多个国家联络点。截至 2023 年 10 月 13 日，已有 147 个缔约国设立国家联络点，开设多期国家联络点工作人员培训班。三是组织提交建立信任措施材料。截至 2023 年 10 月 13 日，共 91 个缔约国（占 49%）提交了建立信任措施材料，包括 6 个未在 2022 年提交相关材料的缔约国。四是维护援助与合作数据库。截至 2023 年 10 月 13 日，援助与合作数据库中 11 个缔约国共提出 30 个援助意向，17 个缔约国共申报 50 个援助请求。五是将《公约履约指

---

① Russia, "Military Biological Activities of the United States and Ukraine on the Ukrainian Territory in Violation of the Convention on the Prohibition of the Development, Production and Stockpiling of Bacteriological (Biological) and Toxin Weapons and on Their Destruction," UNODA, December 4 – 8, accessed March 4, 2024, https://documents.un.org/doc/undoc/gen/g23/244/37/pdf/g2324437.pdf?token=fBdMIWEt2m13unzrBi&fe=tru.

② Ukraine, "Comments of the Ukrainian side with regard to the Working Paper BWC/WG/3/WP.3 submitted by the Russian Federation," UNODA, December 4 – 8, 2023, accessed March 4, 2024, https://documents.un.org/doc/undoc/gen/g23/255/12/pdf/g2325512.pdf?token=ATBPQSdq3awlgpMpYj&fe=true.

南》翻译为多种语言，为缔约国履约事务开展提供指导。六是举办多期能力培训课程。2023 年 3 月，工作组围绕公约第十条履约，开展多场专业培训和能力建设项目；6 月，组织"公约第十条框架下的病毒检测和生物安保"能力培训课程。①

4. 公约普遍性逐步增强

2023 年 2 月 13 日，南苏丹正式加入公约，成为公约第 185 个缔约国。受这一积极态势影响，科摩罗正式开启加入公约进程。2023 年 3 月，联合国裁军事务厅两次向到访的科摩罗代表介绍公约及加入公约的重要性。科摩罗是非洲联盟的现任主席国，该国加入公约对于未来进一步提升公约普遍性具有重要意义。此外，联合国裁军事务厅与履约支持机构联合组织 3 次区域研讨会，旨在促进非洲普遍加入。首次研讨会于 2023 年 5 月 24—26 日在喀麦隆杜阿拉举行，中非地区 6 个缔约国和 1 个非缔约国（乍得）与会；第二次研讨会于 2023 年 6 月 13—15 日在摩洛哥巴特举行，北非地区 4 个缔约国和 1 个非缔约国（科摩罗）参会；第三次研讨会于 2023 年 10 月 11—13 日在多哥洛美举行，西非 14 个缔约国代表参会。②

（二）指称使用生化武器联合国秘书长调查机制

截至 2023 年 12 月，秘书长调查机制共有 637 名合格专家、86 名专家顾问和 93 个分析实验室。2023 年，相关机构为合格专家及顾问举办了多场课程培训，内容涉及传染性物质的取样及跨国运输，秘书长调查机制产生

---

① Implementation Support Unit, *Annual Report of the Implementation Support Unit*, UNODA, December 11, 2023, accessed March 4, 2024, https://documents. un. org/doc/undoc/gen/g23/216/89/pdf/g2321 689. pdf?token＝cP36trdw4Jdl5DeRep&fe＝true.

② The Chairperson of the 2023 Meeting of States Parties, *Report on Universalization Activities*, UNODA, December 13, 2023, accessed March 4, 2024, https://documents. un. org/doc/undoc/gen/g23/263/29/pdf/ g2326329. pdf?token＝Ldl95ZswwPeP8mDqrB&fe＝true.

的背景、任务及运行模式，现场环境下的安全保障方法等。联合国裁军事务办公厅在联合国总部等重要场所推介秘书长调查机制，举行年度演习活动，测试在册人员和实验室的响应能力；举办线上圆桌会议，讨论和部署秘书长调查机制培训活动；9—10月，罗伯特·科赫研究所开展生物毒素、细菌和病毒外部质量评估演习活动，推动该机制走深走实。①

（三）世界卫生组织积极推动全球传染病防控能力建设

世界卫生组织通过制定协议、完善规则、发布倡议等多种途径助力全球传染病防控能力建设。

1. "大流行病预防、准备和应对全球协议" 谈判取得积极成果

世界卫生组织成员国协商规划，共同推进关于"大流行病预防、准备和应对全球协议"编写工作。根据2021年第74届世界卫生大会特别会议中各国政府商定的程序，关于大流行病预防、准备和应对全球协议草案的谈判形成最终版本，于2024年5月将协议草案提交第77届世界卫生大会审议。政府间谈判机构第五次会议对该草案进行了讨论。② 此外，各成员国政府也在积极完善《国际卫生条例》多条修正案，以期为全球提供一整套全面、互补协同的卫生协议。

---

① UNODA, "Newsletter for Nominated Experts and Analytical Laboratories for the Secretary-General's Mechanism for Investigation of Alleged Use of Chemical and Biological Weapons (Issue 7) ," February 10, 2024, accessed March 4, 2024, https://front. un-arm. org/wp-content/uploads/2024/02/UNSGM-issue7-2. pdf.

② WHO, *Pandemic Prevention, Preparedness and Response Accord*, June 28, 2023, accessed March 4, 2024, https://www. who. int/news-room/questions-and-answers/item/pandemic-prevention--preparedness-and-response-accord.

2. 倡议开展新发威胁防范和抵御能力建设

2023 年 4 月，世界卫生组织提出"防范和抵御新发威胁倡议"。[①] 疾病应对体系、能力、知识及工具在某一类病原体引发的传染病疫情中具有共性。根据病原体传播方式，可构建应对某一类病原体的公共卫生治理框架。世界卫生组织提出上述倡议，将吸取新冠疫情应对经验，融合新工具新方法，秉持公平、包容和连贯（coherence）原则，为国家、区域和全球利益攸关方提供一个备灾合作平台。

3. 启动国际病原体监测网络

2023 年 5 月，世界卫生组织启动"国际病原体监测网络"项目，[②] 通过跨界合作，构建全球病原体基因组学测序和数据分析共享平台，改进样本收集和分析系统，迅速发现、识别和追踪新发突发传染病大流行早期威胁，持续监测食源性传染病、流感、结核病和艾滋病，实现信息共享，防止疾病传播蔓延。

4. 发布全球数字健康倡议

世界卫生组织于 2023 年 8 月 17—18 日在印度召开传统医学全球峰会，会上宣布新的全球数字健康倡议，[③] 以支持 2020—2025 年全球数字健康战

---

① WHO, "Preparedness and Resilience for Emerging Threats（PRET），" October 23, 2023, accessed March 4, 2024, https://www. who. int/initiatives/preparedness-and-resilience-for-emerging-threats#: ~: text = The%20Preparedness%20and%20Resilience%20for%20Emerging%20Threats%20%28PRET%29, their%20mode%20of%20transmission%20%28respiratory%2C%20vector-borne%2C%20foodborne%20etc. %29.

② WHO, "International Pathogen Surveillance Network（IPSN），" May 28, 2023, accessed March 4, 2024, https://www. who. int/initiatives/international-pathogen-surveillance-network#: ~: text = The%20International%20Pathogen%20Surveillance%20Network%20%28IPSN%29%20is%20a, in%20pathogen%20genomics%2C%20and%20improve%20public%20health%20decision-making.

③ WHO, "Global Initiative on Digital Health, " August 17, 2023, accessed March 4, 2024, https://www. who. int/initiatives/global-initiative-on-digital-health#: ~: text = The%20Global%20Initiative%20on%20Digital%20Health%20%28GIDH%29%20is, norms%20and%20standards%20for%20Digital%20Health%20System%20Transformation.

略。全球数字健康倡议是一个由世界卫生组织管理的网络平台，拟通过制订优先投资计划、促进跨地区和国家合作、增加技术和财政支持等方式实现既定目标。

（四）联合国环境规划署重视抗生素耐药问题

2023 年 2 月 7 日，联合国环境规划署发布《为超级细菌感染做好准备：改善环境行动，应对"同一健康"框架下的抗生素耐药问题》[①] 报告，指出环境在抗生素耐药问题的发展、传播和扩散过程中扮演着重要角色，药剂、化学品、农业和食品、医疗卫生保障水平不足、污水和垃圾排放生成污染物是导致抗生素耐药的重要因素，上述问题的解决有赖于各部门的密切合作。践行"同一健康"理念，将人、动物、植物及环境等因素置于同一框架内，是有效应对抗生素耐药问题的关键。

三、部分国家生物安全能力建设

美英等国系统总结和反思新冠疫情应对经验，从法规制度、技术研发等多方面加快推进国家生物安全能力建设。

（一）美国

美国政府从战略、法规及机制建设等多个角度，强化国家生物安全能力建设。

[①] UNEP, *Bracing for Superbugs: Strengthening Environmental Action in the One Health Response to Antimicrobial Resistance*, UN, February 7, 2023, accessed March 4, 2024, https://www.unep. org/resources/superbugs/environmental-action.

1. 国防部发布《2023年生物防御态势评估》报告

2023年8月，美国国防部首次发布《2023年生物防御态势评估》报告，[①] 内含背景、态势评估、战略目标、改革举措等主体部分。报告指出，美军正面临前所未有的生物威胁。未来10年，生物威胁来源将更广泛，构成更复杂，新发突发传染病的频繁发生及颠覆性新兴技术的负面效应将严重威胁美国防安全。美国处于生物防御的关键时刻，国防部须启动一系列关键改革，确保在2035年前具备应对生物威胁的能力。具体做法包括：美军将提升抵御生物风险的能力，支撑军事行动，同时为地方政府提供行动支援，加强与盟友合作，保障美海外利益。为实现上述战略目标，该报告提出，需从机制准备和平台体系等方面加强能力建设，包括建立生物防御治理体系、加强早期预警和态势感知、提高战备抵御生物威胁、降低外界因素对军事任务的影响、协调合作加强生物防御5大类关键任务。

2. 发布《2023—2026年国家卫生安全战略》

2023年4月，美国人类与公众服务部发布《2023—2026年国家卫生安全战略》，[②] 提供了一个国家级突发公共卫生事件应急准备和防护框架，核心目标包括：强化全国公共卫生系统及其保障能力；提高新发再发传染病防范能力；确保公共卫生产业基础和供应链稳健性；加强医疗措施快速研发和紧急部署能力。

3. 发布公共卫生应急医疗对策多年期预算评估报告

2023年3月，美国人类与公众服务部发布《公共卫生应急医疗对策多

① DoD, *2023 Biodefense Posture Review*, August 17, 2023, accessed March 4, 2024, https://media.defense.gov/2023/Aug/17/2003282337/-1/-1/1/2023_BIODEFENSE_POSTURE_REVIEW.PDF.

② HHS, *National Health Security Strategy（2023–2026）*, April 28, 2023, accessed March 4, 2024, https://stg-aspr.hhs.gov/NHSS/National-Health-Security-Strategy-2023-2026/Documents/nhss-2023-2026-508.pdf.

年期预算评估：2022—2026 财年》报告，① 旨在整体提升美国未来公共卫生突发事件应急准备和响应能力。该报告详述了人类与公众服务部参与未来医疗措施研发和储备多年期预算需求，涉及实体机构包括美国国立卫生研究院、美国战略准备和响应管理局、美国生物医学高级研究和发展局、美国食品药品管理局等。报告包含的资金数据包括 2022 财年上述机构已获批的资金额度、2023 年总统预算中相关的资金额度，以及 2026 财年预估额度，5 年期总体资金需求总额预估为 640 亿美元。该预算评估报告反映了美国政府在民用医疗措施研发领域的整体布局。

4. 发布 AI 发展使用行政令

2023 年 10 月，美国总统拜登签署《关于安全、可靠、可信地开发和使用人工智能行政命令》，② 要求对 AI 展开安全评估。该行政命令明确，要降低 AI 与化生放核（CBRN）威胁的交叉融合带来的安全风险，具体措施包括：评估 AI 应用于化生放核领域的潜在风险，特别关注基于生物数据训练的生成式 AI 模型在病原体和组学研究中的应用，以及 AI 与合成生物学交叉应用的潜在风险；防控 AI 支持下的核酸合成技术误用谬用风险，制定核酸合成主体筛查框架，建立核酸筛查标准和机制，识别构成潜在风险的生物序列，完善生物安全措施。

---

① HHS, "ASPR Releases Public Health Emergency Medical Countermeasure Enterprise Multiyear Budget Assessment," March 28, 2023, accessed March 4, 2024, https://aspr. hhs. gov/newsroom/Pages/PHEMCE-Budget-28March23. aspx.

② The White House, *Executive Order on the Safe, Secure, and Trustworthy Development and Use of Artificial Intelligence*, October 30, 2023, accessed March 4, 2024, https://www. whitehouse. gov/briefing-room/presidential-actions/2023/10/30/executive-order-on-the-safe-secure-and-trustworthy-development-and-use-of-artificial-intelligence/.

5. 设立大流行病防范办公室

2023 年 7 月，美政府宣布设立大流行病防范与应对政策办公室，[①] 职能包括：协调政府工作，推动与疫情备灾相关的联邦科技事务，监督开发、制造和采购下一代医疗产品，并与人类与公众服务部合作开发下一代疫苗和治疗方法。该办公室每两年向国会提交一次工作审查报告，每五年提交一次工作展望报告。

6. 国会提出两项生物安全新法案

2023 年 7 月 19 日，美国国会议员提出《基因合成安全法》和《人工智能与生物安全风险评估法》。《基因合成安全法》意在改善美国医疗安全，减少基因合成风险，为人类与公共服务部评估基因合成产品的成本和收益提供法理依据。《人工智能与生物安全风险评估法》要求战略准备和应对管理局开展风险评估，实施战略举措，以应对 AI 等新兴技术对公共卫生和国家安全造成的威胁。美专家认为，该法案的提出标志着美国在识别和应对重大新风险方面迈出了关键一步。[②]

（二）俄罗斯

2023 年 3 月 1 日，俄联邦两个关于危险生物设施的规范性文件正式生效，分别是《潜在危险生物设施清单》和《遏制和消除因事故和（或）破坏而造成的生物污染区的措施规定》。根据俄政府 2022 年 7 月 4 日发布的第 1203 号政府令，出台这两个文件是落实《俄联邦生物安全法》第十二条

---

① The White House, "Office of Pandemic Preparedness and Response Policy," July 21, 2023, accessed March 4, 2024, https://www.whitehouse.gov/oppr/.

② Edward Markey. Sens. Markey, "Budd Announce Legislation to Assess Health Security Risks of AI," Senator Edward Markey of Massachusetts, July 18, 2023, accessed March 4, 2024, https://www.markey.senate.gov/news/press-releases/sens-markey-budd-announce-legislation-to-assess-health-security-risks-of-ai.

145

第二款的具体措施，文件自生效之日起六年内有效。[①]

《潜在危险生物设施清单》规定了三类具有潜在危险的生物设施，分别是：（1）建立、维护和补充病原微生物和病毒库的机构所在的建筑物；（2）从事Ⅰ—Ⅲ类人类和动物传染病病原体研究工作的机构所属设施；（3）从事与Ⅰ—Ⅱ类病原体相关的工业生产活动或经批准在封闭建筑内从事Ⅲ—Ⅳ类病原体相关工作的生物工业机构所属设施。

《遏制和消除因事故和（或）破坏而造成的生物污染区的措施规定》规定了上述三类潜在危险生物设施因事故或蓄意破坏造成生物污染时必须快速响应，采取措施保障公民和地区安全；具体的响应处理措施细则由俄联邦消费者权益保护和公益监督局负责制定；俄政府化学和生物安全委员会负责协调政府各部门和各联邦主体政府之间的行动，组建行动指挥部，促进部门间合作；具体行动由受过专门训练的政府机构、国有企业、地方政府、地方自治机构和组织等实施开展。

（三）英国

英国进一步完善国家生物安全战略，推动管理体系创新，从科技进步、机构合作和规则制定等方面塑造国际生物安全领导力。

1. 出台新版《国家生物安全战略》

2023 年 6 月 12 日，英政府结合新冠病毒感染防控经验，以 2018 年

---

① Russia Government, "Постановление Правительства РФ от 4 июля 2022 г. N 1203 'Об утверждении перечня потенциально опасных биологических объектов и Правил осуществления мер по локализации и ликвидации зон биологического заражения, возникших вследствие аварий и (или) диверсий'," ГАРАНТ, March 1, 2023, accessed March 4, 2024, https://base.garant.ru/404960091/.

《国家生物安全战略》为基础，出台新版《英国生物安全战略》,① 提出英国应在未来全球生物安全能力建设方面发挥领导作用。该战略指出，2018年以来，埃博拉、新冠、猴痘、禽流感等疫情此起彼伏，实验室安全和高危病原体研究管控难度加大，英国面临的生物安全风险日趋严峻，加强国家生物安全能力建设刻不容缓。作为生物安全治理的重要手段和途径，生物技术创新推动全球生命科学研发进入高速发展和全面竞争时代，英国有能力也应该紧抓当前生物技术创新浪潮，在疫情监测、病原体检测、疫苗和药物研发等方面扮演重要角色。该战略明确了能力建设的重要领域和实现途径。重要领域包括态势感知、预警预防、病原检测和疫情应对。实现途径涉及三方面：一是构建生物安全管理新体系，确定主责内阁部长，设立牵头协调单位，制订统一的生物安全方案，成立专家咨询委员会；二是加强科技创新，推动英国各部门在生物安全领域的投入部署，促进政府、工业界和学术界等多方密切合作，重点开展下一代测序、工程化生物剂检测、一百天内完成疫苗和药物研发等重大科研任务，加强英国生物安全响应能力，激发英国科技创新能力；三是提升国际领导力，参与制定国际生物安全和生物安保规范及标准，加强不扩散机制履约效能，推进外交、安全和全球卫生工作。

2. 发布传染病威胁应对准备报告

2023 年 2 月，英国卫生安全局发布名为《做好应对传染病威胁的准备》② 的报告，针对经不同传播途径的传染病提出了具体应对方式和措施

---

① UK government, *UK Biological Security Strategy*, June 12, 2023, accessed March 4, 2024, https://assets. publishing. service. gov. uk/media/64c0ded51e10bf000e17ceba/UK_Biological_Security_Strategy.pdf.

② UKHSA, *UKHSA Advisory Board: Preparedness for Infectious Disease Threats*, January 24, 2023, accessed March 4, 2024, https://www.gov. uk/government/publications/ukhsa-board-meeting-papers-january-2023/ukhsa-advisory-board-preparedness-for-infectious-disease-threats.

建议。该报告认为，基础设施、基因组学、疫苗及医疗措施、数据共享、监测系统、跨学科工作队伍及国际合作等是传染病应对过程中的关键要素，应重点关注。

（四）法国

2023 年 10 月，法国政府发布《法国全球卫生战略：2023—2027》，[①]内含战略愿景、指导原则、优先事项等 7 个部分，为法国参与全球卫生安全事务提供了指导框架。该战略指出，全球 24% 的人口，即 18 亿人，生活在医疗服务质量较低的环境中。至 2030 年，中低收入国家医务人员将出现短缺现象，部分地区卫生条件改善幅度不大。法国将秉持团结、公平和道德等原则，提高医疗服务可及性，积极推进"同一健康"理念，加强国际合作，协同应对气候变化给卫生系统带来的不利影响，实现全球卫生安全可持续发展。

该战略明确 5 大优先事项：一是促进医疗资源的公平分配，坚持以人为本，推动卫生系统可持续发展，实现全民健康；二是提升人民健康水平，预防和对抗各年龄段疾病；三是有效防控和应对突发公共卫生事件；四是加强双边和多边合作，推动形成全球卫生安全新架构；五是充分发挥专业领域知识效能，倡导跨界合作，增加专业培训和能力提升机会，加快配套政策的制定和实施。作为世界卫生组织培训学院的主要资助国之一，法国坚定支持卫生人员培训活动，在世界卫生组织"大流行病预防、准备和应对全球协议"制定以及《国际卫生条例》修订过程中发挥了重要作用。

---

① France government, *France Global Health Strategy 2023－2027*, sante. gouv, October 12, 2023, accessed March 4, 2024, https://sante. gouv. fr/IMG/pdf/a5_strategy_global_health_v2_bd. pdf.

四、结语

2023 年，国际生物安全威胁形势依然严峻，传染病溢出风险加剧，人工智能的融合应用，加大了颠覆性生物技术谬用风险。全球生物安全治理体系处于调整完善过程中，公约进程在冲突与合作中稳步推进，工作组作为第九次审议会议之后会间会的新模式，各项工作在 2023 年全面铺开，为缔约国提供了更灵活的合作交流平台。秘书长调查机制各项活动的组织趋向常规化，支持该机制的缔约国数量增多，逐步走深走实。世界卫生组织从规则制定和传染病防控技术准备等方面推进全球卫生安全能力建设。在国家和地区层面，生物安全治理表现出两大特征，一是对新冠疫情的反思和总结，二是防控生物技术的负面作用。美国、俄罗斯等国在紧密布局生物技术研发的同时，逐步完善生物安全领域的法规制度。另外，人工智能在生物领域融合应用的潜在风险引发关注，依靠技术发展来遏制技术负面影响的逻辑，促使各国加大了对传染病预警及防控相关药物和设备研发的投入力度，同时加快完善高危病原体研究等相关法律监管体系和管理架构，但技术"围栏"的建构通常晚于技术潜在负面效应的形成。传染病没有国界，生物安全问题全球联动性增强，各国唯有携手同心，秉持人类卫生健康共同体、人与自然生命共同体和地球生命共同体理念，积极推动多方合作，才是保障全球生物安全的唯一有效途径。

美国生物安全战略评析

王小理　王尼

内容提要： 美国立足维护全球霸权和应对所谓中国"关键长期威胁"，在 2023 年，围绕开展战略评估、战略共识、战略牵引、战略行动，进行国家生物安全机构的动员和社会舆论塑造，给全球卫生安全事业发展和全球生物安全格局、生物军控进程发展带来新的不稳定因素。透过美国战略安全界、军政界、智库与产业界以及社会各方的战略躁动，显示出美方对其生物防御国内和国际力量脆弱性的担忧，显示出美国政府层面、社会主流层面对全球生物安全战略环境的认知"偏见"加深、主观性塑造加速，也折射出其总体战略能力相对不稳定状态。美国战略界战略思维方式与全球科技革命、全球化的内在冲突，美国生物安全战略意图的阶段性、可塑性，为全球生物安全治理和生物军控进程转型发展提供可能契机。

关　键　词： 生物安全；生物军控；美国；全球生物安全治理

作者单位： 中国科学院上海免疫与感染研究所生物安全政策研究中心
　　　　　　中国军控与裁军协会生物安全项目组

新冠疫情全球大流行结束后，国际格局持续加速演进，新生物科技革命和产业变革蓄势待发，国际生物安全形势发展正处于大动荡、大变革的重要转折期，人类社会对健康安全、和平发展、合作共赢、命运与共的认知更加深刻。维护全球生物安全，大国肩负更重的责任。美国是全球生物安全治理、生物军控进程发展的关键利益攸关方之一。2023年，美国立足维护全球霸权和应对所谓中国"关键长期威胁"，战略安全界、军政界、智库与产业界等纷纷登场，加速生物安全领域的多元化政策供给，加大实施力度和战略传播，给全球卫生安全事业发展和全球生物安全格局、生物军控进程发展带来新的不稳定因素。

本文以标志性的2023年为断面，基于战略评估—战略意图—战略能力—战略目标—战略行动—战略影响框架，对包括涉美国际社会各方的相关战略主张、重大举措进行立体画像，多角度揭示美国生物安全—生物防御体系的组成、动态和影响。

一、生物安全战略评估、战略能力和战略规划

2023年，美国战略界和生物防御实务部门借助政策议程、法定职责，对其面临的全球生物安全战略环境、战略风险格局、风险源头进行新一轮系统梳理，形成新的战略判断、战略共识。

（一）战略风险评估：美军正面临生物防御"转折性时刻"

美国国家情报总监办公室（ODNI）、国务院、国防部（DOD）、卫生与公众服务部（HHS）和国会设立的新兴生物技术国家安全委员会（NSCEB）依据法定工作职责和授权，对面临的国际安全环境和生物军控履约进行分析。虽然职责授权不同、视角和评估方法不完全一致，但其结论在几个重大议题上却表现出高度契合。

1. 美国仍易遭受下一次大流行疫情冲击

美方评估指出，国家卫生安全取决于许多复杂的、全球性的和相互关

联的系统之间的协作。① 新冠疫情影响已远远超出卫生与健康领域，包括卫生、经济与政治方面疫情的副作用将继续挑战国际社会。《美国情报界年度威胁评估》（2023 年版）还宣称，美国面临来自伊朗、朝鲜和俄罗斯有关涉美生物武器威胁的"虚假叙述"。② 这可能促进其他传染病在全球蔓延，美国仍易遭遇下一次大流行疫情。

2. 世界正处于变革性生物技术革命的边缘

随着包括生物信息学、合成生物学、纳米技术和基因组编辑在内的军民两用技术的迅速发展，新型生物武器的开发利用更具可能性，且其检测、归因和处置更加复杂。世界"正处于变革性生物技术革命的边缘"，"生物技术军事应用不再局限于科幻小说的领域，并可能在不久的将来对美国军队构成威胁"。③

3. 臆想战略对手和价值观竞赛

美国国防部《生物防御态势评估》明确将中国称为美国在相关领域的"关键长期威胁"，质疑中国遵守国际生物安全规范的意愿并担忧中国加速发展民用生物科技的用心。④ 新兴生物技术国家安全委员会宣称，目前正在

① "National Health Security Environment and Threat Landscape," HHS, Administration for Strategic Preparedness and Response (ASPR), March 19, 2023, accessed March 19, 2023, https://aspr. hhs. gov/ NHSS/National-Health-Security-Strategy-2023-2026/Pages/National-Health-Security-Environment-and-Threat-Landscape. aspx.

② "2023 Annual Threat Assessment of the U. S. Intelligence Community," Office of the Director of National Intelligence, March 8, 2023, accessed March 8, 2023, https://www. dni. gov/index. php/newsroom/ reports-publications/reports-publications-2023/3676-2023-annual-threat-assessment-of-the-u-s-intelligence-community.

③ *U. S. National Security Commission on Emerging Biotechnology Interim Report*, U. S. National Security Commission on Emerging Biotechnology, January 10, 2024, accessed January 10, 2024, https:// www. biotech. senate. gov/wp-content/uploads/2024/01/U. S. -National-Security-Commission-on-Emerging-Biotechnology-Interim-Report-December-20232. pdf.

④ *2023 Biodefense Posture Review*, US Department of Defense, August 17, 2023, accessed August 19, 2023, https://media. defense. gov/2023/Aug/17/2003282337/-1/-1/1/2023 _ BIODEFENSE _ POSTURE _ REVIEW. PDF.

进行一场确定未来由谁主导生物技术研究、开发和部署的全球规范和价值观的竞赛，渲染如果美国不保持在生物技术创新的最前沿，中国和其他国家可能会超过美国，从而可能威胁到美国国家安全。美国务院年度《军控、防扩散与裁军遵约报告》对俄罗斯、伊朗、朝鲜等国对《禁止生物武器公约》的履约状况提出质疑，无端指责中国开展敏感生物军事活动等。① 美国防部《2023 年打击大规模毁灭性武器的战略》将俄罗斯和中国视为化生放核武器军事对抗风险的来源。②

4. 美军正面临生物防御"转折性时刻"

新技术特别是人工智能和生物技术的开发和扩散，可能导致快速发展的不对称力量威胁美国的利益。相比几十年前，其他国家和非国家实体已能够以更容易且更廉价的方式大规模研制有害病原体，蓄意用于制造生物武器。美军在生物威胁监测预警方面存在重大缺口，国防科技发展面临他国快速追赶、安全挑战增加两大挑战。③ 美国正处于一个决定性的 10 年，正面临生物防御"转折性时刻"，④ 需要迅速做好应对潜在生物武器威胁等灾难性生物事件的准备。

---

① *2023 Adherence to and Compliance with Arms Control, Nonproliferation, and Disarmament Agreements and Commitments*, Department of State, April 13, 2023, accessed April 15, 2023, https://www.state.gov/wp-content/uploads/2024/01/APR23-2023-Treaty-Compliance-Report.pdf.

② *2023 Department of Defense Strategy for Countering Weapons of Mass Destruction*, US Department of Defense, September 28, 2023, accessed September 28, 2023, https://media.defense.gov/2023/Sep/28/2003310413/-1/-1/1/2023_STRATEGY_FOR_COUNTERING_WEAPONS_OF_MASS_DESTRUCTION.PDF.

③ *National Defense Science & Technology Strategy 2023*, US Department of Defense, May 9, 2023, accessed May 10, 2023, https://media.defense.gov/2023/May/09/2003218877/-1/-1/0/NDSTS-FINAL-WEB-VERSION.PDF.

④ *2023 Biodefense Posture Review*, US Department of Defense, August 17, 2023, accessed August 19, 2023, https://media.defense.gov/2023/Aug/17/2003282337/-1/-1/1/2023_BIODEFENSE_POSTURE_REVIEW.PDF.

（二）美国战略能力评估：依然全球领先

美国战略能力是其履行战略任务时所表现出的能力，是美国和美军全球控制、地区主导和确保优势的核心，也是其维护全球霸权地位的基础。

生物科技和医疗保健领域研发能力依然全球领先。欧盟委员会《2022年欧盟产业研发投资记分牌》显示，美国企业在生物科技方面进行大量研发投入，共有822家美国企业入榜，其中排名前十的企业中有4家来自医药健康产业：强生公司研发投资世界排名第10，辉瑞公司排名第11，百时美施贵宝公司排名第12，默沙东公司排名第13。从论文发表量来看，[1] 在生物与人类增强技术领域排名前五的国家及占比为：美国（34%）、中国（25%）、英国（8%）、德国（7%）、日本（6%）。[2] 美生物技术产业竞争力依然有综合优势。《新兴生物技术国家安全委员会中期报告》称，截至2022年，美国拥有世界上最多的生物技术企业；但在生物制造领域，美国药品生产能力正在下降，可能会造成关键战略供应链的脆弱性。

全球卫生安全支撑能力占优。拜登政府2023年度《美国政府在全球卫生安全方面的投资进展和影响》报告指出，2022年美国将双边全球卫生安全伙伴国家从19个扩大到25个，并与7个合作伙伴国家在加强国家实验

---

[1] *Science & Technology Trends 2023－2043*, NATO Science & Technology Organization, March 22, 2023, accessed April 1, 2023, https://www.nato.int/nato_static_fl2014/assets/pdf/2023/3/pdf/stt23-vol1.pdf.

[2] "Industrial Investments in Research and Development in the EU Again on the Rise," European Commission, December 14, 2022, accessed December 14, 2023, https://ec.europa.eu/commission/presscorner/detail/en/ip_22_7647.

室能力等方面取得实质性进展。[①]

（三）战略规划出台：达成国内外政策议程的战略共识

发布生物技术与国防生物制造发展战略路线图。白宫科技政策办公室（OSTP）发布《生物技术与生物制造宏大目标》报告[②]，国防部发布《生物制造战略》，[③]提出发展包括国防生物制造的战略路线图，进一步扩大生物制造投资，加速生物制造在美国本土发展。此举回应 2022 年 9 月《促进生物技术与生物制造创新，实现可持续、安全和可靠的美国生物经济》行政命令，集全政府之力共同推进生物技术与生物制造领域发展的愿景。美国防部还发布《2023 国防科技战略》，将生物技术列入 14 个关键技术领域之一。

加强人工智能在生物安全领域的顶层设计。拜登政府发布《关于安全、可靠和可信地开发和使用人工智能的行政命令》，特别指出生物安全是需要重点指导的领域，[④] 并要求：美国国家科学院（NAS）提供一份咨询报告，

① "FACT SHEET: Biden-Harris Administration Releases Global Health Security Partnerships Annual Progress Report Demonstrating Results from United States Investments," White House, December 30, 2023, accessed December 31, 2023, https://www. whitehouse. gov/briefing-room/statements-releases/2023/12/30/fact-sheet-biden-%e2%81%a0harris-administration-releases-global-health-security-partnerships-annual-progress-report-demonstrating-results-from-united-states-investments/.

② "FACT SHEET: Biden-Harris Administration Announces New Bold Goals and Priorities to Advance American Biotechnology and Biomanufacturing," White House, March 22, 2023, accessed March 23, 2023, https://www. whitehouse. gov/ostp/news-updates/2023/03/22/fact-sheet-biden-harris-administration-announces-new-bold-goals-and-priorities-to-advance-american-biotechnology-and-biomanufacturing/.

③ "DoD Releases Biomanufacturing Strategy," US Department of Defense, March 22, 2023, accessed March 23, 2023, https://www. defense. gov/News/Releases/Release/Article/3337235/dod-releases-biomanufacturing-strategy/.

④ "Executive Order on the Safe, Secure, and Trustworthy Development and Use of Artificial Intelligence," White House, October 30, 2023, accessed October 31, 2023, https://www. whitehouse. gov/briefing-room/presidential-actions/2023/10/30/executive-order-on-the-safe-secure-and-trustworthy-development-and-use-of-artificial-intelligence/.

就如何降低人工智能在生物数据方面的风险提出建议；白宫科技政策办公室针对合成核酸序列提供商制定规则，要求识别可用于制造生物武器的生物序列，并对客户进行筛查等。

提出关键和新兴技术清单。关键和新兴技术是美对外出口管制的重点领域和科技脱钩实施手段。2024 年初，美国国家科学技术委员会（NSTC）发布《关键与新兴技术清单（2024 年更新版）》。[①] 更新的关键与新兴技术清单不仅涉及军用领域，亦覆盖民用领域。生物技术领域包括：新型合成生物学（如核酸、基因组、表观基因组、蛋白质合成以及设计工具等），多组学、生物计量学、生物信息学、计算生物学、功能表型的预测建模与分析工具，亚细胞、多细胞和多尺度系统工程，无细胞系统与技术，病毒以及病毒运载系统工程，生物与非生物界面，生物制造与生物加工技术。新版清单是由白宫科技政策办公室、国家科学技术委员会、国家安全委员会（NSC）等共同牵头，通过跨部门联合研究，反映包括 18 个联邦政府部门机构的共识。

在 2023 年《禁止生物武器公约》工作组会和缔约国会鲜明表态。美方提交《美国对加强〈禁止生物武器公约〉工作组的态度》[②] 和《美国声明》文件[③]等，主张主要有四点：一是继续承认生物武器威胁和加强《禁止生物武器公约》的重要性，"生物武器不是科幻小说的产物，它们是一个明显而现实的危险"。二是承诺致力于实现《禁止生物武器公约》第九次审议

---

① 《美国发布 2024 版关键和新兴技术清单，清洁能源和储能技术首次进前十》，澎湃新闻，2024 年 2 月 21 日，https://www.thepaper.cn/newsDetail_forward_26413496。

② "U. S. Approach to the Working Group on the Strengthening of the Biological Weapons Convention-Submitted by the United States of America," Office for Disarmament Affairs, December 8, 2023, accessed January 1, 2024, https://undocs.org/en/BWC/WG/3/WP. 9/Rev. 1.

③ *United States National Statement*, Office for Disarmament Affairs, December 8, 2023, accessed January 1, 2024, https://docs-library.unoda.org/Biological_Weapons_Convention_-Meeting_of_States_Parties_(2023)/G2326024.pdf.

会提出任务，支持新设立工作组提出关于支持加强《禁止生物武器公约》并在 2025 年完成工作组报告，支持在 2025 年之前建立加强合作与援助的机制以及科学和技术审查机制。三是美方坚称，生物武器对军备控制核查和遵守构成了独特的挑战，任何定期现场核查生物设施的制度都不会提供核查缔约国遵守《禁止生物武器公约》所需的信息，因此需要采取不同的、更有针对性的核查办法。为此，美方提出"工具箱"核查方法。四是围绕乌克兰生物实验室活动的问题，美方宣布与俄罗斯的磋商进程已结束，"不打算就此事进行任何进一步接触"。美方上述鲜明态度，表明其国内政治力量在对待《禁止生物武器公约》、生物武器核查关键议题、乌克兰生物实验室问题上，继续保持或已经取得较大共识。

二、重大行动及措施

在战略方针基本明确前提下，美国政府各机构和部门积极推进，协调国内外生物安全重大项目部署。围绕生物药品产业链安全和围堵中国议题，国会也是动作频频。

（一）加强巨额投资，力图构筑和维护创新优势

《2021 年国防授权法案》要求白宫管理和预算办公室（OMB）从 2023 财年开始"对联邦生物防御计划进行详细而全面的分析"并"制订综合生物防御预算方案"。2023 年 1 月，拜登政府发布第一个综合生物防御预算。① 据此预算，2023 财年预算要求为 16 个部门和机构生物防御相关活动

---

① *Report to Congress on Biodefense Activities*, The Bipartisan Commission on Biodefense, January 31, 2023, accessed February 10, 2023, https://biodefensecommission. org/wp-content/uploads/2023/01/OMB-Report-Biodefense-Activities-FY-2023-Budget. pdf.

提供约 110 亿美元资金，同时还包括未来 5 年 882 亿美元的预算请求。

（二）深化机构改革，推进国内和国际生物安全治理统筹

成立白宫流行病防范和应对政策办公室（Office of Pandemic Preparedness and Response Policy，OPPR）。白宫内部强有力、协调一致的高级别领导，对于确保有效监督卫生安全和生物防御政策和支出、决策的质量和协调至关重要。2023 年 7 月，白宫宣布成立流行病防范和应对政策办公室，[①] 作为总统办公厅一个常设机构，负责领导和协调全政府应对公共卫生威胁的措施，由保罗·弗里德里希斯（Paul Friedrichs）出任首席主任、总统首席顾问，并兼任国家安全委员会全球卫生安全与生物防御局主任。此外，白宫宣布成立一个"白宫供应链韧性委员会"，建立国防药品供应链弹性机制。

国防部提议生物防御改革。《生物防御态势审议》明确美军方未来十年生物防御领域建设方针，提出加强对新出现的生物威胁的早期预警，改善武装部队的准备工作，加快对生物威胁的反应，减轻其对国防部任务的影响，改善战略协调与合作以加强生物防御等改革举措。改革将由新成立的国防部生物防御委员会（Biodefense Council）发起，由国防部副部长威廉·拉普兰特（William A. LaPlante）任主席。[②]

成立国务院全球卫生安全与外交局（Bureau of Global Health Security and Diplomacy）、加大美国疾病控制与预防中心（CDC）在全球设立地区办

---

① "FACT SHEET: White House Launches Office of Pandemic Preparedness and Response Policy," White House, July 21, 2023, accessed July 22, 2023, https://www.whitehouse.gov/briefing-room/statements-releases/2023/07/21/fact-sheet-white-house-launches-office-of-pandemic-preparedness-and-response-policy/.

② "Pentagon Official Calls for Total Force Focus on Emerging Biothreats," US Department of Defense, August 23, 2023, accessed August 24, 2023, https://www.defense.gov/News/News-Stories/Article/Article/3502656/pentagon-official-calls-for-total-force-focus-on-emerging-biothreats/.

事处的力度，完善应对全球卫生危机的建制。新成立的国务院全球卫生安全与外交局首要任务是加强全球卫生安全架构，强化美外交系统应对新冠病毒、埃博拉、艾滋病等全球公共卫生安全危机及其衍生国家安全挑战的能力。[1] 美国疾病控制与预防中心于 2024 年 2 月宣布，将在日本东京开设新的东亚和太平洋（EAP）区域办事处，[2] 面向东亚和太平洋地区，并且将与 26 个国家和地区开展合作。

（三）加大政策调整，加强政策策略手段更新

国会强化生物科技与生物安全立法进程，并炒作"生物安全"议题，借机打压中国生物医药产业。2023 年以来，国会参众两院先后提出相应版本《生物安全法案》（*Biosecure Act*）。[3] 该法案提出为应对"中国寻求在未来的生物技术产业中占主导地位"，将禁止政府机构购买或使用某些生物技术公司的设备和服务。此法案一出，中国 A 股生物医药板块多家公司股价大幅下跌。

围绕备受争议的病原体"功能获得"（GOF）研究，白宫考虑优化对危险病原体研究的资助规则。2023 年 1 月，国家生物安全咨询委员会（NSABB）发布报告，对加强"潜在大流行病原体研究监管框架"（P3CO）和"值得关注生命科学双用途研究"（DURC）监管机制的有效性进行评估

[1] "Launch of the Bureau of Global Health Security and Diplomacy," Department of State, August 1, 2023, accessed August 2, 2023, https://www.state.gov/launch-of-the-bureau-of-global-health-security-and-diplomacy/.

[2] "CDC Opens New East Asia and Pacific Regional Office in Japan," Centers for Disease Control and Prevention, February 5, 2024, accessed February 5, 2024, https://www.cdc.gov/media/releases/2024/p0202-cdc-japan-office.html.

[3] 《美"生物安全法案"草案延期表决：CXO 板块再度崩盘，"靴子"一旦落地影响几何?》，《21 世纪经济报道》，2024 年 2 月 23 日，https://www.21jingji.com/article/20240202/herald/ac35c7476ab1a8937580ca2caaab1406.html。

并提出修改建议①。随后，白宫科技政策办公室在《联邦公报》上又发布通知，呼吁各界对系列问题，包括军民两用研究、功能获得研究、计算机设计新型危险病原体等提供意见。②

（四）部署重大项目，加快生物防御能力生成

美国政府宣布为"下一代计划"项目（Project Next Gen）投入50亿美元，加快开发新一代新冠疫苗和治疗方法。③ 作为新设立的以生物技术为重点的政府实体，卫生高级研究计划局（ARPA-H）启动"通过计算实验预测具有广泛病毒功效的抗原"（APECx）计划，计划开展同时针对多种病毒的疫苗辅助设计研究，从根本上转变疫苗开发模式。④ 国防部生物工业制造和设计生态系统研究所（BioMADE）加强国内生物工业制造生态系统和生物反应器项目部署。⑤ 情报高级研究计划局（IARPA）启动生物智能和生

① *Statement on the Report of the National Science Advisory Board for Biosecurity*, National Institutes of Health, January 27, 2023, accessed January 27, 2023, https://www.nih.gov/about-nih/who-we-are/nih-director/statements/statement-report-national-science-advisory-board-biosecurity.

② Jocelyn Kaiser, "White House Seeks Input on Tightening Rules for Risky Pathogen Research Request for Comment Suggests Government May Tweak Controversial Proposed Restrictions," *Science*, September 1, 2023, accessed September 2, 2023, https://www.science.org/content/article/white-house-seeks-input-tightening-rules-risky-pathogen-research.

③ "Project NextGen Awards Over \$1.4 Billion to Develop the Future of COVID-19 Vaccines and Therapeutics," U.S. Department of Health and Human Services (HHS), August 22, 2023, accessed August 23, 2023, https://www.hhs.gov/about/news/2023/08/22/funding-1-billion-vaccine-clinical-trials-326-million-new-monoclonal-antibody-100-million-explore-novel-vaccine-therapeuti-technologies.html.

④ "Biden-Harris Administration's ARPA-H Initiative Launches APECx Program to Transform Vaccine Discovery," ARPA-H, October 10, 2023, accessed October 10, 2023, https://arpa-h.gov/news-and-events/arpa-h-launches-apecx-program-transform-vaccine-discovery.

⑤ "BioMADE Announces Nine Projects, \$18.7 Million to Advance Domestic Bioindustrial Manufacturing and DoD Sustainability Goals," BioMADE, September 14, 2023, accessed September 14, 2023, https://www.biomade.org/news/new-projects-2023.

物安全创新项目，加强生物安全相关情报能力建设。[1]

（五）加强国际伙伴机制建设，强化与其盟友及伙伴协调

2023 年，围绕应对全球卫生威胁和加强全球卫生架构，美开展与其盟友、伙伴方多样化合作机制建设。2024 年 1 月，美英宣布建立生物安全战略对话，开展应对生物威胁的协作与协调，包括制定联合措施以解决《禁止生物武器公约》的遵守问题等。[2] 美方还推动成立欧盟—美国卫生工作组，[3] 联合推动世界卫生组织（WHO）《大流行病协定》谈判进程。同时，启动美韩生物技术生物制造新合作[4]，推动第九次印美生物安全二轨对话会。[5]

（六）涉美生物安全重大活动引起国际社会关注

同时，美国长期以来推动所谓生物防御能力建设的做法引起国际社会

---

① "IARPA Pursuing Breakthrough Biointelligence and Biosecurity Innovations," Office of the Director of National Intelligence, May 17, 2023, accessed May 18, 2023, https://www.dni.gov/index.php/newsroom/press-releases/press-releases-2023/3692-iarpa-pursuing-breakthrough-biointelligence-and-biosecurity-innovations.

② "U. S. -UK Strategic Dialogue on Biological Security," White House, January 16, 2024, accessed January 16, 2024, https://www.whitehouse.gov/briefing-room/statements-releases/2024/01/16/u-s-uk-strategic-dialogue-on-biological-security/.

③ "Joint Press Release on the Launch of the EU-U.S. Health Task," White House, May 17, 2023, accessed May 17, 2023, https://www.hhs.gov/about/news/2023/05/17/joint-press-release-launch-eu-us-health-task.html.

④ "JOINT FACT SHEET: Launching the U.S.-ROK Next Generation Critical and Emerging Technologies Dialogue," White House, December 8, 2023, accessed December 8, 2023, https://www.whitehouse.gov/briefing-room/statements-releases/2023/12/08/joint-fact-sheet-launching-the-u-s-rok-next-generation-critical-and-emerging-technologies-dialogue/.

⑤ "Johns Hopkins Center for Health Security Co-hosts India-United States Strategic Dialogue to Discuss Critical Biosecurity Issues," Center for Health Security, June 26, 2023, accessed July 26, 2023, https://centerforhealthsecurity.org/2023/johns-hopkins-center-for-health-security-co-hosts-india-united-states-strategic-dialogue-to-discuss-critical-biosecurity-issues.

质疑。2023 年 4 月，俄罗斯国家杜马和俄罗斯联邦委员会先后审议并一致通过议会调查委员会关于美国在乌克兰生物实验室活动的最终调查报告。报告指出，美国近年来开展生物军事活动的规模不断扩大；其目标是开发一种通用的基因工程生物武器，使用这种生物武器可以给对手造成大规模经济损失。[①]

三、战略协作和行业智库议题策划

学界智库、基金组织、国防承包商、行业协会等是美国生物安全体系的重要组成部分，扮演着生物安全重大事项的具体执行者、生物安全战略策划者、政策辅助起草者的角色，通过其国际话语权和思想理念的战略传播，隐形塑造国际生物安全走势。但在俄方公开点名美国秘密军事生物项目的参与机构后，[②] 私人承包商、大型制药公司和基金组织在发展所在国公共卫生能力建设的角色有待进一步观察和确认。2023 年，美国智库和对应支持基金等举办学术研讨、公开发布报告成果比较丰硕（参见表 1），有不少选题聚焦政策决策高端领域，甚至是为战略决策"量身定制"。

表 1　美国部分智库生物安全代表性成果及议题

	智库名称	成果（报告）等	建议要点	呼应主题
1	兰德公司	《生物武器使用归因》	加强国防部调查蓄意生物事件的能力	生物武器威胁

① 《俄公布美在乌生物实验室最终调查报告：美企图研发通用基因工程生物武器》，新华网，2023 年 4 月 13 日，http://www.xinhuanet.com/mil/2023-04/13/c_1212046129.htm。

② 《俄国防部：美国不断增强军事生物潜力》，新华网，2024 年 1 月 17 日，http://www3.xinhuanet.com/20240117/dde1b4df59a9499ca1398c9cc5e8b517/c.html。

	智库名称	成果（报告）等	建议要点	呼应主题
2	兰德公司	《资助全球卫生参与以支持区域作战司令部》	将全球卫生参与纳入战斗指挥作战或合作计划	全球卫生安全
3	兰德公司	《机器学习和基因编辑引领社会进化》	加强公众及政策制定者教育和参与	AI-生物交叉风险
4	史汀生中心	《人工智能和合成生物学不是厄运的预兆》	人工智能有望推动生物学研究	AI-生物交叉
5	减少核威胁倡议组织	《人工智能与生命科学的融合》	建立国际人工智能生物论坛等	AI-生物交叉风险
6	减少核威胁倡议组织	《迫切需要采取大胆行动来防止下一次生物灾难》	呼吁国际组织、政府和全球专家立即采取行动	全球生物安全治理
7	战略风险委员会	《应对疾病外溢的威胁》	开展连接生物安全和生态安全活动	大流行疫情防范
8	减少核威胁倡议组织	"大流行疫情起源调查的联合评估机制"倡议	建立联合评估机制，以查明不明原因疫情来源	大流行疫情防范/全球治理
9	安全与新兴技术中心	《病毒家族与X疾病》	确定七个具有引起大流行病特征病毒家族	大流行疫情防范
10	《原子科学家公报》	"未来病原研究监管框架开发"专项工作组	提议如何使具有大流行风险的研究更加安全	大流行疫情防范
11	斯坦福大学	《潜在大流行病原体》	潜在大流行病原体研究监管存在重叠、漏洞	高风险病原体监管
12	战略与国际研究中心	《关于生物安全和生物安保的八项行动》	潜在大流行病原体监管、领导体制、投资等	高风险病原体监管
13	战略与国际研究中心	《最坏的情况已经过去——现在怎么办?》	加强美国全球卫生安全领导力	全球卫生安全/中美竞合

	智库名称	成果（报告）等	建议要点	呼应主题
14	战略风险委员会	《网络生物安全关系》	生物数据网络风险治理	网络生物安全
15	联合生物防御委员会	《将痘病毒打包》	美情报界必须重振生物情报项目	生物情报
16	特别竞争研究项目	《美国生物技术领导地位国家行动计划》	美国在 2030 年后生物技术领域地位行动建议	美国优先
17	约翰斯·霍普金斯大学卫生安全中心	举办印度—美国生物安全对话会	广泛讨论各种卫生安全主题	印美生物安全合作

资料来源：作者自制。

（一）紧扣生物武器军控与生物防御，加强形势研判

减少核威胁倡议组织（NTI）提出，[①] 由于评估不明来源生物事件的系统不够、国家和全球应对措施协调不足、生物科学研究基础设施和疫情应对系统中的网络安全风险正在增加、生物威胁情报收集和分析能力被严重忽视等原因，目前世界尚未为下一次大流行做好准备。美国科学界分析指出，如果美病原生物实验室是私人经营的，没有从政府获得资金，也不直接从事受管制的病原体工作，那么这些隐形实验室就会落入政府监管的盲区。[②] 生物武器归因至关重要，兰德公司（RAND）提出加强国防部调查蓄

---

① "New Digital Report Warns That World Is Not Prepared for the Next Pandemic and Urges Bold Action," Nuclear Threat Initiative, May 25, 2023, accessed May 25, 2023, https://www.nti.org/news/new-digital-report-warns-that-world-is-not-prepared-for-the-next-pandemic-and-urges-bold-action/.

② "The Danger of 'Invisible' Biolabs across the US," James Martin Center for Nonproliferation Studies, September 1, 2023, accessed September 1, 2023, https://nonproliferation.org/the-danger-of-invisible-biolabs-across-the-us/.

意生物事件的能力建议。① 联合生物防御委员会（The Bipartisan Commission on Biodefense）强调，美国情报界必须重振其生产生物情报的努力。②

（二）抢抓变革先机，围绕热点问题提高国际影响力

2023 年，美智库围绕 AI-生物交叉、网络生物安全、潜在大流行病原体研究和病原体功能获得研究、两用生物技术监管、大流行疫情防范与起源调查等热点议题，纵横捭阖重要双边、多边国际场合，力图抢抓技术变革先机。

减少核威胁倡议组织提出建立国际"人工智能生物论坛"、制定实施人工智能—生物领域国家治理全新策略等建议，③ 并进一步设立启动总部设在日内瓦的"国际生物安保和生物安全科学倡议"（IBBIS）研究所。战略风险委员会（CSR）建议，规范和加强生物数据网络风险治理、考虑将生物经济和生物技术部门指定为关键基础设施等。④ 但史汀生中心（The Henry L. Stimson Center）分析认为，与普遍假设相反，人工智能和合成生物学不是厄运的预兆，人工智能有望进一步推动生物学研究。⑤

---

① "Attributing Biological Weapons Use-Strengthening Department of Defense Capabilities to Investigate Deliberate Biological Incidents," RAND, February 6, 2024, accessed February 6, 2024, https://www.rand.org/pubs/research_reports/RRA2360-1.html.

② "Smallpox Remains a Threat Despite Eradication 40 Years Ago," Bipartisan Commission on Biodefense, February 20, 2024, accessed February 20, 2024, https://biodefensecommission.org/smallpox-remains-a-threat-despite-eradication-40-years-ago/.

③ "The Convergence of Artificial Intelligence and the Life Sciences," Nuclear Threat Initiative, October 30, 2023, accessed October 30, 2023, https://www.nti.org/analysis/articles/the-convergence-of-artificial-intelligence-and-the-life-sciences/.

④ "The Cyber-Biosecurity Nexus: Key Risks and Recommendations for the United States," The Council on Strategic Risks, September 14, 2023, accessed September 15, 2023, https://councilonstrategicrisks.org/2023/09/14/the-cyber-biosecurity-nexus-key-risks-and-recommendations-for-the-united-states/.

⑤ "Artificial Intelligence and Synthetic Biology Are Not Harbingers of Doom," The Henry L. Stimson Center, November 20, 2023, accessed November 20, 2023, https://www.stimson.org/2023/artificial-intelligence-and-synthetic-biology-are-not-harbingers-of-doom/.

围绕病原体功能获得研究、潜在大流行病原体研发等监管，斯坦福大学团队指出，① 现有监管框架对潜在大流行病原体研究监管存在重叠、漏洞，不能涵盖所有涉及潜在大流行病原体研究，应制定政策弥补监管不足。但约翰斯·霍普金斯大学健康安全中心学者认为，② 反对"功能获得"往往是受冠状病毒阴谋论的驱使，这导致卫生与公众服务部作出错误的规定。如果以目前的版本通过，将严重削弱美国的经济竞争力及其预防和治疗传染病的能力。《原子科学家公报》还成立"未来病原研究监管框架开发"专项工作组，③ 并在 2024 年 2 月底在联合国总部发布其研究报告，提升其倡议的影响力。

围绕大流行疫情防控技术准备和策略，战略风险委员会提出要将生物安全和生态安全社区连接起来的策略，④ 安全与新兴技术中心（CSET）研究确定七个具有引起大流行病之特征的病毒家族。⑤ 降低核威胁倡议协会建议，联合国应建立新的联合评估机制以查明不明原因疫情来源。⑥

① "Potential Pandemic Pathogens—Risks, Regulation and Reform: Part Ⅰ," Stanford Law School, March 13, 2023, accessed March 13, 2023, https://law. stanford. edu/2023/03/13/potential-pandemic-pathogens-risks-regulation-and-reform-part-i/.

② "Let the Experts Shape U. S. Biotech Regulations," The Lawfare Institute, October 29, 2023, accessed October 29, 2023, https://www. lawfaremedia. org/article/let-the-experts-shape-u. s. -biotech-regulations.

③ "Pathogens Project Report Launch," *Bulletin of the Atomic Scientists*, February 28, 2024, accessed February 28, 2024, https://thebulletin. org/pathogens-project/2024-report-launch/.

④ "Addressing the Threat of Disease Spillover," The Council on Strategic Risks, November 6, 2023, accessed December 31, 2023, https://councilonstrategicrisks. org/2023/11/06/addressing-the-threat-of-disease-spillover/.

⑤ "Viral Families and Disease X: A Framework for U. S. Pandemic Preparedness Policy," Center for Security and Emerging Technology, August 29, 2023, accessed August 31, 2023, https://cset. georgetown. edu/wp-content/uploads/CSET-Viral-Families-and-Disease-X-A-Framework-for-U. S. -Pandemic-Preparedness-Policy.pdf.

⑥ "New Digital Report Warns That World Is Not Prepared for the Next Pandemic and Urges Bold Action," Nuclear Threat Initiative, May 25, 2023, accessed May 25, 2023, https://www. nti. org/news/new-digital-report-warns-that-world-is-not-prepared-for-the-next-pandemic-and-urges-bold-action/.

（三）抢抓战略基本盘，加强后疫情时代全局性谋划

针对如何维持技术和战略优势，特别竞争研究项目（Special Competitive Studies Project，SCSP）建议实施生物技术登月计划、强化有针对性的政府激励、发展新的公私伙伴关系、升级支持性基础措施、抢抓全球生物技术人才、加大投入、发展伙伴关系和加快"护栏"的运行，以"确保美国在2030 年及以后的生物技术领域的地位"。[①] 针对加强全球卫生安全领导力，战略与国际研究中心（CSIS）建议美国实施加速技术创新，扩大卫生安全伙伴关系，更好地与中国和俄罗斯进行地缘政治竞争等重大举措。[②] 兰德公司建议，将参与全球卫生行动纳入战斗指挥或安全合作计划。[③]

（四）借力政策议程，推动与决策机构和用户深度互动

针对《大流行和所有危害准备法案》（PAHPA）重新授权这一政策议程，约翰斯·霍普金斯大学健康安全中心（Johns Hopkins Center for Health Security）积极参与相关政策对话，[④] 提出"卫生与公众服务部制定法规，要求对基因序列订单进行基因合成筛查"等政策建议。随后，又针对国会提出两项生物安全立法表示支持。针对《生物防御态势评估报告》，空军战略威慑研究中心（U. S. Air Force Center for Strategic Deterrence Studies）主

---

① "SCSP's Platform Panel Releases National Action Plan for U. S. Leadership in Biotechnology," Special Competitive Studies Project, April 12, 2023, accessed April 12, 2023, https://www. scsp. ai/2023/04/scsps-platform-panel-releases-national-action-plan-for-u-s-leadership-in-biotechnology/.

② "The Worst Is Over—Now What?" Centre for Strategic and International Studies, August 2, 2023, accessed August 2, 2023, https://www. csis. org/analysis/worst-over-now-what.

③ "Funding Global Health Engagement to Support the Geographic Combatant Commands," RAND, June 11, 2023, accessed July 11, 2023, https://www. rand. org/pubs/research_reports/RRA1357-2. html.

④ "Center for Health Security Submits Senate RFC on PAHPA Reauthorization," Center for Health Security, June 11, 2023, accessed July 11, 2023, https://centerforhealthsecurity. org/2023/center-for-health-security-submits-senate-rfc-on-pahpa-reauthorization.

任阿尔伯特·摩尔尼（Albert J. Mauroni）尖锐批评指出，[1] 该报告混淆该部门的生物防备概念，既没有审查军事生物防御能力，也没有阐明该部门战备态势，建议严格重新评估。

四、战略意图和战略影响

回顾 2023 年，美国生物安全、生物军控战略意图越发清晰，政府和社会各界的内在利益冲突或主张裂痕也若隐若现，对全球生物安全形势投下不确定性。

（一）战略意图：巩固霸权根基、保持技术优势和意图微调

美国生物安全领域战略意图是更广泛意义上国家安全战略的组成。美方将美国设定为处于变革性生物技术革命的边缘、面临生物防御转折性时刻、面临生物技术研发全球价值观竞赛[2]等假设战略背景，凸显"一个不通过自己的使命感塑造事件的国家最终将被他国塑造的事件所吞没"的危机感，强调"从现在到 2030 年赢得技术经济竞争"、追求国防军事实力、建立战略联盟，开展与中方等价值观竞争、地缘政治竞争。总体上，美方生物安全领域战略意图与美国国家安全意图相向而行，依然秉持美国道德"普世主义"和意识形态优越论，将增进美国式的国家利益摆在首位。

在承认美方生物安全领域战略意图总体上是服务于巩固霸权根基、保

---

① "The Biodefense Posture Review Needs Focus to Succeed," War on the Rocks, October 2, 2023, accessed October 2, 2023, https://warontherocks.com/2023/09/the-biodefense-posture-review-needs-focus-to-succeed/.

② "SCSP's Platform Panel Releases National Action Plan for U. S. Leadership in Biotechnology," Special Competitive Studies Project, April 13, 2023, accessed April 13, 2023, https://www.scsp.ai/2023/04/scsps-platform-panel-releases-national-action-plan-for-u-s-leadership-in-biotechnology/.

持总体优势的同时，需要指出美战略意图的不确定性、摇摆性，甚至是可塑性正在增加。一方面，是其战略前提之变。新冠疫情对美国社会造成的撕裂，冲击和动摇美国绝对安全思想，国家安全战略假设与安全基础基石出现松动，对美国战略安全界投下的思想阴影将延续较长时期，也对其所谓战略竞争论构成一定战略缓冲。另一方面，是其战略共识营造之变。美国参照美苏争霸的历史经验，参照冷战时期洛克菲勒特别研究项目等，提出生物防御、登月计划等，以试图建立全新的国内共识。尽管这种共识营造在塑造战略对手方面取得重大突破，特别是参众两院、共和民主两党、政府部门、朝野上下，几乎在涉中议题上达成某种默契，但在对待病毒"功能获得"研究等新兴生物技术的监管和全球生物技术合作态度上，这种共识营造却出现波折，遭遇科技界、学术界的阻遏。美国在强力追求技术霸权的同时，还在遭受这种"强力追求技术"的国内外社会后遗症。呼吁战略共识，恰恰证明战略共识的稀缺性，以及达成共识之难，也进一步动摇美国战略安全界的战略期待，增加其战略意图的可塑性。

（二）战略行动中短期影响：引领议题和对华政策胶着

美国 2023 年在生物科技与生物安全领域采取的重大行动、宣示的重大主张，有议题综合性、部署战略性、主体全面性特点，其影响也将是多维度的，但就其主旨而言，大致有以下三大方向值得关注。

一是短期内巩固生物技术优势。中短期内，美国实施巨额生物安全投资和预算总盘跟进、调整高风险生物病原体与 AI 驱动生物技术研发等生物安全政策和监管举措、部署国内外军民生物安全与生物制造重大项目，前沿生物技术、AI 驱动生物技术等有望进一步发展，生物防御实力和全球卫生安全塑造力有望改观，对华竞争的技术优势可能拉大，修"护城河"、筑"小院"、建"高墙"的出口管制、技术竞争策略部分程度上有可能实现。

但其通过对抗和引导全球化进程、科技民主化进程的转向，来建立完整的生物制造链条、摆脱其所谓的生物医药供应链"对华依赖"，以及建立更广泛、更宏大的战略盟友共识，恐怕只是水中捞月。

二是推动国际议程与全球生物安全风险加剧并存。美国在国际多、双边场合，围绕大流行传染病协议、加强《禁止生物武器公约》、AI驱动生物安全、全球生物安全治理等新旧议题频频发声，提出新判断、新倡议、新规则，建立新合作联盟。在此基础上，有将软实力优势、话语优势转化为不公正不公平规则优势的操作空间，在关键领域可能限制战略竞争对手发展。同时，美国国内生物安全实验室监管漏洞与其在全球30余个国家资助和管理300多个生物实验室不公开、不透明的事实并存，病原体泄露风险、高危病原体违规操作风险持续增加，加之美方对生物武器现场核查持否定态度，诱发全球生物安全风险加剧。

三是对华政策矛盾复杂。美国已经明确将中国定位在战略对手并付诸实践。借口产业链安全，酝酿出台对华生物安全法案等非市场手段，打压中国生物医药科技产业的氛围越发浓厚。聚焦中国周边生物安全，推动美韩、美日、美越、美印等合作持续跟进，试图打造对华生物安全战略监测与威慑的包围圈。但在提高领导力、与中方进行地缘政治竞争的同时，美方也意识到，在新兴技术领域的国际规则制定上离不开中国的支持，在卫生安全问题上也亟须中美"建立可靠且持续的通信渠道"。离不开、需要深度合作的战略对手，通过打压封锁过激可能适得其反，使得美方对华生物领域进入政策胶着状态，且将延续较长一段时期，这为未来中美生物安全领域合作转圜带来一定契机。

【网络安全与人工智能】

全球人工智能安全治理现状、特点及挑战

鲁传颖　桂畅旎

2023 年度美国网络空间安全战略动向及影响分析

李响　曹贵玲　况晓辉　赵刚

人工智能在核指挥控制领域的应用前景及安全挑战

朱启超　刘胡君　龙坤

在轨操控智能化发展背景下
　太空战略稳定面临的风险及应对

张昌芳　张煌　王文佳

全球人工智能安全治理现状、特点及挑战

鲁传颖　桂畅旎

内容提要：以 ChatGPT 为代表的生成式人工智能的快速发展，引发了全球各行为体对人工智能安全的高度关注，掀起新一轮人工智能治理浪潮。由于地缘政治竞争、战略博弈在当前人工智能治理中的比重逐步提升，以及各治理主体在技术资源、治理能力、意识形态等方面的差异，导致各方对人工智能治理的基本概念、价值理念和治理路径等存在分歧，碎片化、分散化和阵营化特点突出。在全球人工智能安全治理处于"十字路口"之际，国际社会以及各国需要把握关键窗口期，进一步明确人工智能治理相关主体的责任和权力界限，共商共治，推动全球人工智能安全治理取得成效。

关　键　词：人工智能安全；人工智能治理；《布莱奇利宣言》

作者单位：上海国际问题研究院公共政策与创新研究所
　　　　　　中国信息安全测评中心

人工智能技术的广泛应用给全球经济社会发展带来变革性机遇的同时，也存在不容轻视的安全风险。一方面，大语言模型、算法自身存在安全隐患；另一方面，人工智能具有高赋能性、广通用性、强外部性，带来了新的安全风险。人工智能加持下的网络攻击带来网络攻防转变，助推信息造假带来负面政治影响，嵌入意识形态偏见带来伦理道德失范以及赋能智能

战争带来军备竞赛失责等。① "人工智能教父" 杰弗里·辛顿警告称，"人工智能对人类构成的威胁将比气候变化更加紧迫"。②

一、治理议程设置积极，
各行为体全方位推动人工智能安全治理

目前，基于人工智能安全治理的议程设置不断涌现。据不完全统计，全球活跃的人工智能安全治理机制已高达 50 多项，③ 治理主体涉及多边、多方甚至个体，治理议题包括意识形态塑造、军事化管控、社会治理等。治理成果既有松散的磋商机制，也有超国家的立法，是目前全球参与主体最为广泛、涉及议题最为多元的治理领域之一。

（一）国际组织成为全球人工智能安全治理的主力

人工智能技术的跨域性、全球性、不可控性给全人类带来挑战，需要从国际层面展开持续性、系统性和协同性的治理合作。经济合作与发展组织（OECD）数据显示，2015—2022 年，国家主体共发起 170 项倡议，而国际组织则同期实施了 210 项倡议。④

① Lauren Kahn, "How the United States Can Set International Norms for Military Use of AI," The Lawfare Institute, January 21, 2024, accessed January 19, 2024, https://www.lawfaremedia.org/article/how-the-united-states-can-set-international-norms-for-military-use-of-ai.

② Will Daniel, "The 'Godfather of A. I.' Says His Technology Is a Bigger Threat than Climate Change," Fortune, May 9, 2023, accessed May 24, 2024, https://fortune.com/2023/05/08/godfather-artificial-intelligence-geoffrey-hinton-climate-change/.

③ Lea Kaspar, Maria Paz Canales, Michaela Nakayama, "Navigating the Global AI Governance Landscape," Global Partners Digital Limited, October 31, 2023, accessed January 17, 2024, https://www.gp-digital.org/navigating-the-global-ai-governance-landscape/.

④ OECD AI Policy Observatory, May 29, 2023, accessed January 19, 2024, https://oecd.ai/en/.

1. 联合国引领全球人工智能安全治理发展

联合国将人工智能治理作为深化多边治理的有效抓手，目前已提出数十项人工智能治理倡议。联合国秘书长古特雷斯高度重视并在人工智能安全治理上持续发力，引导成立数字合作高级别小组，发布"数字合作路线图"，创办人工智能高级别咨询委员会（HLAB-AI），[①] 倡导实现"可信赖、基于人权、安全和可持续并促进和平"的人工智能。[②] 古特雷斯于 2023 年 7 月提出的《新和平纲领》[③] 政策报告则明确阐述了联合国引领的"基于多边""弥合鸿沟""平等参与"的人工智能治理原则。此外，联合国还将借鉴国际原子能机构、国际民航组织和政府间气候变化专门委员会的模式，筹备设立一个新的有关人工智能治理的联合国机构，呼吁各国参加制定人工智能规则的多边议程。教科文组织、世界卫生组织、人权理事会等联合国下属的各部门也将人工智能视作实现可持续发展目标工具，发布各项倡议，将人工智能治理纳入各类条约修正案中。例如，汽车自动驾驶监管已被正式纳入《维也纳道路交通公约》修正案中，[④] 显示了人工智能技术给传统国际治理带来的冲击。

2. 区域性、议题性国际组织高度关注人工智能安全治理

二十国集团（G20）、七国集团（G7）、经济合作与发展组织（经合组织）等多边机制均已提出多项人工智能治理倡议。二十国集团在 2023 年 9 月发布的《新德里领导人宣言》中宣布将努力确保"负责任的人工智能开

---

① 《秘书长组建高级别咨询机构，全球 39 名专家共商人工智能治理》，联合国，2023 年 10 月 26 日，https://news.un.org/zh/story/2023/10/1123382，访问日期：2024 年 1 月 19 日。

② 《联合国数字合作路线图》，联合国，2018 年 7 月，https://www.un.org/zh/content/digital-cooperation-roadmap/，访问日期：2024 年 1 月 19 日。

③ 《秘书长为"处在十字路口的世界"提出〈新和平纲领〉》，联合国，2023 年 7 月，https://news.un.org/zh/story/2023/07/1119972，访问日期：2024 年 1 月 19 日。

④ 《〈维也纳道路交通公约〉获得修正 自动驾驶技术获准即将得到应用》，联合国，2016 年 3 月 23 日，https://news.un.org/zh/story/2016/03/254182，访问日期：2024 年 5 月 22 日。

发、部署和使用"，同意采取"有利于创新的监管/治理方法"，最大限度地发挥人工智能的优势。① 2023 年 10 月，七国集团发表"广岛人工智能进程"（HAP）联合声明，并配套发布《广岛进程组织开发先进人工智能系统的国际指导原则》和《广岛进程组织先进人工智能系统的国际行为准则》，强调通过红队测试、信息共享、风险评估、安全控制、内容验证等技术手段来管理人工智能的安全风险。② 金砖国家也宣布了推进人工智能治理议程的方案。随着联合国 2024 年未来峰会和 2025 年信息社会世界峰会（WSIS）各种谈判的升温，77 国集团和其他发展中国家也加强在塑造人工智能治理生态系统中的作用。2023 年举行的"77 国集团+中国峰会"（Summit of the Group of 77 and China）通过一项原则性宣言，强调所有国家充分和平等参与有关人工智能国际治理建议的任何决定和进程的重要性。③

（二）主要大国积极开展人工智能安全治理实践

人工智能是一项具有战略性意义的技术，谁能充分发挥人工智能的赋能作用，并能管控好技术风险，谁就能在新兴技术引领的新一轮大国竞争中取得先机。美国、欧盟、中国等基于不同的国情加快推进各自对人工智能时代的不同愿景，形成了不同的人工智能治理实践和政策导向。

1. 美国的立场与行动：基于审慎原则的柔性治理

基于新一轮生成式人工智能发展浪潮，拜登政府形成"行政令+原则+

---

① *G20 New Delhi Leaders' Declaration*, G20, October 10, 2023, accessed February 19, 2024, https://www. g20. in/content/dam/gtwenty/gtwenty_new/document/G20-New-Delhi-Leaders-Declaration. pdf.

② The White House, *G7 Leaders' Statement on the Hiroshima AI Process*, October 30, 2023, accessed January 19, 2024, https://www. whitehouse. gov/briefing-room/statements-releases/2023/10/30/g7-leaders-statement-on-the-hiroshima-ai-process/.

③ "Group of 77 and China Summit on 'Current Development Challenges: The Role of Science, Technology and Innovation'," The Ministry of Foreign Affairs, Singapore, September, 2023, accessed January 19, 2024, https://www. mfa. gov. sg/Newsroom/Press-Statements-Transcripts-and-Photos/2023/09/202309 16G77CS.

标准"的治理结构，并发布了一系列关于人工智能安全的政策举措。拜登于 2023 年 10 月签署《关于安全、可靠和可信地开发和使用人工智能的行政命令》，提出推进和管理人工智能开发和使用的八项基本原则，包括安全可靠的治理目标，以及安全评估和测试的要求。美国白宫科技政策办公室 2022 年 10 月发布的政策性支持文件《人工智能权利法案蓝图》，提出人工智能技术应用的基本原则和指导方针。美国国家标准与技术研究院（NIST）2023 年 1 月发布的《人工智能风险管理框架》，提出对人工智能系统全生命周期实行有效风险管理的内在要求。

在 ChatGPT 出现以后，美总统科学技术顾问委员会（PCAST）成立生成式人工智能工作组以评估风险。

总体来看，美国主要是基于其一贯的审慎监管技术治理逻辑，主要体现在：一是基于企业"自律"。拜登政府强调私营企业的自律承诺和良好实践是人工智能安全治理的关键，多次召集人工智能领先企业商讨推行自愿性质的合规承诺，通过发表自我监管声明，开展第三方安全测试等实施自律型监管。

二是实施"软监管"。美国致力于通过倡议、标准、规则等软法来治理人工智能，特别是高度重视标准在治理中的基础性作用，鼓励美国国家标准与技术研究院（NIST）和国家电信与信息管理局（NTIA）开发"人工智能风险管理框架"和"人工智能问责政策"，鼓励开展人工智能标准方面的国际合作与开发。

三是构建"信任措施"引领国际治理。美意图通过构建信任措施来抢占国际人工智能安全治理规制的主导权，其牵头发布的《关于负责任地军事使用人工智能和自主技术的政治宣言》，是目前人工智能军事应用领域最全面的国家级多边信任措施，已获得 49 个国家和组织的支持，① 为美国制定军事人工智能国际规范奠定了坚实的基础。美采取审慎监管的立场主要是因为其在人才、研究、企业发展、应用、数据、硬件等人工智能基础因素方面具有深厚实力，发展并促进人工智能赋能国家实力仍然是优先考量。

2. 欧洲的法规与倡议：基于严格法律的硬性监管

欧盟沿袭其对于网络、数据等强监管路线，致力于建构具有强约束力的人工智能监管框架，以期发展成"安全、可靠和道德的人工智能"全球领导者。对此，欧盟从三个方面来加强人工智能安全领域的法律建设。一是制定新法即出台欧盟《人工智能法案》（AI ACT），以应对人工智能系统的安全风险；二是提出数字时代的民事责任框架，推进制定《人工智能责任指令》（AI Liability Directive），该指令将确保受到人工智能技术伤害的人能够获得经济补偿；三是修订部门安全立法，如修订《机械条例》（Machinery Regulation）和《通用产品安全指令》（General Product Safety Directive）等，② 旨在确保欧盟各领域的安全制度能够快速应对人工智能发展带来的挑战。

欧盟人工智能安全治理主要有以下特点：一是以人权等价值观作为治理标准。2019 年 4 月，欧盟人工智能高级别专家组发布的《可信人工智能伦理指南》③ 提出可信人工智能合法性、符合伦理和稳健性三大要素，以及尊重人的自治在内的四项原则。

2020 年 2 月，欧盟委员会发布《人工智能白皮书：追求卓越和信任的欧洲方案》，强调欧洲的人工智能必须以欧洲的价值观和人类尊严及隐私保

---

① David Vergun, "U. S. Endorses Responsible AI Measures for Global Militaries, " U. S. DOD News, November 22, 2023, accessed February 20, 2024, https://www. defense. gov/News/News-Stories/Article/Article/3597093/us-endorses-responsible-ai-measures-for-global-militaries/.

② "European Approach to Artificial Intelligence, " European Commission, September 2023, accessed January 20, 2024, https://digital-strategy. ec. europa. eu/en/policies/european-approach-artificial-intelligence.

③ "Ethics Guidelines for Trustworthy AI, " European Commission, December 2019, accessed April 8, 2024, https://www. aepd. es/sites/default/files/2019-12/ai-ethics-guidelines. pdf.

护等基本权利为基础。2022 年 8 月，欧洲委员会推进《人工智能公约》的制定，立足于协调人工智能发展与人权、民主和法治之间的关系，确保人工智能的设计、部署和使用符合欧洲委员会关于人权、民主和法治的标准。

二是实施基于风险的责任管理。2020 年 10 月，欧洲议会发布《人工智能和民事责任》的法律研究报告，提出"风险管理模式"来规制人工智能的民事责任，即最有能力控制和管理某项技术风险的一方，应当承担严格责任。2023 年 12 月生效的欧盟《人工智能法案》是全球首个关于人工智能的综合法律框架，将人工智能应用风险分类为不可接受风险、高风险、低风险或最低风险，并按照风险水平实施相应的监管，对风险最高的人工智能系统施加最严格的限制，违规者将被处以相当于其全球销售额 7% 的罚款。

三是实施双重监管结构。欧盟正在加快构建一个统一的人工智能监管结构，包括在欧盟层级考虑设立人工智能办公室以监督最先进人工智能模型标准与测试，成员国层级的市场监督机构则负责执法。欧盟人工智能委员会是一个由欧盟成员国的代表组成的专家委员会，负责协调和促进欧盟成员国之间的合作，以及就人工智能的风险分类、合格评估、标准制定等提供建议和指导；欧盟成员国的国家监管机构是负责监督和执行《人工智能法案》的主要机构，每个成员国至少需要设立一个国家监管机构，负责检查和审核人工智能系统的合规性，以及对违反《人工智能法案》的行为进行调查和处罚。

3. 中国的理念与实践：坚持发展和安全并重的综合治理

中国秉持共同、综合、合作、可持续的安全观，坚持发展和安全并重的原则，意图构建开放、公正、有效的人工智能治理机制。自 2021 年以来，中国向联合国先后提交了《关于规范人工智能军事应用的立场文件》、①《中国关于加强人工智能伦理治理的立场文件》;② 中国国防部 2023年 11 月表态愿按照"以人为本""智能向善"原则，与各方加强交流合作，就人工智能军事应用的发展规范寻求共识，避免相关武器系统的误用、滥用甚至恶用，确保有关武器系统永远处于人类控制之下。③ 2023 年 10月，习近平主席在第三届"一带一路"国际合作高峰论坛开幕式主旨演讲中宣布中方提出《全球人工智能治理倡议》，系统阐述了人工智能治理的中国方案。

综合来看，中国的人工智能治理立场主要遵循以下原则：一是坚持以人为本。《全球人工智能治理倡议》提出，发展人工智能应坚持"以人为本"理念，以增进人类共同福祉为目标，以保障社会安全、尊重人类权益为前提，确保人工智能始终朝着有利于人类文明进步的方向发展。④ 可以看出，坚持"以人为本"是人工智能治理中国方案的核心内容，这主要根植于中国传统文化中的"民本"思想，⑤ 从尊重人类权益、保障人类安全视角出发。二是坚持安全与发展并重。中国人工智能治理明确了以安全保发展、以发展促安全，促进创新和依法治理相结合的原则。在安全治理方面，

---

① 《中国关于规范人工智能军事应用的立场文件》，中华人民共和国外交部，2021 年 12 月 14日，https://www.mfa.gov.cn/ziliao_674904/tytj_674911/zcwj_674915/202112/t20211214_10469511.shtml，访问日期：2024 年 5 月 22 日。

② 《中国关于加强人工智能伦理治理的立场文件》，中华人民共和国外交部，2022 年 11 月 17日，http://newzealandemb.fmprc.gov.cn/wjb_673085/zzjg_673183/jks_674633/zclc_674645/rgzn/202211/，访问日期：2024 年 5 月 22 日。

③ 《国防部：共同规范发展人工智能军事应用》，中国国防部网站，2023 年 11 月 30 日，http://www.mod.gov.cn/gfbw/xwfyr/lxjzh_246940/16278607.html，访问日期：2024 年 1 月 20 日。

④ 《全球人工智能治理倡议》，中华人民共和国外交部，2023 年 10 月 20 日，https://www.mfa.gov.cn/web/ziliao_674904/1179_674909/202310/t20231020_11164831.shtml，访问日期：2024 年 2 月 20 日。

⑤ 鲁传颖：《〈全球人工智能治理倡议〉中的中国智慧》，中国社会科学网，2024 年 1 月 23日，https://www.cssn.cn/gjgc/lbt/202401/t20240124_5730523.shtml，访问日期：2024 年 1 月 20 日。

中国实行包容审慎的监管，重点对算法、深度合成技术与生成式人工智能技术等特定应用开展针对性监管。在发展促进方面，国务院2017年7月印发的《国务院关于印发新一代人工智能发展规划的通知》提出三步走战略目标，要求到2030年人工智能理论、技术与应用总体达到世界领先水平，成为世界主要人工智能创新中心。[①] 三是坚持协同共治。中国一直呼吁在人工智能治理上坚持"平等""共治"等价值诉求，在相互尊重、平等互利的原则基础上，鼓励各方协同共治，打造开放、公平、公正、非歧视的人工智能发展国际环境。对此，中国鼓励对话并积极合作，与美国就举行人工智能政府间对话达成共识，在中欧数字领域高层对话中就人工智能开展深入讨论，参与英国举办的"首届人工智能安全峰会"并签署《布莱切利宣言》，与法国发布《关于人工智能和全球治理的联合声明》等。

值得注意的是，由英国引领的全球人工智能安全峰会进程目前已经取得阶段性成果。2024年5月21日，韩国与英国共同主办的第二届人工智能安全峰会在韩国首尔召开，这是继英国布莱切利峰会之后的AI国际治理的又一重要里程碑。会议以"安全、创新、包容"为三大原则，并联合发表《安全、创新和包容的人工智能首尔宣言》和《关于人工智能安全科学的国际合作首尔意向书》。七国集团国家、新加坡、澳大利亚、韩国等10个国家与欧盟签署，承诺建立一个国际网络，以加速人工智能安全科学的进步。

（三）非国家行为体积极影响人工智能安全治理的发展

国际非政府组织、大型科技企业、学术团体等非国家行为体基于技术

---

① 《国务院关于印发新一代人工智能发展规划的通知》，中国政府网，2017年7月20日，https://www.gov.cn/zhengce/zhengceku/2017-07/20/content_5211996.htm。

专长和知识资源，也在积极影响人工智能安全治理的发展路径。

学术团体主要是关注人工智能可能给人类社会带来的任何有害的未知因素，探讨机器与人类之间的伦理关系。例如，英国图灵研究所致力于为在公共领域使用人工智能制定道德框架。由已故科学家霍金引领的全球数千名专家和企业代表于 2017 年签署的"阿西洛马人工智能 23 条原则"已经成为国际共识，许多条款被其他倡议引用。

作为人工智能主要的生产者和运用者，大型科技企业也在积极提供最佳实践和公共资源，力图塑造人工智能安全治理前景。由 OpenAI、Anthropic、谷歌和微软成立前沿模型论坛（Frontier Model Forum），旨在确保人工智能模型安全，推进人工智能安全研究，确定最佳实践和标准，促进政策制定者和行业之间的信息共享;[①] 由苹果、亚马逊、DeepMind、谷歌、脸书（Facebook）等科技公司成立的人工智能伙伴关系（PAI），积极支持与人工智能伦理和治理相关的紧迫问题的研究，并促进教育项目和实用工具的开发，建立人工智能事件数据库;[②] 微软、脸书、推特（Twitter）和油管（YouTube）还联合建立全球网络反恐论坛（GIFCT），创立"哈希"反恐数据库助力国际反恐。此类实践既体现了企业希望通过实施最佳实践避免政府强监管的"私心"，也在一定程度上保障了人工智能安全治理的技术性。

二、全球人工智能安全治理议程设置特点

联合国等多边机制、主权国家以及非国家行为体对人工智能的广泛参

---

① "Advancing Frontier AI Safety," Frontier Model Forum, November, 2023, accessed March 1, 2024, https://www.frontiermodelforum.org/.

② "AI Incidents Database," Partnership on AI, November, 2023, accessed February 20, 2024, https://partnershiponai.org/workstream/ai-incidents-database/.

与，构建了一个综合性、层次性的全球人工智能安全治理体系。在这个体系中，不同主体的治理资源、能力、目标与方式不尽相同，使得全球人工智能安全治理在治理范围、治理力度以及治理主导范式上呈现出相互补充和嵌构的特征。

（一）"纵横交织"，纵向监管持续推进，横向监管渐成趋势

针对人工智能的监管遵从其由专业性向通用性技术发展的轨迹。早期对人工智能的监管主要是针对人工智能的应用场景和应用领域，如军事、国家安全、医疗保健等领域，采用垂直和领域性的纵向监管思路。随着人工智能的快速发展，纵向监管更为深入，监管对象的颗粒度划分也更为细致，领域监管也发展到场景监管，监管对象开始针对人工智能的算法、数据等。纵向监管能快速有效地对新兴技术作出反应，但是也明显地呈现了规范滞后性、统一性欠缺等特点，给企业带来较高的合规成本，给监管部门带来较高的监管成本。[①]

随着人工智能与社会各领域的广泛结合，针对人工智能的横向监管越来越普遍。横向监管是由中央政府颁布适用于所有部门和应用的法律规则。欧盟的《人工智能法案》是典型的横向监管框架，跨部门跨领域的人工智能受到相同的风险评估标准和法律要求的约束。美国《算法问责法》也是采用横向监管的方法，指示联邦贸易委员会强制要求对各行业的人工智能系统进行影响评估。横向监管更趋统一和稳定，能保证所有参与者都符合相同的标准；横向监管下监管主体也比较集中，监管对象不需要向不同机构负责。但是横向监管在执行中存在风险较难定级的弊端，特别是传统的

[①] 张璐：《通用人工智能风险治理与监管初探——ChatGPT引发的问题与挑战》，《电子政务》2023年第9期。

"命令—控制"式监管并不能较好适应技术发展的环境。

（二）"软硬并轨"，"软法"占据主导，"硬法"规制开始兴起

当前全球人工智能安全治理主要是由倡议、标准、规则等"软法"主导。这是因为人工智能技术发展迅速，各行为体对其发展轨迹与可能的风险尚不十分了解，因而习惯用伦理和技术路径等"软法"划定底线和指引方向。例如，联合国教科文组织的《机器人伦理报告》、英国发起的《布莱切利宣言》，这类"软法"具有多视角、综合性以及社群指向等特征，[①]主要基于主体自律完成的弱监管，但不具有约束力。

"硬法"则是规定了明确的权责利、程序安排、监管责任等刚性要求，并具有强制力。当前，随着人工智能的风险越来越突出，部分国家和地区开始尝试利用"硬法"进行规制。例如，欧盟《人工智能法案》作为全球范围内首部系统化规制人工智能的法律，标志着人工智能治理从原则性约束的"软法"向更具实质性监管的"硬法"加速推进。

虽然"硬法"可以为治理提供稳定的规则，但针对发展变化快的技术，容易发生"一刀切"的弊端。为此，部分国家和地区开始促进软硬法相互转化。例如，欧盟指导性文件《可信人工智能伦理指南》《算法责任与透明治理框架》等，倾向于规定人工智能伦理的混合性条款，通过模糊硬法与软法的边界，使软法和硬法的双重手段在实践中优势互补，共同推动人工智能伦理建设进程。[②]

---

① 季卫东：《人工智能开发的理念、法律以及政策》，《东方法学》2019 年第 5 期。
② 朱明婷、徐崇利：《人工智能伦理的国际软法之治：现状、挑战与对策》，《中国科学院院刊》2023 年第 7 期。

（三）"上下并行"，"自下而上""自上而下"共同推动规则塑造

人工智能发端于技术团体研发，发展于科技企业市场推动，在普及运用上离不开国家的投资与引导。总的来看，科研团队、学术机构具有领先的理论和技术资源，科技巨头则主导了当前人工智能研发的技术资源和资金，而政府则掌握着人工智能的政策资源。各方都在利用自身掌握的资源塑造利己的前景和目标，并在人工智能国际治理上体现出不同的关系。

在国际层面，以联合国为代表的传统国际组织希望自上而下制定并执行国际规范。大量非政府组织、学术团体等非国家行为体则积极发布人工智能治理的原则和指导方针。特别是以科学家、法学家、行业专家以及智库为代表的知识共同体积极通过广泛的对话和交流机制，意图绕过国际组织"自下而上"推动形成认知共同体，[①] 以影响人工智能的国际规范。

在政企层面，政府将加强人工智能监管视作防风险、完善社会治理职能的应有之义，因此希望建立具有约束力的规则、协议和治理机制，实行"自上而下"的治理。企业则希望维持宽松的政策环境，各自推出人工智能治理计划，意图抢占先机自下而上影响决策者。例如：微软公司在其《管理人工智能：未来蓝图》中要求搭建并执行以政府为主导的人工智能安全新框架；控制关键基础设施的人工智能系统必须具备有效的安全防护措施；建立基于人工智能技术架构搭建范围更广的法律监管框架；等等。[②]

---

① 江天骄：《国际非政府组织对人工智能武器控制的倡议》，《世界知识》2023 年第 21 期。

② *Governing AI: A Blueprint for the Future*, Microsoft, May 25, 2023, accessed February 29, 2024, https://query. prod. cms. rt. microsoft. com/cms/api/am/binary/RW14Gtw.

三、治理进程推进缓慢，
机制碎片化、安全化考验治理成效

综合不同的治理机制来看，尽管各方在负责任使用、增强透明度、加强价值对齐（alignment）等原则性理念上存在一定共识。但是，各行为体对于人工智能监管的原则与方式仍存较大差异，且由于人工智能政策与地缘政治、经济竞争等因素紧密交织，全球层面的人工智能治理进程缓慢推进，治理安全化凸显，考验治理成效。

（一）治理议题分散化严重，不同主体优先项各异

当前全球已在"要不要治理"上达成共识，但是对于"谁来治理""治理什么"以及"怎样治理"方面还存在较大分歧，导致治理议题较为分散。经合组织人工智能政策观察站（OECD. AI）统计显示，各国监管举措划分类型不明确，各类政策文件内容重叠。

对于人工智能不同的风险认知，导致各行为体对于人工智能风险范围的关注度不同。整体来看，主要分为三派：部分科学家、工程师、学者关注人工智能的长远影响，认为未来可能会诞生超级人工智能，对人类生存构成威胁；国际政府组织与非政府组织主要关注人工智能对当下的现实影响，包括人工智能带来的对性别种族的歧视、对弱势群体的压迫、仇恨言论与假新闻的传播等问题；国家主体则多从竞争角度关注人工智能技术竞争与国家安全问题，认为一旦其他国家取得先机，将会削弱本国竞争

优势。[①]

政企矛盾、南北差异、国家实力差距映射至人工智能治理上，形成不同的治理优先项。政府和国际组织普遍关注人工智能相关的高政治领域，例如，美国发布的《关于负责任地军事使用人工智能和自主技术的政治宣言》，英国人工智能安全峰会对于"前沿"人工智能系统风险的担忧。企业则希望在技术发展过程中追求更为宽松的监管环境，关注识别和减轻人工智能应用过程中已发生的具体安全危害，包括歧视、监视或信息完整性影响等。基于实力差异，先发国家与后发国家在人工智能治理上也呈现不同的诉求：先发国家更加坚持透明度、尊严、团结、可持续等价值观层面的标准；后发国家则更关注非恶意、责任和问责、隐私等实操层面的标准。在治理优先性上，大国希望保持人工智能发展的同时，也追求在安全方面的战略优势；小国缺乏发展军事的实力，更希望禁止人工智能军事化应用。

（二）竞争大于合作，"阵营化"进程较为突出

人工智能作为国际治理的新议题，仍然受制于传统国际议题治理路径的限制。国家行为体以及国际组织普遍将人工智能视作一项具有变革意义的战略性技术进行优先治理，[②] 在规制人工智能发展中投射自身价值判断、路径偏好以及利益设定，致使治理问题安全化、工具化、武器化越来越凸显。

一方面，人工智能军备竞赛加剧。部分国家将军事人工智能视为战略竞争新的制高点，在人工智能军备方面投入大量资金，用于情报、监视和侦察、指挥和控制等，推动传统战争模式的颠覆性变革。但是，当前围绕

---

① 中国金融四十人论坛：《人工智能监管：全球进展、对比与展望》，第一财经，2024 年 1 月 3 日，https://m.yicai.com/news/101945628.html，访问日期：2024 年 1 月 20 日。

② 鲁传颖：《人工智能：一项战略性技术的应用及治理》，《人民论坛》2024 年第 1 期。

人工智能军事化国际治理缺乏共识，国际社会在联合国《特定常规武器公约》框架下针对以致命性自主武器为代表的人工智能军事化的谈判各方分歧远未解决。[①] 以美俄为代表的军事大国主张建立非约束性原则，力推基于"良好实践"的监管；广大发展中国家则主张达成有约束力的国际公约，联合发布禁止致命性自主武器的路线图，双方难以在短时间内取得共识。

另一方面，人工智能资源之争渐趋白热化。人工智能技术往往被政治主体特别是霸权国视为"独占性"资源，其更倾向于抑制技术扩散的政治逻辑。美国为维持人工智能的技术优势，加大了对人工智能基础资源的限制和打压：包括强化用于人工智能的尖端半导体出口管制，加强算力管控；将核心算法纳入《美国知识产权法》进行特别保护，实施算法阻断；限制重要数据流向对手国家，实施重要数据垄断。美国将打造"智能之争"作为科技脱钩的新手段。此外，美国正在全球范围构建人工智能治理小多边机制，将自身倡导的价值理念融入北约、经合组织、七国集团、"人工智能全球伙伴关系"（GPAI）以及美日韩、澳英美等多边机制中，试图构筑以美国为中心的人工智能治理的"小圈子"。美引领的"民主峰会"将人工智能作为"促进民主"的关键技术，发布了多项人工智能相关内容的指导原则和行为准则。澳英美三边安全伙伴关系（AUKUS）更是在加快推动人工智能军事运用的互操作性，[②] 在 2023 年 12 月发表联合声明称，三国将用人工智能处理大容量数据，并利用人工智能算法和机器学习来加强部队保护，精确制导，情报、监视和侦察能力。这类议题联盟有着极强的排他性和竞争性，对人工智能的全球治理进程构成了阻碍。

---

① J. C. Suresh, "Debate About Military Use of Artificial Intelligence," IDN-InDepth News, February 16, 2023, accessed March 1, 2024, https://indepthnews.net/debate-about-military-use-of-artificial-intelligence/.

② "AUKUS Partners Demonstrate Advanced Capabilities Trial," US DOD, May 26, 2023, accessed January 20, 2024, https://www.defense.gov/News/Releases/Release/Article/3408870/aukus-partners-demonstrate-advanced-capabilities-trial/.

（三）治理基础薄弱，关键问题分歧严重

从技术监管的生命周期来看，目前人工智能安全治理仍处于初期。虽然联合国、经合组织等国际组织在全球安全治理上发挥着极为重要的作用，但目前还没有一个专门机构承担全球一级的核心监管角色，许多机制之间成员重叠且分散，倡议之间缺乏相互协调，主要体现如下。

首先，关键概念、术语和分类方法界定不一。关键概念和术语犹如人工智能的字典，有利于建立共同的理解和认知，确定安全边界，因而是人工智能安全治理的重要起点。如果不能准确界定适当的范围，决策者就无法知道人工智能的安全边界，这种对人工智能认知的不确定就会加剧监管的分散及碎片化。当前人工智能治理的术语和分类方法涉及可信任性、风险以及社会技术特征，包括偏见、稳健性、安全性、可解释性等诸多概念。但是由于价值判断、技术路径、隐私观念等因素差异的影响，各国特别是中西方在一些人工智能关键术语上存在分歧。目前美欧已经在推进关键术语一致性工作，美欧人工智能工作组发布了一份包含 65 个关键人工智能术语的清单，其中包括对"合成数据"和"深度学习"等技术术语的定义，以及对偏见、稳健性、安全性、可解释性和准确性等概念的阈值界定，[①] 这正是加强在术语和分类方法协同上的努力。

其次，人工智能核心标准开发缺乏共识。各国高度关注人工智能标准的开发，美国的国家标准与技术研究所、英国的人工智能标准中心、日本的国家先进工业科学和技术研究所、欧洲标准化委员会、欧洲电工标准化

---

① "Input on the First Edition of TTC WG1 EU-U. S. Terminology and Taxonomy for Artificial Intelligence," European Commission, October 30, 2023, accessed March 1, 2024, https://futurium. ec. europa. eu/en/EU-US-TTC/wg1/news/input-first-edition-ttc-wg1-eu-us-terminology-and-taxonomy-artificial-intelligence.

委员会，以及国际标准化组织、国际电信联盟、国际电气和电子工程师协会标准协会等国际标准组织均在积极参与人工智能国际标准建设，开发最佳实践。但是不同国家和国际组织之间在开发人工智能核心标准方面缺乏共识，特别是随着美西方开始推行攻击性强的"红队"测试标准后，人工智能安全标准上的合作将更为困难。拜登政府人工智能行政令要求制定"围绕人工智能安全、保障和信任的行业标准，使美国能够继续在负责任地开发和使用这一迅速发展的技术方面引领世界"。①

最后，基于不同治理经验和治理资源，各行为体的路径偏好也较为不同。例如，联合国主导的国际监管路径主张仿效世界经济论坛（WEF），在国家主导的"监管沙盒"，即在一个受监督和安全可控的场景中，对创新性人工智能系统在投入使用前进行测试，直到满足合规要求，并在此基础上发展成为一个类似于国际原子能机构的专门监管机构；美国推动下的"人工智能全球合作伙伴组织"（GPAI）则主张联合"志同道合"国家开展治理。但是即使"志同道合"的美欧在人工智能治理上的协同也龃龉不断。欧盟一直在探索建立中美之外的人工智能发展的"第三条道路"，欧盟基于风险评估实施的"硬法"管理不仅冲击美国所坚持的基于企业自律所实施的"软法"治理，还直接对美国的人工智能企业形成较大的监管负担。虽然美欧正在加快协调，就跨境数据和人工智能合作达成了暂时的协议，但基于不同价值诉求的治理路径分野仍在不断扩大。此外，各国在不断推出自身的技术标准，一方面推动了国际通用技术标准的细化和更新需求，另一方面也导致共识凝聚困难。

---

① "President Biden Issues Executive Order on Safe, Secure, and Trustworthy Artificial Intelligence, " The White House, October 30, 2023, accessed March 1, 2024, https://www.whitehouse.gov/briefing-room/statements-releases/2023/10/30/fact-sheet-president-biden-issues-executive-order-on-safe-secure-and-trustworthy-artificial-intelligence/.

四、未来发展趋势及政策建议

可以预见的是，全球监管模式的碎片化仍将持续一段时间，这不仅提升了跨国企业互操作性成本，阻碍了人工智能的联合研发和技术创新；同时分散的机制也抑制了参与性，不利于发展中国家提升话语权；还可能产生监管漏洞从而导致人工智能风险扩散。可以说，当前全球人工智能安全治理正处于"十字路口"，同时也是管控人工智能安全风险的关键窗口期。在此背景下，国际社会需要树立一种负责任的人工智能治理理念，共同推动在联合国框架下的有关讨论进程，并进一步明确人工智能治理相关主体的责任和权力界限，加强沟通协调，共同塑造人工智能治理的未来前景。

（一）扩大已有共识，夯实合作基础

全球人工智能安全治理需要建立在对人工智能发展及治理原则的共识之上。综合多个国家与国际机构起草的人工智能治理文件来看，各方在人工智能监管原则上已有部分共同点，包括：强调智能向善、以人为本、平等共治等基本理念，以及透明度、可追溯性与可解释性；强调数据保护、隐私与数据安全；禁止偏见或歧视；禁止滥用技术及非法活动。可以此为基础，摒除意识形态至上的观念，扩大已有共识，夯实合作基础。

（二）明确优先议程，共商关键问题

破局全球人工智能安全治理困境的关键在于明确各国及地区优先议程中的共同问题，以此作为沟通合作的切入点。

首先需要解决人工智能关键术语、分类方法和标准不一的问题。各国之间应加强针对关键术语、分类方法和标准的沟通协调，开展联合的可信人工智能工具分析，共享通用的标准建设，建立共通的衡量人工智能可信度的指标和方法、风险管理方法和相关工具的共享知识库，共享最佳实践。

（三）加强全球协调，推动大国合作

支持在联合国框架下建立全球性的人工智能监管机构，增强广大发展中国家参与人工智能全球治理的力度和话语权，推动形成普遍参与的国际机制和具有广泛共识的治理框架，弥合智能鸿沟。针对人工智能关键概念和术语进行积极沟通协调，尽快就人工智能的基本原则、关键问题、高风险应用等领域达成一致。为防止进一步碎片化，联合国秘书长数字合作高级别小组、经合组织的人工智能政策观察站、人工智能全球伙伴关系等已有的人工智能倡议机制应加强协调，减少未来机制的碎片化。

2023 年度美国网络空间安全战略动向及影响分析

李响　曹贵玲　况晓辉　赵刚

内容提要：2023 年大国竞争加剧，地区冲突不断，网络空间仍然是主要国家博弈对抗的重要领域。在此背景下，美国白宫、国家网络总监办公室、国防部、网络司令部相继密集出台了一系列网络空间安全相关战略及配套实施计划，聚焦强化国家和军队网络安全建设、获取网络空间竞争优势、调整优化网络空间行动、加强网络人才队伍建设、扩大网络外交圈等方面，明确未来重点发展领域和方向，以巩固和加强其对网络空间的主导权和控制权。

关　键　词：网络空间安全；网络战略；网络威慑

作者单位：军事科学院系统工程研究院

一、美国网络空间安全相关战略出台背景及主要内容

美国高度重视网络空间安全能力建设和网络作战力量建设运用，历届政府会根据网络空间安全形势变化、国家安全战略方向调整和技术发展演进，制定发布网络安全相关战略。

（一）出台背景

美国网络空间安全相关战略政策是在 2022 年《国家安全战略》和《国

防战略》的指导下，在国内国际多方因素影响下出台的。

美国重大网络空间安全事件频发。自拜登上任以来，美国接连发生太阳风（Solar Winds）、科洛尼尔管道（Colonial Pipeline）公司被黑客勒索攻击，微软服务器（Exchange）遭受网络攻击等事件，攻击目标日益向涉及国计民生的关键基础设施行业转移，以获取赎金为主的勒索软件攻击肆虐，对美国经济运转、民众生活造成直接影响；再加上"网络干预选举""信息操纵"等新型网络攻击形式的出现，被美国政客视为干预民主进程，威胁到美国的立国之基。拜登政府对网络空间安全问题更加关注。

美国深度参与俄乌网络空间对抗。美国早在乌克兰危机爆发前就曾向乌克兰派遣了"前出狩猎"行动力量，以协助乌克兰提升其关键基础设施网络防御能力。2022 年 2 月乌克兰危机爆发后，美国持续向乌克兰提供网络情报、防御和进攻方面的支持。在此过程中，美国对网络空间安全形势、网络力量建设运用等有了更深入的认识，推动美国对其网络安全战略要点进行调整。

美国将中国网络能力视为重要威胁。美国在其 2022 年发布的《国家安全战略》① 和《国防战略》② 中，已明确将中国视为"唯一一个既具有意图又有能力重塑国际秩序的竞争对手"，并将"应对中国日益增长的多领域威胁"作为其四大防御优先事项。美国将网络空间视为中美博弈的重要领域，认为中国已对其政府和私营部门网络构成了最广泛、最活跃和最持久的威胁。污蔑中国通过网络手段"窃取技术机密"，担忧中国网络能力威胁美国本土安全和海外利益。为在网络空间领域贯彻其国家安全战略和国防战略中

---

① *Biden-Harris Administration's National Security Strategy*, The White House, October 12, 2022, accessed March 13, 2024, https://www.whitehouse.gov/wp-content/uploads/2022/10/Biden-Harris-Administrations-National-Security-Strategy-10. 2022. pdf.

② *National Defense Strategy*, U. S. Department of Defense, October 27, 2022, accessed March 13, 2024, https://www.defense.gov/National-Defense-Strategy/.

的指导思想，应对中国在网络空间给美国带来的威胁挑战，美国对网络安全相关战略进行调整。

（二）主要内容

2023 年，结合美国在俄乌网络空间对抗中收获的经验教训、对国家面临网络威胁的重新认识，以及对中俄战略定位的调整等多重因素影响，美国白宫、国家网络总监办公室、国防部、网络司令部相继密集出台了一系列网络空间安全相关战略及配套实施计划。

1. 2023 年版《国家网络安全战略》

2023 年 3 月 2 日，美国拜登政府发布新版《国家网络安全战略》，[①] 提出改善全国数字安全的整体方法，旨在帮助美国准备和应对新出现的网络威胁。主要内容包括引言、战略支柱和实施要点等，其中"战略支柱"部分详细介绍了美国在网络空间安全方面的建设重点，具体包括 5 大战略支柱和 27 项战略目标。

支柱 1：保护关键基础设施。战略目标如下：（1）建立网络安全要求，以支持国家安全和公共安全；（2）扩大公私合作规模；（3）整合美国联邦网络安全中心（Federal Cybersecurity Centers）；（4）更新美国联邦事件响应计划及进程；（5）实现美国联邦防御能力现代化。

支柱 2：打击和消除威胁。战略目标如下：（1）整合美国联邦政府的打击活动；（2）加强公私部门业务合作以瓦解对手；（3）提高情报共享和通知受害者的速度和规模；（4）防止美国境内的网络基础设施被滥用；（5）应对网络犯罪及挫败勒索软件。

---

① *National Cybersecurity Strategy*, The White House, March 1, 2023, accessed March 13, 2024, https://www.whitehouse.gov/wp-content/uploads/2023/03/National-Cybersecurity-Strategy-2023.pdf.

支柱 3：塑造市场力量以推动安全和弹性。战略目标如下：（1）让管理者为数据负责；（2）推动物联网（IoT）设备的安全发展；（3）将责任转移到不安全软件产品和服务提供商中；（4）利用美国联邦补助和其他激励措施来强化安全；（5）充分利用美国联邦采购来加强问责制度；（6）探索美国联邦网络安全保险保障机制。

支柱 4：投资下一代技术。战略目标如下：（1）保护互联网的技术基础；（2）重振美国联邦网络安全研究与开发；（3）为美国后量子未来做好准备；（4）保护美国清洁能源未来；（5）支持数字身份生态系统的发展；（6）制定国家战略以提升美国网络劳动力。

支柱 5：建立国际伙伴合作关系。战略目标如下：（1）建立联盟以对抗对数字生态系统的威胁；（2）提升国际合作伙伴能力；（3）提升美国协助盟友和合作伙伴的能力；（4）建立联盟以推动负责任国家行为的全球规范；（5）保护信息、通信以及运营技术产品和服务的全球供应链安全。

为了更好地落实该战略，2023 年 6 月 27 日，美白宫行政管理和预算局（OMB）和国家网络总监办公室联合发布主题为 "2025 财年网络安全预算优先事项" 的备忘录，[①] 概述美国政府在制定 2025 财年预算时，须优先考虑落实网络安全领域的 5 项重点任务，此 5 项任务与美国《国家网络安全战略》5 大支柱保持一致。7 月 13 日，美国国家网络总监办公室发布《国家网络安全战略实施计划》，[②] 重点对如何落实美国《国家网络安全战略》相关目标进行了阐释，是美国《国家网络安全战略》的实施 "路线图"。

---

① "Administration Cybersecurity Priorities for the FY 2025 Budget," Executive Office of the President, June 27, 2023, accessed March 10, 2024, https://www. whitehouse. gov/wp-content/uploads/2023/06/M-23-18-Administration-Cybersecurity-Priorities-for-the-FY-2025-Budget-s. pdf.

② *National Cybersecurity Strategy Implementation Plan*, The White House, July 13, 2023, accessed March 10, 2024, https://www. whitehouse. gov/wp-content/uploads/2023/07/National-Cybersecurity-Strategy-Implementation-Plan-WH. gov_. pdf.

该计划详细介绍了 69 项影响深远的举措，每个相关举措都有明确的负责机构、支持机构以及完成时限，使得相关措施具有较强的操作性和可实施性。

2. 国防部《2023 年国防部网络战略》

2023 年 5 月，美国国防部向国会提交《2023 年国防部网络战略》，① 9 月 12 日，美国国防部正式发布《2023 年国防部网络战略》的非机密版本摘要。该战略在《2022 年美国家安全战略》和《2022 年美国国防战略》基础上，对《2023 年美国国家网络安全战略》做了补充，继承发展并取代了美国国防部《2018 年国防部网络战略》，② 是国防部网络战略的第四次迭代。该战略强调目前美国网络司令部的"前置防御"和"持续交战"作战理念已难以满足大国竞争的趋势要求，提出须改变美军目前的网络力量部署方式，将网络行动与其他作战领域相结合，践行"综合威慑"战略。明确了国防部网络空间 4 大重点任务和 16 项具体举措。

任务一：保卫国家。美军将利用网络能力开展行动以深入了解恶意网络行为者，开展"前置防御"以破坏和削弱上述行为者的能力和支持生态系统，并与跨部门合作伙伴合作以加强美国关键基础设施的网络弹性并打击战备威胁。具体举措如下：（1）洞察网络威胁；（2）打击恶意网络活动参与者；（3）确保美国关键基础设施的安全；（4）保护美国国防工业基地。

任务二：为赢得战争做好准备。美军将确保军事信息网络的网络安全以及联合部队的网络弹性，并将利用网络空间作战产生非对称优势以支持联

<hr>

① *2023 Cyber Strategy of the Department of Defense*, U.S. Department of Defense, September 12, 2023, accessed March 13, 2024, https://media. defense. gov/2023/Sep/12/2003299076/-1/-1/1/2023_DOD_Cyber_ Strategy%20_Summary. PDF.

② *Summary of Department of Defense Cyber Strategy*, Department of Defense, September 18, 2018, accessed March 10, 2024, https://media. defense. gov/2018/Sep/18/2002041658/-1/-1/1/CYBER _ STRATEGY_SUMMARY_FINAL. PDF.

合部队的计划和行动。具体举措如下：（1）推进美国联合部队目标；（2）保护美国国防部信息网络（DODIN）；（3）在美国联合部队中建立网络弹性；（4）支持联合部队的计划和行动。

任务三：与盟友及合作伙伴共同保护网络领域。美军将协助盟友和合作伙伴建设其网络能力和实力，扩大潜在网络合作途径，继续开展"前出狩猎"行动，并将通过鼓励遵守国际法和国际公认的网络空间规范来加强负责任的国家行为。具体举措如下：（1）建设发展盟国及合作伙伴的网络能力；（2）拓展网络合作渠道；（3）继续开展作战行动和双边技术合作；（4）强化网络空间负责任行为规范。

任务四：在网络空间建立持久优势。美军将优化网络作战部队和现役网络部队的组织、训练和装备，并将投资于网络空间作战的推动因素，包括情报、科学技术、网络安全和文化。具体举措如下：（1）投资网络人才队伍建设；（2）优先为网络行动提供情报支持；（3）开发和实施新的网络能力；（4）培养网络安全意识。

此外，美国国防部太空政策办公室、美国海军部分别发布《太空政策审查和卫星保护战略》[①]、《美国海军网络战略》[②] 政策文件，均强调网络空间安全防御的重要性，表明美国在不同军种、不同作战领域积极加强对先进网络、关键基础设施、武器系统和平台的网络防御，发展可靠的网络空间攻击和相关非动能能力。

[①] *Space Policy Review and Strategy on Protection of Satellites*, U. S. Department of Defense, September 2023, accessed March 10, 2024, https://www. spacecom. mil/Portals/57/Space%20Policy%20Review%20and%20Strategy%20on%20Protection%20of%20Satellites. PDF.

[②] *Cyber Strategy*, Department of the NAVY, November 2023, accessed March 10, 2024, https://media. defense. gov/2023/nov/21/2003345095/-1/1/0/department%20of%20the%20navy%20cyber%20strategy. PDF.

二、分析研判

本文主要从定位、动向、趋势、影响等四个方面，对美国近期出台的网络安全相关战略政策进行了分析研判。

（一）定位上，网络空间安全的重要性被提升到国家安全核心的高度，更加关注应对在武装冲突阈值以下的现实网络攻击威胁

第一，美国将网络安全问题视为影响国家安全和民主体制的重要因素。美国政府在不同时期发布的网络安全战略，首要问题都是明确网络安全在国家安全战略中的利益界定。2003年，小布什政府时期发布的国家网络战略，① 将网络空间定义为"确保国家关键基础设施正常运转的'神经系统'和国家控制系统"，提出了响应体系建设、减少威胁与漏洞计划、安全意识与培训计划、保护政府网络安全、国际合作等五个优先事项，旨在提高关键基础设施和信息系统的网络安全。奥巴马政府时期的战略提出"确保信息自由传输、数据库安全和互联网自身的完整性"。② 2018年，特朗普政府发布的《国家网络战略》③ 重点强调了网络威胁的严重性，明确"确保网络空间安全是美国国家安全和人民繁荣的根本"，提出保护美国关键基础设施、促进美国繁荣、以实力维护和平和提升美国影响力四大战略

---

① 《网络空间与霸权护持：美国网络安全战略的迭代演进与驱动机制》，安全内参，2024年1月15日，https://www.secrss.com/articles/62826，访问日期：2024年3月4日。

② 《拜登政府〈国家网络安全战略〉评析及启示》，《情报杂志》，知网，2023年11月10日，https://link.cnki.net/urlid/61.1167.G3.20231109.0906.002，访问日期：2024年3月4日。

③ 《特朗普签署首份〈美国国家网络战略〉》，中国科学院科技战略咨询研究院，2018年11月13日，http://www.casisd.cn/zkcg/ydkb/kjqykb/2018/kjqykb20181111/201811/t20181113_5170529.html，访问日期：2024年3月4日。

支柱。此次发布的新版国家网络战略明确指出，"网络安全对于经济的基本运作、关键基础设施的运行、民主和民主制度的韧性、数据和通信的隐私以及国防都至关重要"，将网络间谍活动、知识产权盗窃、勒索软件攻击等问题提格为国家安全问题而不是网络犯罪问题来处理，将网络安全问题提升到国家安全核心的高度，据此在战略中要求美国全社会共同应对网络安全威胁，充分体现了拜登政府对网络安全问题的重视程度。

第二，美国已从关注"网络珍珠港事件"转向应对低烈度恶意网络行为。

美国明确指出其国防部的《2023 国防部网络战略》是以现实世界的经验为基础。曾参与国防部网络战略撰写的两位成员在一篇解析新版美国国防部网络战略的文章中认为，新战略的"网络现实主义"背景源于"网络珍珠港"设想和"网络威慑"理论的破灭。网络活动从未导致敌对国家间的冲突升级，即使在 21 世纪以来最大的常规战争乌克兰危机中，网络行动的战略影响力也很有限，虽然也造成过断网等较大影响，但并未在冲突中发挥决定性作用。2023 年 7 月 28 日，负责网络政策的美国国防部副助理部长欧阳沅承认，网络攻击在破坏性上与传统武器相比存在难以克服的局限性，并表示"网络战争中不存在蘑菇云"。① 因此相比之前，美国在新版网络战略中更加注重对武装冲突级别以下网络行动的运用和应对，强调"通过持续开展武装冲突级别以下的网络空间行动来支持和增强联合作战部队"，要"持续采取行动限制、阻挠或扰乱对手在武装冲突级别以下的网络空间行动"。

---

① 《2023 年度美国网络安全态势综述》，安全内参，2024 年 3 月 18 日，https://www.secrss.com/articles/64261，访问日期：2024 年 3 月 4 日。

（二）动向上，网络威慑理论发生重大调整，更加强调通过内外合作来应对网络威胁和挑战

第一，美国在战略上不再"为了网络而网络"，网络威慑理论从"类核威慑"向"综合威慑"调整。

长期以来，网络威慑战略一直是美国网络空间战略政策的重要组成部分。最早的网络威慑借鉴了冷战时期核威慑理论的概念，后来逐渐形成了分层网络威慑战略。然而，此次出台的国家网络安全战略中，通篇没有提网络威慑。而且，与2018年国防部网络战略强调对网络攻击的回应和网络威慑的重要性，2020年网络战略提出加强网络安全、网络威慑和网络行动的战略目标不同，此次国防部发布的网络战略中，开篇即点出是根据现实经验编制而成的。现实经验包括两个方面，一是美国自2018年以来围绕"前置防御"政策开展的大量网络行动，二是乌克兰危机中的经验教训，而乌克兰危机的一个典型特点就是战略网络战并未对俄乌战局产生实质性影响。因此，国防部网络战略在引言部分就指出："根据美国国防部的经验，保留或单独使用的网络能力本身几乎没有威慑作用。相反，这些军事能力在与其他国家力量工具配合使用时才最有效，所产生的威慑力大于其各部分之和。网络空间就成为美国及其盟国军事力量不可或缺的组成部分，并构成综合威慑的核心组成部分。"以上迹象表明，美国已认为仅凭网络威慑不足以遏制黑客和国家行为体对美国的网络攻击，将网络能力视为综合威慑的组成要素，同时提出，"将在网络空间内和通过网络空间开展行动，以加强对目标的威慑，促使对手怀疑自身的军事效能"，以进一步发挥网络行动对联合作战的赋能作用。

第二，美国重新平衡内部网络安全权责关系，将"监管"提升到前所未有的高度，并让私营企业在关键基础设施防护中承担更多责任。

网络安全防护特别是关键基础设施防护问题一直在美国历届政府发布的网络安全战略中占据重要位置。但以往美国一直强调私营部门是网络安全保障的主导者，主要通过行业标准、最佳实践和市场激励等方式引导私营部门在网络安全防护问题上发挥作用。拜登政府在 2023 年《国家网络安全战略》明确提出要"重新平衡捍卫网络空间的责任"，让网络空间中最有能力和最有利的参与者承担更多的网络安全责任。一是强调"监管可以创造公平的竞争环境"，通过建立网络安全监管框架，提高政府、关键基础设施所有者和运营商、产品供应商和服务提供商，以及其他利益相关者之间的合作能力；二是强化联邦政府在网络监管中的主导作用，通过"整合联邦网络安全中心"，协调各部门和机构的权力和能力，将国土防御、执法、情报、外交、经济和军事任务的整个政府能力融合在一起，共同支持关键基础设施的防御；三是首次明确要通过立法等方式来推动私营部门履行在关键基础设施防护方面的责任和义务。拜登政府于 2022 年 3 月发布的《2022 年关键基础设施网络事件报告法案》[①] 中，就明确要求关键基础设施所有者和运营商须在规定时间内向网络安全与基础设施安全局（CISA）报告所涉及的网络事件，改变了原来由私营部门出于自愿或自律进行保障的模式。新版《国家网络安全战略》更是明确指出，"仅靠市场力量还不足以推动在网络安全和弹性方面广泛采用最佳实践"，要"通过塑造市场力量，来推动安全和韧性"，强调要通过立法让数据管理者对个人数据的保护负责，让软件产品和服务供应商对不安全的软件产品和服务承担责任，从而改变了传统通过市场引导来加强网络安全防护的模式，更大程度地让私营企业承担网络安全责任。

---

① *Cyber Incident Reporting for Critical Infrastructure Act of 2022*, CISA, March 2022, accessed March 9, 2024, https://www.cisa.gov/sites/default/files/publications/CIRCIA_07.21.2022_Factsheet_FINAL_508%20c.pdf.

第三，美国对外加强网络外交，拓展网络空间合作途径，建立更广泛的联盟来扩大其网络势力范围。

拜登政府一直重视国际伙伴关系的建立，在新版国防部网络战略中，指出"外交和国防关系网是美国的基本战略优势之一"，在美国国会于 2023 年 10 月发布的《美国战略态势报告》① 中，也提到"盟友和伙伴使美国相对于对手具有明显优势"。新版《国家网络安全战略》全文 39 页篇幅，"partner（s）"和"partnership"共出现 70 次，相比之下，奥巴马时期发布的战略篇幅达 76 页，上述关键词仅出现 55 次；小布什时期发布的战略篇幅亦有 76 页，而上述关键词仅出现 56 次，体现拜登政府对于合作应对网络安全挑战的重视。一是进一步扩大合作对象范围，除了传统盟友和伙伴外，还将拓展与多利益攸关方和发展中国家的合作，通过网络安全援助等能力输出手段获得更多网络合作渠道，以扩大其网络触角涉猎范围；二是进一步扩展合作内容，除了传统的打击网络犯罪、建立负责任国家行为准则、共享威胁情报外，还强调在技术标准规范，以及为通信产品与服务提供安全的全球供应链等方面的合作，通过抢夺新兴技术标准制定权和产品"去中国化"，来构建其网络同盟圈，并遏制主要对手发展；三是进一步加强在网络空间行动方面的合作，包括从战略、作战和战术层面，加强与网络能力最强的盟友和合作伙伴之间的关系，共享可能有助于盟友和合作伙伴提供网络空间联合行动效能的信息，继续在盟友和合作伙伴的网络中开展"前出狩猎"行动等，通过上述手段最大限度地提高美国在网络空间的作战效能。

---

① 《美国国会重发布〈美国战略态势〉》，安全内参，2023 年 10 月 17 日，https://www.secrss.com/articles/59752，访问日期：2023 年 3 月 2 日。

（三）趋势上，"进攻性防御"属性更加具体和明显，并将网络行动纳入其战役行动

第一，美国在战略上充分肯定了"前置防御""持续交战""前出狩猎"的作用，进一步强化"以攻为守"。

美国网络安全战略基本上遵循了由"防"到"攻"的发展脉络。到特朗普执政时期，美国"以攻为守"的网络安全策略在立法、政策、外交等诸多领域得到推行。《2023年国防部网络战略》，与拜登政府以往奉行的"战略回调"思路不同，体现出更强的"进攻性防御"属性，开篇即对"前置防御"政策给予了充分肯定，认为自2018年以来在该政策指导下开展的大量网络空间行动，帮助美国在恶意网络活动影响其本土之前就提前挫败了这些活动。并强调"将继续在网络空间与美国对手持续交战"，"继续通过挫败各类恶意网络行为体的活动并削弱其为其提供支撑的生态体系等方式来实施前置防御"，"继续开展前出狩猎行动和其他双边技术合作"。这反映了拜登政府在网络安全管理方面风格的转变，也意味着未来为了更好支撑上述策略的作用发挥，美国网络部队的行动权限可能会被进一步下调，进攻性网络行动会更加频繁。

第二，美国将网络行动作为国家竞争的一部分，进一步加强网络行动对联合部队的支持能力。

美国在承认网络能力局限性的同时，也将网络行动作为赢得战争的重要手段之一，更加强调网络行动对联合作战的支撑作用：一是利用网络行动实现战役目标，将"前置防御"和"持续交战"纳入战役活动，利用网络空间的独特之处来支撑联合部队获取非对称优势，如在大规模作战行动中实现跨域效应等；二是将可支撑军事任务的网络能力作为优先发展目标，从而增强联合部队的网络弹性；三是精简网络使命，在国土防卫问题上明

确重点"保护国防工业基础"和"国防部信息网络",但对于诸如能源、信息技术及其他关键基础设施的防护,指出"国防部通常无权动用军事力量来保护私营企业免受网络攻击",从而将有限的网络能力引导到其最适合的任务上。此外,美国在2023年10月发布的《美国战略态势报告》也明确指出,"将网络能力纳入作战司令部的战略和战区战役计划以及作战司令部的规划过程至关重要"。结合美国网络力量近两年的发展趋势可以看出,美国未来将会加强网络力量与其他作战力量,特别是信息战、电子战力量的融合,从而为作战指挥官提供动能和非动能选项,在更大的信息环境下发挥作战效能。

(四)影响上,网络空间的不稳定性和分裂态势将进一步加剧,中国网络空间安全及发展面临严峻挑战

第一,美国网络空间战略是地缘政治在网络空间的投影,网络空间分裂态势将进一步加剧。

美国拜登政府发布的《2022年国家安全战略》就对"中国问题"重要性的地位与重点关注领域进行了调整,首次将中国列为"最大威胁",俄罗斯位列第二,被界定为"严峻威胁"。该战略首次将指控延伸到人权与新兴科技领域,提出"数字威权主义"。2023年《国家网络安全战略》对当前战略环境的描述和对主要对手的定位与国家安全战略基本一致,即将中国定位为"最广泛、最活跃和最持久的威胁,是唯一一个既有意重塑国际秩序,又拥有经济、外交、军事和技术实力来实现这一目标的国家",是"最先进的战略竞争对手",同时将俄罗斯定义为"一个持续的网络威胁"。在2023年发布的《美国战略态势报告》中,将中国定位为"对美国政府和私营部门构成最广泛、最活跃和持续的网络间谍威胁";"由于俄罗斯不断完善和试用其网络间谍、影响力和攻击能力,因此仍将是其头号网络威胁"。

而在战略中，美国也处处围绕中俄排兵布阵，无论是从国防战略中的"保卫国土"，还是国家战略中的"消除威胁""建立伙伴关系"，都毫不避讳对中俄的针对性，并以意识形态划线，拉帮结派持续加强双边和多边合作，从技术、军事、外交等各个层面在网络空间大搞对立与竞争，加速网络空间分裂，体现了其网络战略背后浓重的地缘政治色彩和大国博弈的基调。

第二，中国网络空间安全及发展面临严峻挑战。

美国推行的"持续接触""前出狩猎"实质就是以防御之名行进攻之实。一方面美国高举帮助他国提升网络防御能力的旗帜，通过向盟国、伙伴及其他国家输出网络能力以将其触角伸向他国网络空间，进一步扩大了其网络空间行动区域，导致中国网络空间防护压力进一步增大；另一方面美国在双边、多边机制中推行其意识形态主导的网络空间治理规则，通过《互联网未来宣言》①、美印日澳四边机制②、"印太经济框架"（IPEF）③、"美洲经济繁荣伙伴关系"（APEP）④、美国—欧盟贸易和技术委员会会议（TTC）等多种渠道开展规则和标准制定，从意识形态到国际规则，再到标准制定逐层推进，意图降低中国话语权，使中国参与国际网络空间治理难

---

① *A Declaration for the Future of the Internet*, The White House, April 28, 2022, accessed March 3, 2024, https://www. whitehouse. gov/wp-content/uploads/2022/04/Declaration-for-the-Future-for-the-Internet_ Launch-Event-Signing-Version_ FINAL. pdf.

② "Quad Leaders' Summit Fact Sheet," The White House, May 20, 2023, accessed March 3, 2024, https://www. whitehouse. gov/briefing-room/statements-releases/2023/05/20/quad-leaders-summit-fact-sheet/.

③ *Leaders' Statement on Indo-Pacific Economic Framework for Prosperity*, The White House, November 16, 2023, accessed March 3, 2024, https://www. whitehouse. gov/briefing-room/statements-releases/2023/11/16/leaders-statement-on-indo-pacific-economic-framework-for-prosperity/.

④ "FACT SHEET: Biden-Harris Administration Advances Americas Partnership for Economic Prosperity," The White House, January 27, 2023, accessed March 3, 2024, https://www. whitehouse. gov/briefing-room/statements-releases/2023/01/27/fact-sheet-biden-harris-administration-advances-americas-partnership-for-economic-prosperity/.

度增大。此外美国还通过第 14017 号行政命令"美国的供应链"①、《芯片与科学法案》② 和《通货膨胀削减法案》③ 等多项法规命令以实现信通技术供应链"去中国化",意图限制中国网络空间能力发展。中国网络空间安全和发展面临的外部环境更加恶劣。

三、结语

近年来,中国顺应信息革命发展潮流,在统筹推动网络安全与信息化工作的同时,不断丰富完善构建网络空间命运共同体理念主张,为国际社会提供中国方案,为促进全球网络空间的公平正义与开放共享贡献积极力量。

(一)助力全球网络空间秩序建立

中国始终在积极探索政治网络生态乱象、加强互联网服务管理等方面的治理路径,为推动全球网络空间治理打下重要基础。自 2016 年以来,

---

① *Executive Order 14017 America's Supply Chains*, Federal Register, February 24, 2021, accessed March 3, 2024, https://ctip. defense. gov/Portals/12/EO% 2014017 _ America% 27s% 20Supply% 20Chains. pdf.

② "FACT SHEET: President Biden Signs Executive Order to Implement the CHIPS and Science Act of 2022," The White House, August 25, 2022, accessed March 3, 2024, https://www. whitehouse. gov/briefing-room/statements-releases/2022/08/25/fact-sheet-president-biden-signs-executive-order-to-implement-the-chips-and-science-act-of-2022/.

③ *STATEMENT OF ADMINISTRATION POLICY H. R. 5376-TATEMENT OF ADMINISTRATION POLIC*, Executive Office of the President Office of Management and Budget, August 6, 2022, accessed March 3, 2024, https://www. whitehouse. gov/wp-content/uploads/2022/08/SAP-H. R. -5376. pdf.

《中华人民共和国网络安全法》①、《互联网信息内容管理行政执法程序规定》②、《公安机关互联网安全监督检查规定》③、《网信部门行政执法程序规定》④ 相继发布，在此基础上，国家网信办等部门展开了"清朗"⑤ 等系列专项行动，致力于营造安全、公平、健康、文明的网络空间。此外，针对互联网领域的新兴技术和议题，中国也率先采取行动，自 2021 年以来，中国陆续发布《互联网信息服务算法推荐管理规定》⑥、《互联网信息服务深度合成管理规定》⑦、《新一代人工智能伦理规范》⑧、《生成式人工智能服务管理暂行办法》⑨，从算法、生成式人工智能等方面对相关技术的发布者提出监管要求，将中国的互联网监管和网络治理落到实处。

---

① 《中华人民共和国网络安全法》，国家互联网信息办公室，2016 年 11 月 7 日，https://www.cac.gov.cn/2016-11/07/c_1119867116.htm，访问日期：2024 年 3 月 11 日。

② 《互联网信息内容管理行政执法程序规定》，中国政府网，2017 年 5 月 2 日，https://www.gov.cn/gongbao/content/2017/content_5232378.htm，访问日期：2024 年 3 月。

③ 《公安机关互联网安全监督检查规定》，中国政府网，2018 年 9 月 15 日，https://www.gov.cn/gongbao/content/2018/content_5343745.htm，访问日期：2024 年 3 月 11 日。

④ 《网信部门行政执法程序规定》，中华人民共和国司法部，2023 年 3 月 10 日，https://www.moj.gov.cn/pub/sfbgw/flfggz/flfggzbmgz/202305/t20230515_478814.html，访问日期：2024 年 3 月 11 日。

⑤ 《国新办举行 2021 年"清朗"系列专项行动发布会》，国务院新闻办公室，2021 年 5 月 8 日，http://www.scio.gov.cn/xwfb/gwyxwbgsxwfbh/wqfbh_2284/2021n_2711/2021n05y08r/twzb_3178/202208/t20220808_311495.html?flag=1，访问日期：2024 年 3 月 11 日。

⑥ 《互联网信息服务算法推荐管理规定》，中国政府网，2021 年 12 月 31 日，https://www.gov.cn/zhengce/2022-11/26/content_5728941.htm，访问日期：2024 年 3 月 11 日。

⑦ 《互联网信息服务深度合成管理规定》，中华人民共和国司法部，2021 年 11 月 25 日，https://www.moj.gov.cn/pub/sfbgw/flfggz/flfggzbmgz/202307/t20230705_482071.html，访问日期：2024 年 3 月 11 日。

⑧ 《新一代人工智能伦理规范》，国家科技部，2021 年 9 月 26 日，https://www.safea.gov.cn/kjbgz/202109/t20210926_177063.html，访问日期：2024 年 3 月 11 日。

⑨ 《生成式人工智能服务管理暂行办法》，中华人民共和国司法部，2023 年 7 月 10 日，https://www.moj.gov.cn/pub/sfbgw/flfggz/flfggzbmgz/202401/t20240109_493171.html，访问日期：2024 年 3 月 11 日。

（二）深化国际网络空间交流合作

中国通过搭建世界互联网大会乌镇峰会等合作机制，推动世界关注互联网发展议题，致力于增强互联网治理共识，推动构建网络空间命运共同体。2022 年 5 月，中国作为金砖国家网络安全工作组轮值主席，主持召开金砖国家网络安全工作组第八次会议。[①] 金砖国家代表围绕"《金砖国家网络安全务实合作路线图》进展报告"、各国政策立法交流、能力建设、加强多边合作等议题深入交换意见。各国认为，在百年变局和世纪疫情叠加影响下，全球信息安全领域风险和挑战突出。金砖国家在网络安全领域拥有广泛共同利益，应加强团结，凝聚共识，推动金砖网络安全合作走深走实，并按照金砖外长联合声明的精神，推动建立更加包容、有代表性和民主的网络空间全球治理体系。中国还积极参与联合国信息安全开放式工作组会议，推动达成多份共识报告，呼吁各方遵守并执行"网络空间负责任国家行为框架"，呼吁建立和平、安全、开放、合作的网络空间，强调网络空间是各国共存共荣的命运共同体，指出应摒弃零和思维和冷战意识形态，树立互信、互利、平等、协作的新安全观，在充分尊重别国安全的基础上，致力于在共同安全中实现自身安全，切实防止网络军事化和网络军备竞赛。自 2020 年 5 月中国互联网治理论坛成立以来，中国互联网社团群体更加全面深入地参与联合国互联网治理论坛相关活动，广泛开展国内外交流研讨活动，取得积极成效。

---

① 《中方主持召开金砖国家网络安全工作组第八次会议》，中华人民共和国外交部，2022 年 5 月 24 日，http://bbs. fmprc. gov. cn/wjb_ 673085/zzjg_ 673183/jks_ 674633/jksxwlb_ 674635/202205/t20220526_ 10692954. shtml，访问日期：2024 年 3 月 11 日。

（三）推动构建网络空间命运共同体

当前，互联网领域发展不平衡、规则不健全、秩序不合理等问题依然存在，网络霸权主义对世界和平与发展构成新的威胁，网络空间安全面临的形势日益复杂，中国始终积极主动与这类消极力量作斗争，推动全球网络空间的公平正义和开放共享。2020年9月8日，国务委员兼外长王毅在全球数字治理研讨会上提出《全球数据安全倡议》，呼吁各国应客观理性看待数据安全，维护开放、安全、稳定的全球供应链，反对利用信息技术破坏他国关键基础设施或窃取重要数据、大规模监控他国、非法采集他国公民个人信息等行为，反对强制要求本国企业将境外产生、获取的数据存储在本国境内，应尊重他国主权、司法管辖权和对数据的管理权，为全球数字治理提供了中国方案。2021年3月，中国外交部同阿盟秘书处签署并发表《中阿数据安全合作倡议》。2022年6月，中国与哈萨克斯坦共和国、吉尔吉斯共和国、塔吉克斯坦共和国、土库曼斯坦共和国、乌兹别克斯坦共和国共同发表《中国+中亚五国数据安全合作倡议》，[①] 欢迎国际社会在支持多边主义、兼顾安全发展、坚守公平正义的基础上，为保障数据安全作出努力，愿共同应对数据安全风险挑战并在联合国等国际组织框架内开展相关合作。2023年5月，外交部就制定"全球数字契约"向联合国提交《中国关于全球数字治理有关问题的立场》。2022年11月7日，国务院新闻办公室以八个语种，向国际社会发布《携手构建网络空间命运共同体》白皮书，[②] 从七个方面总结了中国的互联网发展治理实践，即数字经济蓬勃

[①] 《中国+中亚五国数据安全合作倡议》，中华人民共和国外交部，2022年6月8日，http://new.fmprc.gov.cn/web/wjbzhd/202206/t20220609_10700811.shtml，访问日期：2024年3月11日。

[②] 《携手构建网络空间命运共同体》，中国政府网，2022年11月7日，https://www.gov.cn/zhengce/2022-11/07/content_5725117.htm，访问日期：2024年3月11日。

发展、数字技术惠民便民、网络空间法治体系不断完善、网上内容丰富多彩、网络空间日益清朗、互联网平台运营不断规范、网络空间安全有效保障。白皮书围绕数字经济合作、网络安全合作、网络空间治理、促进全球普惠包容发展等方面介绍了构建网络空间命运共同体的中国贡献，并就网络空间发展、治理、安全、合作等方面提出了构建更加紧密的网络空间命运共同体的中国主张。2023 年 10 月，中央网信办正式发布《全球人工智能治理倡议》①，围绕人工智能发展、安全、治理三个方面系统阐述了人工智能治理的中国方案，包括：以人为本、智能向善；相互尊重、平等互利；不断提升人工智能技术的安全性、可靠性、可控性、公平性；形成具有广泛共识的全球人工智能治理框架和标准规范等。倡议向国际社会传达了中国在人工智能治理领域的三点核心观念，② 即反对冷战思维、技术霸权和技术失控，是人类命运共同体理念在人工智能治理领域的具体体现。

展望未来，中国将继续推动构建网络空间命运共同体，深入参与以联合国为主渠道的网络安全全球治理进程，为建立和平、安全、开放、合作的网络空间作出积极努力。

---

① 《全球人工智能治理倡议》，中央网络安全和信息化委员会办公室，2023 年 10 月 18 日，https://www.cac.gov.cn/2023-10/18/c_1699291032884978.htm，访问日期：2024 年 5 月 25 日。
② 李强：《中国为全球人工智能治理提供建设性方案——〈全球人工智能治理倡议〉解读》，《中国网信》杂志，2024 年 2 月 26 日，https://mp.weixin.qq.com/s/H8q_6b8GJmcU5kgPkZV_Tg，访问日期，2024 年 5 月 25 日。

人工智能在核指挥控制领域的应用前景
及安全挑战

朱启超　　刘胡君　　龙坤

内容提要：人工智能技术在数据、算法和算力等领域的不断发展，将促进其在各领域的广泛应用，是否可能被应用于核指挥控制系统中，这必然引发全球对于核战略稳定和军控安全的担忧。本文分析了人工智能在核指挥控制领域的应用前景，梳理了人工智能在核指挥控制领域应用可能带来的潜在安全风险，研究了人工智能在核指挥控制领域应用对国际军控的影响。

关　键　词：人工智能；核武器；指挥控制；安全风险；战略稳定

作者单位：国防科技大学国防科技战略研究智库
　　　　　　国防科技大学外国语学院
　　　　　　国防大学国家安全学院

随着人工智能在数据、算法和算力等方面的不断进步，其应用已深入政治、经济、军事等各个领域，成为赋能千行百业的重要驱动力。近年来，美俄等军事大国积极推动人工智能赋能武器装备转型升级，在局部战争刺激影响下纷纷加强战略核力量建设，人工智能有进一步向核武器指挥控制系统领域拓展应用的趋势。尽管相关国家已认识到人工智能在核指挥控制领域的应用可能带来的风险，但由于国际安全环境的急剧变化和战略竞争的现实压力，主动进行自我约束的内生动力尚显不足，人工智能技术在核指挥控制领域的应用仍将持续深化，这必然引发人们对全球战略稳定和国际军控安全的担忧。本文将探讨人工智能在核指挥控制领域的应用前景，并分析其可能带来的安全风险挑战及对国际军控进程的深远影响。

一、人工智能在核指挥控制领域的应用前景

核指挥控制系统不仅是核作战体系的中枢，也是建立可信核威慑的重要技术基础。有核国家战略核武器指挥与控制权一般都掌握在国家最高领导人手中。为确保领导人能够正确、高效行使此职责所设立的软、硬件支撑体系或者能力，被称为核指挥控制系统。该系统主要由预警探测系统、指挥控制设施以及通信系统三大部分构成，包含一切用于为战略核力量部队筹划、指挥和控制战略核作战行动所必需的要素。以美国的核指挥控制系统（Nuclear Command, Control, and Communications, NC3）为例，由天基预警卫星、陆海基远程雷达系统、固定及空中指控平台、通信卫星以及数据传输线路等构成。[①] 正如美军战略司令部司令查尔斯·理查德（Charles Richard）上将所言："美国的核指挥控制系统是一个非常复杂的系统，由204个单独的平台组成。"[②]

美国目前的核指挥控制系统主要形成于冷战时期，虽不断加以维护，但难掩其老化态势，美军认为难以胜任当下复杂的安全需求。美国2018年发布的《核态势评估》突出了核指挥控制系统对国家安全的重要性，并着

---

① 齐艳丽、赵国柱、熊瑛等：《美国核指挥、控制与通信系统发展演变及趋势分析》，《中国电子科学研究院学报》2022年第10期，第1015页。

② Yasmin Tadjdeh, "JUST IN: Stratcom Revitalizing Nuclear Command, Control Systems," *National Defense Magazine*, January 5, 2021.

眼于采取现代化改造措施。[①] 2024 财政年度国防授权法案再次凸显了美国国会两党对核武库现代化的共识，核指挥、控制和通信（NC3）系统以及各作战域自主武器系统被视为近期到中期最有可能加快应用人工智能技术的领域。[②] 随着自然语言处理、深度学习等领域的进步，人工智能在核指挥控制领域的应用日益凸显。

（一）侦察预警

侦察预警是核指挥控制领域中至关重要的一环，"相互确保摧毁要求有核国家发展早期预警和灵活的指挥控制系统，使战略指挥部能够在几分钟到几小时的有限时间内识别威胁并作出适当反应"。[③] 人工智能在核指挥控制领域侦察预警中发挥着重要作用，有助于提高预警系统的准确性、效率和自动化水平。

1. 扩展多域侦察部署能力

随着人工智能技术的迅速发展，遥感系统正逐步实现在深海、极地及至太空等极端环境下的广泛部署。通过运用自主水下潜航器、自主水面舰艇以及自主飞行器等平台，能够有效地执行针对核武器的情报搜集、目标监视与侦察任务。[④] 这些不断智能化的平台不仅具备卓越的信号与物体识别能力，还能对部队的异常移动等关键信息进行深入观察与分析，从而精准推断敌方的战略意图与安全威胁态势。

---

① 蒋振方、黄雷、宋仔标、崔倩：《美国核力量现状及未来发展趋势》，《飞航导弹》2019 年第 10 期，第 67 页。

② Jill Hruby, M. Nina Miller, "Assessing and Managing the Benefits and Risks of Artificial Intelligence in Nuclear-Weapon Systems, " *Nuclear Threat Initiative*, 2021, p. 1.

③ Vincent Boulanin, et al. , "Artificial Intelligence, Strategic Stability, and Nuclear Risk, " Stockholm: SIPRI, June 2020.

④ 韩洪涛：《人工智能在核作战体系中的潜在应用及影响浅析》，《国防科技》2022 年第 4 期，第 78 页。

2. 提高侦察速度与准确性

人工智能技术的运用，能够显著提升目标侦察与早期预警的效率和精准度。随着机器学习的不断进步，传感器分析系统已经能够处理规模庞大、结构复杂、排列无序且类型多样的数据源。通过应用人工智能技术，该系统得以提供超越人类识别和理解范畴的深入见解。同时，借助大数据驱动的机器学习模型，远程传感器系统能够获取更高的自主能力，从而更加迅速地掌握敌方战场动态，显著缩短威胁识别时间，为决策反应赢得更多宝贵时机。[①]

3. 实现自动预警

经过深度学习算法的深入处理与分析，人工智能可从核指挥控制系统的海量历史与实时数据中提炼出关于核设施运行状态及外部环境变化的关键信息。基于这些信息构建预测模型，对潜在的安全风险进行预测和评估。当系统侦测到异常情况时，会迅速启动预警机制，向指挥人员发送紧急预警信息，并深入分析异常情况的发展趋势，为决策制定提供有力支持。在整个过程中，人工智能的自主学习能力及持续优化能力确保预警系统能够适应复杂多变的核设施运行环境，从而大幅提升核指挥控制系统的安全性和稳定性。譬如，美国正在研发新一代天基预警与跟踪系统架构，旨在建立整合高、中、低轨道卫星的星座，引入实时数据处理和自动预警分析系统，以实现综合作战能力。[②]

（二）信息处理

核指挥控制系统中每天都要处理来自各种传感器和其他情报源的大量

---

① Rebecca Hersman, et al. , *Under the Nuclear Shadow: Situational Awareness Technology and Crisis Decision Making* (Washington, D. C. : CSIS, March 2020) .

② 齐艳丽、赵国柱、熊瑛等：《美国核指挥、控制与通信系统发展演变及趋势分析》，《中国电子科学研究院学报》2022 年第 10 期，第 1017 页。

数据，这对数据分析和处理能力提出了巨大挑战。在这方面，人工智能系统可以发挥其独特的优势。

1. 处理异构数据

机器学习可以在大规模、多样化的数据集中找到相关性，从而更有效地提取、甄别和分析数据。这不仅可以提高信息处理速度，增强信息分析和综合处理能力，还能帮助指挥官更快地了解战场态势变化，作出更准确的决策。谷歌公司为美国防部开发的 Maven 项目就是一个典型案例，该项目旨在利用机器学习自动分析反恐行动中收集的视频监控录像，并在不同的数据集中自主检测、标记感兴趣的项目。[1] 目前，这种能力主要应用于反恐领域，但理论上也可以用于核指挥控制系统的信息处理。

2. 发现非传统数据间的关系

机器学习具备从数据中学习的独特能力，因此在传统方法难以描述数据与结果间复杂关系时，机器学习显得尤为重要。它不仅能进行看上去不合逻辑但却精准的预测分析，还能揭示那些非因果关系的潜在发现，甚至能将两个看似不相关的变量与第三个未知变量建立联系。尽管这种能力可能带来一定的安全风险，但同时也孕育着产生新颖或高效解决方案的巨大潜力。[2] 基于深度学习技术开发的阿尔法狗（AlphaGo）算法在围棋领域以前所未有的棋法击败人类顶级棋手就是一个典型的例子。[3]

3. 支持敌情分析

经过对潜在竞争对手的定期行为监控，人工智能能有效协助系统迅速

---

① Pellerin, Cheryl, "Project Maven Industry Day Pursues Artificial Intelligence for DoD Challenges, " *DoD News*, October 27, 2017.

② Joel Lehman, et al. , "The Surprising Creativity of Digital Evolution: A Collection of Anecdotes from the Evolutionary Computation and Artificial Life Research Communities, " *Artif Life* 26, no. 2（2020）: 274 – 306.

③ 徐献军:《人工智能的极限与未来》,《自然辩证法通讯》2018 年第 1 期, 第 29 页。

216

辨识异常状况并作出相应反应。同时，借助人工智能技术，指挥官能够更全面地掌握敌方的战略动向、兵力分布、装备状况等重要信息。系统能够自动分析并洞察敌方行动的模式与趋势，为指挥官提供更为精准全面的情报支持。这种能力对于提升战场判断力和作战决策的精确性具有显著作用，可为军事行动的成功提供有力的保障。

（三）辅助决策

有核武器的国家中，决定使用核武器的最终权力通常集中于极少数国家领导人的手中。这一重要职责要求政治领导层对现有情况的所有细节进行准确把握，精准决策，并将决策结果及时传递给各战略核力量。[①] 在核指挥控制系统中，人工智能的应用正逐渐改变传统的决策模式，为决策者提供有力支持。

1. 提高决策效率

传统的核指挥控制决策过程往往依赖于繁重的人工分析、计算和模拟，这不仅耗时，而且容易出错。然而，通过引入人工智能系统的军事决策支持功能，可以充分发挥数据处理和精确算法等优势，使其深入参与到指挥决策的全过程中。这样一来，系统能够快速评估核威胁，并在短时间内规划出最佳反应方案，从而极大地提高了核作战行动的决策效率。20 世纪 80年代，美国国防部国防高级研究计划局（DARPA）开展了"生存自适应规划实验"（Survivable Adaptive Planning Experiment, SAPE），探索利用人工智能技术进行核作战规划，提出将重新瞄准战略武器的时间从 8 小时缩短到 3

---

① 董煜彬、谢琪彬：《美国核武器指挥、控制和通信系统发展趋势及思考》，载中国指挥与控制学会：《第九届中国指挥控制大会论文集》，兵器工业出版社，2021，第 6 页。

分钟。①

2. 降低潜在偏见

人类决策者在处理问题时，往往受到过去的经验和现有知识的限制。他们可能会根据自己的喜好、信仰或偏见来解读和分析问题，这可能导致决策结果的偏颇。与此相反，人工智能系统在处理问题时，能够摆脱情感和偏见的束缚。它们基于大量的数据和算法，通过精准的计算和分析，为决策者提供更为客观、中立的结果，使得军事领导层能够相对客观、理性地进行决策分析。这有助于消除潜在的主观偏见，并为缓解冲突和缓和紧张局势留出更多时间。

3. 实时决策支持

核指挥控制系统对决策的时效性有着极高的要求。在紧急状况下，系统需要应对信息不准确、时间紧迫以及信息空间混乱等多重挑战，这些因素都可能对信息决策产生不利影响。然而，通过运用人工智能系统，可以实现对战场信息和敌我态势的实时分析，并在指挥官作出决策后提供持续的追踪评估。这种实时的决策支持机制有助于确保决策的有效实施和结果的持续优化，从而提升核指挥控制系统的整体效能和稳定性。

二、人工智能在核指挥控制领域应用带来的安全风险

核战略稳定是指各国在拥有核武器的情况下，各国因相互威慑而维持的一种动态平衡，此平衡状态避免了核战争的爆发，维系了国际体系的和平与稳定。然而，随着人工智能技术的迅猛发展，这一稳定状态正面临前

---

① Forrest E. Morgan, et al., *Military Applications of Artificial Intelligence: Ethical Concerns in an Uncertain World* (Santa Monica, CA: RAND Corporation, 2020), p. 52.

所未有的挑战。人工智能在核指挥控制领域的应用，不仅可能挑战传统的核威慑逻辑，更可能加剧战略博弈的复杂性，从而引发新的安全风险。总的来说，人工智能技术在核指挥控制系统中的应用，既可能增加人为因素导致危机升级的风险，也可能加剧意外因素引发的危机升级风险。①

（一）人工智能系统加剧核危机意外爆发的风险

人工智能固有技术限制，导致危机意外发生的风险增加。托马斯·谢林（Thomas Schelling）在其著作《冲突的战略》中提出了"意外战争"的概念，指出全面战争可能因事故、错误警报或机械故障等非故意因素而引发。② 这为我们理解人工智能的潜在风险提供了重要的启示。

1. 算法的局限性

人工智能系统在核指挥控制领域的应用中，面临着算法局限性的挑战。这种局限性主要体现在算法对复杂问题的处理能力上。尽管在设计过程中，智能化系统对可能出现的情况进行了全面检测，但人脑认知与纠错能力毕竟是有限的，并非所有情况都能被人类设计师考虑到。人工智能决策由数据驱动，且存在一定的不可预测性，系统可以对几乎相同的输入表现出巨大的不同行为，这使得事先指定"正确的行为"和验证其安全性变得困难。③ 以核战争模拟为例，尽管人工智能系统可以处理大量的数据和信息，但在模拟核战争这种高度复杂和动态的环境时，其算法往往难以准确预测和应对所有可能的情况。这可能导致在关键时刻，人工智能系统无法作出正确的决策，从而增加了核战风险。

① 张煌、杜雁芸：《俄美军用人工智能竞争的战略稳定风险及其治理路径》，《俄罗斯研究》2022年第6期，第173页。
② 托马斯·谢林：《冲突的战略》，王水雄译，华夏出版社，2019，第198页。
③ Philip Koopman, and Michael Wagner, "Challenges in Autonomous Vehicle Testing and Validation," *SAE International Journal of Transportation Safety* 4, no. 1 (2016): 15-24.

2. 数据偏见与数据过拟合风险

人工智能决策系统的算法在运作过程中，可能遭遇数据偏见和过拟合风险的影响。数据偏见可能源自训练数据的采集和处理环节。举例来说，若历史数据主要集中于某种特定情境或背景，那么经过训练的模型可能会对这种情境产生过度依赖，进而在其他不同情境下表现得不尽如人意。过拟合则是指模型在训练数据上展现出卓越的性能，但在实际应用中却表现糟糕。这通常是因为模型结构过于复杂，对训练数据进行了过度拟合。以核威胁识别为例，若训练数据主要基于过去的核威胁事件，并且这些事件具有某种特定的模式或特征，那么模型可能会对这种模式产生过度依赖。当面临新的、与历史数据不同的核威胁时，模型可能会因为无法识别这种新模式而导致误判。在核指挥控制领域，这种误判将带来极其严重的后果。

3. 算法黑箱

尽管人工智能模型在处理和分析数据方面具有显著优势，但其内部运行规律和因果逻辑往往难以被人类理解和解释，这被称为算法模型的黑箱运作机制。[①] 以深度学习为例，其通过模拟人脑神经元的连接方式，构建出庞大的神经网络。这些网络在训练过程中能够自动学习数据的特征，并生成复杂的决策模型。然而，这种模型的内部逻辑往往难以解释，甚至对于设计它们的工程师来说也是如此。GPT-3 作为人工智能模型的佼佼者，使用超过 1 750 亿参数进行预测和生成，但这些参数及其关系对人类而言难以理解。[②] 鉴于核武器的重要性和敏感性，如果人工智能系统的决策逻辑无法被人类理解，那么在面临问题时，人类将难以迅速介入和调整，这无疑增

---

① 《人工智能生成内容（AIGC）白皮书》，中国信息通信研究院和京东探索研究院，2022。
② 陈永伟：《超越 ChatGPT：生成式 AI 的机遇、风险与挑战》，《山东大学学报（哲学社会科学版）》2023 年第 3 期，第 128 页。

加了决策的风险。① 此外，人工智能决策过程的不透明性和不可预测性还可能导致信任危机。如果人类无法信任人工智能系统的决策，即使这些决策是正确的，也可能因为缺乏信任而被忽视或拒绝接受。这种信任危机可能会降低人工智能在核指挥控制领域的应用效果，甚至阻碍其进一步发展。

（二）人工智能系统加剧核危机人为升级的风险

人工智能技术的快速发展对战争形态产生了深刻影响，加速了战争的节奏，同时也增加了人为升级的风险。谢林指出："当速度成为决定性因素时，任何一次意外事故或错误警报的受害者都可能面临巨大的压力，被迫继续推进战争。"②

1. 网络攻击的脆弱性

人工智能系统以其强大的数据处理能力和精准的分析预测，为核指挥控制带来了前所未有的优势。然而，随着其普及和应用，这些系统也成为潜在的攻击目标。乔恩·林赛（Jon Lindsay）论证了引进数字技术升级的核指挥控制系统更容易成为网络攻击的目标。③ 一旦遭受网络攻击或破坏，人工智能系统的数据可能遭受篡改或损坏，导致系统出现误判或失效，对核安全构成严重威胁。因此，国家和非国家实体可能会尝试破坏对手的人工智能系统，以削弱其核威慑能力或造成战略上的优势。这种新型的网络战争形式，不仅考验着各国的网络安全防护能力，也对国际法和国际安全秩序提出了新的挑战。以 2010 年针对核相关系统的供应链攻击为例，"震

---

① 鲁传颖：《重新理解战略稳定：构建网络——核稳定机制》，《同济大学学报（社会科学版）》2023 年第 4 期，第 50—62 页。

② 托马斯·谢林：《冲突的战略》，王水雄译，华夏出版社，2019，第 197 页。

③ Jon R. Lindsay, "Cyber Operations and Nuclear Escalation: A Dangerous Gamble," in *Nuclear Command, Control, and Communications: A Primer on US Systems and Future Challenges*, ed. J. Wirtz and Jeffrey A. Larsen (Washington, D. C.: Georgetown University Press, 2022), pp. 121-144.

网"病毒的成功入侵和破坏展示了高度敏感复杂系统的脆弱性。伊朗的一台离心机被病毒破坏，不仅影响了其核计划的进度，也暴露了核设施在网络安全方面的重大漏洞。①

2. 打破攻防平衡

人工智能的应用可能打破攻防平衡，增加人为因素导致危机爆发的风险。在核领域，任何攻击都可能引发被攻击者的焦虑、不安和过度反应。在传统战略稳定机制不完善的情况下，攻防双方可能误解和误判彼此的战略意图，并对自身核指挥控制系统的安全性产生不安和担忧，从而增加核危机爆发的风险。在危机中，技术领先国家可能倾向于使用智能化武器发动先发制人的攻击，而相对弱势的国家则可能寄希望于人工智能系统带来的非对称优势以扭转局面。这可能导致双方在危机中有意或无意发生军事冲突或核战争的风险不断增加。同时，在危机爆发的情况下使用人工智能核指挥控制系统可能恶化紧张态势，增加冲突意外升级的可能性。危机期间频繁使用针对敌方核战略设施及核指挥控制系统的人工智能情报收集，可能被敌方误解为是对其核力量进行先发制人攻击的前奏。为避免核设施遭受意外袭击，对方可能采取核战争行动以获取战略主动权。

3. 不透明性的挑战

人工智能技术应用于各国军备建设的不透明性也会加剧危机人为升级的风险。这种不透明性主要源于两个方面：一是人工智能技术的军事应用程度核查难度较高，由于半自主和完全自主武器系统之间的关键差异主要源自计算机软件设置的不同，传统的物理核查手段很难准确地评估各国的条约执行情况。这种核查的难度进一步加大了国际社会对于军备竞赛稳定性的担忧。二是核指挥控制领域的保密性和敏感性进一步加剧了国家间展

---

① 高望来：《"网络超级武器"："震网"病毒》，《世界知识》2017 年第 8 期，第 70—71 页。

开有效沟通的难度。在这一高度敏感和关键的领域，各国往往对自己的技术和策略保持高度保密，这使得相互之间的信任建立变得异常困难。特别是在新技术的冲击下，核大国之间的信任缺失现象越发严重，很难相信对方会采取负责任的行动来提高透明度。这种缺乏信任的状态进一步加剧了军备竞赛的不稳定性，增加了国际社会的担忧和紧张情绪。

三、人工智能在核指挥控制领域的应用对核军控的影响

随着科技的飞速进步，人工智能在指挥控制领域的应用逐渐深入，引发了关于核战风险的广泛讨论。一些观点认为，为了防范潜在的风险，应当全面禁止人工智能在核武器指挥控制中的应用。2023 年 12 月，英国上议院发布报告称："政府应发挥主导作用，引领国际社会共同努力，确保禁止在核指挥、控制和通信系统中使用人工智能。"[①] 然而，也有专家持不同看法。亚当·洛瑟和柯蒂斯·麦吉芬强调，必须将人工智能整合到核指挥、控制和通信（NC3）系统中。这种整合不仅是一种技术进步，而且是一种战略需要，对于提高探测能力、决策过程和确保对核威胁作出迅速有效的反应至关重要。[②]

全面禁止人工智能在核指挥控制领域的应用，确实能够降低因系统故障或黑客攻击导致的误判和潜在核冲突风险。但这也可能导致错失人工智能技术所带来的潜在利益。相反，盲目追求速度而忽视风险，加速推进人工智能在核指挥控制领域的应用亦非明智之举。因此，更为合理的做法是

---

① House of Lords, "Proceed Cautiously: The Application of Artificial Intelligence to Weapon Systems," December 1, 2023, p. 52.

② Adam Lowther, Curtis McGiffin, "America Needs a 'Dead Hand'," War on the rocks, August 16, 2019, https://warontherocks.com/2019/08/america-needs-a-dead-hand/.

在权衡风险与利益的同时，审慎对待人工智能在指挥控制领域的应用，确保人工智能系统的安全、可靠和透明。因此，本文基于人工智能对核指挥控制系统的潜在安全影响，提出以下值得国际军控界进一步探讨的问题。

（一）战略稳定内涵的再界定

"战略稳定"这一概念，如同"人工智能"一样，正处于不断发展与演进之中，截至目前，国际社会尚未就其形成广泛而一致的认知。回顾国际军控的发展历程，明确且清晰的概念定义是推动各国间共识形成的基础。因此，有必要组织全球顶尖的科学家群体，就人工智能时代的战略稳定进行深入的科学辩论与重新界定。这些科学家的集体认知将为核军控领域的对话提供必要的话语基础，从而更好地适应人工智能时代所带来的新挑战与新需求。

在过去，战略稳定主要聚焦于核武器的持久平衡与互信机制的构建。然而，随着人工智能技术在核指挥控制领域的广泛应用，其快速的发展态势为传统的战略稳定概念带来了新的挑战与可能性。为此，我们需要对战略稳定的定义、范畴及适用范围进行必要的拓展。除了继续关注核武器的数量与平衡问题，我们还应深入思考如何有效应对自主人工智能系统可能引发的误判与误解风险，以及如何确保人类始终掌握决策的关键。此外，还应将战略常规力量作为核力量的有益补充，构建"核常相济"的战略力量结构，从而提升地区核威慑的可信度。这一举措不仅有助于增强国际社会的战略稳定性，还能为应对人工智能时代的新挑战提供更为全面与有效的战略支撑。

（二）军备核查机制的新挑战

军备核查涉及国际间关于军备控制的所有谈判内容和过程，它代表了在特定时期内，基于共同协议对军事力量结构进行的一系列调整。① 作为管理武器及其运用的关键手段，军备核查在遏制拥核国家间的军备竞赛和确保核威慑有效性方面发挥着重要作用。然而，随着人工智能技术的高度自主性和学习能力的出现，传统的核查手段正面临巨大挑战。核武器的生产过程复杂，涉及从浓缩铀到核武器设计的多个环节，因此传统的军备核查主要聚焦于核实实际的武器数量和部署状况。但人工智能技术的进化主要发生在人类的思维过程中，其适用性和部署情况难以直接观察，这为核查工作带来了新的难题。为应对这些安全挑战，人工智能的研究与发展需与军事安全政策紧密结合，确保在核指挥控制领域实现积极应用与风险管控的平衡。同时，可以开发基于人工智能的核查工具和算法，用于检测和分析人工智能技术应用的迹象和特征。在军备控制条约制定后，利用人工智能技术可以有效核查条约执行情况，进而改进执行效果、增强互信和稳定。例如，兰德公司正致力于研究使用人工智能技术跟踪移动导弹的方法，旨在为未来的军控协议执行提供核查工具。②

（三）战略沟通对话的新使命

大国协商是国际治理的重要组成部分，尤其是在科学技术领域。顶尖科学技术一般掌握在大国手中，它们不仅是科技进步的引领者，也是科技风险的识别者。人工智能作为一项迅速崛起且极其强大的技术，不可避免地会被考虑用于核武器系统。当前，全球监管机制尚未建立，大国之间基于彼此意图的相互沟通、自我监督和相互约束显得尤为重要。因此，当前正是深化研究、探讨政策途径，并围绕人工智能在核武器系统和战略稳定

① 劳伦斯·弗里德曼：《核战略的演变》，黄钟青译，中国社会科学出版社，1990，第227页。
② Edward Geist and Andrew J. Lohn, *Security 2040: How Might Artificial Intelligence Affect the Risk of Nuclear War* (Santa Monica: Rand Corporation, 2018).

方面的风险与利益展开建设性国际对话的关键时刻。联合国五个常任理事国可将人工智能技术的益处与风险作为年度常设议题，共同推动人工智能应用的规范与约束，旨在构建更加稳定和可持续的核指挥控制体系。在实际合作方面，可以从物理安全系统和核扩散监测等应用领域着手。此外，潜在的合作领域还包括制定国际技术标准，用于测试和评估规程。有核国家也可就人工智能在核系统中的局限性达成共识，以维护国际社会的和平与稳定。

四、结语

人工智能技术在核指挥控制领域的应用前景广泛，但其安全可靠的使用仍面临诸多挑战。如何规范大国在人工智能领域的竞争、防范军备竞赛，已成为当下亟待解决的重要课题。[①] 针对这一问题，国际社会须以全人类的共同安全为准则，以构建人类命运共同体为导向，着力构建可控的核指挥控制系统。同时，借助国际军控机制及各国间的军控协议，共同应对安全困境，推动多轨并行，以精准管控人工智能在军事领域应用所带来的安全挑战。

---

① 吴日强：《大国竞争中的军备控制与全球战略稳定——以美苏核军控谈判为例》，《外交评论（外交学院学报）》2021 年第 6 期，第 5—6、45、66 页。

在轨操控智能化发展背景下
太空战略稳定面临的风险及应对

张昌芳　张煌　王文佳

内容提要：为充分发挥人工智能在航天器在轨操控中的潜力，同时有效减少其不利影响，在国际层面对在轨操控中人工智能系统应用进行规制非常必要和迫切。本文首先梳理了在轨操控的智能化发展动向和军事应用潜力，其次分析了在轨操控智能化发展给太空战略稳定带来的风险挑战，然后给出了一套面向在轨操控中人工智能技术应用的规制原则，最后提出了智能在轨操控行为的国际规制路径。

关　键　词：在轨操控；智能化；太空安全；战略稳定

作者单位：国防科技大学国防科技战略研究智库
　　　　　　国防科技大学军政基础教育学院

人工智能技术在航天器在轨操控中的广泛应用提高了空间任务完成效率和适应能力，同时，也为在轨操控引入人工智能技术带来一些不容忽视的安全风险，例如，增加了在轨碰撞和抵近攻击的可能，甚至将出现在轨大规模协同攻击或者对战略卫星的攻击。这些风险将对太空安全稳定和太空可持续性发展带来严重破坏。

一、在轨操控智能化发展动向和脆弱性分析

回顾在轨操控智能化之后，本文分析人工智能在轨操控系统的脆弱性。

（一）在轨操控智能化概述

在轨操控通常指航天器为完成轨道机动、在轨服务和轨道清理等太空任务而进行的太空操作活动的统称，其中轨道机动包括轨道保持、轨道改变和太空威胁规避等；在轨服务是指服务航天器与目标航天器发生以服务为目的的相互作用过程，可分为在轨装配、在轨维护和后勤支持等三类，典型的有燃料加注、模块更换、在轨升级、货物运输等；轨道清理指为改善空间环境而进行的空间碎片等非合作目标的监测与辅助离轨等。[①]

受到天地通信条件、延时和带宽等限制，对目标航天器开展自主测量、跟踪、接近以及必要时对接等无人智能自主操作是在轨操控任务的未来发展方向，其中人工智能技术全面渗透到在轨操控航天器的感知、规划、决策和执行等功能中。近年来，美国、日本、德国等国纷纷开展太空智能操控装备的研制和试验，典型的有美国的"轨道快车"和"通用轨道修正航天器"、日本的"工程试验卫星"、德国的"实验服务卫星"等。SpaceX 的人工智能防撞系统是在太空操控中使用人工智能系统的一个实例。

智能在轨操控具有典型的军民两用性，除了可以提高在轨服务、轨道清理等民用太空任务之外，还具有巨大的军事应用潜力，在"在轨抵近"＋"人工智能"双重赋能情况下，智能操控航天器可以抵近他国太空资产，对其实施抵近侦察、电子干扰、定向能攻击、网络攻击、喷涂等非触性攻击

---

① 陈治科：《在轨操作技术及国外发展分析》，《装备学院学报》2014 年第 6 期，第 63—68 页。

以及恶意碰撞、对接、抓捕、拆解等接触性攻击，甚至发动集群攻击或者影响到预警卫星、核通信指挥控制（NC3）系统等核力量相关设施安全。

太空攻击的烈度与攻击的影响时间、影响范围以及是否可逆等因素有关。一国能容忍的太空攻击行动或者攻击影响存在不确定性，即哪些是可以容忍的低烈度攻击，哪些是难以容忍的战略级重大攻击之间没有明确的界限。太空战略稳定性与双方的太空架构弹性以及攻击烈度有关。从绝对角度来看，太空架构弹性较低情况下，低烈度的太空攻击就能对太空战略稳定造成破坏。从相对角度来看，如果攻防双方都有一定的太空弹性，则都能容忍一定程度的攻击行动（如干扰等），双方能够保持太空战略稳定性；相反，如果两者太空弹性差别较大，则战略稳定性就较低。在人工智能技术支撑下，攻击方可以利用多个智能操控航天器实施分布式同步集群攻击，对他国航天器进行"清场"；与此同时，攻击方通过分布式大规模部署，提高其太空攻击装备的生存能力，从而确保在防御太空攻击方面具有较高的弹性水平。这种攻击与被攻击方太空弹性之间的严重不对称，容易破坏双方太空战略稳定。除此之外，在轨操控类武器的出现无疑对他国预警卫星和核通信指挥控制（NC3）卫星构成了威胁，不利于稳定。在一个国家预警卫星或者核通信指挥控制功能降级或者失效的情况下，往往因为情况不清楚而相互猜忌，难以作出科学的决策，可能会增加使用核武器的风险，甚至导致冲突意外升级。

（二）人工智能在轨操控系统的脆弱性分析

在轨操控中人工智能系统面临资源有限、数据不足、技术发展不充分、经验缺乏、网络攻击威胁等挑战，它们使智能在轨操控系统具有多种脆弱性。

1. 行为具有不可预测性

人工智能系统在稳定性、规则性较高的领域发展比较成熟，而在动态性、不规则性较强的领域应用刚刚起步。在太空环境中，太空自然环境和目标环境复杂，人工智能技术的应用范围和程度相对有限，特别是人工智能于在轨操控领域中的应用仍处于初始阶段，还面临着许多人工智能技术本身的安全性、可靠性等问题，主要表现为在轨操控航天器的环境感知能力和判断能力有限，适应能力偏弱，容易误判误操作，导致发生故障、事故和意外等紧急情况。另外，现实世界环境与训练环境存在较大差距，智能操控航天器应对不可预见情况的能力也比较有限，再加上人工智能系统越来越不依赖传统算法，人工智能系统可能会表现出不可预测行为的结果，特别是多个智能操控航天器之间的交互行为更加难以预测。

2. 网络攻击面显著增加

在人工智能技术尚未完全成熟的情况下，算法和数据的脆弱性均相对较高，智能在轨操纵系统在受到传统攻击威胁之外，增加了新的网络攻击漏洞，使得系统的算法安全性和数据可靠性面临新的挑战，提高了受到恶意干预的可能性，使得系统的稳定性降低甚至遭到颠覆。比如：算法漏洞可能引发智能在轨操控系统误判，或使得其更容易遭到对方的网络入侵；真实的数据可能遭到泄露，对手可以在此基础上扰乱训练数据，故意暴露、隐藏或篡改一些对分析预测影响较大的数据，制造"人工智能伪装"，[1] 破坏智能在轨操控系统的感知数据，致使其形成错误的态势感知判断而落入对手设置的陷阱。兰德公司曾指出，"如果在主导核武器系统的人工智能上面出现黑客、信息攻击和数据操纵等行为，那么结果将不堪设想"。

---

[1] 徐林、卢柄池、凡华锋：《人工智能：全球战略稳定重要变量》，《解放军报》2021 年 7 月 20 日，第 007 版军事论坛。

3. 人为控制能力被迫削弱

一般来讲，随着人工智能系统的发展，人类对系统实施控制的程度逐渐降低。特别是，在大规模星座智能控制或者智能集群航天器协同操作过程中，操作人员难以控制每一个卫星或者航天器，人的控制逐渐由"人在环中"转变为"人在环上"最后变为"人在环外"，作用越来越体现在更高层的环节，而在实际操控层面的控制和影响能力逐渐下降。特别是"人在环外"的在轨操控决策模式，有可能触发系统对错误预警的自主反击，使得太空战争爆发的风险急剧上升，甚至导致意外冲突或者冲突升级。

4. 领域特殊带来多项约束

在轨操控领域除了具有独特的经济、政治、物理背景外，还具有特殊的技术环境。当前对多数人工智能系统的讨论，默认假设是系统的硬件资源充足、训练数据完备、尺寸重量功耗不受限等。上述假设条件在在轨操控系统上不能完全得到满足。主要表现为在轨操控系统硬件资源有限、训练数据不充足、尺寸重量功耗受限等，这给算法模型优化和系统安全性提出了新的挑战。此外，太空属于大国互动的新兴领域，缺乏成熟的危机管理经验，缺乏统一的原则和规范，缺乏由于使用人工智能系统而产生问题的案例，缺乏对于人工智能系统如何影响太空冲突升级控制的深刻认识。这些约束将提高智能太空操控系统发生技术和战术意外的概率。

5. 潜在优势驱动提前部署

如上所述，当前在轨操控中的人工智能系统相对脆弱，容易导致意外事故或者人为攻击，可能引发太空危机，甚至使太空冲突升级为核冲突。尽管如此，该系统的潜在优势对某些国家吸引力太大，这些国家逐渐放宽对系统安全性和可靠性的限制，甚至会将没有经过充分验证和系统测试的在轨操控系统部署到太空中，以保持或发展相对于竞争对手的战略优势。保罗·沙瑞尔曾指出，在人工智能方面落后于对手的担心，可能会促使某些国家为取得胜利铤而走险地部署不安全的人工智能系统。[①] 在核背景下，过早采用未经验证和测试的智能在轨操控系统，可能会对太空安全甚至核安全构成灾难性影响。如果这些能力的过早使用发生在危机或冲突期间，这种影响发生的概率更高。

二、在轨操控智能化发展给太空战略稳定带来的风险

在轨操控中人工智能系统面临资源有限、数据不足、技术发展不充分、经验缺乏、网络攻击威胁等挑战。在这种情况下过早地将人工智能技术引入在轨操控领域，将对他国太空资产安全和太空环境长期持续带来不利影响，甚至引发冲突升级、破坏太空战略稳定状态。

（一）太空首次攻击风险上升

在智能化时代，拥有技术优势的国家更倾向于使用智能在轨操控航天器攻击对方，而技术实力较弱的国家在对手强大压力下也易于发起先发制人的攻击，太空首次攻击稳定性变得更加脆弱。

1. 优势方主动发动攻击的概率增加

基于智能在轨操控的攻击具有技术优势，攻击效果的精准性、灵活性、可控性和可逆性明显增强，与产生大量太空碎片的传统动能攻击类型相比，烈度相对较低，影响时间和范围比较有限，带来的太空环境舆论压力较小。此外，智能在轨操控类攻击行动的可视度往往偏低，并且操作者可能借由算法"黑箱"而进行一定程度的"合理"否认，这将为攻击者提供一定的

---

① 于宗耀：《美国海军人工智能应用及其对海洋安全的影响》，硕士学位论文，山东大学国际政治与经济系，2023，第 34 页。

"道德缓冲"，诱导其在未充分考虑后果的情况下就采取行动，甚至将可理解、可预测、可控制的算法"白箱"故意归责于算法"黑箱"。两个方面使得攻击发动者的后顾之忧大大降低，从而降低了发起攻击的心理门槛，主动发起攻击的可能性显著增加。

2. 弱势方被迫发起攻击的可能性提高

太空中人工智能技术的应用，将使得技术领先者进一步巩固其优势甚至主导地位，优势方和弱势方太空实力之间的差距继续扩大，短期内国家太空实力分布的不对称性、不均衡性进一步突出。优势方具备强大智能在轨操控类攻击能力，往往同时还具有超大规模星座运行能力，太空装备体系面向各类攻击的弹性抗毁能力强大，对弱势方有限的太空能力的容忍度高。此外，从短期发展来看，弱势方在空间态势感知能力建设、大规模卫星星座建设等方面仍存在一定差距，其太空防御更加困难，面对优势方带来的更加复杂严峻的安全威胁，弱势方可能会被迫采取更加激进的战略，更加倾向于发动先发制人的攻击。

（二）太空危机意外风险上升

智能在轨操控系统的运用，可能会造成意外碰撞事件，也可能会使得灰色地带活动突破战争门槛，或者使本来已经存在的太空冲突进一步升级，太空危机稳定性遭到破坏。

1. 太空意外碰撞事件将会增加

现阶段，人工智能系统的智能程度严重依赖于数据量级和质量，在训练数据数量以及与实际情况贴合程度有限情况下，人工智能系统对现实场景的适应能力较弱，该问题在太空领域尤为突出。这种情况下，如果将尚未经过充分验证和系统测试的智能在轨操作系统投入目标数量众多、机动频繁的太空环境，有可能出现不可预测甚至不可控制的行为，特别是当涉及多个智能在轨操控航天器之间互动时，整体碰撞情况将变得更加复杂和更加难以预测，发生意外碰撞事件的概率显著增加。如果在双方太空对峙的紧张时期，出现因固有缺陷或者外在干扰攻击导致的碰撞，受影响方可能因无法有效判断威胁来源、类型和程度而产生误解误判误操作，从而导致太空危机局势意外升级。

2. 太空"灰色地带"行动容易升级

"灰色地带"活动是一种介于战争与非战争之间的对抗行动，目的是在不引发战争的情况下给对手行动带来牵制或者被动。兰德公司在一份研究报告中指出，人工智能将会产生升级"灰色地带"的作用，会增强使用者向对手开展"灰色地带"活动的信心。[①] 太空领域不存在清晰的冲突升级门槛，在对太空战略稳定造成轻度威胁和严重降低太空战略稳定性并导致太空对抗态势升级的太空攻击行动之间没有明确的界限。智能在轨操控为实施方增加了太空攻击的可用手段，并使其认为实施抵近侦察等非直接攻击行为不会引发太空冲突，但长此以往的累积效应，加上短期内冲突升级带来的战术收益，都可能会导致对方作出激烈反应，从而使太空"灰色地带"演变为风险地带。

（三）军备竞赛风险上升

在轨操控智能化对太空战略稳定的影响不仅来自人工智能本身的技术特性，还来自决策者对人工智能技术和其他国家在在轨操控领域使用该技术意图的理解认识，以及在轨操控活动的国际规制情况。当前及未来一段时期，智能在轨操控系统的发展和应用具有较大的军备发展相关性。

---

① 于宗耀：《美国海军人工智能应用及其对海洋安全的影响》，硕士学位论文，山东大学国际政治与经济系，2023，第35页。

1. 国家间战略互疑更加突出

太空资产的战略地位决定了太空安全是各国国家安全的重要组成部分，在轨操控装备的军事潜力使它在太空的一举一动都受到相关国家的密切关注。鉴于有些国家的太空战略目标是通过扩大与其他国家的实力差距来维持自身在太空的领导地位，追求的是太空战略优势而不是太空战略稳定，在其太空攻防能力尚不足以支撑上述目标或者其他国家太空实力不能对其产生均势或制衡情况下，这些国家在太空军控方面接受限制性条约、协议甚至行为规范的可能性较低。在这种情况下，对手之间往往充满警惕和猜忌。人工智能可以赋能在轨操控的各个环节，导致评估各方在轨操控实力更加困难，叠加智能在轨操控行为意图的模糊性，彼此之间的战略不信任更加突出。

2. 国际制度规范严重缺失

与核领域相比，人工智能技术的军事应用缺乏国际普遍接受的管控机制，其所引发的军备竞赛可能比美苏冷战时期的核军备竞赛更加复杂多变，给全球战略稳定带来更多不确定性。[①] 这一点在太空领域尤为明显，除了一些国家对相关技术的规定之外，人工智能在太空领域的开发和使用存在监管真空，目前还没有指导人工智能技术在太空行动中应用的国际标准或法规，各国就人工智能技术对太空战略稳定的风险尚未达成共识。除此之外，当前的太空治理机制中没有一个强有力的国际机构对各类太空行为进行规制，尤其是缺乏国际统一的太空态势感知系统，给隐蔽性、模糊性更强的智能在轨操控行为监视带来障碍，加重了国家之间的相互意图不确定性及其带来的安全困境，或将引发新一轮的太空军备竞赛。

---

① 胡高辰：《从核战略态势视角看国际核秩序》，《国际政治科学》2018年第1期，第69页；张东冬：《人工智能军事化与全球战略稳定》，《国际展望》2022年第5期，第156页。

三、智能在轨操控行为的国际规制原则

为降低智能在轨操控系统应用对太空战略稳定的风险，增加智能在轨操控行为的可预测性和可控性，缩小太空战略误解误判误操作空间，提高太空战略稳定性，国际上需要对智能在轨操控行为进行规制，提高智能在轨操控技术安全的可信度，以建立一种与智能在轨操控行为相兼容的太空战略稳定态势。

（一）以太空安全稳定和长期可持续发展为规制目标

太空在军事对抗和社会经济生活中的战略地位突出，而且具有"一荣俱荣、一损俱损"的不可分割性，太空安全稳定和长期可持续发展符合各国共同利益。各国应坚持安全稳定至上的智能在轨操控规制观，在太空和人工智能交叉领域推动太空安全共同体的构建。在该目标牵引下，智能在轨操控规制所要达成的战略稳定应该是一种国际规制下的非对称稳定，以优势方不谋求通过智能在轨操控武器化实现太空对抗上的"绝对安全"和劣势方不追求"对等太空军备"为特征的"克制性稳定"，各国应将智能在轨操控类武器研发、部署和运用控制在有限范围，以走向更低程度的太空对抗为基本准则，在智能操控系统设计过程中嵌入太空安全稳定和长期可持续发展这一"高级目标"，在操控决策规则中坚持"集体利益"优先于"个体利益"。

（二）以全体利益攸关方为规制主体

智能在轨操控行为规制需要国际组织、国家和公司等多个利益攸关方的共同参与和通力合作。在制定规制规则时需要对各方利益进行分析评估，在制定具体政策时充分照顾到各利益攸关方的需求。加强技术、法律、军事不同领域专家和实操人员之间的交流，特别要考虑在智能在轨操控法律规范和技术标准制定过程中，组织专业知识、实践经验和战略观点丰富的各领域人员开展碰撞讨论，通过多方交流互动，客观理解智能在轨操控系统的技术、法律和军事特性，就智能在轨操控系统的定义特征和对太空战略稳定的风险达成详细共识，定期对规制政策制度的效果进行评估，为智能在轨操控系统如何通过规范自身行为在太空中实现预期的目标奠定基础。

（三）以具体场景中的问题为规制起点

考虑到讨论具体问题容易快速达成共识并取得切实的成果，智能在轨操控行为规制应该以短期可实现的具体场景为起点，从即使在各方互信不足的情况下也能产生成效的问题开始。场景化是一种讨论具体问题的有效方法，针对现实中智能在轨操控系统可能发生的场景讨论具体规制方法。比如，在涉及一个或多个智能在轨操控航天器的防撞机动场景中，当有卫星彼此接近时，哪个动哪个不动？哪个智能防撞系统打开，哪个不能打开？当在轨机动导致意外碰撞出现时，采取怎样的应急处置规则？另外，还有智能在轨操控航天器靠近他国导弹预警卫星和核通信指挥控制卫星附近场景的行为规范，在智能在轨操控试验阶段或者高风险应用场景中人的控制水平，以及商业公司的智能在轨操控航天器用于对他国太空资产实施破坏活动的问责等问题。

（四）以智能在轨操控实施方相关方为责任对象

智能在轨操控航天器造成意外或者故意事故时，一个不可回避的问题是责任划分问题。智能在轨航天器对他国航天器造成损害时，适当考虑航天器程序开发者、所有者和使用者的责任，而不宜直接转嫁给航天器本身，在智能在轨航天器的整个寿命周期里都需要考虑到这一点。特别的是，对于智能在轨操控航天器或者更广泛的太空活动中人工智能技术的运用，国际空间法通常将权利和责任赋予一个国家，并在很少情况下赋予国际组织。除了国际电信联盟意外，截至目前，私营实体和跨国公司在空间法框架中没有法律地位。而在新空间时代，大部分太空活动（或者更广泛的智能在轨操控）都是由私营实体实施的，为了对这些太空活动进行规制，各国需要对其非政府实体的活动保持"持续监督"。

四、智能在轨操控行为的国际规制路径

智能在轨操控技术的军民两用性使得只通过技术手段无法解决智能在轨操控武器化问题，而必须综合运用政治、法律、管理和技术手段，在政治上重塑太空透明和建立信任，在法律上细化现有太空规则体系，在管理上加强智能操控系统的测试审查，在技术上积极推进太空数字孪生系统建设。

（一）重塑太空透明和建立信任措施

为减少智能在轨操控行为带来的误解和误判，避免可能的冲突升级，最大限度保持太空战略稳定，面临在轨操控行为核查可行性受限的情况，各国之间需通过智能在轨操控系统研发和部署开展常态化政策信息交换和战略对话交流，逐步提高太空透明度和积累信任。一方面，制定和公开国家人工智能战略，公布太空领域人工智能技术应用的有关战略、政策和军事理论，阐述本国在轨操控活动中人工智能技术的应用范围和有关限制；另一方面，定期开展"二轨"和"一轨"对话，深入交流各自在轨操控中人工智能技术能力和意图，全面分析智能在轨操控活动带来的风险挑战，

并在部署不安全、未测试或不可靠的智能在轨操控系统上保持克制方面达成共识，为未来太空危机管控奠定信任基础。

（二）细化阐释现有太空规则体系

当前，太空领域人工智能应用方面缺乏国际监管框架。虽然各利益攸关方就智能在轨操控活动对太空战略稳定的风险达成共识，但考虑到人工智能赋能系统的不确定性和复杂性，设计出精准、有效的硬法或软法来对相关风险进行管控仍然面临严峻挑战。鉴于太空领域几十年未出现新法的客观现实以及国际层面就人工智能系统开发和使用达成共识的难度，现阶段切实可行的法律规制路径是，将智能在轨操控行为纳入现有太空法和太空行为规则进程中，通过细化和重新解释现有太空规则体系，体现智能在轨操控行为规制相关的一般原则和特定场景下的细节性要求。在执行层面，可以在联合国层面建立新的机构或者在现有机构上建立太空—人工智能战略稳定小组，对全球智能太空系统特别是智能在轨操控系统的行为进行监测、预警和处置。

（三）加强智能在轨操控系统的测试审查

从法律上为智能在轨操控系统开发和使用给出一套规则集，其作用效果既依赖于国际层面的"执法"力度，又依赖于国家对相关系统的测试审查。由于人工智能赋能系统的安全性与其不确定性水平密切相关，需要对人工智能的固有不确定性进行控制。一方面，要在尽可能"现实"的环境条件下，对智能在轨操控系统进行包括对抗性测试在内的全面测试，评估系统的可能行为，确定系统的能力和局限性，确保技术成熟度和操作可靠性达到要求后才能部署，确保系统始终能被操作人员控制，确保智能在轨操控系统安全、可靠和可控，将无意伤害和意外事故风险降至最低；另一方面，要对智能在轨操控系统生命周期的各个阶段进行全面审查，确保相关算法嵌入了相关行为规制原则和规则。

（四）积极推进太空数字孪生系统建设

智能在轨操控行为规制共识达成的基础是对智能在轨操控系统不同应用场景相关风险的共同理解。太空空间范围大、太空目标运行受到轨道动力学约束，叠加太空目标数量逐渐增多、不同太空目标之间互动频繁以及有限的太空态势感知能力，准确识别智能在轨操控行为并有效评估其影响面临较大困难。太空数字孪生作为太空目标系统的高质量数字模型，可为相关分析评估提供一定见解，为基于知识共同体的技术规制提供了重要路径。利用包含智能在轨操控模型的太空数字孪生系统，对不同自主程度、不同应用场景的智能在轨操控系统的行为模式和潜在影响进行评估，并根据量化的风险评估，对在轨操控活动的风险进行分级，确定需要严格监管的高风险活动，并在发生太空碰撞或者其他事件时提供一定的"证据"，为相关事件的裁决提供公共产品。

五、结语

在轨操控智能化发展为轨道机动、在轨服务和轨道清理等太空任务效率的提高奠定了基础，同时也为在轨攻击提供更多"便利"，从而加重国家间对于太空行为意图的互疑，给太空战略稳定带来严重风险。为增强智能在轨操控行为的可预测性和可控性，管控太空安全风险，国际社会需要对智能在轨操控行为规范达成共识，并从政治、法律、管理和技术等多条路径来对相关共识进行固化落实。

国际常规武器军控体系的挑战与趋势

杨黎泽　吴金淮

内容提要：由于常规武器被广泛应用于武装冲突并造成大量人员伤亡，联合国秘书长古特雷斯曾在其新裁军议程中将常规武器控制问题称为"拯救生命的裁军"。但是近年来国际常规武器军控体系面临诸多严峻挑战。部分西方国家不断扩大武器出口，挑拨激化地区矛盾和冲突，并忽视常规武器滥用引发的人道主义关切，对全球和平与稳定造成了严重破坏。国际常规武器军控体系面临着横向扩散泛滥和纵向底线突破的风险。面对国际军控秩序的动荡与挑战，中国展现出了负责任的大国担当，始终坚持多边主义立场，支持并积极推动全球常规武器军控进程，为维护国际和地区和平与稳定作出了重要贡献。

关　键　词：常规武器军控；防扩散；国际安全；全球安全倡议

作者单位：中山大学国际关系学院
　　　　　　中国军控与裁军协会

近年来，国际紧张局势和地缘政治冲突急剧上升，导致常规武器控制问题的重要性日益凸显，给全球安全与发展带来严峻挑战，需要引起国际社会的高度关注。

一、当前国际常规武器军控体系的形势

当前的世界局势充满着紧张与不安全感，日趋激烈的大国战略博弈、如火如荼的地区军备竞赛、频发的地缘政治冲突，不仅导致国际安全形势进一步恶化，而且给国际常规武器军控体系带来诸多严峻挑战。

（一）全球军费快速增长加剧大国间军备竞赛

在过去一年，全球范围内多地都爆发了武装冲突：仍在持续的乌克兰危机、以色列与哈马斯的战火重燃、东非的动乱、缅甸的内战以及拉丁美洲的毒品战……这些不同程度的冲突严重冲击着国际秩序的稳定，加剧了全球安全困境。在这样高度不稳定、不安全的环境中，很多国家对自身国家安全的担忧感加剧，国防开支也随之上升，全球军费进入了一个快速增长期。2024年2月13日，英国智库国际战略研究所发布报告显示，2023年全球军费开支再创新高，达到创纪录的2.2万亿美元，较上年增长9%。① 其中，美国仍然是全球头号军费开支大国，约占全球军费开支总额的40%，比其后9个国家军费的总和还高。2023年12月22日，美国总统拜登签署了"2024财年国防授权法案"。根据该法案，美国2024财年军费开支将达到创纪录的8 860亿美元，较2023年增长3%，再创历史新高。

同时，法国、德国、比利时等北约欧洲成员国为实现北约设定的"军费开支至少占GDP的2%"目标，近年来也大幅增加国防预算。如法国国民议会在2023年6月通过《2024—2030年军事规划法案》，明确未来7年

---

① "The Military Balance 2024 Spotlights an Era of Global Insecurity," The International Institute for Strategic Studies, February 13, 2024, access February 24, 2024, https://www.iiss.org/press/2024/02/the-military-balance-2024-press-release/.

法国军费预算为 4 133 亿欧元，同比增长 40%，其中 2024 年法国国防预算将达 472 亿欧元。[1] 2024 年 2 月 15 日，法国国防部长塞巴斯蒂安·勒科尔尼在北约国防部长会议上表示："2024 年法国将实现北约提出的 2% 的目标。"北约秘书长延斯·斯托尔滕贝格表示，根据此前达成的协议，2024 年至少有 18 个北约国家将至少 2% 的国内生产总值用于国防需求。此外，在亚太地区，日本、韩国和澳大利亚等国均以安全局势不稳定为由扩大武器采购的需求，特别是增加了对远程打击武器的需求。[2] 这些国家的军费开支的非理性增长不仅会引发全球新一轮的军备竞赛，而且会进一步加剧地区紧张形势，严重冲击当前国际安全体系。在这样的背景之下，大国之间亦难以建立战略互信，甚至会加剧对抗态势，国际常规武器军控进程自然难有成效。

（二）无序军事援助加剧了常规武器的非法扩散

2022 年 2 月乌克兰危机爆发后，美国和北约多国纷纷向其提供军事援助，使乌克兰一跃成为继卡塔尔和印度之后的全球第三大武器进口国。根据美国国务院 2023 年 12 月 27 日公布的数据，自 2022 年 2 月乌克兰危机全面升级后，美国共向乌克兰提供了约 442 亿美元的军事援助。[3] 但是，美西方等国对乌克兰如此大规模的军事援助却呈现混乱、无序的状态，极易导致这些武器被非法转用和扩散。2024 年 2 月 11 日，美国国防部督察长办公室发布报告显示，美国军方"跟丢"价值超过 10 亿美元援助乌克兰的武器

---

① 王昌凡：《法国加快武器装备现代化步伐》，《中国国防报》2024 年 2 月 28 日，第 4 版。

② 姜江：《斯德哥尔摩国际和平研究所新版全球军贸报告分析》，《军事文摘》2023 年第 15 期，第 49 页。

③ "U. S. Security Cooperation with Ukraine," U. S. Department of State, December 27, 2023, access January 23, 2024, https://www.state.gov/u-s-security-cooperation-with-ukraine/.

装备。报告称，应接受最终用途核查的援乌武器装备中，大约 59% 未能被清点。① 这些武器包括"标枪"反坦克导弹、"毒刺"防空导弹和"弹簧刀"自杀式攻击无人机。按照美联社说法，这类武器包含敏感技术且体积小，因而更容易用于走私。有非洲国家领导人曾表示，乍得湖地区的恐怖分子已经开始使用来自乌克兰冲突地区的非法走私武器。俄罗斯外交部发言人扎哈罗娃也发表评论，警告西方国家向乌克兰提供的一切"正在不受控制地流向全世界"。

（三）《欧洲常规武装力量条约》岌岌可危，动摇欧洲安全架构

2023 年 11 月 7 日，俄罗斯外交部发表声明称，俄罗斯完成了退出《欧洲常规武装力量条约》的全部程序。② 事实上，由于北约持续东扩，俄罗斯早在 2007 年便宣布暂停履行这一条约。《欧洲常规武装力量条约》于 1990 年 11 月 19 日由北约和华约两大军事集团共 22 个成员国签署，于 1992 年 11 月 9 日生效。该条约对各缔约国坦克、装甲战斗车、火炮、作战飞机和作战直升机这五种常规武器装备的数量进行了限制。1992 年，各方又对条约的条款进行了补充，规定缔约国有义务限制条约适用区内常规武装力量的人员数量。在俄罗斯宣布退出后，美国和北约随即宣布将正式暂停参

---

① "Evaluation of the DoD's Enhanced End-Use Monitoring of Defense Articles Provided to Ukraine," The Department of Defense Office of Inspector General, January 11, 2024, access January 23, 2024, https://www.dodig.mil/In-the-Spotlight/Article/3642877/press-release-evaluation-of-the-dods-enhanced-end-use-monitoring-of-defense-art/.

② 《俄罗斯 11 月 7 日最终完成退出〈欧洲常规武装力量条约〉的全部程序》，俄罗斯卫星通信社，2023 年 11 月 7 日，https://sputniknews.cn/20231107/1054779772.html，访问日期：2024 年 2 月 24 日。

与《欧洲常规武装力量条约》。①

《欧洲常规武装力量条约》旨在通过削减常规武装力量的武器在欧洲建立一个安全的军事平衡，曾被誉为"欧洲安全基石"，在国际军控历史上具有里程碑的意义。但如今，该条约面临全面失效风险，北约只是暂停参与，不是正式退约。这不仅会刺激欧洲主要国家开展军备竞赛，造成欧洲地区的"军控真空"，而且会加剧欧洲日益紧张的局势，动摇欧洲安全架构。并且俄方还表示，在当前形势下，俄罗斯不可能与北约达成任何军备控制协议。如此一来，无疑会对使得本就充满挑战的国际常规武器军控体系"雪上加霜"。

二、部分西方国家的借机谋利

面对持续低迷的常规武器军控进程，美国等个别国家却仍抱守"冷战"思维，奉行单边主义，不断向冲突地区国家扩大武器出口，挑拨激化地区矛盾和冲突，并忽视常规武器滥用引发的人道主义关切，这些不负责任的做法对全球战略稳定造成了严重破坏，为国际常规武器军控体系的有效运行蒙上了一层阴影。

（一）不断为武器出口"松绑"，增大扩散风险

2022 年乌克兰危机的升级，刺激了全球军贸市场的发展。根据瑞典斯德哥尔摩国际和平研究所发布的 2023 年版《SIPRI 年鉴：军备·裁军和国

---

① "United States Will Suspend the Operation of Its Obligations Under the Treaty on Conventional Armed Forces in Europe," U. S. Department of State, November 7, 2023, access February 24, 2024, https://www. state. gov/united-states-will-suspend-the-operation-of-its-obligations-under-the-treaty-on-conventional-armed-forces-in-europe/.

际安全》，2018—2022 年的国际主要武器转让量是自冷战结束以来最高的之一，其中美国和法国武器出口额较过去大幅增加。[①] 美国作为世界头号军贸大国，其武器出口额较 2013—2017 年增长了 14%，在全球军贸市场占比从 33% 增加到 40%，远高于其他供应国。法国作为第三大供应国，其武器出口在 2018—2022 年增长了 44%，全球占比增至 11%，与第二大武器供应国俄罗斯的差距缩小。

究其原因，主要是美国等西方国家借当前紧张的政治局势和频发的武装冲突，不断"拱火"，扩大对乌克兰、以色列等冲突地区国家的武器出口规模。乌克兰在 2022 年已从曾经的武器出口国变成了世界第三大武器进口国。一直以来，美国都赋予军贸重要的政治和外交功能，将其视为美国重要的对外政策工具，以拉拢盟友和干涉地区事务。2024 年 1 月 29 日，美国国务院发布 2023 财年美国武器转让和国防贸易数据。2023 年美国向外国政府出售的军事装备金额增长 16%，达到创纪录的 2 380 亿美元。[②] 其中，美国政府官方安排的军售额从 2022 财年的 519 亿美元增至 2023 财年的 809 亿美元，增幅高达 55.9%，创下美国向其盟友和合作伙伴提供军售和军援总额的新高。美国不仅在欧洲地区借乌克兰危机刺激欧洲及北约成员国加大武器采购，而且在亚太地区极力向中国周边国家兜售武器，渲染所谓的"中国威胁论"，全力推行针对中国的"印太战略"。美国为了一己私利不断放宽武器贸易出口管制政策，大幅扩大军贸出口，并利用军贸手段干涉他国内政，在激化本已紧张的局势以及军备竞赛势头，加剧国际关系军事化、集团化和对抗化的同时，客观上也增大了常规武器的扩散风险，严重

[①] SIPRI, *SIPRI Yearbook 2023*, access February 28, 2024, https://www.sipri.org/yearbook/2023.

[②] U. S. Department of State, *Fiscal Year 2023 U. S. Arms Transfers and Defense Trade*, January 29, 2024, access February 24, 2024, https://www.state.gov/fiscal-year-2023-u-s-arms-transfers-and-defense-trade/#: ~: text = The% 20% 2480. 9% 20billion% 20figure% 20for, International% 20Narcotics% 20Control% 20and%20Law.

威胁一些地区国家的和平环境与安全稳定。

（二）挑起冲突和争端，激化全球紧张态势

2023 年 12 月 6 日，英国智库国际战略研究所发布《2023 年武装冲突调查》，表示全球冲突数量不断攀升，2022 年达到 183 起，创近 30 年之最。[①] 该报告指出，大国的粗暴干预使得这些武装冲突充满"复杂性"，呈现出"难以解决"的典型特征。"9·11"事件后，美国本土并未面临过重大的安全威胁。但美国却从未停止在世界各地挑起冲突和争端，激化全球紧张态势，已成为当前国际和平稳定的最大乱源和国际秩序最大不稳定因素。有研究数据表明，1979—2020 年，在全球对抗和冲突的全部事件中，美国参与的比例为 14.88%—25.80%，且在所有年份中均为占比最高的国家。[②]

在当前爆发的很多动乱和冲突背后都有美国的身影。如乌克兰危机升级的背后是美国多年来无视别国关切、推动北约东扩、离间欧俄关系的必然结果，巴以冲突模式的骤变也与美国持续偏袒以色列，支持以色列采取军事威慑等火上浇油的做法有着密切关系。还有非洲、中东和拉美地区的一些国内冲突也因美国加大武器出口、直接军事打击、颠覆他国政权等不负责任做法而日益国际化，变得难以解决。此外，美国近年来还到处渲染所谓的"中国威胁论"，推行"印太战略"，加剧地区对抗形势。持续不断的冲突和动荡不仅可为美国的军工企业提供大量武器订单，而且可为美国干涉和控制他国，维持全球霸权提供借口。可以说，美国已成为世界动荡

---

① 《全球一年发生 183 场武装暴力冲突！这项调查揭示冲突"痛点""难点"》，新华网，2024 年 1 月 3 日，http://www.news.cn/world/20240103/ebc0a3708c8e4bd9b51008a8e7e8d46f/c.html，访问日期：2024 年 2 月 28 日。

② 《美国在全球的对抗和冲突：1979—2020》，新华网，2021 年 12 月 13 日，http://www.xinhuanet.com/2021-12/13/c_1128158270.htm，访问日期：2024 年 2 月 28 日。

不安的始作俑者和重要源头，不仅给世界的和平与安全造成严重危害，也严重影响和阻碍了地区国家的经济发展，更令国际军控进程举步维艰。

（三）忽视常规武器滥用引发的人道主义关切

常规武器虽不会像核武器、生化武器等那样造成大规模杀伤，但一些常规武器的滥用可能会引发人道主义关切。然而，美国作为全球最大的武器出口国，却忽视常规武器滥用引发的人道主义关切，向乌克兰和以色列等冲突地区的有关国家提供了大量极具杀伤性的武器。

2023 年 7 月 7 日，美国国防部宣布，将向乌克兰提供包括大量进攻性武器在内的军事援助。9 月 6 日，美国国防部又发布公告称，将向乌克兰提供价值 1.75 亿美元的额外援助，其中包括由坦克发射的贫铀弹。早在同年 3 月，英国国防部就表示英国向乌克兰的"挑战者 2"主战坦克配备弹药中将包含贫铀弹。集束弹药是杀伤力强、危害大且可能对平民造成长期安全威胁的武器。贫铀弹虽不属于核武器，但其主要成分铀-238 具有放射性，爆炸产生的放射性气溶胶和大量有害气体，将对人类健康和生态环境造成严重危害。美国和英国此举无异于打开"潘多拉魔盒"，与 1977 年的《日内瓦公约第一附加议定书》和 1980 年《禁止或限制使用某些可被认为具有过分伤害力或滥杀滥伤作用的常规武器公约》的原则和精神相悖，极易在战争中造成对平民和民用设施的误杀误伤以及对生态环境的长期危害，严重违背国际人道法的宗旨。

美国在 2023 年的巴以冲突中也向以色列提供了大量白磷弹，并被用于战场。2023 年 12 月 11 日，美国《华盛顿邮报》报道以色列在 10 月在黎巴嫩南部发动的一次袭击中使用了美国提供的白磷弹药，并造成至少 9 名平民受伤。① 白磷弹是一种以白磷为主要燃烧剂的燃烧性弹药，具有残酷致命特性，一直被国际社会认为是一种非人道的武器。尽管可以使用，但故意针对平民或在平民环境中使用白磷弹则会违反战争法，因此国际法体系对白磷弹的使用有严格限制。如 1977 年《日内瓦公约》的《第一附加议定书》第五十一条规定，平民居民和平民个人应享受免受军事行动所产生的危险的一般保护。平民居民本身以及平民个人，不应成为攻击的对象。另外，《特定常规武器公约》第三议定书规定，禁止对平民集聚地、民用设施、森林和植被使用燃烧武器。在这篇报道发表后，美国国家安全委员会发言人约翰·柯比（John Kirby）表示，美国政府对白磷弹的使用"感到担忧"。作为武器的提供者，美国并未对接受其援助的盟友的行为进行有效的追踪和监管，其对特定常规武器不负责任的出口及管理，让这些"反人类"武器在各地冲突中被滥用，引发严重的人道主义危机。

三、国际常规武器军控体系面临的风险

常规武器是武装冲突和犯罪环境中最常见和最广泛使用的军备。但是当前连绵不断的冲突和新技术的赋能使得常规武器更易被非法转用和扩散，难以管控，一些非人道的常规武器在战场上被应用也大大突破了战争的底线，违背国际法宗旨和原则，国际常规武器军控体系"失控"风险上升。

首先，当前连绵不断的冲突大大地增加了对常规武器扩散的管控难度。一方面，一些国家在向冲突当事国提供军事援助的同时，也积极向冲突地区相对稳定的周边国家出口大量武器装备，造成了大规模的武器扩散。但

---

① William Christou, Alex Horton and Meg Kelly, "Israel used U. S. -supplied White Phosphorus in Lebanon Attack," December 11, 2023, access February 24, 2024, https://www.washingtonpost.com/investigations/2023/12/11/israel-us-white-phosphorus-lebanon/.

这些国家并不严格履行常规武器转让方面的国际义务，对这些武器的最终用户和最终用途并未进行严格追踪和监管。这些不知去向的常规武器一旦流入其他冲突地区或恐怖主义组织手中，将会给国际防扩散秩序带来重大隐患。另一方面，在长期的武装冲突地区，冲突结束之后，大量的常规武器尤其是轻小武器很容易在冲突地区被非法交易，从而造成轻小武器在全球范围内的无序扩散。2023年7月，联合国秘书长古特雷斯提出"新和平纲领"，指出轻小武器及其弹药的扩散、转用和滥用不仅破坏法治，阻碍预防冲突和建设和平的努力，而且助长恐怖主义、侵犯人权和性别暴力等犯罪行为，导致流离失所和移民问题，对发展构成障碍。①

其次，现有的国际军控条约限制得更多的还是主权国家，对恐怖组织、跨国有组织犯罪集团和极端势力等非国家行为体的约束力较为有限。加之近年来增材制造、人工智能等新技术的赋能导致了很多材料更容易被制造为武器，从而导致了军民两用物项之间的界限变得模糊，更易被非国家行为体获取和转用，管控难度大大上升。

最后，除了横向扩散的泛滥外，国际常规武器体系面临的另一个风险是特定常规武器的使用底线被不断突破。如前所述，白磷弹、贫铀弹等"非人道"的特定常规武器在乌克兰危机和巴以冲突中已被多次使用，不仅加剧了冲突的激烈程度，还引发了严重的人道主义灾难。苏丹内战爆发以来，在喀土穆和其他地区，有越来越多的未爆弹报告，"无地雷世界"的目标仍然遥不可及。② 此外，人工智能技术在近年得到了突飞猛进的发展，并在军事领域有广泛应用。但是，人工智能在战争中的可靠性仍值得担忧，一些人工智能赋能武器在作战中可能会摆脱人类的管控，作出违反武装冲

---

① 《〈我们的共同议程〉政策简报9：新和平纲领》，联合国，https://www.un.org/sites/un2.un.org/files/our-common-agenda-policy-brief-new-agenda-for-peace-zh.pdf，访问日期：2024年2月22日。

② 张高胜：《国际军控体系面临多重挑战》，《解放军报》2023年11月23日，第11版。

突法和国际人道主义法的行为。一些国家尤其是军事大国还热衷于在军事领域研发和使用人工智能技术，以谋求绝对军事优势，不利于全球战略平衡与稳定。

四、中国在常规武器军控领域的大国担当

面对国际军控秩序的动荡与挑战，中国展现出了负责任的大国担当，支持并积极推动全球常规武器军控进程，为维护国际和地区和平与稳定作出了重要贡献。

2023年2月，中国政府发表了《全球安全倡议概念文件》（以下简称《文件》）。① 全球安全倡议是习近平主席于2022年4月在博鳌亚洲论坛年会开幕式主旨演讲中首次提出的，倡导坚持共同、综合、合作、可持续的安全观，共同维护世界和平与安全，为消弭国际冲突根源、破解人类安全困境提供了"中国方案"。《文件》将积极参与联合国秘书长"我们的共同议程"报告关于制定"新和平纲领"等建议的工作列为中国政府的首要重点合作方向，支持联合国加大预防冲突努力，充分发挥建设和平架构的作用。这表明中国始终践行真正的多边主义，有利于推动解决当下多点爆发的国际和地区热点问题，为缓解国际和地区冲突，维护世界和平和安全注入了积极力量。

同时，《文件》明确指出中国支持全球常规武器军控进程，支持在尊重非洲国家意愿的前提下开展中国、非洲、欧洲轻小武器管控合作，支持落实"消弭非洲枪声"倡议。近年来，常规武器，尤其是轻小武器的非法贸

---

① 《全球安全倡议概念文件（全文）》，中国政府网，2023年2月21日，https://www.gov.cn/xinwen/2023-02/21/content_5742481.htm，访问日期：2024年2月24日。

易与滥用所造成的地区局势不稳定和人道主义危机对国际和平与安全造成严重威胁，引起国际社会的广泛关注。因此，轻小武器非法贸易问题也成为国际常规武器军控领域的重要议题之一。

作为国际社会中的负责任大国，中国一直都十分重视常规武器尤其是轻小武器的非法流动问题，对轻小武器出口采取慎重、负责态度。中国不仅建立了完备的军品出口管制法律法规体系，对所有军品出口依法实施严格、有效的管理，而且积极参与加强轻小武器贸易管控的国际合作。面对美国在 2019 年退出《武器贸易条约》的不负责任之举，中国于当年 9 月 27 日宣布决定加入《武器贸易条约》，并在随后短短不到一年时间，中国就以高效的行动完成了入约的国内法律程序，充分体现了中国支持多边主义、践行构建人类命运共同体理念的决心和诚意。

当前，非洲仍然是全球武装冲突最多的地区，轻小武器在其中扮演了重要的角色。为此，中国积极加强中非合作，为非洲国家提供力所能及的资金和技术援助。2021 年 11 月 29—30 日，中非合作论坛第八届部长级会议在塞内加尔首都达喀尔举行，会议于 30 日通过《中非合作论坛——达喀尔行动计划（2022—2024）》。① 为落实中非和平与安全计划，中方和非洲致力于合作打击轻小武器、弹药非法转让和滥用，并愿就轻小武器、弹药的识别与追踪，最终用户管理等相关问题开展政策、经验交流及务实合作。中国的负责任举措会有助于制止轻小武器转入非法市场，防止不负责任地转让轻小武器，也有助于建立国家间的信任和安全。

此外，中国还积极参与全球控枪合作。2023 年 10 月 24 日，十四届全国人大常委会第六次会议表决通过了关于批准《联合国打击跨国有组织犯

---

① 《中非合作论坛—达喀尔行动计划（2022—2024）》，中华人民共和国外交部，https://www.mfa.gov.cn/web/gjhdq＿676201/gj＿676203/fz＿677316/1206＿678746/xgxw＿678752/202112/t20211202＿10461174.shtml，访问日期：2024 年 2 月 22 日。

罪公约关于打击非法制造和贩运枪支及其零部件和弹药的补充议定书》（以下简称《枪支议定书》）的决定。[①]《枪支议定书》是《联合国打击跨国有组织犯罪公约》的重要议定书之一，也是国际常规武器管控领域的重要法律文件，旨在推动各国加强枪支管理，促进控枪执法合作，共同打击非法制造和贩运枪支等犯罪行为，对枪支从生产到销毁各个环节的管控均作出了具体规定。事实上，中国对枪支管控已制定更为严格的法律规定。批准《枪支议定书》是中国积极落实全球安全倡议、践行多边主义、维护国际和地区和平稳定的重要举措，更彰显了我国严管严控枪支、积极参与全球控枪合作的决心，为多边常规武器军控进程注入了"强心剂"。

---

① 《十四届全国人大常委会第六次会议批准〈枪支议定书〉》，中华人民共和国外交部，https://www.fmprc.gov.cn/web/wjb_673085/zzjg_673183/jks_674633/jksxwlb_674635/202310/t20231024_11167129.shtml，访问日期：2024 年 2 月 22 日。

拜登政府对华半导体出口管制态势分析

张高胜　吴金淮　张诺妍

内容提要：拜登政府上台以来，在半导体领域对华实施立体式、全方位围堵遏制，在特朗普政府政策基础上进一步升级对华半导体出口管制，提升管控广度精度密度。同时，利用盟友体系遏制中国，构建对华半导体出口管制"国际同盟"，最大限度防止中国在半导体领域的技术追赶和超越。拜登政府织密织牢对华半导体严密出口管制体系实质上是维护美国技术垄断优势，护持霸权。

关 键 词：拜登政府；半导体；出口管制

作者单位：中国国际问题研究院

中国军控与裁军协会

北京遥感设备研究所

近年来，全球信息化产业蓬勃发展、数字化智能时代加速推进。半导体产业作为全球经济增长的重要引擎，成为引领新一轮科技革命和产业变革的关键领域。半导体产业涉及半导体材料、半导体设备、芯片设计、芯片制造、封装测试、各大电子和计算机等多重领域，具有基础性、关键性和战略性，从而被美国视为事关经济繁荣和国家安全的重要产业，也成为美国对华高科技竞争的关键战场和地缘战略博弈的焦点之一。[①] 近年来，美国持续展开对中国半导体产业的打压，前总统特朗普以国家安全为由，把中国科技企业华为及其芯片设计公司海思等列入管制名单，禁止美国公司擅自向名单上的企业提供产品和技术。拜登政府上台后，更进一步加强了对中国半导体产业的遏制打压，不仅将更多中国相关企业列入管制名单，还从内外两个层面双管齐下，不断升级加码对华半导体出口管制。

一、强化全方位管控体系

打压对手、排除异己一贯是美国维护科技霸权的战略手段。2022 年 9 月 16 日，美国国家安全顾问沙利文在"特殊竞争研究项目"（Special Competitive Studies Project，SCSP）智库举办的"全球新兴技术峰会"上发表讲话，表示技术出口管制可以作为一种"新的战略资产"，可以"使对手付出代价"，甚至"降低他们的战场能力"。[②] 为此，拜登政府从设备、资本、技术、人才等方面构建起对华半导体全方位的出口管制体系，以封堵中国获取半导体尖端核心科技的路径，迟滞中国半导体领域科技发展能力与竞争能力。

---

① 王花蕾：《美国制造业产业政策透视——以半导体产业为例》，电子工业出版社，2023，第 I 页。

② The White House, "Remarks by National Security Advisor Jake Sullivan at the Special Competitive Studies Project Global Emerging Technologies Summit," September 16, 2022, accessed January 3, 2024, https://www.whitehouse.gov/briefing-room/speeches-remarks/2022/09/16/remarks-by-national-security-advisor-jake-sullivan-at-the-special-competitive-studies-project-global-emerging-technologies-summit/.

（一）以"维护国家安全"为借口，织密织牢对华半导体出口管制体系

拜登政府发布多轮对华半导体出口管制政策。2022年10月7日，美国商务部工业与安全局（Bureau of Industry and Security of U. S. Department of Commerce，BIS）发布了一项临时最终规则（Interim Final Rule，IFR），宣布其将对《出口管制条例》（Export Administrative Regulation，EAR）进行一系列针对性的修订，就其中涉及先进计算集成电路、超级计算机和半导体制造设备的条款进行了修改与增补，旨在限制中国获得先进计算芯片、开发和维护超级计算机以及制造先进半导体的能力。该项新规在中美关系上具有非同寻常的意义，甚至被相关国际学者认为"标志着美国25年来对华贸易和技术政策的重大转折点"，"美中关系乃至国际政治新时代的开始"。[①] 新规从半导体供应链各个环节、相关技术设备到专业人才进行了全流程限制，管控力度前所未有：（1）限制中国企业获取高性能芯片和先进计算机；（2）限制"美国人"（U. S. person）（含美国公民、拥有美国永久居留权的外国公民以及受美国庇护的人士；依照美国法律设立或受到美国司法管辖的实体，包括其海外分支机构；位于美国境内的主体）在未取得许可的情况下，不得向某些在中国境内从事半导体生产活动的企业、基地提供开发或生产集成电路的支持；（3）限制中国获取先进半导体制造物项与设备等。[②] 只要半导体设计及供应链环节中涉及美国技术，或生产设备涉

① Gregory C. Allen, "China's New Strategy for Waging the Microchip Tech War," Center for Strategic and International Studies, May 3, 2023, accessed January 3, 2024, https://www.csis.org/analysis/chinas-new-strategy-waging-microchip-tech-war.

② "Implementation of Additional Export Controls: Certain Advanced Computing and Semiconductor Manufacturing Items; Supercomputer and Semiconductor End Use; Entity List Modification," Federal Register, October 13, 2022, accessed January 3, 2024, https://www.federalregister.gov/documents/2022/10/13/2022-21658/implementation-of-additional-export-controls-certain-advanced-computing-and-semiconductor#h-36.

及美国的零部件等，都很可能会受到新规限制。

2023 年 10 月 17 日，在 2022 年 10 月出台的临时最终规则基础上，美国商务部工业和安全局发布两项对华半导体出口管制临时最终规则，分别是针对先进计算芯片及相关物项的《实施额外的出口管制：特定先进计算物项；超级计算机和半导体最终用途；更新和更正临时最终规则》和针对特定半导体制造设备的《对半导体制造物项的出口管制临时最终规则》。新规进一步加强了对人工智能相关芯片、半导体制造设备的对华出口限制：(1) 加强对用于人工智能模型训练的先进芯片以及包括光刻、薄膜沉积、刻蚀、检测等先进芯片制造关键设备的管控，限制此类物项流向中国及其他国家和地区；(2) 系统性调整了针对中国本土芯片制造厂商的最终用途规则，分别就超算、先进节点集成电路、芯片制造设备设置管制规则，力求在打击中国本土先进半导体生产制造能力的同时，降低对美国及其盟友国家企业在中国境内传统制程芯片制造供应链的不必要冲击；(3) 进一步限制"美国人""支持"在中国等特定国家进行的、包括半导体早期研发过程中所进行的非批量生产芯片制造等先进节点集成电路研发和生产活动。[①] 在拜登政府看来，以上所限制的物项及技术可以显著提升中国的国防能力建设和人工智能应用。

根据半导体技术的现实发展和旧政策的漏洞，拜登政府不断修改出口管制政策。例如，美国跨国科技公司英伟达为了绕过拜登政府 2022 年 10 月对华半导体出口禁令，在现有商用芯片基础上进行调整，推出专门出口

_____

① "Implementation of Additional Export Controls: Certain Advanced Computing Items; Supercomputer and Semiconductor End Use; Updates and Corrections," Federal Register, October 13, 2023, accessed January 4, 2024, https://www.bis.doc.gov/index.php/documents/federal-register-notices-1/3353-2023-10-16-advanced-computing-supercomputing-ifr/file; "Export Controls on Semiconductor Manufacturing Items," Federal Register, October 25, 2023, accessed January 4, 2024, https://www.federalregister.gov/documents/2023/10/25/2023-23049/export-controls-on-semiconductor-manufacturing-items.

中国市场的 A800 和 H800 芯片。随后，拜登政府 2023 年 10 月更新出口管制规则，将矛头对准美国公司这类应对方法。美国商务部长雷蒙多还点名英伟达，指它特地为中国市场设计了略低于出口限制标准的芯片，"如果你围绕特定限制重新设计晶片，让它们能够用于人工智能领域，我会在第二天就对这些晶片实施管制。"[1] 针对中国半导体产业，拜登政府将持续收紧相关出口管制，以加强美国在全球芯片市场的竞争力。雷蒙多称，随着技术的进步，美国会不断更新半导体出口管制的规则，限制中国获得先进的半导体，未来可能"至少每年"更新一次。[2] 美国出口管制规则体系具有随意追加、任意限制的特性，由于拜登政府并未规定需要管制的"新技术""先进半导体"等定义、范围，缺乏明确认定标准，美国政府可根据需要随时调整对华半导体出口政策。

（二）滥用出口管制清单工具，高频率"拉黑"中国企业

清单管制是美国出口管制的另一特色。拜登政府上台以来，将中国半导体相关企业大量纳入实体清单。实体清单是美国商务部工业和安全局制定的贸易黑名单，被列入该名单的企业，需要获得美国商务部单独许可，才能购买美国受管制的技术或货物。2021 年 4 月 8 日，美国商务部发布公告，以涉嫌"破坏军事现代化的稳定"且"与美国国家安全和外交政策利益背道而驰"为由，将 7 个中国超级计算机实体列入"实体清单"，并严加制裁。这是拜登政府上台以来，首次针对中国高科技公司进行的制裁。

① Evelyn Cheng, "U. S. Export Controls Need to 'Change Constantly' Even if It's Tough for Businesses, Secretary Raimondo Says," CNBC, December 5, 2023, accessed January 10, 2024, https://www.cnbc.com/2023/12/05/commerce-sec-raimondo-us-export-controls-need-to-change-constantly.html.

② Don Durfee, Antoni Slodkowski, "US-China relations: Expect more turbulence in 2024," The Reuters, December 20, 2023, accessed January 10, 2024, https://www.reuters.com/world/expect-more-turbulence-us-china-2024-2023-12-20/.

2021 年 11 月 24 日，美国商务部以"从事违反美国国家安全或外交政策利益的活动"为由，将杭州中科微电子有限公司、国科微电子股份有限公司、新华三半导体、苏州云芯微电子科技有限公司等企业纳入"实体清单"。2022 年 12 月 15 日，美国商务部又以国家安全为由，将 36 家中国芯片公司和研发机构纳入"实体清单"，其中包括寒武纪、上海微电子、长江储存中国三大半导体企业。2023 年 10 月 17 日，美国商务部将中国半导体相关实体及其子公司共 13 家添加到"实体清单"中，包括壁仞科技及其子公司、摩尔线程及其子公司、光线云（杭州）科技有限公司、超燃半导体（南京）有限公司。

2021 年 1 月，美国通过《2021 财年国防授权法案》，其中第 1260H 条明确要求"公开报告在美运营的中国军事公司"，明确要求美国国防部将那些可能直接或间接与美国有生意往来的、与中国军方关系密切或积极参与中国"军民融合"战略的公司列入所谓"中国军事公司清单"（Chinese Military Companies List，CMCL）。[1] 美国《2024 财年国防授权法案》进一步增强了该清单的影响力，其中第 805 条禁止美国国防部在未来几年与清单上的任何公司签订合同。[2] 该清单背后反映出近年来美国对中国"军民融合"发展战略及政策的高度关切。国防部明确表示该清单可被当作与中国竞争的潜在工具。[3] 截至 2024 年 2 月 21 日，共有 73 家中国企业被列入其中，其中中芯国际及其附属企业、中微半导体设备（上海）股份有限公司、

① "DOD Releases List of People's Republic of China (PRC) Military Companies in Accordance with Section 1260H of the National Defense Authorization Act for Fiscal Year 2021," U. S. Department of Defense, January 31, 2024, accessed January 31, 2024, https://www. defense. gov/News/Releases/Release/Article/3661985/dod-releases-list-of-peoples-republic-of-china-prc-military-companies-in-accord/.

② "S. 2226 – National Defense Authorization Act for Fiscal Year 2024," 118th Congress, July 27, 2023, accessed January 27, 2024, https://www. congress. gov/bill/118th-congress/senate-bill/2226.

③ 数据截至 2024 年 2 月 18 日，数据来源：The International Trade Administration, U. S. Department of Commerce, https://www. trade. gov/data-visualization/csl-search。

中国最大闪存芯片制造商长江存储科技有限责任公司等中国半导体企业榜上有名。美国国防部称将持续更新这份名单，并在适时加入额外的实体。美国政府保留依据《2021财年国防授权法案》1260H条款以外的其他授权对这些实体采取额外行动的权利。[①]

此外，拜登政府还进一步动用国家力量无端打压和制裁华为，限制华为产品进入美市场，"断供"芯片、操作系统，在世界范围内胁迫别国禁止华为参与当地5G网络建设。[②] 2023年1月31日，美国政府又开始考虑切断美国供应商与华为公司之间的所有联系，禁止包括英特尔和高通在内的美国供应商向华为提供任何产品。

（三）诱迫企业"选边站队"，以政治手段打压中国科技合作

拜登政府以本土半导体产业发展支持政策"威逼利诱"国际半导体企业，使其断绝与中国关系，以政治化手段限制相关企业在华业务。2022年8月9日，经美国参众两院多轮博弈的《芯片和科学法案》（*Chips and Science Act*）经美国总统拜登签署正式成为法律，旨在提振美国的高科技研究和制造以对抗中国及其他竞争对手。拜登政府试图通过行政手段，重塑全球半导体行业的供应链，尤其是遏制中国半导体行业的发展，主要内容包括：（1）向半导体行业提供约527亿美元的资金支持，为企业提供价值240亿美元的投资税抵免，鼓励企业在美国研发和制造芯片；（2）在未来几年提供约2 000亿美元的科研经费支持，重点支持人工智能、机器人技术、量子

---

① "DOD Releases List of People's Republic of China (PRC) Military Companies in Accordance with Section 1260H of the National Defense Authorization Act for Fiscal Year 2021," U. S. Department of Defense, January 31, 2024, accessed January 31, 2024, https://www. defense. gov/News/Releases/Release/Article/3661985/dod-releases-list-of-peoples-republic-of-china-prc-military-companies-in-accord/.

② 外交部：《美国的霸权霸道霸凌及其危害》，2023年2月，https://www. mfa. gov. cn/web/wjbxw_673019/202302/t20230220_11027619. shtml，访问日期：2024年2月1日。

计算等前沿科技；（3）禁止获得美国联邦资金的公司在中国建设拥有"先进技术"的工厂，禁令有效期为十年。但如果企业在中国或其他"可能不友好的国家"投资或扩建先进制程的半导体工厂，将没有资格获得这一补贴。2023年9月22日，美国商务部公布《芯片和科学法案》国家安全保护措施的最终规则，旨在进一步防止中国公司从美国半导体产业补贴政策中受益。该规则详细阐述了法案的两个核心条款：（1）限制接受美国补贴的主体与相关外国实体进行某些联合研究或技术许可工作；（2）禁止接受美国补贴的主体在十年内扩大在中国等国家的半导体产能。雷蒙多在一份声明中称："从根本上说，《芯片和科学法案》是一项国家安全倡议，这些护栏将有助于确保接受美国政府资金的公司不会破坏我们的国家安全，因为我们将继续与盟友和合作伙伴协调，加强全球供应链，增强我们的集体安全。"①

同时，拜登政府也限制美国对华半导体领域投资。2023年8月9日，拜登签署关于"对华投资限制"的行政命令，该命令严格限制美国对中国敏感技术领域的投资，并要求美国企业就其他科技领域的在华投资情况向美政府进行通报。该行政令授权美国财政部禁止或限制美国在包括半导体和微电子、量子信息技术和人工智能系统三个领域对中国实体的投资。②

美国政府还对全球半导体相关企业实施"胁迫"，要求其配合美国的供应链安全战略。2021年9月24日，美国商务部以增强芯片信息透明度来保障供应链安全稳定为由，"邀请"美国英特尔、中国台湾台积电、德国英飞

① "Biden-Harris Administration Announces Final National Security Guardrails for CHIPS for America Incentives Program," NIST, September 22, 2023, accessed January 27, 2024, https://www.nist.gov/news-events/news/2023/09/biden-harris-administration-announces-final-national-security-guardrails.

② "Executive Order on Addressing United States Investments in Certain National Security Technologies and Products in Countries of Concern," The White House, August 9, 2023, accessed January 27, 2024, https://www.whitehouse.gov/briefing-room/presidential-actions/2023/08/09/executive-order-on-addressing-united-states-investments-in-certain-national-security-technologies-and-products-in-countries-of-concern/.

凌、韩国三星等龙头企业提供库存量、订单、销售记录等商业数据。尽管企业并不愿透露其商业机密，韩国、中国台湾等地民众和舆论也强烈反对，但在美国的强硬态度下，中国台湾的台积电、日月光以及韩国的三星、SK海力士等多家企业或机构均已被迫就范。

此外，拜登政府在传统芯片领域加强谋划。2023 年 12 月 21 日，美国商务部表示，将启动一项针对美国半导体供应链和国防工业基地的调查。该调查将确定美国公司如何采购所谓的传统芯片，即"并不尖端，但仍对产业至关重要的半导体"。这项于 2024 年 1 月启动的调查旨在"降低"中国"带来的国家安全风险"，并将重点关注美国关键产业供应链里中国制造的传统芯片的使用和采购情况。[①]

二、拉拢盟友以打造对华半导体出口管制同盟

美国并非在所有半导体产业链供应链均居于主导地位。如荷兰公司阿斯麦（ASML）是全球最大的芯片设计和制造设备供应商之一，在涉及芯片设计和制造的关键技术方面处于领先地位。在亚洲，中国台湾地区半导体巨头台积电控制着全球一半以上的芯片市场，而其主要竞争对手韩国三星电子以 17.3%的份额位居第二，这两家公司都在开发先进芯片方面处于领先地位。东京电子和尼康等日本公司也在半导体产业链供应链中发挥着重要作用。[②] 美国为确保对华半导体领域出口管制政策的有效性，汇聚所谓盟

---

① "Commerce Department Announces Industrial Base Survey of American Semiconductor Supply Chain," U. S. Department of Commerce, December 21, 2023, accessed January 27, 2024, https://www.commerce. gov/news/press-releases/2023/12/commerce-department-announces-industrial-base-survey-american.

② Ahmadi Ali, "Why Biden's Chip War on China Is Straining US Alliances," Aljazeera, January 20, 2023, accessed January 27, 2024, https://www.aljazeera.com/opinions/2023/1/20/bidens-chip-war-on-china-is-straining-us-alliances.

友力量对中国进行"围堵"。

（一）双边拉拢，推动日、荷等国调整对华半导体出口管制政策

美国大幅收紧对华半导体出口管制的同时，推动日、荷等国采取一致行动。围绕对华半导体出口管制，拜登政府直接向日本政府提出合作要求，雷蒙多2022年12月9日与日本经济产业大臣西村康稔举行电话会谈时就对日提出"作为共享对华战略的同盟国，希望予以响应"的要求。① 日方为呼应美国对华芯片打压战略，加大对半导体领域出口管制政策的修订。2023年5月23日，日本产经省宣布了修改后的《外汇和外贸法》配套行政实施条例，加强对6大类23种高性能半导体制造设备出口管制。根据新规，从7月23日以后开始，除对美国、新加坡等42个所谓的"友好"国家和地区外，对中国等其他对象国家和地区出口上述产品的日本企业都必须经过逐项的审批，审批不通过不允许出口。2023年6月30日，荷兰政府正式颁布了有关先进半导体设备的额外出口管制的新条例。根据该条例，特定的先进半导体制造相关物项包括先进的沉积设备和浸润式光刻系统从荷兰出口至欧盟以外的目的地须事先向荷兰海关申请出口许可。阿斯麦于2024年1月1日表示，在美国实施出口限制后，荷兰政府部分吊销了向中国运送部分芯片制造设备的出口许可证，"荷兰政府最近部分吊销了NXT：2050i和NXT：2100i光刻系统2023年发货的出口许可证，影响了中国的少数客户"。②

---

① 『半導体の対中輸出規制米政府が協力を要請製造装置など』，産経ニュース，December 10, 2023, accessed January 27, 2024, https://www.sankei.com/article/20221210-H4ZB7FVXVRJBFA 5W6J4LYYNUWE/。

② "Statement Regarding Partial Revocation Export License," ASML, January 1, 2024, accessed January 27, 2024, https://www.asml.com/en/news/press-releases/2023/statement-regarding-partial-revocation-export-license.

（二）多边塑造，组建半导体出口管制小圈子

拜登政府积极拉拢盟友组建各类新的半导体出口管制小圈子，构建针对中国的半导体产业科技封堵国际防线。2022 年 3 月底，美国发起组建"芯片联盟"倡议，通过联合日本、韩国的半导体龙头企业配合台积电、日月光等台企，控制包括材料供应、芯片设计、芯片制造、封装测试在内的整个半导体的产业链，寻求在尖端科技领域与中国"精准脱钩"，延滞中国产业升级和经济发展。2023 年 2 月 28 日，美日韩首次经济安全对话讨论了三国提高供应链的弹性，包括半导体、电池和关键矿物等诸多议题。① 同年 8 月 18 日，美日韩三国首脑在戴维营举行峰会并发布了名曰《戴维营精神》的联合声明，强调三国将进一步强化在半导体和电池，以及在技术安全和标准等方面的合作。②

（三）拉拢盟友构建对华封闭的半导体高新技术国际体系

当今世界高技术发展日新月异，各种资源、技术相互重叠，彼此交叉，互为制约，加强在科技领域的国际合作是推进国家科技发展的必要举措。于拜登政府而言，强化与盟友在半导体领域的合作则发挥了双重功能：一方面是维护半导体领域领先优势的功能，即通过合作提升了美国与各盟友之间的协调性与配合度，有助于增强美国的半导体领域科技研发能力及高

---

① The White House, "Readout of the Trilateral United States-Japan-Republic of Korea Economic Security Dialogue," February 28, 2023, accessed January 27, 2024, https://www. whitehouse. gov/briefing-room/statements-releases/2023/02/28/readout-of-the-trilateral-united-states-japan-republic-of-korea-economic-security-dialogue/.

② The White House, "The Spirit of Camp David: Joint Statement of Japan, the Republic of Korea, and the United States," August 18, 2023, accessed January 27, 2024, https://www. whitehouse. gov/briefing-room/statements-releases/2023/08/18/the-spirit-of-camp-david-joint-statement-of-japan-the-republic-of-korea-and-the-united-states/.

半导体领域技术管制能力；另一方面是巩固盟友关系的战略功能，即通过在半导体领域更紧密的合作，拓展了美国与盟友的关系链条，有助于将盟友更牢固地绑定在美国既定的战略轨道之上。

实际上，拜登政府《国家安全战略》报告已明确提出，美国"已经在召集志同道合的参与者"构建国际技术生态体系，"该生态系统保护国际标准制定的完整性，以信任促进数据和思想的自由流动，同时保护我们的安全、隐私和人权，并提高我们的竞争力"。[①] 显然，拜登政府试图构建一个不对竞争对手开放的、新的半导体高新技术国际体系，拉拢半导体产业强国加入对华封锁，处心积虑地搞半导体"两大阵营"，妄图将中国隔离在美西方半导体产业链之外。

正如美元的中心地位构成了美国金融制裁的基础一样，美国在技术供应链中的地位，使其在惩罚那些违背其意愿的相关问题上具有无与伦比的影响力，如果荷兰或美国在东亚的盟友不遵守其要求，美国可能会通过限制它们获得美国高科技产品出口作为回应。[②] 美国的做法本质是以"美国优先"，而非顾及其盟友利益，最终只会伤害日、荷、韩等国半导体企业的利益。

三、拜登政府对华半导体出口管制的动因

拜登政府对华半导体出口管制既服务于"竞赢中国"这一对华战略根

---

① The White House, *National Security Strategy*, October 2022, p. 33, accessed January 27, 2024, https://www.whitehouse.gov/wp-content/uploads/2022/10/Biden-Harris-Administrations-National-Security-Strategy-10. 2022. pdf.

② Ahmadi Ali, "Why Biden's Chip War on China Is Straining US Alliances," Aljazeera, January 20, 2023, accessed January 27, 2024, https://www.aljazeera.com/opinions/2023/1/20/bidens-chip-war-on-china-is-straining-us-alliances.

本目标，也借"竞争"名义缓解自身半导体技术和商业脆弱优势以及供应瓶颈的现实压力，其内在逻辑是护持美国霸权地位。

（一）"竞赢中国"战略部署的重要环节

当今时代，新一轮科技与产业革命成为推动世界百年变局的重要力量。科技实力越来越成为评价国家实力的主要指标，科技竞争因而也成为大国博弈的关键领域。自特朗普政府以来，美国将大国竞争确定为国家安全战略的核心主题，将未来十年视为大国竞争的关键十年，并将中国视为对美国构成全方位挑战的最主要甚至是唯一的竞争者，将"竞赢中国"作为其对华战略的根本目标。[①] 这意味着美国科技竞争政策的主要对象也锁定为中国。拜登政府认为，美国在科技层面面临着重大挑战，而维持科技优势对于美国经济繁荣与国家安全具有重要意义。2021年3月，拜登政府在《临时国家安全战略指南》中表示，美国当前面临的两大国家安全挑战来源于地缘政治对手的竞争压力和技术革命对美国的全方位、颠覆性影响。2022年10月，拜登政府在《国家安全战略》报告中强调："技术是当今地缘政治竞争以及我们国家安全、经济和民主未来的核心。美国及其盟国在技术和创新方面的领导地位长期以来一直支撑着我们的经济繁荣和军事实力。在接下来的十年中，关键和新兴技术有望重组经济、改造军队并重塑世界。"[②]

在此背景下，拜登政府在借鉴前任政府政策的基础上对其加以优化，

---

① 陈积敏：《应对挑战维护领导地位——拜登政府国家安全战略报告评析》，中美聚焦，2022年10月25日，http://cn.chinausfocus.com/foreign-policy/20221025/42703.html，访问日期：2024年2月2日。

② The White House, *National Security Strategy*, October 2022, pp. 32–33, accessed January 27, 2024, https://www.whitehouse.gov/wp-content/uploads/2022/10/Biden-Harris-Administrations-National-Security-Strategy-10. 2022. pdf.

试图构建"小院高墙"式对华科技竞争体系,[①] 力求做到精准制衡,以实现效益成本比的最优化。拜登政府对华全面实现"脱钩断链"难度大,现实条件也不允许。事实证明,在中低端制造业领域与中国"脱钩"是困难的。然而,由于中美科技发展水平依然存在一定差距,在半导体领域美国仍然对华占据优势,更有利于其实施"封锁"。

(二)以"竞争"为名缓解半导体制造业全球竞争力不足的现实压力

20 世纪 90 年代以来,美国将芯片制造逐渐外包给韩、日、中国台湾等国家和地区。美国半导体企业及本土芯片制造的市场竞争力明显下滑。美国制造的芯片占全球总量份额从 1990 年的 37% 下降到 2020 年的 12%,全球 75% 的现代芯片制造主要集中在东亚地区。[②] 并且,美国对芯片研发投资占 GDP 的比例也从 20 世纪 60 年代中期最高峰时的 2% 下降到 2020 年的不足 1%。[③] 同时,全球半导体产业竞争日趋激烈。中国、韩国、日本、欧盟也纷纷采取行动,通过立法、发布行业战略、立项加大投资等,推动本土

---

① "小院"意指与国家安全相关的特定技术与研究领域,"高墙"则指一定的战略边界,小院之内的核心技术将得到高墙的保护,而小院之外的技术则仍有对外交流的余地。2023 年 4 月 27 日,沙利文在布鲁金斯学会的演讲中明确表示,美国将通过构建"小院高墙"来保护基础技术。

② "Study Finds Federal Incentives for Domestic Semiconductor Manufacturing Would Strengthen America's Chip Production, Economy, National Security, Supply Chains," Semiconductor Industry Association, September 16, 2020, accessed January 27, 2024, https://www. semiconductors. org/study-finds-federal-incentives-for-domestic-semiconductor-manufacturing-would-strengthen-americas-chip-production-economy-national-security-supply-chains/?_ hsmi = 105004323& _ hsenc = p2ANqtz-_ IIvWwMLkmK33Ctd68oZNTn P8q-bpwxBDmRDopOG4vl2oQTTRCncv6h_4qxCaYM72wxOOsJ9CWSuvew1Zvzlu7rk3lww.

③ The White House, "FACT SHEET: One Year after the CHIPS and Science Act, Biden-Harris Administration Marks Historic Progress in Bringing Semiconductor Supply Chains Home, Supporting Innovation, and Protecting National Security," August 9, 2023, accessed January 27, 2024, https://www. whitehouse. gov/briefing-room/statements-releases/2023/08/09/fact-sheet-one-year-after-the-chips-and-science-act-biden-harris-administration-marks-historic-progress-in-bringing-semiconductor-supply-chains-home-supporting-innovation-and-protecting-national-s/.

半导体产业发展。拜登公开表示："我一直在强调，中国和世界没有在等，美国也没有理由要等。美国现在在集中资本投入半导体、电池等领域。这是别人正在做的，我们也必须做。"拜登更是将发展半导体产业的意义提高到复兴伟大美国的高度："我们在 20 世纪中叶领导了世界，我们带领世界到了 20 世纪末，我们将再次领导世界。"①

2020 年底，受新冠疫情及数字化发展加速等因素的影响，芯片短缺现象开始在全球范围内蔓延。及至 2021 年，"芯片荒"愈演愈烈，受芯片短缺影响最大的汽车制造行业，包括福特、通用等美国大型汽车制造公司因芯片供应不足而被迫减产甚至停产。在此背景下，拜登政府开始审视半导体供应链安全问题。拜登政府进行供应链审查后认为，美国芯片制造愈加"依赖"东亚地区，美国本土半导体产业面临的竞争越来越大。② 美国总统国家安全顾问沙利文表示，芯片制造业主要在东亚，这"构成美国国家安全的漏洞"。美国总统副国家安全顾问也表示："对于绝大部分新兴行业来说，半导体是重中之重，还有医药、航天等领域也是如此。问题在于：如今，几乎 100% 的制造端都在东亚，90% 由一家公司制造，这是一个严重的漏洞。"③ 在此背景下，通过对中国半导体产业遏制，有利于保持竞争力优势，推动海外产业链回流，在盟友体系中构建以美国为主导的半导体产业链供应链体系。

---

① The White House, "Remarks by President Biden at a Virtual CEO Summit on Semiconductor and Supply Chain Resilience," April 22, 2021, accessed January 27, 2024, https://www. whitehouse. gov/ briefing-room/speeches-remarks/2021/04/12/remarks-by-president-biden-at-a-virtual-ceo-summit-on-semi conductor-and-supply-chain-resilience/.

② Saul Rojas, "100 Day Supply Chain Review Report Popular, Department of Commerce," U. S. Department of Commerce, April 11, 2022, accessed January 27, 2024, https://www. bis. doc. gov/ index. php/documents/technology-evaluation/2958-100-day-supply-chain-review-report.

③ Alex Leary, "Supply-Chain Crunch, Chip Shortage Focus of White House Meeting," *The Wall Street Journal*, September 23, 2021, accessed January 27, 2024, https://www. wsj. com/articles/supply-chain-crunch-chip-shortage-focus-of-white-house-meeting-11632387600.

（三）本质是护持美国霸权

美国加大对中国半导体产业发展的打压力度，其最终目的只有一个，即将科技经贸政治化、工具化、武器化，维护自身技术优势和技术霸权，以及建立在技术基础上的包括军事在内的各种霸权。美国企图利用自己的科技优势遏制打压新兴市场和发展中国家，希望把包括中国在内的广大发展中国家永远控制在产业链的低端。雷蒙多2023年12月2日在加利福尼亚州西米谷（Simi Valley）出席里根国防论坛（Reagan National Defense Forum）时就称"美国在人工智能和先进半导体设计方面领先世界，我们绝不能让中国赶上"。[①]

四、美国对华半导体出口管制的影响

拜登政府不断滥用出口管制措施，将经贸科技问题政治化，人为干扰经贸科技合作、人为破坏全球产供链的稳定，在损害中国企业正当权益的同时，也对全球产业链供应链稳定和世界经济恢复造成冲击，其成效更受到质疑。

（一）背离经济全球化发展逻辑，危及全球民众福祉

半导体产业高度全球化，拜登政府不当管制严重阻碍各国芯片及芯片设备、材料、零部件企业正常经贸往来，破坏市场规则和国际经贸秩序，严重威胁全球产业链供应链稳定及安全。美国战略与国际问题研究中心

[①] "US Commerce Chief Warns Against China 'Threat'," Agence France Presse, December 2, 2023, accessed January 27, 2024, https://www.barrons.com/news/us-commerce-chief-warns-against-china-threat-b15c0d18.

（CSIS）苏贾伊·希瓦库玛（Sujai Shivakumar）和查尔斯·韦斯纳（Charles Wessner）将拜登政府的政策称为"前所未有的背离一体化的全球经济规则"。[1] 同时，对华半导体出口管制还将进一步割裂全球经济，加速全球经济解体。[2] 新加坡《联合早报》社论也指出，把世界工厂和主要市场之一的中国排除在外，势必打击芯片产业的整体效率，进而伤害所有利益攸关方。世界经济将为此付出代价，各国人民的消费生活品质也必然要受到伤害。[3] 中国半导体行业协会（CSIA）表示，美国近年来采取的一系列措施破坏了全球半导体供应链的稳定，任何对全球供应链的破坏都可能对全球经济造成不可挽回的损失。经过数十年发展起来的半导体产业全球化一旦被破坏，必然会对全球经济产生严重的负面影响，不仅会导致半导体全球供应链的碎片化，也会破坏全球市场的统一，进而断送全球经济的繁荣。[4]

（二）政策缺乏美国半导体业界支持，损害美国自身利益

美国半导体业界对拜登政府政策表现担忧。美国商会估计，在最坏的情况下，美国对中国的半导体销售将降至零，美国公司将面临每年 830 亿美元的损失，损失 12.4 万个工作岗位，员工薪酬损失 460 亿美元。考虑到全球半导体市场的预期增长，由于"脱钩"，美国公司的市场份额将下降13%，相当于到 2027 年将损失 950 亿美元的收入。用于研发的收入也将下

---

① Sujai Shivakumar, Charles Wessner, "A Seismic Shift," Center for Strategic and International Studies, November 14, 2022, accessed January 27, 2024, https://www.csis.org/analysis/seismic-shift.

② Stephen Mihm, "Restricting Chip Exports to China Is a Cold-War-Era Strategy," Bloomberg, October 28, 2022, accessed January 27, 2024, https://www.bloomberg.com/opinion/articles/2022-10-27/biden-s-chip-restrictions-on-china-are-a-cold-war-era-strategy.

③ 《晶片战升级指向全球化未来》，联合早报社论，2023 年 2 月 2 日，https://www.zaobao.com.sg/forum/editorial/story20230202-1358851，访问日期：2024 年 2 月 1 日。

④ 《关于维护半导体产业全球化发展的声明》，中国半导体行业协会，2023 年 7 月 19 日，https://web.csia.net.cn/newsinfo/6182865.html，访问日期：2024 年 2 月 1 日。

降，每年下降 120 亿美元，资本支出将减少 130 亿美元。① 美国消费者几乎肯定会面临通货膨胀和潜在供应链中断的代价。② 美国半导体行业协会强调，美国公司需要"不间断地进入中国市场——广泛消费品领域内最大的半导体商业市场"，以保持竞争力，施加"过于宽泛、模糊和经常性的单方面限制"有可能"削弱美国半导体行业的竞争力、扰乱供应链、造成严重的市场不确定性和中国报复措施的升级"。③ 英伟达首席财务官科莉特·克雷斯（Colette Kress）认为："从长远来看，禁止向中国出售我们的数据中心图形处理单元的限制一旦实施，将导致美国产业在全球最大市场之一的中国，永久失去竞争和领先的机会，并影响我们未来的业务和财务业绩。""我们的企业必须在那里（中国市场）开展业务，才能实现持续增长和创新"，而不断升级的管制措施可能对美国半导体行业的全球竞争力构成重大风险。④

（三）国际社会怀疑遏制措施成效

美西方商界学界对拜登政府管制措施可能成效表示怀疑，认为尽管面临来自美国的控制和压力，但在未来的五到十年里，中国有望克服当前的困境，实现自主发展。阿斯麦首席执行官彼得·温宁克（Peter Wennink）

---

① "Semiconductors Fact Sheet," US Chamber of Commerce, accessed January 27, 2024, https://www.uschamber.com/assets/documents/024001_us-china_decoupling_factsheet_semiconductors_fin.pdf.

② Jeremy Mark, Dexter Tiff Roberts, "United States-China semiconductor standoff: A Supply Chain under Stress," Atlantic Council, February 23, 2023, accessed January 28, 2024, https://www.atlanticcouncil.org/in-depth-research-reports/issue-brief/united-states-china-semiconductor-standoff-a-supply-chain-under-stress/.

③ "SIA Statement on Potential Additional Government Restrictions on Semiconductors," Semiconductor Industry Association, July 17, 2023, accessed January 28, 2024, https://www.semiconductor.org/sia-statement-on-potential-additional-government-restrictions-on-semiconductors/.

④ "Nvidia Sees Permanent Loss of Opportunities from China Export Curbs," The Reuters, June 29, 2023, accessed January 28, 2024, https://www.reuters.com/technology/nvidia-sees-no-material-impact-reported-ai-chip-restrictions-china-cnbc-2023-06-28/.

表示，由美国主导的针对中国的半导体出口管制措施，最终或促使中国在高端芯片制造设备领域成功研发出自己的技术。[①] 印度尼西亚国家可持续发展研究所负责人安迪·维贾扬托（Andy Widjajanto）在"瓦尔代"国际辩论俱乐部第十九届年会开幕式上指出："美国正在试图阻止中国在 5G 等现代技术领域的崛起。但到 2030 年中国或将成为该领域的领导者。为了阻止中国的崛起，美国试图在技术方面与中国保持距离。但这只会加快中国成为技术超级大国的进程。到 2030 年，中国或将成为全球最大的半导体制造商，而这是数字时代最重要的。相反，美国反华措施将帮助中国成为技术超级大国。"[②] 遏制打压挡不住中国创新发展的步伐，也不利于包括美国企业在内的整个产业的健康发展。

回顾全球半导体产业 60 余年的发展历程，全球芯片产业链供应链的形成和发展，是市场规律和企业选择共同作用的结果。半导体是全球数字基础设施的核心，是全人类消除数字鸿沟的前提，更是现代社会民生保障的基础。[③] 美国应切实尊重国际经贸规则和市场经济规则，客观理性看待中国发展，正确处理中美科技关系，不打压中国发展，推动中美关系走上可预期、可持续、健康稳定发展轨道。

---

① Cagan Koc, "ASML Says Chip Controls Will Push China to Create Own Technology," Bloomberg, January 26, 2023, accessed January 28, 2024, https://www.bloomberg.com/news/articles/2023-01-25/asml-says-chip-controls-will-push-china-to-create-own-technology.

② 《印尼专家：美国反华技术举措将帮助中国成为技术超级大国》，俄罗斯卫星通讯社，2022年 10 月 24 日，https://sputniknews.cn/20221024/1044988221.html? continueFlag = 020492a3649c95b98069726d91bb53f2，访问日期：2024 年 2 月 2 日。

③ 中国半导体行业协会：《就美日荷限制向中国出口相关芯片制造设备，中国半导体行业协会严正声明》，2023 年 2 月 15 日，https://web.csia.net.cn/newsinfo/5366860.html，访问日期：2024 年 2 月 2 日。

【附件】

2023 年中国军控与裁军文件摘编

2023 年中国军控与裁军文件摘编

一、领导人讲话及报告文件

建设一个更加安全的世界——王毅主任在第 59 届慕尼黑安全会议中国专场上的主旨讲话（2023 年 2 月 18 日）

全球安全倡议概念文件（2023 年 2 月 21 日）

坚持团结合作，共谋世界发展——王毅在 2023 年全球智库大会上的视频致辞（2023 年 9 月 2 日）

关于全球治理变革和建设的中国方案（2023 年 9 月 13 日）

构建人类命运共同体　共创世界更美好未来——中华人民共和国副主席韩正在第 78 届联合国大会一般性辩论上的讲话（2023 年 9 月 21 日）

在人类命运共同体伟大旗帜引领下胸怀天下，携手前行——王毅在《携手构建人类命运共同体：中国的倡议与行动》白皮书发布会上的致辞（2023 年 9 月 26 日）

全球人工智能治理倡议（2023 年 10 月 20 日）

中国关于加强人工智能伦理治理的立场文件（2023 年 11 月 16 日）

全力消弭战火　共促中东和平——王毅在安理会巴以问题高级别会议上的讲话（2023 年 11 月 29 日）

中央外事工作会议在北京举行　习近平发表重要讲话（2023 年 12 月 28 日）

二、联合国安理会和第 78 届联大发言

戴兵大使在安理会伊拉克问题公开会上的发言（2023 年 2 月 2 日）

戴兵大使在安理会审议向乌克兰提供武器问题时的发言（2023 年 2 月 8 日）

年 10 月 25 日）

中国裁军大使沈健代表"在国际安全领域促进和平利用国际合作"联大决议共提国在第 78 届联大一委的共同发言（2023 年 10 月 25 日）

耿爽大使在安理会审议向乌克兰提供武器问题时的发言（2023 年 10 月 27 日）

中国裁军大使沈健在第 78 届联大一委关于信息安全和人工智能的专题发言（2023 年 10 月 31 日）

中国裁军大使沈健在 78 届联大一委关于裁军机制问题的专题发言（2023 年 10 月 31 日）

耿爽大使在安理会朝核问题公开会上的发言（2023 年 11 月 27 日）

耿爽大使在安理会审议向乌克兰提供武器问题时的发言（2023 年 12 月 11 日）

张军大使在安理会"轻小武器对和平安全的威胁"公开会的发言（2023 年 12 月 15 日）

耿爽大使在安理会伊核问题公开会上的发言（2023 年 12 月 18 日）

耿爽大使在安理会朝核问题公开会上的发言（2023 年 12 月 19 日）

三、热点军控问题

军控裁军是一项值得奔赴的事业——李松大使在 2023 年裁谈会首次全会上的发言（2023 年 1 月 25 日）

中国代表团团长谈践大使出席"军事领域负责任人工智能"峰会的发言（2023 年 2 月 17 日）

外交部军控司司长孙晓波在"临甲 7 号沙龙——日本福岛核污染水处置问题吹风会"上的发言（2023 年 3 月 16 日）

中国代表团在《禁止化学武器公约》第五次审议大会一般性辩论上的发言（2023 年 5 月 24 日）

中国国家原子能机构主任张克俭出席国际原子能机构六月理事会（2023 年

6 月 5 日）

中国代表在国际原子能机构理事会严厉抨击日本排放福岛核污染水（2023年6月5日）

在国际原子能机构六月理事会上关于伊朗核问题的发言（2023年6月6日）

在国际原子能机构六月理事会上关于叙利亚核问题的发言（2023年6月6日）

在国际原子能机构六月理事会上关于朝鲜半岛核问题的发言（2023年6月6日）

在国际原子能机构六月理事会上关于对伊保障监督问题的发言（2023年6月7日）

李松大使在国际原子能机构六月理事会上关于中东无大规模杀伤性武器区问题的发言（2023年6月8日）

李松大使在国际原子能机构深入揭批美英澳核潜艇合作：掩耳盗铃　暗度陈仓（2023年6月8日）

中国代表再批日本福岛核污染水排海：做贼心虚，覆水难收（2023年6月9日）

李松大使为《环球时报》撰文：日本强推核污染水排海极不负责、覆水难收（2023年6月12日）

中国为《全面禁核试条约》国际监测系统惠及科技民生作出积极贡献（2023年6月19日）

中国国家原子能机构秘书长邓戈就日本福岛核污染水排海问题对外发声（2023年7月4日）

生态环境部（国家核安全局）相关负责人就国际原子能机构发布日本福岛核污染水处置综合评估报告答记者问（2023年7月5日）

李松大使为《中国日报》撰文：在福岛核污染水里游泳荒谬至极（2023年7月12日）

中国代表团团长谈践大使出席禁化武组织第103届执理会一般性辩论发言

（2023 年 7 月 12 日）

张军大使阐述中国在朝鲜半岛问题上的立场（2023 年 7 月 13 日）

维护《不扩散核武器条约》权威，服务国际安全与发展——外交部军控司司长孙晓波在《不扩散核武器条约》第十一次审议大会第一次筹备会一般性辩论中的发言（2023 年 8 月 1 日）

中国新任裁军事务大使沈健在日内瓦裁军谈判会议的到任发言（2023 年 8 月 24 日）

中国裁军大使沈健：外空安全治理必须杜绝冷战思维（2023 年 9 月 15 日）

陈旭大使在人权理事会谴责日本向海洋排放核污染水侵犯人权（2023 年 9 月 15 日）

耿爽大使在第十三届促进《全面禁止核试验条约》生效大会上的发言（2023 年 9 月 22 日）

中国代表团团长、裁军大使沈健在《特定常规武器公约》五号议定书第 17 次年会上的发言（2023 年 11 月 16 日）

中国代表团团长、裁军大使沈健在《特定常规武器公约》2023 年缔约国大会上的发言（2023 年 11 月 21 日）

中国代表团团长谈践大使在《禁止化学武器公约》第 28 届缔约国大会一般性辩论中的发言（2023 年 11 月 29 日）

四、其他军控与裁军问题

中国代表团在国际原子能机构预算问题特别大会上的发言（2023 年 1 月 27 日）

中国代表团在联合国外空委科技小组委员会第 60 届会议上的一般性发言（2023 年 2 月 13 日）

中华人民共和国关于在《禁止化学武器公约》框架下促进和平利用国际合作的立场文件（2023 年 3 月 27 日）

中华人民共和国关于日本遗弃在华化学武器问题的立场文件（2023 年 3 月

27 日）

中国代表团在 2023 年联合国裁审会一般性辩论中的发言（2023 年 4 月 4 日）

中国向国际社会介绍枪支管控成功经验（2023 年 5 月 3 日）

耿爽大使在第四届建立中东无核及其他大规模杀伤性武器区会议上的发言
（2023 年 11 月 13 日）

中方支持国际原子能机构《净零需要核能》声明（2023 年 12 月 7 日）

一、领导人讲话及报告文件

建设一个更加安全的世界

——王毅主任在第 59 届慕尼黑安全会议中国专场上的主旨讲话

（2023 年 2 月 18 日）

各位朋友，各位同事，

很高兴时隔三年，再次来到慕尼黑安全会议现场，与各位新老朋友面对面交流。

我还清晰地记得，三年前，新冠疫情刚刚暴发之际，我率领代表团来到这里，介绍中国一线的抗疫努力，呼吁各国同舟共济，共克时艰。国际社会也给予了中国宝贵理解和支持，我们对此深表感谢。

人类与新冠病毒长达三年的抗争，揭示了一个朴素的真理，那就是习近平主席多次强调的，我们都是地球村的成员，同属一个命运共同体。团结起来，我们才能战胜挑战；相互信任，我们就能取得胜利。

三年后的今天，虽然疫情得到了控制，但世界并没有更加安全。大国互信日益缺失，地缘裂痕不断扩大，单边主义大行其道，冷战思维卷土重来，能源、粮食、气候、生物、人工智能等新型安全威胁接踵而至。

站在历史演进的重要关头，人类社会绝不能重走阵营对立、分裂对抗的老路，绝不能陷入零和博弈、战争冲突的陷阱。建设一个更加安全的世界，是各国人民的强烈愿望，是世界各国的共同责任，更是时代前进发展的正确方向。

为了世界更安全，我们都要坚持尊重各国主权和领土完整。

强权政治、霸权行径扰乱世界安宁，已成为国际和平面临的最大破坏性因素。肆意干涉别国内部事务，无论编造什么理由，都是对国际关系基本准则的无视和背叛。在台湾问题上违背一个中国原则，制造"一中一台""两个中国"，无论作出什么包装，都是对中国领土完整的严重侵犯，也是对台海和平稳定的现实威胁。

主权原则是当代国际秩序的基石，各国都应切实遵守，言行一致，不能选择性适用，更不能搞双重标准。中国将坚定遏止分裂干涉行径，捍卫主权和领土完整。

为了世界更安全，我们都要坚持通过对话协商和平解决争端。

国与国难免出现矛盾和摩擦，施压抹黑、单边制裁，往往事与愿违，甚至贻害无穷。无论问题多么复杂，都不应放弃对话协商；无论争端如何尖锐，都应坚持政治解决；无论局势多么困难，都要给和平一个机会。

中国秉持习近平主席提出的共同、综合、合作、可持续安全观，根据事情本身的是非曲直，对国际争端采取负责任态度，发挥建设性作用。中国在乌克兰问题上的方针归结为一句话，就是劝和促谈。我们将为此发表"关于政治解决乌克兰危机的中国立场"，继续坚定地站在和平一边，站在对话一边。

为了世界更安全，我们都要回归联合国宪章宗旨和原则。

当今世界面临诸多动荡战乱，根源正是宪章的宗旨和原则没有得到真正的遵守。挑起意识形态对立，编织排他性小圈子，破坏了国际团结，阻碍了国际合作。夸大安全威胁，蓄意制造紧张，削弱了战略互信，增加了误判风险。

当务之急是，各方都应放弃本国利益优先的"小道理"，服从遵守联合国宪章宗旨和原则的"大道理"。共同反对冷战思维，共同抵制阵营对抗。

为了世界更安全，我们都要重视发展的关键作用。

世界不能富者恒富、贫者恒贫。必须加快落实联合国 2030 年可持续发展目标，切实保障世界各国特别是广大发展中国家的正当发展权利，助力落后地区改善民生，振兴经济，标本兼治，消除滋生冲突的土壤。

世界更不应走上保护主义、脱钩断链的歧途。必须坚决抵制将贸易科技合作政治化、武器化、意识形态化的图谋。各国人民都过上好日子，安全才可能牢固和持久。

各位朋友，

建设一个更加安全的世界，是中国矢志不渝的追求。

去年底，中国共产党举行第二十次全国代表大会。习近平总书记庄重宣告，新时代新征程上，我们的中心任务就是以中国式现代化全面推进中华民族伟大复兴。如何完成这一人类历史上规模最大的现代化进程，中国的回答明确且坚定，那就是坚持走和平发展道路。和平发展不是权宜之计，更不是外交辞令，而是中国从历史、现实和未来的深刻思考中作出的战略抉择。

回望过去，近代中国饱受侵略、扩张之不幸，深知和平之宝贵、发展之重要。新中国成立之初我们就提出和平共处五项原则，70多年来中国从未主动挑起一场战争，从未侵占别国一寸土地，并且是世界上唯一将和平发展写进宪法的国家，是五核国中唯一承诺不首先使用核武器的国家。中国的和平记录经得起历史检验，中国的和平崛起开创了人类奇迹。

立足当下，实现高质量发展，让中国老百姓过上更加幸福美好的生活，是中国党和政府的第一要务。我们深知，要发展，就需要和平安宁的国际环境，就必须与各国和平共处，与世界合作共赢。我们始终高举和平、发展、合作、共赢旗帜，致力于深化拓展平等、开放、合作的全球伙伴关系。

展望未来，和平与发展是潮流所趋，人心所向。有人笃信"国强必霸"，认为中国强大起来就会抛弃和平发展。但中国已经用事实证明，这条和平发展道路不仅走得通，而且很成功，我们没有理由放弃，还要更加坚定地走下去，团结更多国家一道走和平发展道路。中国的力量每增长一分，世界的和平就多一分希望；各国共同致力于和平发展，人类的未来就能充满光明。

近年来，习近平主席洞察天下大势，提出全球发展倡议和全球安全倡议，为解决人类面临的和平与发展两大难题提供了中国方案、贡献了中国智慧。目前已有100多个国家和包括联合国在内多个国际组织支持上述两大倡议，近70个国家加入"全球发展倡议之友小组"。我愿在此宣布，中国将于近期发布

《全球安全倡议概念文件》，为解决全球安全难题提供更系统的思路，更可行的举措，欢迎各国积极参与。

各位朋友，

建设一个更加安全的世界，当然也离不开中欧双方的正确选择。

中欧作为多极化进程的两大力量，两大市场，两大文明，我们作出的选择对世界的走向举足轻重。如果我们选择对话与合作，阵营对立就不会形成；如果我们选择和平与稳定，新的冷战就打不起来；如果我们选择开放与共赢，全球的发展繁荣就有了希望。这是我们的共同责任，是我们对历史，对人类应当提交的答卷。

慕尼黑有一座闻名遐迩的和平天使雕像，既是人类对战争结束的纪念，更是对永续和平的期待。道虽远，行则将至；事虽难，做则必成。我们应携起手来，为建设一个更加安全的世界而共同努力。

谢谢！下面我愿同大家进行交流。

全球安全倡议概念文件

（2023 年 2 月 21 日）

一、背景

安全问题事关各国人民的福祉，事关世界和平与发展的崇高事业，事关人类的前途命运。

当前，世界之变、时代之变、历史之变正以前所未有的方式展开，国际社会正经历罕见的多重风险挑战。地区安全热点问题此起彼伏，局部冲突和动荡频发，新冠疫情延宕蔓延，单边主义、保护主义明显上升，各种传统和非传统安全威胁交织叠加。和平赤字、发展赤字、安全赤字、治理赤字加重，世界又一次站在历史的十字路口。

我们所处的是一个充满挑战的时代，也是一个充满希望的时代。我们深信，和平、发展、合作、共赢的历史潮流不可阻挡。维护国际和平安全、促进全球发展繁荣，应该成为世界各国的共同追求。中国国家主席习近平提出全球安全倡议，倡导以团结精神适应深刻调整的国际格局，以共赢思维应对复杂交织的安全挑战，旨在消弭国际冲突根源、完善全球安全治理，推动国际社会携手为动荡变化的时代注入更多稳定性和确定性，实现世界持久和平与发展。

二、核心理念与原则

（一）坚持共同、综合、合作、可持续的安全观。习近平主席 2014 年首次提出共同、综合、合作、可持续的新安全观，赢得国际社会普遍响应和广泛认同。这一安全观的核心内涵，就是主张秉持共同安全理念，尊重和保障每一个国家的安全；主张重视综合施策，统筹维护传统领域和非传统领域安全，协调推进安全治理；主张坚持合作之道，通过政治对话、和平谈判来实现安全；主张寻求可持续安全，通过发展化解矛盾，消除不安全的土壤。我们认为，只有基于道义和正确理念的安全，才是基础牢固、真正持久的安全。

（二）坚持尊重各国主权、领土完整。主权平等和不干涉内政是国际法基本原则和现代国际关系最根本准则。我们主张国家不分大小、强弱、贫富，都是国际社会的平等一员，各国内政不容干涉，主权和尊严必须得到尊重，自主选择发展道路和社会制度的权利必须得到维护。应坚持主权独立平等，推动各国权利平等、规则平等、机会平等。

（三）坚持遵守联合国宪章宗旨和原则。联合国宪章宗旨和原则承载着世界人民对两次世界大战惨痛教训的深刻反思，凝结了人类实现集体安全、永久和平的制度设计。当今世界发生的各种对抗和不公，不是因为联合国宪章宗旨和原则过时了，而是由于其未能得到有效维护和履行。我们呼吁共同践行真正的多边主义，坚定维护以联合国为核心的国际体系、以国际法为基础的国际秩序、以联合国宪章宗旨和原则为基础的国际关系基本准则，维护联合国权威及其在全球安全治理中的主要平台地位。冷战思维、单边主义、阵营对抗、霸权主义与联合国宪章精神相违背，应当受到抵制和反对。

（四）坚持重视各国合理安全关切。人类是不可分割的安全共同体，一国安全不应以损害他国安全为代价。我们认为，各国安全利益都是彼此平等的。任何国家的正当合理安全关切都应得到重视和妥善解决，不应被长期忽视和系统性侵犯。任何国家在谋求自身安全时都应兼顾其他国家合理安全关切。我们主张秉持安全不可分割原则，倡导自身安全与共同安全不可分割，传统安全与非传统安全不可分割，安全权利与安全义务不可分割，安全与发展不可分割，构建均衡、有效、可持续的安全架构，从而实现普遍安全、共同安全。

（五）坚持通过对话协商以和平方式解决国家间的分歧和争端。战争和制裁不是解决争端的根本之道，对话协商才是化解分歧的有效途径。我们呼吁加强国家间战略沟通，增进安全互信，化解矛盾，管控分歧，消除危机产生的根源。大国应坚持公道正义，承担应尽责任，支持平等协商，根据当事国需要和愿望劝和促谈、斡旋调停。国际社会应支持一切有利于和平解决危机的努力，鼓励冲突各方以对话建互信、解纷争、促安全。滥用单边制裁和"长臂管辖"不但解决不了问题，反而会制造更多困难和复杂因素。

（六）坚持统筹维护传统领域和非传统领域安全。当前，安全的内涵和外延更加丰富，呈现更加突出的联动性、跨国性、多样性，传统安全威胁和非传统安全威胁相互交织。我们倡导各国践行共商共建共享的全球治理观，共同应对地区争端和恐怖主义、气候变化、网络安全、生物安全等全球性问题，多管齐下、综合施策，完善规则，携手寻求长远解决之道，推进全球安全治理，防范化解安全困境。

上述"六个坚持"彼此联系、相互呼应，是辩证统一的有机整体。其中，坚持共同、综合、合作、可持续的安全观是理念指引，坚持尊重各国主权、领土完整是基本前提，坚持遵守联合国宪章宗旨和原则是根本遵循，坚持重视各国合理安全关切是重要原则，坚持通过对话协商以和平方式解决国家间的分歧和争端是必由之路，坚持统筹维护传统领域和非传统领域安全是应有之义。

三、重点合作方向

实现世界持久和平，让每一个国家享有和平稳定的外部环境，让每一个国家的人民都能安居乐业，人民权利得到充分保障，是我们的共同愿望。各国需要同舟共济、团结协作，构建人类安全共同体，携手建设一个远离恐惧、普遍安全的世界。

为实现上述愿景，中方将在全球安全倡议框架下开展与世界各国和国际、地区组织的双多边安全合作，积极推进安全理念对接和利益共融。我们倡导各方在包括但不限于以下方面积极开展单项或多项合作，与中方的努力互补互促，共同促进世界和平安宁。

（一）积极参与联合国秘书长"我们的共同议程"报告关于制定"新和平纲领"等建议的工作。支持联合国加大预防冲突努力，充分发挥建设和平架构的作用，帮助冲突后国家开展建设和平工作。进一步发挥中国-联合国和平与发展基金秘书长和平与安全子基金作用，支持联合国在全球安全事务中发挥更大作用。

支持联合国提高维和行动履行授权能力，坚持当事方同意、保持中立、非自卫或履行授权不使用武力的维和行动三原则，坚持政治优先，综合施策，标本兼治。维和行动应获得充足资源，支持为非盟自主和平行动提供充足、可预测、可持续的资金支持。

（二）促进大国协调和良性互动，推动构建和平共处、总体稳定、均衡发展的大国关系格局。大国在维护国际和平与安全上承担特殊重要责任。倡导大国带头讲平等、讲诚信、讲合作、讲法治，带头遵守《联合国宪章》和国际法。坚持相互尊重、和平共处、合作共赢，坚守不冲突不对抗的底线，求同存异、管控分歧。

（三）坚决维护"核战争打不赢也打不得"共识。遵守2022年1月五核国领导人发表的《关于防止核战争与避免军备竞赛的联合声明》，加强核武器国家对话合作，降低核战争风险。维护以《不扩散核武器条约》为基石的国际核不扩散体系，积极支持有关地区国家建立无核武器区。促进核安全国际合作，建立公平、合作、共赢的国际核安全体系。

（四）全面落实第76届联大通过的"在国际安全领域促进和平利用国际合作"决议。

在联合国安理会防扩散委员会、《禁止化学武器公约》、《禁止生物武器公约》等框架下开展合作，推动全面禁止和彻底销毁大规模杀伤性武器，提升各国防扩散出口管制、生物安全、化武防护等方面能力水平。

支持全球常规武器军控进程。支持在尊重非洲国家意愿的前提下开展中国、非洲、欧洲轻小武器管控合作，支持落实"消弭非洲枪声"倡议。积极开展人道主义扫雷国际合作及援助，为雷患国家提供更多力所能及的帮助。

（五）推动政治解决国际和地区热点问题。鼓励当事国坚持通过坦诚对话沟通，化解分歧，寻求热点问题的解决之道。支持国际社会在不干涉内政前提下，以劝和促谈为主要方式，以公平务实为主要态度，以标本兼治为主要思路，建设性参与热点问题政治解决。支持通过对话谈判政治解决乌克兰危机等热点问题。

（六）支持和完善以东盟为中心的地区安全合作机制和架构，秉持协商一致、照顾各方舒适度等"东盟方式"，加强地区国家间的安全对话与合作。支持在澜沧江-湄公河合作框架下推进非传统安全领域合作，通过澜湄合作专项基金实施相关合作项目，努力打造全球安全倡议实验区，共同维护地区和平稳定。

（七）落实实现中东安全稳定的五点倡议，倡导相互尊重，坚持公平正义，实现核不扩散，共建集体安全，加快发展合作，共同推动构建中东安全新架构。支持中东国家加强对话、改善关系的积极势头和努力，照顾各方合理安全关切，壮大维护地区安全的内生力量，支持阿拉伯国家联盟等区域组织为此发挥建设性作用。国际社会应采取实际步骤推进巴勒斯坦问题"两国方案"，召开更大规模、更有权威、更有影响的国际和会，推动巴勒斯坦问题早日得到公正解决。

（八）支持非洲国家、非洲联盟、次区域组织为解决地区冲突、反对恐怖主义、维护海上安全所作努力，呼吁国际社会向非洲主导的反恐行动提供资金和技术，支持非洲国家增强自主维护和平的能力。支持以非洲方式解决非洲问题，推动非洲之角以及萨赫勒、大湖地区等热点问题和平解决。积极落实"非洲之角和平发展构想"，推动非洲之角和平会议机制化，积极打造合作示范项目。

（九）支持拉美和加勒比国家积极践行《宣布拉美和加勒比为和平区的公告》承诺，支持包括拉共体在内的区域和次区域组织为维护地区和平安全、妥善处理地区热点问题发挥积极作用。

（十）重视太平洋岛国在气候变化、自然灾害和公共卫生等领域特殊处境和合理关切，支持太平洋岛国为应对全球性挑战所作努力，支持岛国落实其《蓝色太平洋2050战略》。加大提供物资、资金和人才支持，帮助岛国提升应对非传统安全威胁的能力。

（十一）加强海上对话交流和务实合作，妥善处理海上分歧，携手打击海盗、武装抢劫等海上跨国犯罪，合力维护海洋和平安宁和航道安全。倡导跨境河流上下游国家积极开展国际合作，通过对话协商解决相关争议，保障跨境河流航运安全，合理利用和保护水资源，保护跨境河流生态环境。

（十二）加强联合国在国际反恐斗争中的中心协调作用，支持国际社会全面落实联大和安理会反恐决议及《联合国全球反恐战略》，共同打击所有被安理会列名的恐怖组织和人员。推动全球反恐资源进一步向发展中国家倾斜，加大发展中国家反恐能力建设。反对将恐怖主义与特定国家、民族和宗教挂钩。深入研究和应对新兴技术对国际反恐斗争的影响。

（十三）深化信息安全领域国际合作。中方已提出《全球数据安全倡议》，希望推动达成反映各方意愿、尊重各方利益的全球数字治理规则。持续推进落实《中国-阿拉伯联盟数据安全合作倡议》和《"中国+中亚五国"数据安全合作倡议》，共同应对各类网络威胁，构建开放包容、公平合理、安全稳定、富有生机活力的全球网络空间治理体系。

（十四）加强生物安全风险管理。共同倡导负责任的生物科研，鼓励各利益攸关方自愿采纳《科学家生物安全行为准则天津指南》。共同加强实验室生物安全能力建设，降低生物安全风险，促进生物科技健康发展。

（十五）加强人工智能等新兴科技领域国际安全治理，预防和管控潜在安全风险。中国已就人工智能军事应用和伦理治理发布立场文件，愿与国际社会就人工智能安全治理加强沟通交流，推动达成普遍参与的国际机制，形成具有广泛共识的治理框架和标准规范。

（十六）加强外空领域国际合作，维护以国际法为基础的外空国际秩序。基于国际法开展外空活动，维护在轨航天员的安全和空间设施的长期可持续。尊重并确保各国平等享有和平利用外空的权利。坚决反对外空武器化和军备竞赛，支持谈判缔结外空军控国际法律文书。

（十七）支持世界卫生组织在全球公共卫生治理中发挥领导作用，有效统筹、调动全球资源，共同应对包括新型冠状病毒感染在内的全球性重大传染病。

（十八）维护全球粮食和能源安全。加强行动协调，维护国际农产品贸易平稳运行，保障粮食生产和供应链畅通，避免将粮食安全问题政治化、武器化。加强国际能源政策协调，为保障能源运输创造安全稳定环境，共同维护全球能源市场和能源价格稳定。

（十九）全面、有效落实《联合国打击跨国有组织犯罪公约》。鼓励各国为打击跨国犯罪，缔结或参加有关国际条约、公约或协议，或者作出制度性安排。支持联合国三项禁毒公约，维护国际禁毒体制，倡导国际社会协调一致、责任共担、真诚合作，共同应对毒品问题带来的挑战，构建不受毒品危害的人类命运共同体。在尊重各国主权基础上积极开展执法合作，共同提升执法能力和安全治理水平。支持建立全球培训体系，为发展中国家培训更多适应维护自身安全需要的执法人员。

（二十）支持各国在气候变化、供应链产业链稳定畅通等领域合作，加快落实联合国 2030 年可持续发展议程，以可持续发展促进可持续安全。

四、合作平台和机制

（一）利用联合国大会和各相关委员会、安理会、相关机构以及其他有关国际和地区组织等平台，根据各自职责，围绕和平与安全问题广泛讨论沟通，提出共同倡议主张，汇聚国际社会应对安全挑战共识。

（二）发挥上海合作组织、金砖合作、亚信、"中国+中亚五国"、东亚合作相关机制等作用，围绕彼此一致或相近目标逐步开展安全合作。推动设立海湾地区多边对话平台，发挥阿富汗邻国外长会、非洲之角和平会议等协调合作机制作用，促进地区乃至世界的和平稳定。

（三）适时举办全球安全倡议高级别活动，加强安全领域政策沟通，促进政府间对话合作，进一步凝聚国际社会应对安全挑战合力。

（四）支持中非和平安全论坛、中东安全论坛、北京香山论坛、全球公共安全合作论坛（连云港）以及其他国际性交流对话平台为深化安全领域交流合作继续作出积极贡献。鼓励创设全球性安全论坛，为各国政府、国际组织、智库、社会组织等发挥各自优势参与全球安全治理提供新平台。

（五）围绕应对反恐、网络、生物、新兴科技等领域安全挑战，搭建更多国际交流合作平台和机制，共同提升非传统安全治理能力。鼓励各国高等军事院校、高等警察院校之间加强交流合作。未来5年中方愿向全球发展中国家提供5000个研修培训名额用于培养专业人才，共同应对全球性安全问题。

全球安全倡议秉持开放包容原则，欢迎和期待各方参与，共同丰富倡议内涵，积极探索开展新形式新领域合作。中方愿同世界上所有爱好和平、追求幸福的国家和人民携手同行，协力应对各种传统和非传统安全挑战，并肩守护地球家园的和平安宁，共同开创人类更加美好的未来，让和平的薪火代代相传、平安的钟声响彻人间。

坚持团结合作，共谋世界发展

——王毅在 2023 年全球智库大会上的视频致辞

（2023 年 9 月 2 日）

尊敬的迪诺主席，

各位嘉宾，各位朋友：

很高兴再次参加全球智库大会。多年来，大会聚焦国际发展大势，思考人类前途命运，为亚洲和世界的发展繁荣建言献策。今年会议的主题是促进"南北东西民间社会对话"，这在变乱交织的国际变局下非常重要。

习近平主席不久前在金砖国家领导人第十五次会晤上指出，世界百年变局加速演进，既有分裂对抗之危，也有团结合作之机。历史的钟摆朝向何方，取决于我们的抉择。为此，中方愿提出几点倡议：

第一，要始终坚持真正的多边主义，共同推动完善全球治理体系。当今时代，新兴市场国家和发展中国家群体性崛起，世界多极化和国际关系民主化呈现强劲势头。上周，金砖国家领导人约翰内斯堡会晤成功召开，金砖合作机制迈出扩员历史性步伐，谱写了全球南方国家团结合作的新篇章。

作为塑造国际格局的重要力量，我们要坚持独立自主，尊重各国选择的发展道路，把命运牢牢掌握在自己手中；我们要坚持团结互助，在涉及彼此核心利益问题上相互支持，就重大国际和地区问题加强协调，不断提升全球南方在国际事务中的话语权和影响力；我们要坚持公平正义，始终维护以联合国为核心的国际体系，反对霸权霸凌霸道，共同推动全球治理朝着更加公正合理的方向发展。

第二，要积极践行开放的区域主义，促进亚洲发展振兴。习近平主席多次指出，开放是亚太合作的生命线，应当坚持开放的区域主义。这是亚洲跃升为世界最具活力和增长潜力地区的宝贵经验，也是未来实现持久繁荣的必然选择。

当前，亚洲成为世界经济复苏发展的高地，担负推进新一轮全球化的重任。我们要把握机遇，顺势而上，坚持以开放理念引领地区经济一体化，全面发挥《区域全面经济伙伴关系协定》作用，反对"脱钩断链"，反对"小院高墙"，构建更加畅通融合的区域经济循环。我们要坚持以包容心态构建开放而非排他的朋友圈，尊重东盟中心地位和东盟主导的地区合作框架，摒弃冷战思维，反对零和博弈，让本地区远离地缘政治的计算，不当大国博弈的棋子。

第三，要努力弘扬睦邻友好的相处之道，共同打造周边命运共同体。十年前，习近平主席提出亲诚惠容周边外交理念。十年来，我们在这一重要理念的引领下，同周边国家同舟共济，守望相助，政治互信更加巩固，利益融合更加紧密，民间感情更加友好。

中国始终将周边置于外交全局的优先位置，致力于建设安定繁荣的共同家园。我们要赓续睦邻友好的传统，弘扬求同存异的精神，让和平共处五项原则和"万隆精神"在新时代绽放光芒。我们要坚持与邻为善、以邻为伴，像走亲戚一样与周边国家常来常往，在相互尊重中增进互信。我们要加强投资贸易，加深产供链融合，加快互联互通，在相互成就中实现共赢。我们要发扬以和为贵的亚洲价值，推进文化、旅游、智库、媒体、青年等领域交流，使地区民众更加相知、相亲、相融。

第四，要坚定奉行共同、综合、合作、可持续的安全观，共同维护地区和平稳定。乌克兰危机给人类敲响警钟，类似悲剧决不能在亚洲上演。我们要通过对话合作促进地区安全，反对牺牲别国谋求自身绝对安全。通过对话妥善处理和管控分歧，共同维护地区来之不易的和平局面。

多年来，在中国和东盟共同努力下，《南海各方行为宣言》全面落实，南海局势总体稳定，为地区发展提供了良好环境。然而树欲静而风不止。个别域外势力为服务自身地缘政治需要，不断在南海问题上煽风点火，在地区国家中挑拨离间，这种破坏南海和平的图谋不会得逞，这一躲在幕后的黑手必须揭露。中方始终愿同有关国家通过对话妥处分歧，寻求管控海上局势的有效途径；始终愿与东盟国家全面有效落实《宣言》，力争早日达成"准则"，共同将南海建设成为和平之海、友谊之海、合作之海。

各位朋友，

乘历史大势而上，走人间正道致远。十年前，习近平主席审时度势，提出"一带一路"倡议。十年来，"一带一路"落地生根，蓬勃发展，已成为开放包容、互利互惠、合作共赢、广受欢迎的国际合作平台。下个月，中国将主办第三届"一带一路"国际合作高峰论坛。我们愿同国际社会一道，全面总结"一带一路"倡议取得的成就和经验，深入探讨新的起点上高质量共建"一带一路"的思路和举措。

在这个充满希望和挑战的时代，我们要认清历史发展的指南针，掌好人类前进的方向盘。以天下之利为利，以人民之心为心，坚持团结合作，共谋世界发展，共创更加美好的未来！

最后，预祝本届全球智库大会取得圆满成功！

关于全球治理变革和建设的中国方案

（2023 年 9 月 13 日）

当前，世界之变、时代之变、历史之变正以前所未有的方式展开，和平赤字、发展赤字、安全赤字、治理赤字不断加重，人类前途命运再次来到何去何从的十字路口。同时，世界多极化、经济全球化持续演进，和平、发展、合作、共赢的时代潮流不可阻挡，讲团结、促合作、求进步仍然是人心所向。

今年是习近平主席提出构建人类命运共同体理念十周年。面对世界百年未有之大变局，习近平主席立足中国，胸怀世界，创造性提出构建人类命运共同体理念，为世界未来发展指明方向，为应对共同挑战提供方案。十年来，构建人类命运共同体从理念转化为行动，从愿景转变为现实。中国呼吁国际社会践行真正的多边主义，维护以联合国为核心的国际体系，支持联合国在国际事务中发挥核心作用，推动全球治理体系发展完善，共同构建人类命运共同体。

一、加强全球安全治理，维护世界和平稳定

安全是人类最基本需求，也是最重要的国际公共产品。当前，热点问题频发，地缘冲突加剧，单边霸凌肆虐，国际社会需要和平而非战争、信任而非猜疑、团结而非分裂、合作而非对抗。中国欢迎联合国秘书长古特雷斯提出"新和平纲领"，愿同各方就此深入沟通，凝聚共识。

习近平主席提出全球安全倡议，倡导坚持共同、综合、合作、可持续的安全观，坚持尊重各国主权、领土完整，坚持遵守联合国宪章宗旨和原则，坚持重视各国合理安全关切，坚持通过对话协商以和平方式解决国家间的分歧与争端，坚持统筹维护传统领域和非传统领域安全，共同构建人类安全共同体。

中国坚定支持政治解决乌克兰危机。各国主权、领土完整都应得到维护，联合国宪章宗旨和原则都应得到遵守，各方合理安全关切都应得到重视，一切有利于和平解决危机的努力都应得到支持。危机根源在于欧洲安全治理出了问题，只有当事方正视问题症结，停止转移矛盾，通过积累互信、兼顾彼此合理安全关切，才能逐步为止战和谈创造条件。冲突战争没有赢家，制裁打压、火上浇油只会激化局势。必须坚持相互尊重，摒弃冷战思维，不搞团团伙伙，放弃阵营对抗，推动构建均衡、有效、可持续的欧洲安全架构。

中国主张维护朝鲜半岛和平稳定，实现半岛无核化、建立半岛和平机制，通过对话协商解决问题，均衡解决各方合理关切。当前形势下，有关方应保持冷静克制，努力推动局势缓和，为重启对话付出努力和创造条件，而不是执迷于制裁施压，激化矛盾，加剧紧张。中国一直积极劝和促谈，愿同国际社会一道，按照"双轨并进"思路和分阶段、同步走原则，为推动半岛问题政治解决进程发挥建设性作用。

中国呼吁国际社会尊重阿富汗独立、主权、领土完整，坚持"阿人主导、阿人所有"原则，并在此基础上同阿保持接触对话，持续向阿提供人道和发展援助，支持阿融入地区互联互通和经济一体化进程，增强自主和可持续发展能力，正面引导和推动阿富汗包容建政、稳健施政、坚决反恐、对外友好。有关国家应切实从阿富汗变局中汲取教训，放弃在反恐问题上搞双重标准，无条件归还阿海外资产，解除对阿单边制裁，以实际行动履行对阿重建发展的责任。

中国坚定支持巴勒斯坦人民恢复民族合法权利的正义事业。解决巴勒斯坦问题的根本出路在于建立以 1967 年边界为基础、以东耶路撒冷为首都、享有完全主权的独立的巴勒斯坦国。国际社会应该加大对巴勒斯坦发展援助和人道主义帮扶，保障巴勒斯坦经济民生需求。要坚持和谈正确方向，尊重耶路撒冷宗教圣地历史上形成的现状，摒弃过激和挑衅言行，推动召开更大规模、更具权威、更有影响的国际和平会议，为重启和谈创造条件，为帮助巴勒斯坦和以色列两国和平共处作出切实努力。中方愿为巴方实现内部和解、推动和谈发挥积极作用。

中国主张政治解决伊朗核、叙利亚、苏丹、利比亚、也门等地区热点问题，支持中东地区国家独立自主探索发展道路，团结协作解决地区安全问题，维护地区长治久安。中国支持非洲国家以非洲方式解决非洲问题，推动非洲大陆恢复和平稳定，支持非洲国家和人民自主选择的现代化道路。支持非洲在国际事务中以一个声音说话，不断提升国际地位。中国将同非方深化团结协作，共同落实"支持非洲工业化倡议""中国助力非洲农业现代化计划"和"中非人才培养合作计划"，助力非洲一体化和现代化事业步入快车道。中国坚决反对个别国家对他国滥用单边制裁和"长臂管辖"，应为发展中国家发展经济和改善民生创造条件。

中国强烈谴责一切形式的恐怖主义和极端主义，反对将恐怖主义、极端主义与特定国家、民族、宗教挂钩，反对在反恐问题上采取双重标准，反对将反恐问题政治化、工具化。反恐应坚持综合施策、标本兼治，从源头消除恐怖主义滋生土壤。中国支持联合国发挥中心协调作用，帮助发展中国家提升反恐能力建设，推动国际反恐形成更大合力，并着力应对新兴技术带来的挑战。

核武器用不得、核战争打不得，国际社会应共同反对使用或威胁使用核武器。中国支持在五核国领导人关于防止核战争的联合声明基础上，为减少战略风险进一步作出努力。应遵循"维护全球战略稳定"和"各国安全不受减损"原则循序渐进推进核裁军，拥有最大核武库的国家应切实履行核裁军特殊、优先责任，继续有效执行《新削减战略武器条约》，以可核查、不可逆和有法律约束力的方式进一步大幅、实质削减核武库，为最终实现全面、彻底核裁军创造条件。《不扩散核武器条约》是国际核裁军与核不扩散体系的基石，是战后国际安全体系的重要组成部分，对促进世界和平与发展的作用不可替代。国际社会应平衡推进条约三大支柱，共同维护条约权威性、有效性和普遍性。

中国高度重视核安全，提出"理性、协调、并进"的核安全观，努力打造全球核安全命运共同体。核安全是核能发展和核技术应用的生命线，核能和平利用不能以牺牲自然环境和人类健康为代价。日本政府应全面回应国际社会对福岛核污染水排海问题的重大关切，履行应尽的道义责任和国际法义务，停止核污染水排海行动，以真诚态度同周边邻国充分沟通，接受严格国际监督，确保核污染水以科学、安全、透明的方式得到处置。

中国致力于维护《禁止化学武器公约》权威性和有效性，实现无化武世界的目标，敦促日本加快日遗化武销毁进程，坚持以《禁止化学武器公约》为准绳妥善处理化武热点问题，反对政治化，积极推动化学领域和平利用国际合作。

二、完善全球发展治理，共谋全球可持续发展

发展是人类社会的永恒追求，也是世界各国的共同责任。习近平主席提出全球发展倡议，呼吁国际社会增进团结互信，坚持发展优先，携手应对挑战，为推动联合国 2030 年可持续发展议程重回正轨注入动力。

中国将以落实全球发展倡议为引领，推动国际社会巩固扩大发展共识，将发展始终置于国际议程中心位置。加强全球、区域、次区域、国别层面发展战略对接，包括积极推动倡议同联合国发展领域进程形成合力，实现优势互补、联动发展。进一步调动各国政府、工商界、学术界、民间社会的发展资源，促进全球发展资源合理配置，深化倡议重点领域务实合作，同各方一道充实倡议开放式项目库。中国呼吁发达国家兑现在官方发展援助、气候融资等方面承诺，改进全球发展资源不平衡的局面，注重发展知识分享，为广大发展中国家提供能力建设支持。

今年是习近平主席提出"一带一路"倡议十周年。十年来，中国大力弘扬以和平合作、开放包容、互学互鉴、互利共赢为核心的丝路精神，以互联互通为主线，促进政策沟通、设施联通、贸易畅通、资金融通、民心相通，实现各国共同发展繁荣。今年 10 月，中国将举办第三届"一带一路"国际合作高峰论坛，愿以此为契机，推动共建"一带一路"实现更高合作水平、更高投入效益、更高供给质量、更高发展韧性，同各方深化各领域交流合作，推进共建"一带一路"同 2030 年可持续发展议程有效对接、协同增效，为推动全球发展事业作出更大贡献。

中国支持推动经济全球化朝着更加开放、包容、普惠、平衡、共赢的方向发展。国际社会要坚持以开放为导向，坚持多边主义，坚定维护自由贸易和多

边贸易体制，反对单边主义和保护主义，促进互联互通，鼓励融合发展；坚持以平等为基础，尊重各国的社会制度和发展道路，推动全球经济治理体系更加公正合理；坚持以合作为动力，坚持共商共建共享，促进合作共赢。

粮食安全事关人类生存之本，是落实 2030 年可持续发展议程的重要内容。中国支持联合国机构发挥专业优势和协调作用，动员国际社会特别是发达国家加大援助力度，缓解有关国家人民的燃眉之急。国际社会要加强合作，共同建立公平合理、持续稳定的农业贸易秩序，避免将粮食安全问题政治化、武器化。要加强对发展中国家特别是最脆弱国家的支持，帮助他们切实提升粮食安全保障水平。

中国支持走绿色低碳发展之路。推进能源公正转型，应充分尊重各国不同国情和能力，传统能源的逐步退出应建立在新能源安全可靠的替代基础上。当前全球能源安全面临严峻挑战，根源不是生产和需求问题，而是供应链出了问题，国际合作受到干扰。中国坚决反对将能源问题政治化、工具化、武器化，各国应共同努力畅通供应链，维护能源市场和价格稳定，实现人人获得可负担得起、可靠和可持续现代能源目标。

中国高度重视应对气候变化，主张各国应在多边框架下合力应对这一迫在眉睫的全球性挑战。应坚持《联合国气候变化框架公约》及其《巴黎协定》的目标、原则及制度安排，特别是共同但有区别的责任原则。发达国家应正视其历史责任，率先行动大幅减排，并切实兑现对发展中国家的资金、技术和能力建设支持。中国愿同国际社会一道，推动《巴黎协定》全面有效实施，携手共建公平合理、合作共赢的全球气候治理体系。

三、推进全球人权和社会治理，共促文明交流进步

不同文明之间平等交流、互学互鉴，将为人类破解时代难题、实现共同发展提供强大精神指引。习近平主席提出全球文明倡议，着眼推动不同文明交流互鉴、增进各国人民相知相亲、凝聚国际社会合作共识、促进人类文明发展进步，为推动人类社会现代化进程、推动构建人类命运共同体注入强大动力。

要尊重世界文明多样性，坚持文明平等、互鉴、对话、包容，以文明交流

超越文明隔阂、文明互鉴超越文明冲突、文明包容超越文明优越。要共同弘扬和平、发展、公平、正义、民主、自由的全人类共同价值，反对将价值观和模式强加于人，反对搞意识形态对抗。要重视文明传承和创新，充分挖掘各国历史文化的时代价值，推动各国优秀传统文化在现代化进程中实现创造性转化、创新性发展。

实现人人享有人权，是人类社会的共同追求。人民幸福生活是最大的人权。各国发展人权事业应坚持以人民为中心，将实现人民对美好生活的向往作为出发点和落脚点，不断解决好人民最关心最直接最现实的利益问题，让人民过上幸福生活。要保障人民民主权利，充分发挥人民的积极性、主动性、创造性，让人民真正当家作主，平等共享人权，成为人权事业发展的主要参与者、促进者、受益者。

促进和保护人权没有放之四海而皆准的模式，各国自主选择的人权发展道路必须得到尊重。人权是历史的、具体的、现实的。各国历史文化传统、社会制度、经济社会发展水平存在差异，选择的人权发展道路必然不同。各国应将人权普遍性原则同本国实际结合起来，从本国国情和人民要求出发推动人权事业发展。不能把人权问题政治化、工具化，搞双重标准，更不能以人权为借口干涉别国内政、围堵遏制别国发展。

人权的内涵是全面的、丰富的，各类人权同等重要，应统筹兼顾、系统推进。生存权、发展权是首要的基本人权，经济、社会、文化权利必须得到足够重视。种族歧视、宗教仇恨、单边强制措施对人权影响等长期存在的问题应尽快得到切实解决，数字科技、人工智能与人权等新问题应得到关注和妥善应对。

促进和保护人权需要国际社会共同努力。应以安全守护人权，尊重各国主权和领土完整，同走和平发展道路，践行全球安全倡议，为实现人权创造安宁的环境。应以发展促进人权，践行全球发展倡议，提高发展的包容性、普惠性和可持续性，做到发展为了人民，发展依靠人民，发展成果由人民共享。应以合作推进人权，践行全球文明倡议，在相互尊重、相互包容、平等相待基础上开展人权交流合作，相互借鉴，凝聚共识，共同推动人权文明发展进步。

人权理事会等联合国人权机构应成为对话合作的平台，不是对抗施压的场所。联合国人权机构应恪守《联合国宪章》宗旨和原则，秉持公正、客观、非选择性、非政治化原则，同会员国开展建设性对话与合作，尊重各国主权，在授权范围内客观公正履职。发展中国家在联合国人权机构人员代表性不足的状况应尽快得到改变。应通过纪念《世界人权宣言》75周年进一步推动国际人权对话与合作，促进国际人权事业健康发展。

推动妇女和儿童事业发展是社会治理的重要方面。国际社会要继续大力推进落实《北京宣言》和《行动纲领》，把保障妇女、儿童权益置于重要位置。要制定完善国家妇女儿童发展战略，采取综合措施确保妇女、儿童享有各项发展成果，实现妇女儿童事业和经济社会同步发展。要支持联合国发挥领导协调作用，加强全球妇女儿童事业国际合作。

教育是推动人类文明进步的重要力量。中国愿同世界各国加强教育交流，扩大教育对外开放，积极支持发展中国家教育事业发展。呼吁世界各国加大教育投入，推动教育更加公平、包容、安全。支持联合国在实现教育可持续发展目标方面发挥重要作用，以教育改革发展促进全球和平与可持续发展，助力实现教育机会均等、教育成果普惠，努力实现2030年可持续发展教育目标。

四、开拓全球新疆域治理，完善未来治理格局

科技进步和发展丰富了国际和平与安全的内涵和外延，深海、极地、外空、网络和数字、人工智能等成为全球治理新疆域。面对新形势新领域新挑战，要秉持和平、发展、普惠、共治原则，积极推动新疆域治理规则与时俱进，充分反映发展中国家意见、利益和诉求。充分保障发展中国家的参与权、话语权和决策权。

科技成果应该造福全人类，而不应该成为限制、遏制其他国家发展的手段。少数国家不得将霸权思维渗透到新疆域治理中，泛化国家安全概念，以科技优势构筑"小院高墙"。各国应抓住新一轮科技革命和产业革命的历史性机遇，加速科技成果向现实生产力转化，挖掘疫后经济增长新动能，携手实现跨

越式发展。联合国应发挥核心作用，落实"在国际安全领域促进和平利用国际合作"联大决议，确保发展中国家充分享受和平利用科技的权利，促进实现可持续发展目标，同时有效应对科技发展带来的安全风险。中国将以更加开放的思维和举措推进国际科技交流合作，同各国携手打造开放、公平、公正、非歧视的科技发展环境，促进互惠共享，为人类发展进步贡献中国科技力量。

人工智能的发展惠及各国，其全球治理也应由各国广泛参与。各方应秉持共商共建共享原则，发挥联合国主渠道作用，坚持以人为本、智能向善、注重发展、伦理先行等理念，增加发展中国家代表性和发言权，推动形成具有广泛共识的治理框架和标准规范，确保人工智能安全、可靠、可控，确保各国共享人工智能技术红利。

国际社会应致力于维护一个和平、安全、开放、合作的网络空间，反对网络空间阵营化、军事化、碎片化，不得泛化国家安全概念，无理剥夺他国正当发展权利，不得利用网络技术优势，扩散进攻性网络技术，将网络空间变为地缘竞争的新战场。要摒弃单边保护主义，坚持开放、公平、非歧视原则，为国际海缆等重要国际基础设施建设营造开放、包容的良好环境。中方支持联合国在全球数字治理和规则制定方面发挥主导作用，愿与各方一道就数字发展及全球数字治理的突出问题寻求解决思路，凝聚国际共识，以《全球数据安全倡议》为基础，制定数字治理国际规则。各方应坚持多边主义，坚守公平正义，统筹发展和安全，深化对话合作，完善全球数字治理体系，构建网络空间命运共同体。网络犯罪是各国面临的共同威胁，中国支持在联合国主持下，谈判制定一项具有普遍性、权威性的全球公约，为各国强化打击网络犯罪国际合作构建法律框架。

中国高度重视生物安全，致力于完善全球生物安全治理。中国支持缔约国共同落实《禁止生物武器公约》第九次审议大会成果，推动加强《禁止生物武器公约》工作组取得实质成果，不断强化公约机制，重启公约核查议定书多边谈判。同时，国际社会应共同倡导负责任的生物科研，鼓励所有利益攸关方自愿采纳《科学家生物安全行为准则天津指南》，以降低生物安全风险、促进生物科技健康发展。

海洋对于人类社会生存和发展具有重要意义。中国愿同各国携手维护以国际法为基础的海洋秩序，在全球安全倡议框架下妥善应对各类海上共同威胁和挑战，在全球发展倡议框架下科学有序开发利用海洋资源，在平等互利、相互尊重基础上推进海洋治理合作，维护海洋和平安宁和航道安全，构建海洋命运共同体，推动全球海洋事业不断向前发展。

和平探索利用外层空间是世界各国都享有的平等权利，外空的持久和平与安全关乎各国安全、发展和繁荣。中国始终坚持探索和利用外空为全人类谋福利的原则，维护以1967年《外空条约》为基石的外空国际秩序，在平等互利、和平利用、包容发展的基础上，开展外空国际合作，反对外空武器化和军备竞赛，倡导在外空领域构建人类命运共同体。主要航天大国应承担起维护外空和平与安全的主要责任。中国支持联合国充分发挥外空全球治理和国际合作主平台作用，支持裁谈会尽快谈判达成外空军控法律文书。

五、加强联合国核心作用，推进全球治理体系改革

各国在联合国成立75周年政治宣言中承诺，加强全球治理，构建今世后代的共同未来。我们要以2024年未来峰会为契机，本着对子孙后代负责态度，加强团结合作，推进全球治理体系变革，支持联合国更好发挥作用。

中国积极参与全球治理体系改革和建设，践行共商共建共享的全球治理观，坚持真正的多边主义，推进国际关系民主化，推动全球治理朝着更加公正合理的方向发展。全球治理体系变革的关键是兼顾公平和效率，符合变化了的世界政治经济形势，满足应对全球性挑战的现实需要，顺应和平发展合作共赢的历史趋势。

中国坚定支持联合国在国际事务中的核心地位，联合国改革应有利于维护多边主义和联合国作用，有利于扩大发展中国家在国际事务中的发言权，有利于提高联合国机构的执行能力和管理效率。应坚持联合国平等协商的基本原则，推动联合国更好主持公道、厉行法治、促进合作、聚焦行动。

中国支持对安理会进行必要、合理改革，以提高安理会的权威和效率，增

强其应对全球性威胁和挑战的能力，更好地履行《联合国宪章》赋予的职责。安理会不应成为大国、富国俱乐部。改革必须切实增加发展中国家的代表性和发言权，纠正非洲历史不公，让更多外交政策独立、秉持公正立场的发展中国家有机会进入安理会，并参与其决策。中方支持就优先解决非洲诉求作出特殊安排。安理会改革涉及联合国未来和全体会员国根本利益。各方应维护联大安理会改革政府间谈判主渠道地位，坚持会员国主导原则，通过充分民主协商，达成最广泛的政治共识，就改革涉及的五大类问题，寻求兼顾各方利益和关切的"一揽子"解决方案。

中国主张加强联合国、二十国集团、国际货币基金组织、世界银行等机制的沟通合作，强化宏观经济政策协调，完善全球经济治理。要提高国际金融机构运营和筹资的能力和效率，提高发展中国家在国际金融机构中的代表性和发言权，提高特别提款权等储备资产使用效率，加大向发展中国家急需的国际公共产品投资，多边债权人应共同参与债务处理。

中国支持对全球卫生治理体系进行必要合理改革，提升全球卫生治理体系效率，更好应对全球公共卫生危机，推动构建人类卫生健康共同体。中国支持世界卫生组织在全球卫生治理中发挥中心协调作用，支持其在客观、公正、科学基础上，加强同各方在全球卫生领域的合作。中国将继续支持和参与全球科学溯源，坚决反对任何形式的政治操弄。

* * * * * *

人类处于一个充满挑战的时代，也是一个充满希望的时代。面对日益严峻复杂的全球性挑战，推动加强和完善全球治理体系是世界各国必须承担的共同任务。中国将同国际社会携手前行，坚持真正的多边主义，推动落实全球发展倡议、全球安全倡议、全球文明倡议，共同开创人类更加美好的未来！

构建人类命运共同体　共创世界更美好未来

——中华人民共和国副主席韩正在第78届联合国大会一般性辩论上的讲话

（2023 年 9 月 21 日）

主席先生，各位同事：

当前，国际安全形势严峻，经济复苏步履蹒跚，发展鸿沟不断拉大，自然灾害和极端天气增多，全球秩序面临诸多挑战。面对世界之变、时代之变、历史之变，中国国家主席习近平提出构建人类命运共同体的重大理念，呼吁国际社会携手建设持久和平、普遍安全、共同繁荣、开放包容、清洁美丽的世界。此后，习近平主席提出全球发展倡议、全球安全倡议、全球文明倡议，进一步丰富了构建人类命运共同体理念的内涵和实践路径。越来越多的国家认识到，人类命运休戚与共，团结合作才是人间正道。

主席先生，各位同事，

和平、发展、合作、共赢是不可阻挡的历史潮流。为此，我愿提出以下四点建议：

第一，坚持公道正义，维护和平安全。各国安全相互关联、彼此影响，要坚持共同、综合、合作、可持续的安全观，走对话而不对抗、结伴而不结盟、共赢而非零和的安全之路。

要重视各国合理安全关切，通过对话协商以和平方式解决分歧和争端。沟通对话是实现国际安全合作的重要手段，冲突对立双方更是如此。停火止战、启动和谈是解决乌克兰危机的唯一出路。中方支持一切有利于和平解决乌克兰危机的努力，愿继续为早日实现和平发挥建设性作用。巴勒斯坦问题是中东问题的核心，根本出路是落实"两国方案"。中国将一如既往支持巴勒斯坦人民恢复民族合法权利的正义事业。

要尊重各国主权、领土完整，遵守联合国宪章宗旨和原则。中国反对霸权主义和强权政治，反对单边主义和冷战思维。少数国家滥施非法单边制裁，对国际关系和谐稳定造成严重破坏，国际社会应共同抵制。中国坚定支持古巴人民捍卫国家主权、反对外来干涉和封锁的正义斗争，赞赏古巴为打击恐怖主义所作出的努力。

要统筹传统领域和非传统领域安全。核战争打不得，核武器用不得。中国是安理会五个常任理事国中唯一承诺不首先使用核武器的国家。中国高度重视常规军控问题，有望近期完成《枪支议定书》批约。中国将在今后三年面向东盟地区开展扫雷合作行动，帮助东盟国家早日摆脱雷患。中国支持联合国发挥主渠道作用，在充分尊重各国治理原则和实践前提下，形成具有广泛共识的人工智能治理框架和标准规范。

第二，坚持互利共赢，促进共同发展。要将发展置于国际议程中心位置，让发展成果更多更公平惠及每一个国家、每一个人。中方将继续为构建全球发展共同体作出积极贡献。

今年是中国提出共建"一带一路"倡议十周年。共建"一带一路"框架下已开展3 000多个务实合作项目，2022年度中欧班列已经开行1.6万列，这是"一带一路"生机活力的鲜明体现。下个月，中国将举办第三届"一带一路"国际合作高峰论坛，我们将进一步协同推动共建"一带一路"和2030年可持续发展议程。

要推动《巴黎协定》全面有效实施。发达国家应该作出更大减排努力，向发展中国家提供资金、技术和能力建设支持。中国将坚定不移走生态优先、绿色低碳发展道路，全面停止新建境外煤电项目，大力支持发展中国家能源绿色低碳发展，帮助建设更多绿色能源项目。中国将继续为应对气候变化作出积极努力。

第三，坚持开放包容，追求文明进步。文明多样性是人类发展的宝贵财富，多姿多彩是人类文明的底色。不同国家和文明要在彼此尊重中共同发展、在交流互鉴中取长补短、在求同存异中合作共赢。

促进和保护人权是各国的共同事业，人民幸福生活是最大的人权。各国历史传统不同、现实国情各异，必须也只能从本国实际和人民需求出发，探索适合自身的人权发展道路。要通过对话与合作推进国际人权事业健康发展，反对搞政治化和双重标准，更不能把人权和民主当作干涉别国事务的政治工具。

第四，坚持多边主义，完善全球治理。中国是以联合国为核心的国际体系的坚定支持者。联合国应当平衡推进安全、发展、人权三大支柱领域工作，由各国共同维护普遍安全、共同分享发展成果、共同掌握世界命运。大国更应该以身作则，把对多边主义的承诺落到实处。

明年联合国将召开未来峰会。国际社会应以此为契机，坚持世界多极化、国际关系民主化的方向，统筹推进和平安全、经济、金融、贸易等领域改革，切实提高发展中国家的代表性和发言权，推动全球治理朝着更加公正合理的方向发展。

主席先生，各位同事，

去年10月，中国共产党第二十次全国代表大会成功召开，擘画了以中国式现代化全面推进中华民族伟大复兴的宏伟蓝图。中国式现代化是人口规模巨大、全体人民共同富裕、物质文明和精神文明相协调、人与自然和谐共生、走和平发展道路的现代化，必将为世界和平与发展注入更多正能量，为人类文明进步作出新的更大贡献。

中国坚定不移扩大对外开放。中国经济发展到今天，已与世界经济深度融合。我们将始终坚持扩大制度型开放，推动贸易和投资自由化便利化，进一步放宽外资市场准入，依法保护外商投资权益，既为世界经济发展不断增添新的动力和活力，也让各国分享中国发展的机遇和红利。

中国坚定奉行独立自主外交政策。独立自主是中国外交的鲜明底色，不惧霸权是中国外交的独特风骨。无论发展到什么程度，中国永远不称霸、永远不搞扩张。中国将坚守和平、发展、公平、正义、民主、自由的全人类共同价值，坚定不移走和平发展、开放发展、合作发展、共同发展道路。

中国坚决捍卫国家主权和领土完整。世界上只有一个中国，中华人民共和国政府是代表全中国的唯一合法政府，台湾自古以来就是中国领土不可分割的一部分，任何人、任何势力都不要低估中国人民捍卫国家主权和领土完整的坚强决心、坚定意志和强大能力。实现祖国完全统一是全体中华儿女的共同愿望，我们愿继续以最大诚意、尽最大努力争取和平统一前景。

中国永远是发展中国家大家庭的一员。作为最大的发展中国家，中国是"全球南方"的当然成员，始终同广大发展中国家同呼吸、共命运。中国坚定维护发展中国家的正当权益，坚定支持并尊重广大发展中国家从本国国情出发，独立自主地选择自身发展道路。

主席先生，各位同事，

中国将矢志不渝推动构建人类命运共同体，为大国使命尽责，为人类前途担当。中国愿同世界上所有爱好和平、致力发展的国家携手同行、和衷共济，共同开创世界更加美好的未来。

谢谢大家！

在人类命运共同体伟大旗帜引领下胸怀天下，携手前行

——王毅在《携手构建人类命运共同体：中国的倡议与行动》白皮书发布会上的致辞

（2023 年 9 月 26 日）

各位来宾，各位同事，

朋友们：

很高兴今天同大家共同见证《携手构建人类命运共同体：中国的倡议与行动》白皮书的发布。

白皮书是一部系统阐述构建人类命运共同体理念思想内涵和生动实践的重要文献，是深入贯彻习近平新时代中国特色社会主义思想和习近平外交思想的重要举措。希望白皮书的发布，能够帮助各界人士和国际社会更加全面领会人类命运共同体的深远意义，更加明确了解中国特色大国外交的宏伟目标。

各位朋友，

今年是习近平主席提出构建人类命运共同体理念十周年。十年前，面对"世界怎么了，我们怎么办"这一深刻的世界之问、历史之问、时代之问，习近平主席以大国大党领袖的宽广战略视野、卓越政治智慧和强烈使命担当，创造性地提出构建人类命运共同体，在历史转折关头为世界发展指明了正确方向，在变乱交织之际为国际合作凝聚了强大共识。

十年来，在习近平主席的亲自擘画、亲自推动下，构建人类命运共同体从理念到行动，从萌发到壮大，在风云变幻中坚守人间正道，在危机挑战中勇毅前行，取得举世瞩目的实践成果，展现出引领时代的思想伟力。

十年来，构建人类命运共同体的理念内涵日臻完善。从国事访问到多边峰

会，习近平主席在多个国际场合就这一重大理念进行系统阐述，把国际社会的认知不断引向深入，逐步形成了以"五个世界"为总目标，以全人类共同价值为价值追求，以构建新型国际关系为根本路径，以共建"一带一路"为实践平台，以全球发展倡议、全球安全倡议、全球文明倡议为重要依托的科学理论体系。

十年来，构建人类命运共同体的外交实践硕果累累。从双边到多边，从区域到全球，中国同数十个国家和地区构建了不同形式的命运共同体，全球发展倡议、全球安全倡议得到100多个国家明确支持，全球文明倡议提出不久就获得多国积极响应。在卫生健康、气候变化、网络安全等人类社会面临的重大挑战领域，习近平主席也提出致力于构建命运共同体的中国方案，为妥善应对全球挑战、完善全球治理贡献了智慧力量。

十年来，构建人类命运共同体的国际共识日益扩大。人类命运共同体连续六年写入联大决议，并多次写入上合组织、金砖国家等多边机制决议或宣言，获得了国际社会特别是广大发展中国家的理解和支持。越来越多国家和人民认识到，这一理念反映了追求和平、正义、进步的心声，汇聚了共建美好世界的最大公约数，对于推动各国团结合作、共创人类美好未来具有重要意义。

各位朋友，

春华秋实，十载有成。过去十年的成功实践再次证明，构建人类命运共同体，是把握历史规律，推动人类发展的必然选择。世界历史发展到21世纪，人类日益打破地理、民族、文化的界限，生活在同一个地球村，形成利益交融、安危与共的利益共同体、责任共同体、命运共同体。近年来我们虽然遭受了贸易战、新冠疫情、地缘危机的困扰，但全球化大潮仍然在曲折中奔腾向前，世界经济的大海没有也不会退回到孤立的湖泊河流。各国人民深刻认识到，面对愈演愈烈的全球性危机，没有谁能独善其身，也没有谁能包打天下，只有同舟共济、团结协作，才能跳出战争与和平、繁荣与衰退、秩序与混乱的历史周期。

构建人类命运共同体，是顺应时代潮流，提升全球治理的正确方向。一切划时代的理论都必须适应时代发展进步的需要。霸权主义、强权政治的旧思维，早已无法适应 21 世纪的新现实。国际社会强烈意识到，要避免新的冷战，走出文明冲突的困境，国际关系理论必须进行创新。构建人类命运共同体理念实现了对传统国际关系理论的扬弃，主张以和平发展超越冲突对抗，以共同安全取代绝对安全，以互利共赢摒弃零和博弈，以交流互鉴防止文明冲突，以生态建设呵护地球家园，为国际关系理论开辟了崭新范式，也为全球治理改革贡献了中国智慧。

构建人类命运共同体，是坚持和平发展，致力合作共赢的应有之义。人类命运共同体理念源自天下为公、协和万邦等中华优秀传统文化基因，体现了中华民族自古以来对人类社会的美好憧憬。当前，推动构建人类命运共同体已经载入中国宪法和《中国共产党章程》，并成为中国式现代化的本质要求之一。这充分说明，中国致力于走出一条不同于西方传统大国的现代化道路，将和平发展作为战略选择。在推动构建人类命运共同体的进程中，中国将把自身发展寓于各国共同发展之中，把自身的前途命运和人类的前途命运紧密联系起来，不断以自身新发展为世界提供新机遇，为人类和平与发展事业注入更强动力，作出更大贡献。

各位朋友，

当今世界正处于百年未有之大变局，地缘竞争日趋激烈，冷战思维沉渣泛起，强权霸凌行径危害日深，恐怖主义、网络攻击、跨国犯罪、生物安全等非传统安全挑战持续上升，人类社会又一次走到了何去何从的关键当口。建设一个什么样的世界，如何建设这个世界，是我们必须答对的考卷。两次热战、一次冷战殷鉴不远，阵营对抗、零和博弈没有前途。唯有构建人类命运共同体，才是世界各国人民希望所在。光明不会自动到来，未来需要携手开创。

我们要为持久和平凝聚更大合力。关键是尊重各国主权和领土完整，尊重彼此核心利益和重大关切，尊重各国人民自主选择的发展道路和社会制度。要积极践行真正的多边主义，使世界多极化进程更加平等、更加有序。要反对搞阵营对抗和排他性小圈子，走出一条"对话而不对抗，结伴而不结盟"的国与国交往新路。

314

我们要为普遍安全创造有利环境。关键是倡导共同、综合、合作、可持续的安全观，坚持通过对话协商解决国家间分歧和争端，重视彼此合理安全关切，反对肆意扩大军事同盟、挤压别国的安全空间。要更好统筹维护传统领域和非传统领域安全，加快提升生物安全、网络安全、数据安全、人工智能安全等领域对话合作，共同做好风险防范。

我们要为共同发展注入更强信心。关键是引导维护全球化正确方向，反对"脱钩断链""小院高墙"，抵制保护主义、单边制裁，推动构建公正、合理、透明的国际经贸规则体系。要推动发展问题重回国际议程的核心，让发展中国家更好融入国际分工，让发展成果更多更公平惠及各国人民。下个月，中方将举办第三届"一带一路"国际合作高峰论坛，我们愿以此为契机与各方共谋发展大计，共谱合作乐章。

我们要为文明互鉴提供不竭动力。关键是坚持文明没有优劣、高下之分，价值观不应成为政治工具，更不能变成对抗武器。要倡导平等、互鉴、对话、包容的文明观，倡导不同文明和平共处、和谐共生，反对鼓噪所谓"民主和威权"二元对立，反对将自己的价值观和模式强加于人，共同推动人类文明实现创造性发展，夯实各国关系发展的民意基础，促进各国人民相知相亲。

我们要为生态保护采取更多行动。关键是践行人与自然和谐共生的理念，牢固树立尊重自然、顺应自然、保护自然的意识，让绿色发展理念深入人心，让全球生态文明建设行稳致远。要坚持走低碳、循环、可持续发展之路，共建公平合理、合作共赢的全球气候治理体系，携手保护好人类赖以生存的地球家园。

各位朋友，

再过两天就是中国的传统佳节——中秋节，谨在此向大家致以节日的美好祝愿！中秋月圆寓意团聚与和谐，寄托了中华文明"四海一家"的天下情怀，也彰显出人类命运共同体"和合共生"的时代精神。我们愿同各方一道，和衷共济、携手同行，高举人类命运共同体伟大旗帜，共同建设持久和平、普遍安全、共同繁荣、开放包容、清洁美丽的美好世界。

谢谢大家！

全球人工智能治理倡议

（2023 年 10 月 20 日）

人工智能是人类发展新领域。当前，全球人工智能技术快速发展，对经济社会发展和人类文明进步产生深远影响，给世界带来巨大机遇。与此同时，人工智能技术也带来难以预知的各种风险和复杂挑战。人工智能治理攸关全人类命运，是世界各国面临的共同课题。

在世界和平与发展面临多元挑战的背景下，各国应秉持共同、综合、合作、可持续的安全观，坚持发展和安全并重的原则，通过对话与合作凝聚共识，构建开放、公正、有效的治理机制，促进人工智能技术造福于人类，推动构建人类命运共同体。

我们重申，各国应在人工智能治理中加强信息交流和技术合作，共同做好风险防范，形成具有广泛共识的人工智能治理框架和标准规范，不断提升人工智能技术的安全性、可靠性、可控性、公平性。我们欢迎各国政府、国际组织、企业、科研院校、民间机构和公民个人等各主体秉持共商共建共享的理念，协力共同促进人工智能治理。

为此，我们倡议：

——发展人工智能应坚持"以人为本"理念，以增进人类共同福祉为目标，以保障社会安全、尊重人类权益为前提，确保人工智能始终朝着有利于人类文明进步的方向发展。积极支持以人工智能助力可持续发展，应对气候变化、生物多样性保护等全球性挑战。

——面向他国提供人工智能产品和服务时，应尊重他国主权，严格遵守他国法律，接受他国法律管辖。反对利用人工智能技术优势操纵舆论、传播虚假信息，干涉他国内政、社会制度及社会秩序，危害他国主权。

——发展人工智能应坚持"智能向善"的宗旨，遵守适用的国际法，符合和平、发展、公平、正义、民主、自由的全人类共同价值，共同防范和打击恐怖主义、极端势力和跨国有组织犯罪集团对人工智能技术的恶用滥用。各国尤其是大国对在军事领域研发和使用人工智能技术应该采取慎重负责的态度。

——发展人工智能应坚持相互尊重、平等互利的原则，各国无论大小、强弱，无论社会制度如何，都有平等发展和利用人工智能的权利。鼓励全球共同推动人工智能健康发展，共享人工智能知识成果，开源人工智能技术。反对以意识形态划线或构建排他性集团，恶意阻挠他国人工智能发展。反对利用技术垄断和单边强制措施制造发展壁垒，恶意阻断全球人工智能供应链。

——推动建立风险等级测试评估体系，实施敏捷治理，分类分级管理，快速有效响应。研发主体不断提高人工智能可解释性和可预测性，提升数据真实性和准确性，确保人工智能始终处于人类控制之下，打造可审核、可监督、可追溯、可信赖的人工智能技术。

——逐步建立健全法律和规章制度，保障人工智能研发和应用中的个人隐私与数据安全，反对窃取、篡改、泄露和其他非法收集利用个人信息的行为。

——坚持公平性和非歧视性原则，避免在数据获取、算法设计、技术开发、产品研发与应用过程中，产生针对不同或特定民族、信仰、国别、性别等偏见和歧视。

——坚持伦理先行，建立并完善人工智能伦理准则、规范及问责机制，形成人工智能伦理指南，建立科技伦理审查和监管制度，明确人工智能相关主体的责任和权力边界，充分尊重并保障各群体合法权益，及时回应国内和国际相关伦理关切。

——坚持广泛参与、协商一致、循序渐进的原则，密切跟踪技术发展形势，开展风险评估和政策沟通，分享最佳操作实践。在此基础上，通过对话与合作，在充分尊重各国政策和实践差异性基础上，推动多利益攸关方积极参与，在国际人工智能治理领域形成广泛共识。

——积极发展用于人工智能治理的相关技术开发与应用，支持以人工智能技术防范人工智能风险，提高人工智能治理的技术能力。

——增强发展中国家在人工智能全球治理中的代表性和发言权，确保各国人工智能发展与治理的权利平等、机会平等、规则平等，开展面向发展中国家的国际合作与援助，不断弥合智能鸿沟和治理能力差距。积极支持在联合国框架下讨论成立国际人工智能治理机构，协调国际人工智能发展、安全与治理重大问题。

中国关于加强人工智能伦理治理的立场文件

（2023 年 11 月 16 日）

一、人工智能作为最具代表性的颠覆性技术，在给人类社会带来潜在巨大发展红利的同时，其不确定性可能带来许多全球性挑战，甚至引发根本性的伦理关切。在伦理层面，国际社会普遍担心如不加以规范，人工智能技术的误用滥用恐将损害人的尊严和平等、侵犯人权和基本自由、加剧歧视和偏见、冲击现有法律体系等，并对各国政府管理、国防建设、社会稳定以及全球治理产生深远影响。

中国始终致力于在人工智能领域构建人类命运共同体，积极倡导"以人为本"和"智能向善"理念，主张增进各国对人工智能伦理问题的理解，确保人工智能安全、可靠、可控，更好赋能全球可持续发展，增进全人类共同福祉。为实现这一目标，中国呼吁各方秉持共商共建共享理念，推动国际人工智能伦理治理。

二、2021 年 12 月，中国发布《关于规范人工智能军事应用的立场文件》，呼吁各方遵守国家或地区人工智能伦理道德准则。中国现结合自身在科技伦理领域的政策实践，参考国际社会相关有益成果，从人工智能技术监管、研发、使用及国际合作等方面提出以下主张：

（一）监管

各国政府应坚持伦理先行，建立并完善人工智能伦理准则、规范及问责机制，明确人工智能相关主体的职责和权力边界，充分尊重并保障各群体合法权益，及时回应国内和国际相关伦理关切。

各国政府应重视人工智能伦理与法律的基础理论问题研究，逐步建立并完

319

善人工智能伦理规范、法律法规和政策体系，形成人工智能伦理指南，建立科技伦理审查和监管制度，加强人工智能安全评估和管控能力。

各国政府应增强底线思维和风险意识，加强研判人工智能技术的潜在伦理风险，逐步建立有效的风险预警机制，采取敏捷治理，分类分级管理，不断提升风险管控和处置能力。

各国政府应立足自身人工智能发展阶段及社会文化特点，遵循科技创新规律，逐步建立符合自身国情的人工智能伦理体系，健全多方参与、协同共治的人工智能伦理治理体制机制。

（二）研发

各国政府应要求研发主体加强对人工智能研发活动的自我约束，主动将伦理道德融入人工智能研发过程各环节，避免使用可能产生严重消极后果的不成熟技术，确保人工智能始终处于人类控制之下。

各国政府应要求研发主体努力确保人工智能研发过程的算法安全可控，在算法设计、实现、应用等环节，不断提升透明性、可解释性、可靠性，逐步实现可审核、可监督、可追溯、可预测、可信赖。

各国政府应要求研发主体努力提升人工智能研发过程的数据质量，在数据收集、存储、使用等环节，严格遵守所在国的数据安全规定、伦理道德及相关法律标准，提升数据的完整性、及时性、一致性、规范性和准确性等。

各国政府应要求研发主体加强对数据采集和算法开发伦理审查，充分考虑差异化诉求，避免可能存在的数据采集与算法偏见，努力实现人工智能系统的普惠性、公平性和非歧视性。

（三）使用

各国政府应禁止使用违背法律法规、伦理道德和标准规范的人工智能技术及相关应用，强化对已使用的人工智能产品与服务的质量监测和使用评估，研究制定应急机制和损失补偿措施。

各国政府应加强人工智能产品与服务使用前的论证和评估，推动人工智能伦理培训机制化，相关人员应充分了解人工智能技术的功能、特点、局限、潜在风险及后果，并具备必要的专业素质与技能。

各国政府应保障人工智能产品与服务使用中的个人隐私与数据安全，严格遵循国际或区域性规范处理个人信息，完善个人数据授权撤销机制，反对非法收集利用个人信息。

各国政府应重视公众人工智能伦理教育，保障公众知情权与有效参与，发挥科技相关社会团体作用，引导社会各界自觉遵守人工智能伦理准则与规范，提高人工智能伦理意识。

（四）国际合作

各国政府应鼓励在人工智能领域开展跨国家、跨领域、跨文化交流与协作，确保各国共享人工智能技术惠益，推动各国共同参与国际人工智能伦理重大议题探讨和规则制定，反对构建排他性集团、恶意阻挠他国技术发展的行为。

各国政府应加强对人工智能领域国际合作研究活动的伦理监管，相关科技活动应符合各方所在国家的人工智能伦理管理要求，并通过相应的人工智能伦理审查。

中国呼吁国际社会在普遍参与的基础上就人工智能伦理问题达成国际协议，在充分尊重各国人工智能治理原则和实践的前提下，推动形成具有广泛共识的国际人工智能治理框架和标准规范。

全力消弭战火 共促中东和平

——王毅在安理会巴以问题高级别会议上的讲话

（2023 年 11 月 29 日）

秘书长先生，

各位同事：

我感谢古特雷斯秘书长和温尼斯兰德特别协调员所作通报。

本轮巴以冲突爆发以来，中方一直为实现和平奔走，为挽救生命努力。习近平主席多次就当前巴以局势阐明中国原则立场，呼吁立即停火止战，防止冲突扩大，保障人道主义救援通道安全畅通，强调根本出路是落实"两国方案"，推动巴勒斯坦问题早日得到全面、公正、持久解决。

中国作为安理会本月轮值主席国，一直将巴以冲突作为最紧迫议题。安理会本月通过 2712 号决议，开启了推动停火的初始步骤。决议通过后不久，在卡塔尔、埃及等国斡旋下，有关各方达成协议，实现了部分被扣押人员的释放和数日停火。这一切虽然来得晚了一些，但仍然具有重要意义。这也说明，对话谈判是拯救生命的最佳选项，是化解矛盾的根本之道。

各位同事，

本轮巴以冲突延宕至今，已经造成大量无辜生命消逝和前所未有的人道主义灾难，其外溢影响还在持续显现。战争考验人类的良知与正义，和平呼唤我们的理性与智慧。站在战与和的十字路口，国际社会必须为拯救生命、恢复和平采取更积极行动。

第一，我们要以最大的紧迫感推动全面持久停火。炮火之下没有安全区，放任战事延宕，只会带来更多的死亡和破坏。加沙地带没有防火墙，战火再度蔓延，很可能演变为吞噬整个地区的浩劫。巴以问题几十年的历史反复证明，军事手段绝不是出路，以暴易暴只会加剧仇恨和对立，陷入无休止的恶性循环。

中方强烈希望过去几天的暂时停火不是新一轮攻势前的间歇，而是进一步外交努力、实现全面持久停火的开端。中方呼吁国际社会将全面持久停火作为压倒一切的优先任务，呼吁各方将全部努力汇聚到平息加沙战火的共同目标上来。

第二，我们要采取更加务实有力的行动保护平民。武装冲突中保护平民是不可逾越的国际法红线。任何针对平民的暴力和袭击都不可接受，任何违反国际法特别是国际人道法的行为都应予以谴责。中方重申反对针对加沙民众的集体惩罚，反对针对巴勒斯坦平民的强制迁移。同样，所有被扣押人员也都应该得到释放。

缓解加沙地区的人道危机刻不容缓，必须全面落实安理会第2712号决议要求，为充足的人道物资进入扫清障碍，为人道机构安全开展工作创造条件。目前仅靠拉法口岸向加沙运送人道物资远远不够，应该开辟更多通向加沙的救援通道，联合国应在监督协调对加沙人道行动方面发挥更大作用。

冲突爆发后，中方向巴勒斯坦民族权力机构和联合国近东巴勒斯坦难民救济和工程处分别提供了现汇援助，向加沙地带提供了食品、药品等紧急人道主义物资援助。我愿宣布，中国政府将再向加沙地带提供新一批紧急人道主义物资援助。

第三，我们要以更坚定的决心重振"两国方案"政治前景。以色列早已独立建国，犹太民族不再颠沛流离，巴勒斯坦人民的建国权、生存权、回归权却长期遭到漠视，这就是巴以局势屡陷动荡的症结所在。巴勒斯坦问题的公平正义就是"两国方案"，不可替代。只有"两国方案"真正、全面落地，才能实现中东和平再出发，才能实现巴勒斯坦和以色列两个国家和平共处，阿拉伯和犹太两大民族共同发展。

中方呼吁加大国际和地区外交努力，重塑可信多边进程，重振"两国方案"政治前景，重启巴以直接谈判。我们倡议召开更具规模、更大范围、更有实效的国际和会，我们支持巴勒斯坦成为联合国正式会员国。任何针对当前危机的解决办法都不能背离"两国方案"，不能违背国际法准则和联合国相关决议。任何涉及巴勒斯坦前途命运的安排都必须充分反映巴勒斯坦人民的意愿，照顾地区国家合理关切。

第四，我们要推动安理会采取负责任和有意义的行动。《联合国宪章》将维护国际和平与安全的首要责任赋予安理会，安理会必须在战与和、生与死的重大问题上体现责任和担当。安理会要倾听广大阿拉伯、伊斯兰国家和国际社会的呼声，结合地面形势发展，及时采取进一步行动。中方提交了《中国关于解决巴以冲突的立场文件》，提出国际社会在推动全面停火止战、切实保护平民、确保人道主义救援、加大外交斡旋、通过落实"两国方案"寻求政治解决等五方面工作原则和重点。中方将继续同有关各方加强协调，凝聚共识，推动安理会承担起应有责任，为和平尽责，为正义发声。

各位同事，

今天的会议有很多阿拉伯、伊斯兰国家高级别代表出席，此前他们组成了外长联合代表团赴多国访问，我在北京同代表团深入交换了意见。他们的奔走斡旋体现了结束加沙战事、实现中东和平的强烈愿望，今天的会议也承载了广大阿拉伯、伊斯兰国家对联合国及安理会的热切期盼。希望大家集思广益、同题共答，为早日停火止战，缓解人道危机，实现巴以和平共处，实现中东长治久安作出应有贡献。

谢谢。

中央外事工作会议在北京举行 习近平发表重要讲话

(2023 年 12 月 28 日)

李强主持

赵乐际 王沪宁 蔡奇 丁薛祥 李希 韩正出席会议

2023 年 12 月 27 日至 28 日，中央外事工作会议在北京举行。中共中央总书记、国家主席、中央军委主席习近平出席会议并发表重要讲话。中共中央政治局常委李强、赵乐际、王沪宁、蔡奇、丁薛祥、李希，国家副主席韩正出席会议。

习近平在重要讲话中系统总结新时代中国特色大国外交的历史性成就和宝贵经验，深刻阐述新征程对外工作面临的国际环境和肩负的历史使命，对当前和今后一个时期的对外工作作了全面部署。李强在主持会议时强调，要以习近平外交思想为指导做好新征程上的对外工作，并就学习领会和贯彻落实习近平总书记重要讲话精神提出要求。

会议认为，党的十八大以来，在推进新时代中国特色社会主义事业的伟大征程中，对外工作取得历史性成就、发生历史性变革。一是创立和发展了习近平外交思想，开辟了中国外交理论和实践的新境界，为推进中国特色大国外交提供了根本遵循。二是彰显了我国外交鲜明的中国特色、中国风格、中国气派，树立了自信自立、胸怀天下、开放包容的大国形象。三是倡导构建人类命运共同体，指明了人类社会共同发展、长治久安、文明互鉴的正确方向。四是坚持元首外交战略引领，在国际事务中日益发挥重要和建设性作用。五是全面运筹同各方关系，推动构建和平共处、总体稳定、均衡发展的大国关系格局。六是拓展全方位战略布局，形成了范围广、质量高的全球伙伴关系网络。七是推动高质量共建"一带一路"，搭建了世界上范围最广、规模最大的国际合作平台。八是统筹发展和安全，以坚定意志和顽强斗争有效维护国家主权、安全、发展利益。九是积极参与全球治理，引领国际体系和秩序变革方向。十是加强党中央集中统一领导，巩固了对外工作大协同格局。

会议强调，新时代十年，我们在对外工作中经历了不少大风大浪，战胜了各种困难挑战，开创了中国特色大国外交新局面，我国外交的战略自主性和主动性显著增强。我国已成为更具国际影响力、创新引领力、道义感召力的负责任大国。

会议指出，在新时代外交工作实践中，我们积累了一系列宝贵经验。必须做到坚持原则，在关乎人类前途命运和世界发展方向的重大问题上，要旗帜鲜明、站稳立场，牢牢占据国际道义制高点，团结争取世界大多数。必须体现大国担当，坚持弘扬独立自主精神，坚持引领和平发展，坚持促进世界稳定和繁荣。必须树立系统观念，以正确的历史观、大局观把握大势、统筹兼顾、掌握主动。必须坚持守正创新，坚守中国外交的优良传统和根本方向，同时开拓进取，推动理论和实践创新。必须发扬斗争精神，坚决反对一切强权政治和霸凌行径，有力捍卫国家利益和民族尊严。必须发挥制度优势，在党中央集中统一领导下，各地区各部门协同配合，形成强大合力。

会议指出，世界大变局加速演进，世界之变、时代之变、历史之变正以前所未有的方式展开，世界进入新的动荡变革期，但人类发展进步的大方向不会改变，世界历史曲折前进的大逻辑不会改变，国际社会命运与共的大趋势不会改变，对此我们要有充分的历史自信。

会议认为，展望未来，我国发展面临新的战略机遇。新征程上，中国特色大国外交将进入一个可以更有作为的新阶段。要紧紧围绕党和国家中心任务，稳中求进、守正创新，坚定维护国家主权、安全、发展利益，开辟中国外交理论与实践新境界，塑造我国和世界关系新格局，把我国国际影响力、感召力、塑造力提升到新高度，为以中国式现代化全面推进强国建设、民族复兴伟业营造更有利国际环境、提供更坚实战略支撑。

会议指出，构建人类命运共同体是习近平外交思想的核心理念，是我们不断深化对人类社会发展规律认识，对建设一个什么样的世界、怎样建设这个世界给出的中国方案，体现了中国共产党人的世界观、秩序观、价值观，顺应了各国人民的普遍愿望，指明了世界文明进步的方向，是新时代中国特色大国外交追求的崇高目标。新时代以来，构建人类命运共同体从中国倡议扩大为国际共识，从美好愿景转化为丰富实践，从理念主张发展为科学体系，成为引领时代前进的光辉旗帜。概括地讲，构建人类命运共同体，是以建设持久和平、普遍安全、共同繁荣、开放包容、清洁美丽的世界为努力目标，以推动共商共建共享的全球治理为实现路径，以践行全人类共同价值为普遍遵循，以推动构建新型国际关系为基本支撑，以落实全球发展倡议、全球安全倡议、全球文明倡议为战略引领，以高质量共建"一带一路"为实践平台，推动各国携手应对挑战、实现共同繁荣，推动世界走向和平、安全、繁荣、进步的光明前景。

会议指出，针对当今世界面临的一系列重大问题重大挑战，我们倡导平等有序的世界多极化和普惠包容的经济全球化。平等有序的世界多极化，就是坚持大小国家一律平等，反对霸权主义和强权政治，切实推进国际关系民主化。要确保多极化进程总体稳定和具有建设性，就必须共同恪守联合国宪章宗旨和原则，共同坚持普遍认同的国际关系基本准则，践行真正的多边主义。普惠包容的经济全球化，就是顺应各国尤其是发展中国家的普遍要求，解决好资源全球配置造成的国家间和各国内部发展失衡问题。要坚决反对逆全球化、泛安全化，反对各种形式的单边主义、保护主义，坚定促进贸易和投资自由化便利化，破解阻碍世界经济健康发展的结构性难题，推动经济全球化朝着更加开放、包容、普惠、均衡的方向发展。

会议要求，当前和今后一个时期，对外工作要以习近平新时代中国特色社会主义思想特别是习近平外交思想为指导，对标中国式现代化目标任务，坚持自信自立、开放包容、公道正义、合作共赢的方针原则，围绕推动构建人类命运共同体这条主线，与时俱进加强战略部署，深化完善外交布局，突出问题导向，运用系统思维，更加立体、综合地明确外交战略任务，以更加积极主动的历史担当、更加富有活力的创造精神，开创中国特色大国外交新局面。

会议指出，外交守正创新是新征程上开创中国特色大国外交新局面的必然要求，是更好支撑中国式现代化的必然要求。要加强思想理论武装，深化体制机制改革，推动外交队伍建设，不断增强对外工作的科学性、预见性、主动性、创造性。

会议强调，必须毫不动摇坚持外交大权在党中央，自觉坚持党中央集中统一领导，进一步强化党领导对外工作的体制机制。各地区各部门要胸怀大局、协同配合，不折不扣贯彻落实党中央对外工作决策部署。

王毅作总结讲话。中央宣传部、中央对外联络部、商务部、中央军委联合参谋部、云南省负责同志及常驻联合国代表团代表作交流发言。

中共中央政治局委员、中央书记处书记，全国人大常委会有关领导同志，国务委员，最高人民法院院长，最高人民检察院检察长，全国政协有关领导同志出席会议。

中央外事工作委员会委员，各省、自治区、直辖市和计划单列市、新疆生产建设兵团、中央和国家机关有关部门、有关人民团体、中央军委机关有关部门，部分中管金融机构主要负责同志，驻外大使、大使衔总领事、驻国际组织代表等参加会议。

二、联合国安理会和第 78 届联大发言

戴兵大使在安理会伊拉克问题公开会上的发言

（2023 年 2 月 2 日）

主席女士：

我祝贺日本顺利完成主席月工作，期待在马耳他领导下，安理会 2 月份工作取得积极成果。

刚才亨尼斯–普拉斯哈特特别代表作了很深入的通报，我对此表示感谢，也欢迎伊拉克常驻代表出席今天的会议。我也认真听取了艾哈迈德先生的发言。

去年 10 月，伊拉克完成新政府组建，为国家改革与发展奠定了政治基础，中方对此表示欢迎。我们支持伊拉克新政府有效施政，支持伊方自主探索符合本国国情的发展道路。伊拉克国内各方增进团结、实现和解、加快发展，符合伊拉克人民根本利益。

当前，伊拉克安全形势依然严峻，恐怖残余势力仍在不断发动不对称袭击，造成包括平民在内的人员伤亡。国际社会应继续支持伊拉克打击恐怖主义，肃清"伊斯兰国"等恐怖极端势力，防止其回流蔓延，巩固来之不易的反恐成果。联合国收集"伊斯兰国"在伊罪证调查组要尽快向伊拉克移交所收集证据，助力伊拉克根据本国法律将恐怖分子绳之以法。我们欢迎伊拉克持续推进叙利亚霍尔营地内伊拉克国民的遣返和安置工作，敦促有关国家像伊拉克一样负起责任，尽快推进在伊外国恐怖作战分子及其家属的甄别和遣返。

根据秘书长报告，战争遗留爆炸物和简易爆炸装置持续造成伊拉克平民伤亡，是伊拉克儿童伤亡的主要原因。这些爆炸物很多都是二十年前战争留下来的，当年发动战争的国家应该主动站出来，在帮助伊拉克扫雷、援助受害者等方面拿出实际行动。

伊拉克的和平离不开稳定的地区环境。中方多次强调，伊拉克不是地缘争夺的博弈场。中方支持伊拉克同地区国家发展睦邻友好关系，共同应对跨境挑战。我们呼吁有关各方尊重伊拉克主权、独立和领土完整，通过同伊拉克政府开展合作的方式解决自身安全关切。

主席女士，

过去几十年，伊拉克饱受战争冲击，人民历尽苦难。国际社会应当积极帮助伊拉克重建基础设施，加快经济社会发展，增进民生福祉。联伊援助团等联合国在伊机构要把资源和精力更多投向伊拉克人民最需要的优先领域，按照授权和彼此分工开展工作，充分发挥国家工作队的作用。今年是联伊援助团成立20周年，有必要以此为契机，在征求伊拉克意见基础上，对联伊援助团工作和绩效进行系统总结和评估，并就特派团中长期前景进行认真研究。

中国是伊拉克的真诚朋友。去年12月，习近平主席在会见伊拉克总理苏达尼时重申，中方将继续坚定支持伊方维护国家主权、独立、领土完整，将继续支持伊方开展经济重建，帮助伊方恢复工业、改善民生、实现可持续发展。我们愿同国际社会一道，为伊拉克长治久安、为地区和平发展作出积极贡献。

谢谢主席女士。

戴兵大使在安理会审议向乌克兰提供武器问题时的发言

(2023 年 2 月 8 日)

主席女士：

我感谢中满泉高级代表的通报。我也认真听取了沃特斯先生的发言。

两天前，安理会刚刚就乌克兰人道问题举行公开会，各方对冲突造成的人道影响都表示担忧。需要看到的是，大量武器弹药源源不断涌入冲突地区，将造成更多平民伤亡，催生更多流离失所群体，让无辜民众承受更大的人道代价。

更令人担忧的是，有的国家不断向战场投放武器，不断扩大武器使用品种和范围，打起"代理人"战争，将进一步刺激紧张局势，放大引发战略误判的风险，导致战火进一步升级蔓延，使停火止战的希望更加渺茫。这不能不让人对冲突长期化、扩大化的前景感到担忧。

中满泉高级代表在向安理会通报时多次提到，武器弹药流入冲突地区可能引发扩散风险。国际刑警组织和一些非洲国家领导人也发出了类似警告。有关方面对此应给予高度重视，采取严格的管控措施，防范武器弹药扩散，尤其要避免落入恐怖分子和武装团伙之手，防止在更大地理范围制造新的动荡。在这方面，阿富汗、伊拉克、叙利亚、索马里等冲突局势的严重后果教训深刻。希望有关国家特别是欧洲国家，高度重视战争遗留武器和爆炸物对战后恢复重建以及地区和平稳定构成的严重威胁，以负责任的态度、从长远的角度重新审视大量武器涌入对乌克兰危机和国际和平安全造成的复杂影响和严重后果。

主席女士，

乌克兰危机是一场全球性、复合性的危机，没有单纯的军事解决方案。一年来，扩大制裁、升级武器并没有让局势趋向缓和，反而让矛盾更加尖锐，问题更加复杂，将局势推向更加危险的边缘。

同许多期盼和平的国家一样，中方一再强调，对话谈判才是停火止战、恢复和平的根本解决之道。我们呼吁国际社会凝聚起劝和促谈的合力，鼓励当事方早日重返谈判，通过政治途径化解危机。

谢谢主席女士。

戴兵大使在安理会朝核问题公开会上的发言

(2020 年 2 月 20 日)

主席女士：

中方一直密切关注朝鲜半岛形势发展。当前形势紧张对立的一面再次突出，并可能呈螺旋式升级，这不符合各方的利益，也是中方不愿看到的。我们呼吁有关各方保持冷静克制，坚持政治解决的正确方向，避免采取可能进一步加剧紧张、导致误判的行动。

主席女士，

推动半岛问题走出困境，首先要聚焦问题症结。半岛问题的本质是安全问题，在半岛未实现停和机制转换的情况下，朝鲜长期面临巨大安全压力与威胁。今年以来，美国及其盟友加紧在半岛周边进行针对朝的联合军事活动，美方并宣布"提高联合军演级别和规模""及时部署战略资产"，北约秘书长高调访问地区国家，宣扬冷战思维和阵营对抗。这些举动对朝挑衅意味强烈，加剧朝不安全感。有关国家应对有关因果关系深刻反思。

中方呼吁有关各方正视半岛问题的历史和现实，汲取经验教训，坚持对话协商的正确方向。当前形势下，更要防止恶性循环、轮番升级，导致形势失控。特别是，个别国家应放弃搞地缘政治操弄，停止战争叫嚣，避免动辄诉诸军演、制裁等施压手段，为政治解决营造合适环境。美方既然多次表示愿无条件与朝开展对话，就应拿出实际举措，把对话搞起来、谈下去。

推动半岛问题走出困境，安理会应当发挥建设性作用。当前半岛形势高度敏感复杂，安理会就此采取的行动、开展的讨论应当有助于推动缓和局势、增进互信。安理会成员的言行应有助于半岛维稳防乱，重启对话谈判，解决朝人道民生面临的现实困难。遗憾的是，近期部分安理会成员在缺乏共识的情况下，不断推动就朝核问题举行会议，继续一味主张收紧对朝制裁施压，既没有体现缓和局势的建设性作用，也没有展现推进解决问题的新思路。朝方也就此发表声明表达强烈不满。

我愿再次重申，安理会涉朝决议是一个整体，其中既规定了对朝制裁措施，也明确要求恢复六方会谈、避免紧张升级、推动政治和对话解决。落实制裁和推动复谈都是执行安理会决议，二者不可偏废，不能相互替代，不能只取所需。片面追求制裁并不断加码，最终只会走进"死胡同"。

推动半岛问题走出困境，各方要树立正确的防扩散导向，不能搞双重标准。美及有关国家一面推动讨论朝核问题，一面却推卸自身责任，在亚太地区公然开展有违《不扩散核武器条约》目的和宗旨、导致武器级核材料扩散的核合作，甚至还意图在地区复制"核共享"。这些行为难道不是明目张胆的核扩散吗？这种选择性的防扩散做法，不仅对半岛无核化进程造成严重负面影响，还将严重加剧地区爆发军事冲突的风险，值得高度警惕。

主席女士，

半岛就在中国的家门口，中方衷心希望半岛稳定而非生乱，不愿看到半岛问题陷入恶性循环。在半岛问题上，中方始终坚持维护半岛和平稳定，坚持实现半岛无核化，坚持通过对话协商解决问题。中方呼吁各方保持理性克制，从维护地区和平稳定的大局出发，按照"双轨并进"思路和"分阶段、同步走"原则，共同推进半岛问题的政治解决进程。中方愿继续为此发挥建设性作用。

谢谢主席女士。

耿爽大使
在安理会朝鲜半岛核问题公开会上的第二轮发言

（2023 年 3 月 20 日）

主席先生：

我知道我们一会儿还有别的会议，但是既然美国、英国做了第二轮发言，我不得不作出回应，我的发言会尽量简短。

美国和英国代表质疑中方在半岛问题上的态度，质疑中方围绕最近朝方系列发射活动的表态。我愿强调，中方在半岛问题上的立场是明确的、一贯的，那就是，我们致力于维护半岛和平稳定，致力于推动半岛无核化进程，致力于通过外交谈判解决问题。这一立场没有改变。中方的表态是基于对目前半岛形势的分析和判断。正如我刚才在发言中所说，今年以来，美国等持续在半岛及周边举行空前规模的联合军演，这种威慑施压做法严重加剧了朝方的不安全感，导致矛盾激化。

刚才美国和英国代表发言提到了很多问题，为了节约时间，我只集中回应两个问题。

第一，关于联合军演的问题。我想大家都应该很清楚，今年年初以来，有那么一段时间，朝方一度总体保持了克制，没有采取过激的行动，但是美国等却在半岛及周边频繁进行各类针对朝鲜的军事活动，提高联演级别和规模。就在此时此刻，主席先生，就在此时此刻，美国等还在进行近年来为期最长、规模最大的军演。刚才美国代表称，这些演习完全是"常规、例行和防御性的"，但我们来看一看这些军演都在演练什么内容。演练的内容有"打击纵深目标"，有"斩首行动"，还有"占领平壤"，等等。光听听这些名字，我们就知道这

335

到底是不是防御性的?! 这些威慑施压，只会加剧半岛的紧张局势。朝方近日通过官方媒体对外表示，对半岛局势持续恶化甚至达到冲突边缘表示担忧，呼吁有关国家以国际和平与安全为重，停止军事对抗行为。我们希望美方能够切实重视并且回应朝方的合理关切，为外交努力留出空间。

第二，关于美英澳在三边安全伙伴关系框架下开展核潜艇合作问题。就防扩散危害而言，美英澳核潜艇合作无疑就是"房间里的大象"。三国所谓遵守"最高核不扩散标准"的辩解，掩盖不了有关合作的本质。本质是什么? 本质就是，三方核潜艇合作系历史上首次由核武器国家向无核武器国家转让武器级高浓铀，将使澳大利亚轻易地跨过"核门槛"。这种做法构成了严重的核扩散风险，违反《不扩散核武器条约》的目的和宗旨。

多年来，美国在防扩散问题上一直奉行双重标准。他们不断炒作朝核、伊核等防扩散热点问题，投入许多资源，施加巨大压力，千方百计地阻止朝鲜、伊朗获取高浓铀，包括推动伊核全面协议禁止伊生产 3.67% 以上丰度的浓缩铀。二十年前的今天，美国还以防扩散为由悍然对伊拉克萨达姆政权动武。但现在美国又抛弃了其防扩散标准，为了地缘政治私利，向澳大利亚转让数以吨计的、丰度可能超过 90% 的武器级高浓铀。这暴露了美国在核不扩散问题上无视自身责任、无视国际社会关切的真实面目。

主席先生，

我还可以对美国、英国代表刚才所说的很多内容作出回应，但为了节约时间，我今天到此为止。最后，中方再次呼吁美、英及有关各方认真考虑中、俄在安理会共同提出的涉朝决议草案。这份决议草案的出发点是推动缓解朝人道局势和半岛问题政治解决，释放善意和积极信号，为半岛形势转圜创造条件。如果一些国家真心希望半岛形势缓和，真心希望维护半岛和平，就应该认真对待这份决议。

谢谢主席。

耿爽大使在安理会朝鲜半岛核问题公开会上的发言

（2023 年 3 月 20 日）

主席先生：

我感谢延恰助理秘书长的通报。

当前，朝鲜半岛紧张局势加剧，对立对抗上升，中方对此表示关切。我们注意到朝鲜日前的发射活动，也注意到有关国家近期在本地区持续进行军事活动。当务之急，是各方均保持冷静克制，避免交替示强，防止局势进一步升级甚至失控。

半岛形势发展至此，事出有因。朝方曾于 2018 年作出以弃核换安全的积极举措，但美方未按"行动对行动"原则作出善意回应，导致错失推进半岛无核化进程的重要机遇。今年以来，美等继续在半岛及周边举行空前规模的联合军演，计划加大部署战略武器，这种威慑施压作法严重加剧了朝方的不安全感，导致矛盾激化。朝鲜外务省最新声明也强调，朝有关行动系"针对美敌对活动所采取的反制措施"。

主席先生，

国际社会应正视半岛问题的症结，从历史中汲取经验教训，坚持推动问题的政治解决。我愿强调三点：

一、各方都应保持克制，相互展现善意，在平和、冷静、稳定的状态下探求破局之策，争取形成良性互动，逐步建立互信。美国代表刚才说，美方一直寻求与朝鲜方面对话，致力于外交努力。但美方一边这么说，一边却又在半岛制造紧张，这种做法既危险又虚伪。美方应展现诚意，采取主动，提出现实可行的方案，正面回应朝方合理关切，为形势转圜创造有利条件。

二、中方支持安理会为推动政治解决发挥建设性作用。安理会开展的讨论、采取的行动应当有助于缓和局势、恢复对话、促进团结，不能为了体现存在而开会发声。中方之所以对推动安理会通过决议或发表主席声明的做法持保留态度，正是因为认为这种做法不具建设性，很可能为本已紧张的半岛局势注入新的刺激因素。美方如果真心希望能打破僵局，就应该认真对待中俄在安理会共提的涉朝决议，在缓解人道局势和推动政治解决等方面释放一些积极信号，鼓励朝方恢复对话，为局势缓和创造条件。

三、刚才美国代表说我们必须维护安理会的权威和信誉，但是美国一面打着防扩散的旗号要求朝鲜弃核，一面却向无核武器国家转让数以吨计的武器级浓缩铀，这是典型的双重标准。这种双重标准才是对安理会信誉的严重损害。美国等三国开展的核潜艇合作破坏国际核不扩散体系，刺激军备竞赛，危及地区和平安全，也不利于国际社会说服朝方放弃核武计划、推进半岛无核化进程。

中方呼吁个别国家倾听国际社会和地区国家呼声，摒弃冷战思维、集团政治，停止政治操弄，切实履行自身核不扩散义务，撤销开展核潜艇合作的决定，以实际行动为政治解决半岛问题树立正确导向。

主席先生，

中方呼吁有关各方秉持共同、综合、合作、可持续的安全观，承担各自应尽责任，通过有意义的对话均衡解决各自合理关切，实现共同安全。中方将继续按照"双轨并进"思路和分阶段、同步走原则，为推动半岛问题政治解决作出努力与贡献。

谢谢主席。

中国政府非洲事务特别代表刘豫锡
在安理会"消弭非洲枪声"高级别公开辩论会的发言

（2023 年 3 月 30 日）

主席先生：

我感谢莫桑比克倡议举办这次重要会议，欢迎纽西总统阁下亲自主持。我也感谢杜阿尔特特别顾问、曼佐尼特使和查巴斯高级代表所作通报。

非洲是一块崛起的大陆、希望的田野，充满生机和活力。非洲国家和非洲人民积极探索适合本国国情的发展道路，有力应对政治、经济、社会等多重挑战，积极维护地区和平、促进可持续发展。

非洲大陆是当今世界的重要组成部分。没有非洲的和平与发展，就没有世界的稳定与繁荣。新形势下，安理会要深入思考，如何促进国际社会协调，更好帮助非洲应对挑战？如何实现发展政策对接，解决冲突根源性问题？如何加强联合国同非洲合作，提供更加有力支持？

第一，支持非洲主导自身和安事务。非洲人民最了解非洲，非洲国家是维护自身和平安全的核心力量。国际社会应坚持以非洲方式解决非洲问题原则，在尊重和信任非洲国家基础上提供帮助，而不是以人权的名义干涉别国内政甚至越俎代庖。对于冲突后国家，要支持其选择符合自身国情的发展道路和治理模式，不能一味指责挑剌，更不能借机搞"民主改造"。

第二，支持非洲国家安全能力建设。增强非洲自身安全能力是实现标本兼治的唯一途径，要帮助非洲国家建立专业、高效、强有力的安全部门，有效应对恐怖极端主义、族群冲突等现实安全威胁。去年 8 月，中国推动安理会发表主席声明，呼吁全面推进、因国施策，结合非洲国家需求，有针对性支持非洲安全能力建设，为对非安全合作提供了重要政治指引。联合国在非和平行动要尊重驻在国意见，支持相关国家加强安全部门建设和改革。安理会对苏丹、南苏丹等国实施的武器禁运限制了当事国安全能力发展，应及时调整或解除。

第三，支持非洲实现可持续发展。发展和安全互为依托，相辅相成。习近平主席提出全球发展倡议，强调将发展合作置于全球宏观政策协调的突出位置，通过发展破解治国理政的突出问题和挑战，推动构建全球发展共同体。国际社会对非合作要同非盟《2063 年议程》、"消弭枪声"等倡议加强对接，支持非洲推进基础设施建设、加快工业化、应对疫情、消除贫困、促进就业，加快落实 2030 年可持续发展议程。非洲发展问题的深层次原因是国际经济秩序不公，发达国家要承担应有责任，兑现发展援助承诺，向非洲补上历史欠账。

第四，支持非洲联合自强努力。去年是非盟成立 20 周年。20 年来，非盟高举联合自强、团结合作的旗帜，致力于探索适合非洲的发展道路，在国际事务中"以一个声音说话"，有力维护了非洲和平、安全、稳定与发展。非盟自主维和行动是非洲人以非洲方式解决非洲问题的有益实践，应向其提供灵活、可预见、可持续的资源保障。中方坚定支持非洲深入参与二十国集团、金砖国家等机制，坚定支持非洲在全球治理和国际事务中发挥更大作用。

主席先生，

中国同非洲长期风雨同舟、患难与共，我们始终将非洲置于外交优先方向，将非洲和平与安全作为在安理会工作的重中之重。中非共同发起"支持非洲发展伙伴倡议"，共同推进"非洲之角和平发展构想"，共同落实中非合作的"九项工程"，共同构建高水平中非命运共同体。我们愿同国际社会携手努力，坚持共同、综合、合作、可持续的安全观，帮助非洲消弭枪声，呵护世界的"希望之源"，共同构建人类命运共同体！

谢谢主席先生。

耿爽大使在安理会审议乌克兰危机涉核问题时的发言

（2023 年 3 月 31 日）

主席先生：

我感谢中满泉高级代表的通报。

核武器是悬在人类头上的"达摩克利斯之剑"。中方在核武器问题上的立场是明确的、一贯的。从拥有核武器的第一天起，中方即坚定奉行自卫防御的核战略，始终恪守在任何时候和任何情况下都不首先使用核武器的承诺。中方并明确承诺无条件不对无核武器国家和无核武器区使用或威胁使用核武器。中国是唯一作出上述承诺的核武器国家。中方高度重视《不扩散核武器条约》在国际核裁军与核不扩散领域的基石地位，坚定维护条约的权威性、有效性和普遍性，主张循序渐进推进核裁军进程，主张最终全面禁止和彻底销毁核武器，呼吁废除"核共享"安排，主张所有核武器国家都不应在境外部署核武器并应撤出在境外部署的核武器。

大国互信与协作是维护全球战略稳定的根本保障。去年 1 月，五核国领导人发表联合声明，强调"核战争打不赢也打不得"，重申不将核武器瞄准彼此或其他任何国家。在当前核武器国家关系紧张的背景下，这一历史性声明的特殊重要意义更加凸显。中方呼吁所有核武器国家遵循声明理念，切实降低核战争风险，避免核武器国家间爆发任何武装冲突。

主席先生，

中方在乌克兰问题上的立场也是明确的、一贯的。不久前中方发布《关于政治解决乌克兰危机的中国立场》文件全面阐述了中方立场主张。这其中就包括反对武装攻击核电站等和平核设施，强调核武器用不得、核战争打不得，反

341

对使用或威胁使用核武器，防止核扩散、避免出现核危机等方面内容。

最近发生的一系列事态再次证明，重启对话谈判、推动政治解决宜早不宜迟。所有各方均应保持理性、克制，不加剧紧张，不激化矛盾，不拱火浇油，停止一切促使战事延宕的举动，避免危机进一步恶化甚至失控。国际社会应当增强劝和促谈的紧迫感，为早日重启谈判创造条件。中方将继续为停火止战、缓解危机、恢复和平发挥建设性作用。

谢谢主席先生。

张军大使在安理会朝核问题公开会上的发言

（2023 年 4 月 17 日）

主席先生：

感谢基亚利助理秘书长所作通报。

当前朝鲜半岛局势持续紧张，对抗不断升级，中方对此深表关切。我刚才听到一些成员措辞严厉地谴责别国，似乎半岛局势走到今天这一步完全是因为他人，跟自己一点没有关系。中国有老话叫"种瓜得瓜，种豆得豆"，看问题不能只看当前的表象，更要看到背后的经纬和深层次根源。

半岛问题作为冷战残余延宕几十年，本质是安全问题。半岛停战以来，一直未能建立和平机制，朝鲜面临巨大安全威胁和生存压力，其合理关切长期得不到足够重视和回应。近段时间，美国在半岛周边频繁举行军演，出动核动力航母、B-52轰炸机等战略武器，严重加剧朝鲜不安全感，这是导致当前半岛局势紧张的主要原因。

主席先生，

面对半岛新一轮紧张升级，中方呼吁相关各方都保持冷静克制，正视问题症结，坚持政治解决大方向，为实现半岛无核化、维护半岛和平稳定共同作出努力。我强调三点：

一是要相互展现善意和诚意。半岛问题历史上曾数次处于形势转圜的关口，朝美曾于 1994 年达成核框架协议，2005 年六方会谈曾发表"9·19 共同声明"，2018 年、2019 年朝方曾作出前所未有的无核化举措，朝美领导人举行会晤并就改善两国关系、建立半岛和平机制、实现半岛无核化达成一系列重要共识。然而，由于美方政策反复，未按"以行动对行动"原则作出回应，重回

343

制裁施压老路，导致一再错失解决半岛问题的机遇。朝方对美方更加不信任，对话彻底陷入僵局。各方应深刻反思历史教训，认识到只有相互释放善意才能积累必要互信，才能为实现和谈创造条件。特别是美方要正视问题症结，拿出负责任态度，采取有意义的实际行动。

二是要回到重启对话的正确途径。各国安全不可分割，世界需要的是共同安全，任何国家都不能以牺牲别国安全为代价追求自身绝对安全，这对半岛问题具有重要借鉴意义。有关各方应多换位思考，正视彼此正当合理关切，减少相互刺激和对抗施压，为重启有意义的对话创造条件。中方始终主张坚持"双轨并进"思路和分阶段、同步走原则，强调半岛无核化和建立半岛和平机制二者缺一不可。这些主张过去曾经为半岛形势转圜发挥过重要作用，未来仍是解决半岛问题的根本出路，各方应继续沿着这一方向作出努力。

三是把握安理会发挥作用的正确方式。安理会行动的出发点应是缓和半岛局势、推动半岛长治久安，不能有失公允，更不能成为纯粹制裁施压、服务其地缘战略的工具。关于安理会发声问题，关键看效果，如果发表成果文件就是为了单方面谴责某一方，那这么做只会激化矛盾，甚至导致各方都不愿意看到的结果。我还要强调，安理会涉朝决议既包括制裁条款，也包括恢复对话、政治解决等内容，不应被选择性忽视。中俄在安理会共同提出的涉朝决议草案能为半岛问题政治解决注入新的动力，面对当前复杂形势，各方应予以更积极考虑。

主席先生，

刚才美国代表在发言中提到所谓"联合国军"。众所周知，所谓"联合国军"是冷战时期的产物，早已不合时宜，中方从来不予承认。

谢谢主席先生。

耿爽大使在安理会审议向乌克兰提供武器问题时的发言

（2023 年 5 月 18 日）

主席女士：

我感谢艾伯副高级代表的通报。安理会此前曾多次审议向乌克兰提供武器问题，中方也多次全面阐述有关立场主张。今天我只简单讲三点。

一、不断向战场投放武器将导致战事升级蔓延，造成更多平民伤亡，催生更多流离失所，使和平谈判的环境更加恶劣，停火止战的希望更加渺茫。

二、不断向战场投放武器将产生巨大扩散风险。这些武器弹药一旦落入恐怖分子和武装团伙手中，很可能在更大地理范围内造成新的动荡，夺取更多无辜生命。

三、不断向战场投放武器将对战后重建带来严峻挑战。阿富汗、伊拉克、索马里等地的惨痛教训一再告诫我们，战争遗留武器和爆炸物对战后恢复重建构成安全隐患，增加额外负担。

主席女士，

乌克兰危机没有军事解决方案。对话谈判才是恢复和平的根本之道。当前形势下，各方要以最大的诚意和最强的紧迫感推动政治解决，为当事方重返谈判营造氛围，为停火止战创造条件。

中方在乌克兰问题上始终站在和平一边、站在对话一边，始终积极劝和促谈。我们既不是乌克兰危机的制造者，也不是乌克兰危机的当事方，更未向乌克兰危机的任何一方提供武器。中国政府日前派出欧亚事务特别代表李辉大使前往乌克兰、波兰、法国、德国、俄罗斯访问，就政治解决危机同各方沟通。

我们也欢迎非洲六国元首计划访问俄罗斯和乌克兰推动停火止战。正如习近平主席指出的，一切有利于和平解决危机的努力都应该得到支持，我们呼吁国际社会形成解决乌克兰危机的最大公约数，凝聚起劝和促谈的最大合力，共同为推动乌克兰危机早日政治解决发挥建设性作用。

謝謝主席女士。

耿爽大使在安理会审议乌克兰核设施安全问题时的发言

（2023 年 5 月 30 日）

卡西斯外长阁下：

我欢迎你主持今天这场重要的会议，祝贺瑞士圆满完成安理会五月轮值主席的工作。

主席先生，

我感谢格罗西总干事的通报。

当前，乌克兰危机仍在跌宕，形势依然严峻。中方始终站在和平一边，站在对话一边，坚持劝和促谈、推动政治解决，期待并支持俄乌双方尽快重启和谈。这需要国际社会的共同努力，更需要当事各方从自身做起，通过积累互信不断创造条件。

乌克兰危机的持续对乌克兰核设施的安全安保构成严峻挑战。中方在此前安理会的有关审议中曾多次阐明立场，今年 2 月 24 日发布《关于政治解决乌克兰危机的中国立场》，专门呼吁维护核电站安全，反对武装攻击核电站等和平核设施。令人不安的是，尽管包括中方在内的国际社会一再发出警告和呼吁，扎波罗热核电站及周边地区的军事行动仍接连发生，外部电力供应曾数度中断，有关设施也多次受损，该地区的军事风险一直有增无减，中方对此深感担忧。

国际原子能机构总干事聚焦各方共同关切，提出包括 5 项原则的扎波罗热核电站安全倡议，并为此积极进行斡旋。中方对格罗西总干事的努力表示赞赏，支持他和国际原子能机构为促进核设施的安全安保发挥建设性作用。我们呼吁有关当事方坚持人道精神，坚持科学理性，坚持沟通合作，严格遵守核安全公约等相关国际法，避免采取任何危及核设施的行为，全力避免任何意外的发生。

扎波罗热核电站安全安保问题只是乌克兰危机的一个方面，其解决最终取决于乌克兰危机的政治解决前景。各方应着眼和平大局和共同安全，相向而行，为重启对话和妥善解决包括核电站安全安保在内的相关问题创造有利条件。有重要影响的国家更应发挥负责任、建设性作用，而不是拱火浇油。中方将继续致力于劝和促谈，为推动乌克兰危机政治解决发挥建设性作用。

谢谢主席。

耿爽大使在安理会朝鲜半岛核问题公开会上的发言

（2023 年 6 月 2 日）

主席先生：

当前，朝鲜半岛紧张局势加剧，对立对抗上升，中方对此表示关切。半岛形势发展到今天事出有因。各方不能只看表象，还要看到本质，不能只看今天，还要看到昨天，不能只看朝方举动，还要全面看待各方言行。

半岛问题作为冷战残余延宕几十年，症结与脉络都十分清楚。几十年来，半岛和平机制始终缺失，朝方合理安全关切长期未得到解决，朝美互信一直严重不足，双方反复陷入"对话缓和—僵局对抗—紧张升级"的怪圈。

半岛问题曾经有过柳暗花明的时刻，包括 1994 年核框架协议、2005 年六方会谈"9·19 共同声明"、2018 年新加坡联合声明等。彼时朝方积极同美对话，大体遵守协议，但由于美方未遵守"承诺对承诺，行动对行动"的原则，对朝政策重回制裁施压老路，导致局势发生反转、走向恶化，错失解决问题良机。

近年来，美方把半岛纳入"印太战略"，在半岛及周边地区持续进行军事活动、大幅增加军事存在，严重损害半岛及周边国家战略安全利益。就在一个多月前，美韩发表《华盛顿宣言》，表示要加强"延伸威慑"，甚至计划派遣战略核潜艇到访半岛。美方的做法置他国关切于不顾，完全服务一己地缘私利，执意在半岛问题上借题发挥、制造紧张。美方的做法充斥冷战思维，挑动阵营对抗，损害他国战略安全利益，与维护半岛和平稳定、推进半岛无核化目标背道而驰。

主席先生，

当前半岛形势紧张脆弱、复杂敏感。越是如此，各方越要保持冷静克制，避免相互刺激，防止局势升级甚至失控。越是如此，各方越要坚持外交努力和政治解决，争取通过重启有意义的对话解决各自合理关切。越是如此，各方越要着眼大局和长远，按照"双轨并进"思路，并行推进实现半岛无核化和建立半岛和平机制。

一些国家多次提到安理会不能对半岛现状无动于衷，而应发挥建设性作用，中方亦认为如此。安理会怎么做才是发挥建设性作用呢？一味指责某一方，把所有的责任都推向某一方，是建设性的吗？显然不是。这样做只会激化矛盾，加剧刺激，给本已紧张的半岛局势注入新的不确定因素。安理会的建设性作用，应体现在推动缓和局势、增进互信、促进团结上。中俄在安理会共提涉朝决议草案的出发点，就是推动解决朝民生困难，释放善意和积极信号，为重启对话和形势转圜创造条件，推动半岛问题政治解决，希望各方积极考虑。

最后，我还要指出，美方一面打着防扩散的旗号要求实现半岛无核化，一面却对外升级"核保护伞"，与他国开展核潜艇合作，向无核武器国家转让数以吨计的武器级浓缩铀，这是典型的双重标准。有关合作破坏国际核不扩散体系，刺激军备竞赛，危及地区和平安全，给半岛无核化进程带来严重负面影响，应予停止。

谢谢主席。

耿爽大使在安理会审议向乌克兰提供武器问题时的发言

（2023 年 6 月 29 日）

主席女士：

我感谢中满泉高级代表和其他几位通报人的通报。

乌克兰危机爆发以来，大量武器装备持续流入战场，品种和数量持续扩大，致命性和杀伤性不断提升，外溢影响和扩散风险与日俱增。与此同时，危机爆发以来，冲突地区平民伤亡不断增加，民用设施损毁日趋严重，"黑天鹅"和"灰犀牛"事件接连发生，战争的残酷性、严峻性、危险性和不可预测性日益上升，令人深感忧虑。

当前形势下，世界更需要的是停火止战而不是武器投放，是对话谈判而不是战事升级，是劝和促谈而不是阵营对抗。最近一段时间，提出和平倡议的国家越来越多，劝和促谈的声音越来越强。我们期待有关方面积极回应国际社会的理性呼声，保持冷静克制，避免加剧紧张，加强接触，凝聚共识，为危机的最终解决逐步积累和创造条件。

中方在乌克兰问题上始终主张各国主权、领土完整都应该得到维护，联合国宪章宗旨和原则都应该得到遵守，各方合理安全关切都应该得到尊重，一切有利于和平解决危机的努力都应该得到支持。中方一直同有关各方就乌克兰危机保持接触沟通，积极劝和促谈。我们愿同世界上爱好和平、坚持正义的国家一道，继续为推动乌克兰问题政治解决发挥积极和建设性作用。

谢谢主席。

耿爽大使在安理会伊核问题公开会上的发言

（2023 年 7 月 6 日）

主席女士：

我感谢迪卡洛副秘书长、欧盟驻联合国代表团团长斯科格及马耳他常驻代表弗雷泽所作通报。

伊核问题全面协议是经安理会决议核可的多边外交重要成果，也是维护国际核不扩散体系和中东地区和平稳定的关键支柱。美国上届政府单方面退出全面协议，对伊极限施压，引发了伊核危机。

2021 年 4 月以来，各方在欧盟协调下开展多轮务实谈判，距离恢复履约曾仅有"一步之遥"。但令人遗憾的是，谈判自去年 8 月以来陷入僵局，伊核问题局势不断出现起伏，未来前景一直走向不明。我们呼吁有关各方珍惜来之不易的谈判成果，展现政治智慧，破除关键障碍，尽早就恢复全面协议的完整、有效执行达成共识。我愿就此谈四点看法：

第一，当务之急是各方作出更大努力，争取尽快启动复谈进程。今年 3 月，伊朗同国际原子能机构就保障监督未决问题发表联合声明，近期还推动就恢复机构核查、解决履约关切等问题取得实质性进展。美国等有关各方应抓住积极势头，采取务实态度，与伊方相向而行，推动全面协议早日重返正轨。欧盟作为全面协议协调员应发挥更积极、更具建设性的作用。

第二，中方支持一切有助于缓和伊核问题局势的努力，认为有关努力应维护既往谈判已经取得的共识，平衡解决各方正当合理关切，维护各方合法权益。否则，任何努力恐怕都无法取得成果，即使取得恐怕也无法持久。中方呼吁美方解除对伊及第三方的所有单边制裁及"长臂管辖"措施，停止威胁使用武力的错误做法，为早日全面恢复履约创造良好条件。

第三，当前伊核局势处在关键阶段，有关各方应保持理性态度，将伊核问题与其他问题分开处理，避免采取任何可能升级局势、破坏政治外交解决的消极举动。这也是中方在刚才的程序性表决中投出反对票的原因。我们希望类似的使伊核问题更加复杂的情况不要再次发生。同时，中方主张安理会应在伊核问题上发挥建设性作用，第2231号决议部分对伊限制性措施将于今年10月到期，2020年围绕"快速恢复制裁机制"的闹剧不应再度上演。

第四，中国国家主席习近平提出全球安全倡议，主张共同、综合、合作、可持续的安全观，这为解决中东地区安全问题提供了有益启示。不久前，伊朗和沙特通过北京对话实现了历史性复交，为伊核等中东热点问题的政治解决、中东地区的全面和解注入动力和希望。中方愿同各方一道，秉持真正的多边主义，落实全球安全倡议，走共同安全道路，携手构建中东安全新架构，实现中东长治久安。

主席女士，

中方作为安理会常任理事国和全面协议参与方，始终致力于维护全面协议有效性和安理会决议的权威性，始终以建设性态度参与伊核问题政治外交解决进程。我们愿同各方保持密切接触，推动全面协议早日重返正确轨道，维护国际核不扩散体系和中东地区和平稳定。

谢谢主席。

张军大使在安理会朝核问题公开会上的发言

（2023 年 7 月 13 日）

主席先生：

感谢基亚利助理秘书长所作通报，欢迎朝鲜和韩国常驻代表出席此次会议。

中方在朝鲜半岛问题上的立场十分明确，始终坚持半岛无核化、坚持维护半岛和平稳定、坚持通过对话政治解决问题。当前朝鲜半岛局势持续紧张，对立对抗加重，这不是中方愿意看到的。中方注意到朝鲜日前的发射活动，同时也对个别国家加大军事施压、多次派遣战略武器在半岛开展军事活动表示关切。这些事件都不是孤立发生的。如果不能打破这种恶性循环，半岛问题不仅难以解决，而且局势会进一步升级。

半岛问题作为冷战残余延宕至今，本质上是政治安全问题，核心在于和平机制缺失。美国等国家长期把朝视作安全威胁，执迷于制裁施压，使朝面临巨大安全威胁和生存压力，朝方合理安全关切始终未得到解决。特别是今年以来，美国等国家在半岛开展史无前例、规模空前的联合军演，进行极具针对性和挑衅性的演习科目，发表强化"延伸威慑"的《华盛顿宣言》，在军事施压的道路上越走越远。这种做法只会激化矛盾、加剧紧张，现实已经作出了回答。

20 世纪 90 年代以来的半岛问题所走过的历程清楚表明，对话谈判是缓和半岛紧张局势、推动政治解决的唯一正确有效途径。只要美朝恢复对话谈判、彼此相向而行，半岛局势就能保持稳定，半岛问题的政治解决就有希望。美方与其指责别国阻挠安理会采取行动，不如提出切实可行的方案，采取有意义的行动，回应朝方合理关切，用行动将"无条件对话"的表态落到实处。

安理会处理半岛问题的出发点应是缓和局势、推动对话谈判，而不是简单的制裁施压，更不能沦为个别国家实现地缘政治私利的工具。推动政治解决、增进团结互信才是维护安理会声誉和权威性的关键。各方应全面执行安理会涉朝决议，特别是其中恢复对话、政治解决等内容不应被选择性忽视。中俄此前共提的安理会涉朝决议草案的出发点，就在于释放善意和积极信号，为重启对话和形势转圜创造条件，推动半岛问题政治解决。我呼吁那些要求安理会采取行动的国家，认真考虑这一草案。

主席先生，

冷战早已结束，冷战思维的"幽灵"却一直飘荡在世界上空，不仅导致半岛问题延宕难解，也造成全球范围对立对抗加剧、矛盾冲突增多。北约作为冷战产物，至今深陷在这个"幽灵"中难以自拔。北约日前召开维尔纽斯峰会，会议发布的公报连篇累牍，老调重弹，充斥着冷战思维和意识形态偏见。公报罔顾基本事实，强拉硬扯，对中国进行无端攻击和指责，完全是倒打一耙、虚伪至极。中方对此坚决反对。

事实上，真正需要反思的是北约自己。北约声称是区域性组织，却突破自身条约规定的地理范围，染指全球，东进亚太，给地区乃至全球安全带来更多负面影响和破坏因素。北约自称是防御性联盟，却鼓动成员不断增加军费，在全球进行军事活动，不断越界扩权，挑起对抗。北约宣称要捍卫"基于规则的国际秩序"，却屡屡违反国际法和国际关系基本准则，干涉别国内政，挑起多场战争，轰炸外交设施，杀害无辜平民，留下斑斑劣迹。个别北约成员奉行双重标准，推动"核共享""核联盟"，进一步加剧地区紧张局势。无数事实证明，北约才是真正的麻烦制造者。

北约对中国的指责毫无事实根据。中国是世界和平的建设者、全球发展的贡献者、国际秩序的维护者。中方坚定维护以联合国为核心的国际体系、以国际法为基础的国际秩序、以联合国宪章宗旨和原则为基础的国际关系基本准则。在和平与安全问题上，中国是纪录最好的大国。我们从未侵略别国，从不搞代理人战争，不在全球开展军事行动，不以武力威胁他国，不输出意识形态，不干涉别国内政。试问北约能做到这些吗？中国恪守在任何时候和任何情况下不首先使用核武器的政策，无条件承诺不对无核武器国家和无核武器区使用或威胁使用核武器。试问北约成员国能作出这样的承诺吗？我要指出，中国不惹事，但也不怕事。对于任何侵犯中国主权和领土完整、损害中国安全和发展利益、破坏中国周边和平稳定的行为，我们将予以坚决、有力的回击。

主席先生，

全球化时代，世界安危与共，没有哪个人生活在真空里，没有哪个国家享有"绝对安全"。各国要实现自身安全，就不能漠视他国的合理安全关切，就不能把本国安全建立在他国不安全的基础之上，就不能把自己的安全篱笆扎到别人家门口，就不能只许自己放火、不让别人点灯。安全不可分割，这是时代特征，也是实现共同安全的出发点。中国始终坚持共同、综合、合作、可持续的安全观，习近平主席提出全球安全倡议，就是针对当前国际安全困境，为推动实现共同安全所指明的方向和给出的中国答案。中方愿同国际社会一道，通过真诚务实的对话合作，共同构建均衡、有效、可持续的安全架构，推动实现持久和平、共同安全。

谢谢主席先生。

耿爽大使在安理会审议向乌克兰提供武器问题时的发言

（2023 年 8 月 17 日）

主席先生：

我感谢中满泉高级代表和海丰先生的通报。

安理会已多次审议向乌克兰提供武器问题，中方也多次阐述立场主张，特别就不断向战场投放武器的严重后果表达忧虑和不安。当前，大量武器装备仍在持续流入战场，外溢影响不断扩大，让停火止战的希望更加渺茫。

依靠武器或许可以赢得战争，但却无法赢得和平。恢复和平需要的是对话谈判。一段时间以来，越来越多的国家发出理性声音，提出和平倡议。我们期待有关方面积极回应国际社会呼声，保持冷静克制，避免加剧紧张，加强接触，凝聚共识，为危机的最终解决逐步创造条件。

中方在乌克兰问题上始终站在和平一边、站在对话一边，始终积极劝和促谈。我们坚信越是困难重重，越要为和平留下空间；越是矛盾尖锐，越不能放弃对话努力。近期，沙特举办乌克兰问题国际会议，中国政府欧亚事务特别代表出席，同各方进行广泛接触交流，全面阐述中方立场主张。中方将继续在《关于政治解决乌克兰危机的中国立场》文件基础上，加强与各方对话交流，为推动乌克兰危机政治解决发挥建设性作用。

谢谢主席。

耿爽大使在联大关于日本福岛核污染水排海问题的发言

（2023 年 8 月 25 日）

主席先生：

太平洋岛国论坛是重要的政府间区域组织，长期以来为促进岛国可持续发展、应对气候变化、维护地区和平稳定发挥了重要作用。中国和太平洋岛国同处亚太地区，同为发展中国家，友好交往源远流长。中方将继续本着相互尊重、共同发展的原则，推动双方关系结出更多硕果，也将继续支持太平洋岛国论坛加强与联合国等国际组织的合作。

主席先生，

海洋是全人类的共同财产，更是太平洋岛国赖以生存的蓝色家园。12 年前，日本福岛核电站发生严重事故，向海洋释放了大量放射性物质，造成巨大灾难。12 年后，就在昨天，日本政府不顾国际社会质疑和反对，单方面强行启动核污染水排海，又给当地民众乃至世界人民造成二次伤害。核污染水处置具有跨国影响，绝不是日本一家私事。日方这一举动无视公共利益，公然向包括太平洋岛国在内的全世界转嫁核污染风险，极其自私自利，极其不负责任。

人为向海洋排放核事故污染水没有先例，也没有公认的处置标准。长期以来，围绕福岛核污染水排海对海洋环境、食品安全和人类健康的影响一直存在严重关切，日方做法的正当性、合法性、安全性也一直受到广泛质疑。日方迄未解决国际社会对于核污染水净化装置长期可靠性、核污染水数据真实准确性、排海监测方案的完善有效性的重大关切。中国等利益攸关方多次指出，如果核污染水是安全的，就没有必要排海，如果不安全，就更不应该排海。

中方呼吁国际社会共同敦促日本政府纠正错误决定，立即停止核污染水排海，以真诚态度同有关国家和利益攸关方善意沟通，以负责任方式处置核污染水，避免对全球海洋环境、避免对世界各国人民的健康福祉造成不可预测的破坏和危害。

谢谢主席。

耿爽大使在联大的答辩发言

主席先生：

我知道下面还有其他议程，所以我不愿意占用大家太多时间。但对于日本代表刚才的发言，我想我有必要作一个简短的回应。

刚才日本代表在发言中以及日本政府近来的表态中，一再援引国际原子能机构的评估报告。我想提醒各位代表注意，机构总干事格罗西在报告前言及相关记者会上一再强调，排海是日本政府的国家决定，机构报告既不是对这一政策的推荐，也不是背书。我想大家都不难听出，国际原子能机构的报告并不能成为日方强推核污染水排海的"通行证"。报告无法给予日方排海正当性与合法性，也无法免除日方应承担的道义责任和国际法义务。

正如我刚才发言中指出的，核污染水处置具有跨国影响，绝不是日本一家的事情。无论日方如何辩解，都改变不了未来30年日本将把上百万吨的核污染水持续向太平洋排放的现实，都改变不了排海将对海洋环境、食品安全和人类健康造成巨大风险的事实。

中方强烈敦促日方正视有关国家表达的合理关切，立即停止核污染水排海，积极同有关国家和利益攸关方开展善意沟通，以负责任方式处置核污染水。

谢谢主席。

耿爽大使
在安理会关于日本福岛核污染水排海问题的发言

（2023 年 8 月 25 日）

8 月 25 日，安理会就朝鲜半岛核问题举行公开会，中国常驻联合国副代表耿爽大使与会，并就日本福岛核污染水排海问题阐明中方立场。耿爽发言如下：

主席女士：

既然日本代表刚才作了发言，我恐怕也要阐明中方立场。

中方坚决反对日本政府不顾国际社会质疑和反对，单方面强行启动核污染水排海，公然向全世界转嫁核污染风险。

人为向海洋排放核事故污染水没有先例，也没有公认的处置标准。长期以来，围绕福岛核污染水排海对海洋环境、食品安全和人类健康的影响一直存在严重关切，日方作法的正当性、合法性、安全性也一直受到广泛质疑。

中方敦促日本政府纠正错误决定，立即停止核污染水排海，以真诚态度同有关国家和利益攸关方善意沟通，以负责任方式处置核污染水。

谢谢主席。

外交部副部长马朝旭
在安理会乌克兰问题高级别公开会上的发言

(2023 年 9 月 21 日)

主席先生：

中国在乌克兰问题上的立场是一贯和明确的。习近平主席先后提出"四个应该""四个共同"和"三点思考"主张，成为中国处理乌克兰问题的根本遵循。我们认为，各国主权、领土完整都应该得到尊重，联合国宪章宗旨和原则都应该得到遵守，各国合理安全关切都应该得到重视，一切有利于解决危机的努力都应该得到支持。今年 2 月，中方发布了《关于政治解决乌克兰危机的中国立场》文件，提出尊重主权、停火止战、启动和谈、停止单边制裁等 12 条主张，核心就是劝和促谈。中国同有关各方及国际社会就乌克兰危机保持密切沟通，中国政府欧亚事务特别代表赴访有关国家，出席在沙特吉达举行的乌克兰问题国际会议，以自己的方式劝和促谈，为乌克兰危机解决发挥积极和建设性作用。

我们看到，乌克兰危机还在延宕，战场形势激烈胶着，外溢风险不断发酵，对国际形势产生重大影响。乌克兰危机发展到今天有着深刻根源和复杂成因，危机长期化、扩大化不符合任何一方利益。结合当前形势，我愿强调以下四点：

第一，坚持劝和促谈。历史充分证明，冲突没有赢家，战争解决不了问题。追求自身绝对安全，甚至挑动阵营对抗，只会加剧矛盾和冲突，不会有好的结果。无论形势多么复杂，挑战多么严峻，都要坚持政治解决大方向，推动当事方凝聚共识，启动和谈，早日实现停火止战，国际社会要为此创造必要条件和氛围。有关各方应当着眼长远，秉持共同、综合、合作、可持续的安全观，尊重彼此合理安全关切，推动构建均衡、有效、可持续的欧洲安全架构。

第二，避免拱火浇油。各方均应保持克制，不加剧紧张，不激化矛盾，不采取任何导致局势不断升级的举措，为推进最终政治解决创造必要条件。要严守核安全底线，防止出现人为核事故。

第三，管控外溢风险。乌克兰危机对世界经济复苏和全球发展造成巨大冲击，严重影响全球粮食、能源和金融安全，发展中国家首当其冲。有关国家应停止滥施单边制裁和长臂管辖，保障全球产供链安全畅通。我们支持相关方就黑海粮食运输协议同俄乌保持沟通，在平衡照顾双方关切基础上重启协议，切实维护全球粮食安全。

第四，缓解人道危机。2023 年全球需要人道主义援助的人口数量高达 3.39 亿人，比 2022 年初增长近七千万人。乌克兰危机导致数百万民众流离失所，多处重要大型基础设施被毁。冲突当事方要严格遵守国际人道法，遵循必要、区分和对称的原则，保护平民和民用基础设施，提供快速、安全、无障碍的人道准入，减轻平民遭受的苦难。国际社会和人道机构要恪守人道救援原则，加大对受危机影响民众的人道救援力度，帮助他们渡过难关。中方高度重视乌克兰人道局势，在危机爆发初期就提出防止出现大规模人道主义危机的六点倡议，并一直为缓解乌人道局势发挥建设性作用，提供了多批人道主义物资援助。

各位同事，

中国将坚持真正的多边主义，始终秉持客观公正立场，站在对话一边，站在和平一边，站在历史正确一边。我们愿同安理会成员和有关各方一道，为推动政治解决乌克兰危机继续发挥建设性作用。

谢谢主席先生。

耿爽大使在纪念和推进
"国际彻底消除核武器日"联大高级别会议上的发言

（2023 年 9 月 26 日）

主席女士：

核武器是各国面临的重大安全威胁，全面禁止和彻底销毁核武器，最终建立无核武器世界，是全人类的共同夙愿。中国支持不结盟运动提出的核裁军倡议，支持联大举行会议纪念和推进"国际彻底消除核武器日"。

当前，世界变乱交织，地缘冲突加剧，冷战思维沉渣泛起，国际安全形势正经历前所未有的深刻演变。个别国家为谋求霸权地位和绝对优势，持续推进战略力量现代化和前沿部署，不断强化"核联盟"和"延伸威慑"，严重损害全球战略平衡与稳定，阻碍国际核裁军努力。

面对复杂严峻形势，国际社会应践行真正的多边主义，坚持安全不可分割原则，秉持共同、综合、合作、可持续的安全观，抵制冷战思维和零和博弈，反对制造分裂和阵营对抗，维护《不扩散核武器条约》目的和宗旨，共同推进国际核裁军进程。拥有最大核武库的国家，应切实履行核裁军特殊、优先责任，进一步大幅、实质削减核武库，为最终实现全面彻底核裁军创造条件。

主席女士，

中国国家主席习近平多次指出，核武器用不得、核战争打不得，国际社会应共同反对使用或威胁使用核武器。中国始终奉行防御性国防政策，坚持自卫防御的核战略，承诺在任何时候和任何情况下都不首先使用核武器，无条件不对无核武器国家和无核武器区使用或威胁使用核武器。中国始终把自身核力量维持在国家安全需要的最低水平，不与任何核武器国家开展核军备竞赛。中国不提供核保护伞，不在境外部署核武器。这是中国对国际核裁军事业的庄重承诺和重大贡献。中国愿与各方携手努力，一道推进核裁军进程，为早日实现无核武器世界的目标作出不懈努力。

谢谢主席。

中国裁军大使沈健
在 78 届联大一委关于外空问题的专题发言

（2023 年 10 月 23 日）

主席先生：

当前，外层空间面临更加严峻的安全挑战。国际社会亟须携手努力，切实防止外空武器化和军备竞赛，推动在外空领域构建人类命运共同体。中方在一般性辩论发言中介绍了有关原则立场，愿借此机会进一步阐述相关主张。

第一，坚持和平利用外层空间的国际共识。外空是全球公域。维护外空持久和平与安全，关乎各国安全、发展和繁荣，攸关全人类福祉。

令人遗憾的是，个别国家执迷大国竞争和冷战思维，谋求主导外空，将外层空间界定为"作战疆域"，加快外空军力建设，构筑外空军事同盟，甚至计划在外空部署反导武器。同时，利用商业航天公司掩护外空军力发展、介入他国军事冲突。这样的理念、政策和举措严重威胁外空安全，严重破坏全球战略稳定，持续加剧外空军备竞赛风险。

个别国家泛化国家安全概念，滥用单边制裁措施，肆意打压别国外空科研活动和技术发展，严重妨碍外空和平利用及相关国际合作。

中方主张，各国应秉持共同、综合、合作、可持续的安全理念，致力于确保外空和平利用性质，确保各国不可剥夺的和平探索利用外空的权利得到充分保障。

中方始终坚持探索和利用外空为全人类谋福利的原则，维护以 1967 年《外空条约》为基石的外空国际秩序，在平等互利、和平利用、包容发展的基础上，开展外空国际合作。

第二，坚持推进防止外空军备竞赛国际法律文书谈判。1978年第一届裁军特别联大明确提出通过谈判实现防止外空军备竞赛。40多年来，联大每年以压倒性多数通过"防止外空军备竞赛"决议，要求日内瓦裁军谈判会议谈判新的国际法律文书。通过谈判防止外空军备竞赛法律文书实现外空和平与安全，已成为国际社会广泛共识。

令人关切的是，个别国家不愿自身外空军力受到任何实质性约束，长期抵制外空军控国际法律文书谈判，导致相关进程迟滞不前。

中国与俄罗斯共同向日内瓦裁谈会提出"防止在外空放置武器、对外空物体使用或威胁使用武力条约"草案（PPWT），得到国际社会广泛支持和认可。这一条约草案可以成为谈判外空军控国际法律文书的基础。中方欢迎各方就草案具体内容提出建设性意见和建议。

第三，坚持统筹外空安全国际治理。长期以来，日内瓦裁军谈判会议、联合国裁军审议委员会围绕防止外空军备竞赛问题开展了深入讨论。去年裁谈会成立附属机构就防止外空军备竞赛问题达成报告，今年裁审会就外空活动透明与建立信任措施有关建议达成协商一致。中方欢迎上述进展。

近年来，在联大框架下，政府专家组和开放式工作组也开展了相关工作。由于各方在外空安全治理理念等方面的分歧，上届政府专家组与联合国"负责任外空行为准则"开放式工作组均无果而终。

2018—2019年联合国"防止外空军备竞赛"政府专家组就国际法律文书等进行了深入和实质性探讨。中方期待即将举行的新一届政府专家组能够在此基础上，进一步为防止外空军备竞赛法律文书实质要素及相关问题提出建议。

为了在政府专家组的工作结束后继续推进有关防止外空军备竞赛、谈判达成外空军控法律文书的讨论，中方与俄罗斯等国一道提出建立"防止外空军备竞赛的进一步切实措施"决议草案，建议设立联合国"防止外空军备竞赛"开放式工作组，聚焦防止外空军备竞赛国际法律文书所有可能的实质要素开展广泛讨论。希望各国积极支持。

中方注意到，不少国家对开放式工作组"负责任"和"不负责任"行为二元划分、混淆外空安全（security）威胁与和平利用外空安全（safety）风险、未聚焦防止外空军备竞赛法律文书谈判等问题提出了严重关切。中方期望，有关国家充分尊重和重视这些关切和看法，避免仓促推动再次成立"负责任外空行为准则"开放式工作组，重蹈上届开放式工作组的覆辙。

主席先生，

中方注意到，一些国家对在联合国框架下就防止外空军备竞赛问题推动平行进程表达了关切。中方始终认为，谈判防止外空军备竞赛国际法律文书是维护外空安全的根本之道，联大框架下相关努力应聚焦这一根本路径，而不是分散甚至替代相关努力。中方期待各方坚持真正的多边主义，统筹考量不同倡议主张，真正形成有效合力，推动早日谈判达成外空军控法律文书。

谢谢主席先生。

中国裁军大使沈健
在 78 届联大一委关于常规武器问题的专题发言

（2023 年 10 月 25 日）

主席先生：

当前，国际安全形势严峻，地区武装冲突频发，常规武器过度积累、滥用和不负责任转让外溢效应明显，加剧地区紧张局势和军备竞赛风险，引发严重人道主义危机。同时，新兴科技的发展和军事应用也带来新的安全挑战，常规武器军控内涵和外延不断扩大。

作为联合国安理会常任理事国，以及《特定常规武器公约》《武器贸易条约》等国际法律文书缔约国，中国政府一贯严格履行相关国际义务，深入参与国际常规武器军控进程。

今年 2 月，中方发布《全球安全倡议概念文件》，明确将支持国际常规武器军控进程列为重点合作方向之一，致力于继续推进联合国框架内包括轻小武器、常规弹药、军备透明在内的各项议程。

中国全国人大常委会正在审议关于批准《枪支议定书》的议案，这是中方积极落实全球安全倡议、维护国际地区和平稳定的重要举措。中方将以此为契机，同各方进一步加强轻小武器管控合作，帮助发展中国家加强能力建设，以实际行动消弭全球安全赤字。

中国积极参与全球武器贸易治理，在军贸问题上一贯持慎重、负责任态度，建立并不断完善军品出口管制体系。中国军品出口严格遵循三项原则，确保有助于接受国正当防卫能力，不损害有关地区和世界和平、安全与稳定，不干涉接受国内政。中国敦促个别武器出口大国承担起特殊的国际责任，严格管控武器转让，停止利用武器出口作为政治工具干涉别国内政、加剧地区紧张局势。

中国积极参与联合国常规武器登记册相关工作，欢迎 2022 年登记册政府专家组就登记册普遍性和有效性提出的有益建议。中方高度重视打击轻小武器非法贸易，认真落实《行动纲领》和《识别与追查文书》，期待 2024 年《行动纲领》第四次审议大会取得实质成果。

中国以建设性姿态参加常规弹药问题开放式工作组历次讨论，为达成具有里程碑意义的《常规弹药全寿期管理全球框架》发挥了积极作用，愿进一步与各国就弹药管理问题加强交流与合作。

中国积极开展国际人道主义扫雷合作，迄今已向 40 余个亚非拉国家提供了价值 2 亿多元人民币的人道主义扫雷援助，培训了 1 000 多名扫雷人员。不久前，中方为柬埔寨、老挝两国举办国际人道主义扫雷援助培训班，第二届东盟扫雷问题区域高级别会议在中国南京成功召开。中国愿继续在力所能及范围内，积极开展人道主义扫雷国际合作，帮助有关国家早日清除雷患，重建家园，共同促进地区和平与发展。

主席先生，

近年来，中方建设性参与《特定常规武器公约》框架下"致命性自主武器系统"政府专家组讨论，就规范人工智能军事应用等问题提交了立场文件。中方欢迎专家组达成的 11 条指导原则，支持在各方就"致命性自主武器系统"定义特征等问题达成一致理解的基础上，在条件成熟时就禁止使用全自主致命性武器系统缔结具有法律约束力的国际文书。同时，中方鼓励各国根据"指导原则"总体要求，并结合本国实际，在现有法律和军事管理制度框架下，采取进一步的落实举措，包括制定行业规范、伦理宣言、行动指南等，以对相关技术发展加强引导和监管。

主席先生，

中方倡导共同、综合、合作、可持续的安全观。为解决常规武器引发的地区动荡和人道主义关切，中方主张：

一是重视源头治理。中方支持一切有利于和平解决危机的努力，主张统筹发展与安全，实现经济发展和社会稳定，消除战乱、冲突、恐怖主义和有组织犯罪根源，从根本上为推进常规武器军控进程、解决武器泛滥造成的人道主义危机创造条件。

二是强化国家责任。各国应承担起在常规武器管理、研发、使用、转让等方面的首要责任，建立和完善相关法律法规，加大执法力度。武器出口大国尤其应作出表率，采取负责任的武器出口政策，停止干涉他国内政，不在冲突地区拱火浇油，不向非国家行为体转让武器，切实防止武器流入非法渠道。

三是坚持多边主义。国际社会应支持《特定常规武器公约》等常规武器军控机制的主渠道作用，平衡处理正当军事安全需要和人道主义关切，妥善应对新兴技术安全挑战，努力寻求最大公约数，持续提升相关机制的权威性、普遍性和有效性，特别是确保主要军事国家普遍参与，严格遵约。

四是深化国际合作。各国应加强政策、执法等领域的信息交流和经验分享，积极推动双多边及区域、次区域层面的务实合作，共享安全红利，助力联合国可持续发展议程。考虑到发展中国家的现实困难和需要，发达国家应在资金支持、技术转让、机制建设、人员培训等领域不断加大援助力度。

主席先生，

古特雷斯秘书长在"新和平纲领"中呼吁减少武器给人类造成的代价。中方愿继续秉持人类命运共同体理念，落实全球发展倡议和全球安全倡议，与国际社会携手推动常规武器军控领域各项工作取得新进展，为建设一个持久和平、普遍安全的世界作出不懈努力。

谢谢主席先生。

中国裁军大使沈健代表
"在国际安全领域促进和平利用国际合作"
联大决议共提国在第 78 届联大一委的共同发言

（2023 年 10 月 25 日）

我荣幸地代表"在国际安全领域促进和平利用国际合作"联大决议共提国作共同发言。

在联大通过"在国际安全领域促进和平利用国际合作"决议 2 周年之际，我们作为决议的共提国，重申最大限度参与和平目的的科技、设备、材料交流与合作是国际法赋予各国不可剥夺的权利。

新的时代背景下，和平利用对各国特别是发展中国家经济和社会发展的重要性日益突出，同时科技进步对全球安全的潜在影响也不容忽视。我们呼吁国际社会采取措施，确保"在国际安全领域促进和平利用国际合作"决议得到有效落实。

我们欢迎各国在促进和平利用及国际合作方面所作的承诺和努力，以及在多、双边层面取得的积极进展。同时，发展中国家享受和平利用的权利仍受到过度限制。

我们重申按照决议要求促进和平利用国际合作，以及在联合国框架内，以开放和包容的方式，利用相关现有国际、区域和双边机制和安排，进一步审议这一重要议题的重要性。

我们呼吁各国继续就促进和平利用及国际合作开展对话，包括梳理面临的挑战，并探讨加强合作的路径。

我们将向 2024 年第 79 届联大提交"在国际安全领域促进和平利用国际合作"决议。我们欢迎所有国家积极参与联大后续进程。

耿爽大使在安理会审议向乌克兰提供武器问题时的发言

(2023 年 10 月 27 日)

主席先生:

安理会此前曾多次审议向乌克兰提供武器问题,秘书处在通报时多次提到武器弹药流入冲突地区可能引发扩散风险,应当采取严格管控措施。中方也多次就不断向战场投放武器的严重后果表达忧虑和不安。

当前,乌克兰危机仍未停息,地面局势依然紧张,外溢影响持续蔓延。我们再次呼吁乌克兰危机有关各方本着负责任的态度,高度重视并全力防止武器弹药扩散风险,尤其要避免落入恐怖分子和非国家行为体手中,防止在更大地理范围内制造新的动荡和冲突,夺取更多无辜生命。我们再次呼吁国际社会加紧劝和促谈,推动停火止战,避免加剧对抗,停止扩大分裂,携手应对危机的负面外溢效应,共同努力推动危机的早日政治解决。

中方始终同这个世界上期盼和支持和平的国家站在一起,始终坚持宪章宗旨和原则,始终致力于通过对话谈判推动危机政治解决。我们将继续同有关各方保持接触沟通,加强对话交流,为和平聚集希望,为推动危机早日政治解决作出努力与贡献。

谢谢主席。

中国裁军大使沈健
在第 78 届联大一委关于信息安全和人工智能的专题发言

（2023 年 10 月 31 日）

主席先生：

当前，全球网络安全形势复杂严峻，阵营化、军事化、碎片化趋势不断凸显，个别国家将意识形态对抗引入网络空间，筑起"小院高墙"，无理剥夺其他国家正当发展权利。一些国家明目张胆地发展进攻性网络力量，扩散进攻性网络技术，将网络空间视为争夺地缘优势的新战场。国家和地区间的"数字鸿沟"不断拉大，全球数字治理赤字日益凸显。

今年是联合国信息安全进程启动 25 周年。从联合国信息安全政府专家组（GGE）到联合国信息安全开放式工作组（OEWG），联合国进程从无到有、从小到大，取得了许多重要成果。从确认网络主权、维护网络空间和平等重要原则，到达成 11 条负责任国家行为规范，从遵守并执行"网络空间负责任国家行为框架"，到新近建立的"全球政府间网络安全联络点名录"，这些来之不易的成果为维护网络空间和平稳定发挥了重要作用。25 年成功实践表明，只有坚持要和平不要冲突，要合作不要对抗，要包容不要排斥，各方才能找到共迎挑战、共同发展、共享繁荣的有效方案。中方认为：

第一，坚决维护网络空间和平与稳定。数字时代，维护网络空间和平的重要性更加凸显。网络战打不赢也打不得，维护网络空间和平属性是我们唯一选项。我们要突出求和平、促合作主基调，向国际社会展现携手合作、和平发展的积极意愿，反对网络冲突和网络战，将网络空间打造为促进经济社会发展的数字机遇，而不是大国角力的新战场。

第二，坚定走多边主义之路。各国在网络空间相互依存、命运与共，网络空间全球治理需要各国平等参与、共同决策。不久前，OEWG 成功达成第二份年度进展报告，再次对多边主义投下的赞成票。我们要坚定维护联合国在网络安全领域的核心地位，反对形形色色"小圈子"。我们要切实尊重 OEWG 权威，共同对网络安全未来机制作出长远规划，维护网络空间长治久安。

第三，坚持与时俱进推进网络空间治理。我们要主动因应数字时代网络安全新形势新挑战，就各方普遍关心的现实紧迫问题开展工作。OEWG 第二份年度进展报告指出，"鉴于数据增长和聚合关联新兴技术发展，数据保护和数据安全日益重要"。中方 2020 年提出《全球数据安全倡议》，为维护全球数据安全提供有效解决方案，可作为各方未来讨论的基础。

主席先生，

面对当前网络空间的风险挑战，中方愿与各方一道，以团结凝聚最大公约数，以合作画下最大同心圆，共同构建更加公平合理、开放包容、安全稳定、富有生机活力的网络空间，携手构建网络空间命运共同体。

主席先生，

人工智能是人类发展新领域，给经济社会发展和人类文明进步带来巨大机遇，同时也伴随着难以预知的风险挑战，攸关全人类命运，是各国面临的共同课题。

近日，中方在第三届"一带一路"国际合作高峰论坛期间发起《全球人工智能治理倡议》，呼吁各国加强交流合作，共同做好风险防范，形成具有广泛共识的人工智能治理框架，不断提升人工智能技术的安全性、可靠性、可控性、公平性。此前，中方在《特定常规武器公约》框架下分别提出《关于规范人工智能军事应用的立场文件》和《关于加强人工智能伦理治理的立场文件》。

中方倡导以人为本、智能向善、注重发展、伦理先行等理念，主张确保人工智能始终朝着有利于人类文明进步的方向发展，共同防范和打击恐怖主义、极端势力和跨国有组织犯罪集团对人工智能技术的恶用滥用。各国尤其是大国对在军事领域研发和使用人工智能技术应该采取慎重负责的态度，不谋求绝对军事优势，避免损害全球战略平衡与稳定。中方主张实施分级分类管理，确保有关武器系统永远处于人类控制之下。同时，中方主张，考虑到人工智能技术的军民两用性质，在加强监管和治理的同时，应确保各国充分享有和平利用的权利。中方反对以意识形态划线或构建排他性集团，恶意阻挠他国人工智能发展，反对利用技术垄断和单边强制措施制造发展壁垒，恶意阻断全球人工智能供应链。

中方注意到古特雷斯秘书长及各方就加强人工智能全球治理提出的主张和建议，积极支持在联合国框架下讨论成立人工智能国际治理机构，协调国际人工智能发展、安全与治理重大问题。

谢谢主席先生。

中国裁军大使沈健
在 78 届联大一委关于裁军机制问题的专题发言

（2023 年 10 月 31 日）

主席先生：

当前，国际安全形势正发生深刻复杂变化。在一些国家渲染大国竞争、阵营对抗阴霾之下，多边裁军机制空前承压，国际军控防扩散体系面临严峻挑战。

日内瓦裁谈会长期陷于僵局，联合国裁审会核裁军议题讨论缺乏实质进展，联大一委讨论协商一致意愿进一步降低，平行进程不断出现。《不扩散核武器条约》第十一次审议大会第一次筹备会未取得实质进展，《禁止化学武器公约》第五次审议大会无果而终。

尽管如此，今年裁谈会继续以全会形式就各项裁军议题开展实质讨论，并协商一致达成年度报告；今年裁审会就外空议题协商一致通过成果文件；《禁止生物武器公约》第九次审议大会达成最后文件，联合国框架下相关政府专家组也取得积极成果。中方对上述进展表示欢迎。

主席先生，

长期以来，多边裁军机制以及相关公约机制在维护国际安全秩序稳定、推进国际军控和防扩散进程方面发挥了支柱性作用。当前形势下，多边裁军机制不能被削弱，只应再加强。

一年来裁军领域正反方面的经验教训值得总结：

第一，坚持正确的安全理念。多边裁军机制是促进共同安全的平台，不是开展政治对抗的战场。各方应秉持共同、综合、合作、可持续的安全理念，充分尊重各国安全关切，本着建设性和专业态度，在平等互利、合作共赢基础上，加强沟通，增信释疑，凝聚共识，为激活多边裁军机制积累新动能。

第二，坚定对现有裁军机制的必要信心。裁军机制不是在真空中运行。当前出现的问题不能归咎于机制本身及其议事规则，更不能因此企图削弱现有裁军机制或动辄"另起炉灶"。去年裁谈会就简版工作计划达成一致，今年裁审会就外空议题取得成果，充分表明突破机制困境不是不可能完成的任务，出路在于坚持真正的多边主义，充分展现政治意愿，尊重彼此正当安全关切。要通过真诚对话增加互信、弥合分歧，本着协商一致的精神努力寻求最大公约数。同时，国际社会应反对"合则用，不合则弃"等实用主义态度，坚决维护多边裁军机制的权威性。

第三，积极因应新问题新挑战。当前传统安全问题与新兴安全挑战相互交织，新兴科技及其军事应用深刻影响全球战略安全格局，多边裁军军控的内涵与外延正不断拓展。多边裁军机制既要根据授权就传统议题开展工作，同时也有必要与时俱进，在充分讨论和协商一致基础上，适时就新的重要安全议题开展工作，妥善应对各类新威胁、新挑战。

主席先生，

古特雷斯秘书长不久前发布了"新和平纲领"，包括"裁军新愿景"，对加强联合国在军控、裁军与防扩散领域的主渠道作用、激活多边裁军进程方面具有重要意义。中方赞赏联合国及秘书长所作努力，愿与各方一道，为维护和加强多边裁军机制、不断推进国际军控和裁军进程而不懈努力。

谢谢主席先生。

耿爽大使在安理会朝核问题公开会上的发言

（2023 年 11 月 27 日）

我感谢基亚利助理秘书长所作通报，欢迎朝鲜、韩国常驻代表出席今天的会议。

中方注意到朝鲜 22 日宣布发射卫星，也注意到有关各方反应。中方注意到朝方一系列发射活动，也注意到有关国家在半岛持续开展军事活动。当前朝鲜半岛对立对抗加剧，局势持续紧张，日益呈现螺旋式下降态势，中方对此深表关切。

如果放任半岛形势这样恶化下去，最终有可能走向失控，那只会损及东北亚各国的根本利益，只会损害过去几十年各方在政治解决半岛问题上付出的努力和取得的成果，只会给本已不太平的世界增添新的动荡和不安，中方对此深感忧虑。

安理会今年已举行七次公开会审议朝核问题，还曾多次举行内部磋商。中方已经全面阐述立场主张，今天我只想强调几点：

第一，各国安全不可分割，任何国家都不能以牺牲别国安全为代价追求自身绝对安全。如果朝方总是感到威胁，其合理安全关切始终得不到解决，半岛就无法真正走出安全困境，只会陷入相互示强的恶性循环。

第二，半岛问题作为冷战残余延宕几十年未决，核心在于和平机制缺失。各方应当按照"双轨并进"思路，并行推进半岛无核化和建立半岛和平机制，通过对话均衡解决各自合理关切，包括朝方合理安全关切。这是解决半岛问题的根本出路。

第三，半岛问题的解决离不开良好环境。美国一方面声称对半岛紧张局势感到担忧，另一方面借机强化军事同盟，挑动阵营对抗，纠集盟友大搞军事演习，进一步加剧半岛紧张对立。这种做法与实现半岛无核化和维护半岛和平稳定的目标背道而驰。

第四，历史告诉我们，对话谈判是解决半岛问题的唯一正确出路。美方如果真心愿同朝"无条件对话"，真心希望打破当前僵局，就应避免动辄采取军事演习、派遣战略武器等施压手段，就应拿出切实可行的方案，重建双方互信，吸引朝方一道把对话搞起来、谈下去。

第五，在推动建立互信、恢复对话方面，人道问题是很好的切入点。中俄在安理会共提涉朝决议草案的出发点，就是为缓解朝人道民生局势，为重启对话和形势转圜营造势头、创造条件。这一草案在当前形势下意义更加凸显，希望各方积极考虑。

第六，安理会对维护国际和平与安全负有首要责任，当然也要致力于维护半岛和平与安全。安理会处理半岛问题的出发点应当是缓和局势、推动对话谈判，而不是简单的制裁施压，更不是为了开会而开会、为了发声而发声。推动政治解决、增进团结互信才是维护安理会声誉与权威的关键。

最后我愿重申，作为半岛近邻和负责任大国，中方一直致力于维护半岛和平稳定，实现半岛无核化。我们将继续积极维稳促谈，为推动各方早日恢复接触对话，推动半岛问题政治解决，东北亚实现长治久安发挥建设性作用。

耿爽大使在安理会朝核问题公开会上的第二轮发言

刚才美国代表再次发言时引用了我发言中的一些内容，但是很遗憾，引用的并不准确。为让大家更全面准确地理解中方立场，我把刚才发言中的有关内容在这里重复一遍："各国安全不可分割，任何国家都不能以牺牲别国安全为代价，追求自身绝对安全。如果朝方总是感到威胁，其合理安全关切始终得不到解决，半岛就无法真正走出安全困境。"这是我刚才发言的内容。

最后我想指出，今天半岛问题的主要当事方、重要利益攸关方都坐在这个桌子上。我认真听取了大家的发言，发现大家的立场主张不尽相同，甚至有相互冲突的地方。我想这也再次证明早日恢复接触、建立互信、重启对话的重要性。中方愿意继续为此作出努力，也希望所有当事方和利益攸关方都能为此作出努力。

耿爽大使在安理会审议向乌克兰提供武器问题时的发言

(2023 年 12 月 11 日)

主席先生：

我感谢通报人的通报。

乌克兰问题长期化、复杂化不符合任何一方利益。过去一年，有关国家军费开支大幅增长，创下历史纪录。与此同时，世界上还有超过 7 亿的人面临饥饿威胁，还有超过 7 亿的人缺乏基本饮水服务，还有 20 亿人面临各种形式的经济困难，还有大量的不平等、不公正、不合理现象发生，发展中国家实现 2030 年可持续发展议程仍然困难重重、羁绊累累。我们呼吁有关国家加大关注上述问题，将有限的资源和精力投入到更有意义的地方上去。

在战争与和平的问题上，中方的立场十分明确。我们始终站在和平一边、站在对话一边。无论是乌克兰问题，还是中东问题；无论是非洲冲突，还是亚太热点，我们都希望战火尽快得到平息，争端尽快得到解决。国际社会应坚持共同、综合、合作、可持续的安全观，倡导和平共处，推动对话和解，努力共建一个持久和平、共同安全的世界。

谢谢主席。

张军大使
在安理会"轻小武器对和平安全的威胁"公开会的发言

(2023 年 12 月 15 日)

主席女士：

我欢迎厄瓜多尔举行此次会议，欢迎外长阁下主持会议，感谢中满泉副秘书长、奥普泰尔女士、穆特塔女士的通报。

轻小武器问题事关和平与发展。多年来，国际社会为解决轻小武器问题作出不懈努力，安理会对此也高度关注，先后通过第 2117 号、2220 号、2616 号决议，并在审议热点问题时统筹考虑轻小武器带来的影响。

与此同时，轻小武器及弹药的非法贩运、滥用和不负责任转让问题依然严峻，并与武装冲突、恐怖主义、跨国有组织犯罪等问题相互交织，严重威胁国际和平与安全。为更好地解决轻小武器问题，中方主张：

第一，消除武器扩散根源。发展是和平与安全的基石，非洲之角、萨赫勒等地区经济发展落后，人民生活贫困，深受武器泛滥和冲突暴力之害。国际社会应帮助相关国家提高可持续发展能力，使更广泛的民众享受发展红利，从而在根本上解决问题。各国应秉持共同、综合、合作、可持续的安全观，致力于和平解决争端，通过对话协商共同应对战乱、冲突、恐怖主义、有组织犯罪等全球和区域安全威胁。

第二，强化当事国责任。各国应承担起轻小武器管理、研发、使用、转让等方面的首要责任，完善相关法律法规，提升执法管控力度。武器出口大国尤其应作出表率，严格管理军品出口，停止利用军贸手段干涉他国内政，不在冲突地区拱火浇油，不向非国家行为体转让武器。个别发达国家国内枪支管理松弛，枪支暴力问题严重，不仅损害本国社会稳定和民众生命安全，也造成越来越大的外溢影响，使他国深受其害，当事国应认真反思、改弦更张。

第三，准确看待和执行安理会武器禁运。海地黑帮猖獗，同外来武器非法流入密不可分，各国特别是地区国家应切实将安理会武器禁运落到实处，斩断海地黑帮犯罪的源头。同时，安理会武器禁运的初衷是帮助当事国恢复国家稳定和社会正常秩序，不应对当事国加强自身能力建设造成阻碍。安理会应结合形势发展有针对性地调整武器禁运措施，帮助当事国政府提升自身安全能力。

第四，发挥联合国主渠道作用。联合国应继续推动落实《轻小武器行动纲领》《武器贸易条约》《枪支议定书》等国际法律文书，提升相关机制权威性、普遍性和有效性。安理会要继续关注轻小武器对地区热点问题的影响，为当事国和平解决争端提供政治支持。相关联合国机构及区域组织可在尊重当事国意愿的基础上，开展信息交流、经验分享、技术援助，帮助当事国加强能力建设。

主席女士，

作为《特定常规武器公约》《武器贸易条约》缔约国，中国一贯积极参与全球武器贸易治理，在武器出口方面采取审慎、负责态度。中方将"开展轻小武器管控合作""落实'消弭非洲枪声倡议'"列为全球安全倡议的重点合作方向，并在联合国、上海合作组织、"中国—联合国和平与发展基金"等框架下同各国开展相关合作。中方已完成批准《枪支议定书》的法律程序，将很快递交条约加入书。这都体现了中方维护国际军控体系、支持多边主义的决心和诚意。

古特雷斯秘书长在"新和平纲领"中呼吁减少武器给人类造成的代价。解决轻小武器问题是国际社会肩负的一项长期任务和重要使命。中方愿秉持构建人类命运共同体理念，推动落实全球安全倡议和全球发展倡议，为打击轻小武器非法贩运、滥用和不负责任转让问题作出努力，为维护国际和平与稳定、实现普遍共同安全贡献力量。

谢谢主席女士。

耿爽大使在安理会伊核问题公开会上的发言

（2023 年 12 月 18 日）

主席先生：

我感谢迪卡洛副秘书长、欧盟驻联合国代表团团长斯科格及马耳他常驻代表弗雷泽所作通报。

伊核问题全面协议是经安理会核可的多边外交重要成果，也是维护国际核不扩散体系和中东和平稳定的关键支柱。在当前巴以紧张局势加剧、外溢效应凸显背景下，全面协议的重要性更加突出。中国有句古话，逆水行舟，不进则退。当前围绕履约谈判的僵局不可持续，中方呼吁有关各方增强紧迫意识，展现政治智慧，作出关键决断，尽快就恢复全面协议的完整、有效执行达成共识。我愿就此强调四点：

一、全面协议是解决伊核问题的唯一正确途径。各方应珍惜来之不易的谈判成果，在去年 8 月案文基础上，展现积极灵活姿态，平衡解决各方合理关切，尽快启动复谈进程，推动协议早日重返正轨。中方支持欧盟作为协议协调员为此继续发挥关键协调作用。国际原子能机构也应本着客观、中立、公正原则，同伊朗就保障监督问题开展建设性对话合作。

二、美国作为伊核危机的始作俑者，应认清自身责任，展现政治诚意，履行协议承诺，尽早解除对伊及第三方的单边制裁及"长臂管辖"措施。近期以色列官员不负责任的核威胁言论加重了国际社会对以色列核问题的关切。中方再次敦促个别国家摒弃核不扩散双重标准做法，积极支持建立中东无核武器区，推动以色列尽快以无核武器国家身份加入《不扩散核武器条约》，并将其所有核设施置于国际原子能机构保障监督之下。

三、今年以来国际原子能机构理事会对伊核问题的审议总体平稳，安理会对伊导弹领域限制性措施如期解除。与此同时，伊核局势仍然敏感脆弱。在此关键节点，有关各方应停止将伊核谈判同其他问题挂钩，停止利用伊核问题服务地缘政治，避免采取任何可能激化矛盾、升级局势的举措，致力于加强对话而不是刺激对抗，创造机遇而不是制造危机，寻求合作而不是一味施压。

四、巴以冲突加剧背景下，中东地区已承受不起另一场安全危机的冲击，亟须实现由乱到治的根本转变。中方呼吁各方秉持共同、综合、合作、可持续的安全观，坚持安全不可分割原则，构建兼顾各方合理关切的地区安全架构，不断积累互信、凝聚共识，为实现持久和平创造条件。一些域外国家应摒弃狭隘地缘政治私利和政治化操弄，停止在地区蓄意制造对立、煽动对抗的错误做法，为维护地区安全作出切实贡献。

主席先生，

作为安理会常任理事国和全面协议参与方，中方始终致力于维护全面协议有效性和安理会决议权威性，推动伊核问题政治外交解决进程。我们将继续秉持客观公正立场，同有关各方保持密切接触，为推动全面协议早日重返正轨、维护国际核不扩散体系和中东地区和平稳定发挥积极和建设性的作用。

谢谢主席。

耿爽大使在安理会朝核问题公开会上的发言

（2023 年 12 月 19 日）

主席先生：

我感谢基亚利助理秘书长所作通报，欢迎朝鲜和韩国常驻代表出席此次会议。

当前朝鲜半岛局势持续紧张，对立对抗加剧，这不符合任何一方利益，也是中方不愿意看到的。中方注意到朝鲜日前的发射活动，也注意到个别国家向盟友提供"延伸威慑"、向半岛派遣战略武器等举动。如果不能打破这种相互示强的恶性循环，半岛局势恐怕还会持续升级。

半岛问题的解决离不开政治互信和良好氛围。形势的发展演变充分证明，个别国家一味强化军事同盟、一味加大威慑施压的做法无助于解决问题，只会适得其反，进一步激化矛盾、加剧紧张，让半岛无核化和维护半岛和平稳定的目标更难实现。

当务之急是各方保持冷静克制，共同努力给形势降温，为重启对话创造条件。历史告诉我们，对话谈判是解决半岛问题的根本之道。只要有关各方恢复对话谈判、彼此相向而行，半岛局势就能保持稳定，半岛问题的政治解决就有希望。个别国家应正视半岛问题症结，走出对军事施压的迷思，提出切实可行的对话方案，将"无条件对话"的表态落到实处，以实际行动推动半岛问题政治解决进程，维护半岛和平稳定。

安理会处理半岛问题的出发点应是缓和局势、推动对话谈判，而不是简单的制裁施压，更不是为了发声而发声。促进政治解决、增进团结互信才是维护安理会声誉的关键。中俄共提的安理会涉朝决议草案旨在从人道这一敏感度相对较低的领域入手，释放善意和积极信号，为重启对话和形势转圜创造条件、积累势头，推动半岛问题政治解决。我们呼吁那些一直要求安理会围绕半岛问题采取行动的国家，认真考虑这份草案。

最后我愿重申，作为半岛近邻和负责任大国，中方一直致力于维护半岛和平稳定，实现半岛无核化。我们将继续积极维稳促谈，为推进半岛问题政治解决、各方早日恢复接触对话、东北亚实现长治久安发挥建设性作用。

谢谢主席。

三、热点军控问题

军控裁军是一项值得奔赴的事业

——李松大使在 2023 年裁谈会首次全会上的发言

（2023 年 1 月 25 日）

尊敬的主席先生，亲爱的各位同事：

很高兴在新的一年同新老朋友在裁谈会上相聚。首先，欢迎斯里兰卡、厄瓜多尔、伊朗、美国、韩国大使加入裁谈会大家庭，我向全体同事致以新年问候，向所有庆祝农历新年的同事致以新春祝福！同时，我还要向埃及常驻代表贾迈尔丁大使就任今年裁谈会首任轮值主席表示衷心祝贺。中国代表团将全力支持你的工作。

各位同事，

我在 2019 年裁谈会首次全会上作到任发言，开始我的裁军大使任期。今天，我即将结束这一使命。四年来，我在裁谈会及更广泛多边军控裁军进程中宣传中国立场和主张，维护国家尊严和利益。与此同时，我与各位同事一道，致力于在平等、相互尊重、合作共赢基础上，锲而不舍地增信释疑、凝聚共识、寻求合作，积极践行真正的多边主义。

四年来，国际政治和安全形势经历了冷战结束以来最为复杂深刻的演变。如何加强全球战略稳定、维护国际和平与安全，是国际社会面临的重大挑战，也是摆在裁谈会面前的紧迫课题。历史不会将多边军控裁军进程面临的困难归咎于相关机制本身，时代呼唤裁谈会等多边机制为全球安全提供可靠持久的稳定力量。四年来，无论是参与裁谈会工作，还是联大一委、《不扩散核武器条约》、《禁止生物武器公约》、《特定常规武器公约》等其他多边机制的工作，我都看到，所有各方都在认真参与有关多边努力，都希望这些努力能够取得积极进展。见证并亲身参与上述工作，进一步加深了我以下几点体会：

第一，要坚定维护并充分利用现有多边机制。经过国际社会艰辛探索形成的多边裁军机制和条约体系，是国际安全和战略稳定的"安全网"，只能加强，不能削弱。贬低裁谈会作用，动摇协商一致原则，甚至企图另起炉灶、另搞一套，将不可避免地导致议题讨论阵营化、安全治理碎片化、国际规则丛林化。世界上只有一个体系，就是以联合国为核心的国际体系；只有一种秩序，就是以国际法为基础的国际秩序；只有一套规则，就是以联合国宪章宗旨和原则为基础的国际关系基本准则。越是在困难情况下，越要坚决捍卫裁谈会等机制的权威性和有效性。

第二，要坚定维护和加强全球战略稳定，充分尊重所有各方的正当安全利益和关切。裁谈会不是在真空中运行的，要以宽广的视野审视战略安全形势，深入思考全局性、长期性、结构性问题。裁谈会不应成为大国整治小国的工具，也不应成为大国竞争的场所。协商一致原则是裁谈会各成员国的立场主张得到平等、充分的尊重，各国安全利益不受减损的根本保证。我们的目标是促进各国普遍和共同安全，也必须以此为目标。我们不能被正在发生的地缘冲突绑架，忽视事关战略平衡与稳定的根源性问题；更要坚决反对冷战思维、集团政治、阵营对抗这些陈腐的、不得人心的、有悖时代潮流的思维模式和行为模式，不能让它们继续妨碍、破坏裁谈会乃至更广泛多边军控裁军事业向前推进。

第三，要在既有共识基础上，让裁谈会行动起来。过去二十多年间，裁谈会工作的突出问题就是缺乏稳定性和连续性。在各方共同努力下，裁谈会去年就全年工作安排通过重要决定，并以5个附属机构为平台开展实质性工作。中方支持埃及作为裁谈会首任轮值主席就今年工作计划问题广泛征求成员国意见。无论是以去年工作为基础，进一步优化组织方式，还是以去年决定为蓝本，立即开展工作，关键是要秉持全面平衡这一重要原则。唯有删繁就简、求同存异，为裁谈会工作搭建一个全面平衡的基本框架，才能为各主要议题工作的长期推进奠定坚实基础。

各位同事，

从 1994 年初第一次走进理事会厅参加裁谈会工作，到今天再次挥别万国宫，29 年间，我亲历了祖国繁荣发展，见证了国际风云激荡。我为自己的祖国感到自豪。中国的内外政策公开透明，战略意图光明磊落。中国将坚持维护世界和平、促进共同发展的外交政策宗旨，继续奉行对外开放的基本国策，以中国式现代化推动人类整体进步，以中国的新发展为世界带来新机遇，以中国提出的共同、综合、合作、可持续的新安全理念为全球安全治理作出贡献。这是中国为动荡不安的国际形势提供的最大的稳定性。

29 年来，我初心不改，无愧于心，不辱使命。如果我能从日内瓦带走什么，那一定是同各位同事在沟通、合作、争论、交锋中凝结的同事情谊和珍贵回忆。如果我能为日内瓦留下什么，唯愿我在这座难忘的城市所说、所写、所成就的，能够为建设持久和平、普遍安全的世界发挥一些微薄作用。

军控裁军是一项值得奔赴的事业。在此，我要向所有为我履职尽责提供支持和帮助的同事和朋友们致以最诚挚的谢意！我期待在今后的职业生涯中继续同大家精诚合作，共同致力于有利于国家和人民、有利于和平与发展的事业。

来日方长，后会有期！

谢谢，主席先生。

谢谢，各位同事。

中国代表团团长谈践大使出席
"军事领域负责任人工智能" 峰会的发言

（2023 年 2 月 17 日）

尊敬的胡克斯特拉副首相兼外交大臣，

尊敬的奥隆格伦国防大臣，

女士们，先生们：

人工智能是战略性、颠覆性技术。在军事领域，如何确保各国以符合国际法的负责任方式发展和使用人工智能，是国际社会面临的共同挑战。

去年以来，荷方围绕峰会同中国等各方进行了广泛沟通。我谨代表中国代表团，对荷方倡议和努力表示赞赏。

中国始终高度重视人工智能安全治理。习近平主席指出，要加强人工智能发展的潜在风险研判和防范，维护人民利益和国家安全，确保人工智能安全、可靠、可控。近年来，中国加强法律、军事、技术、伦理等层面研究，改善相关安全治理，并就规范人工智能军事应用、加强人工智能伦理治理向联合国提交两份立场文件。

女士们，先生们，

人工智能军事应用问题事关全人类安全和福祉，需要各国团结应对，我愿介绍中方关于人工智能军事应用的几点主张：

一是坚持智能向善。我们应秉持共同、综合、合作、可持续的全球安全观，反对借助人工智能谋求绝对军事优势和霸权，防止人工智能军事应用加剧战略误判、损害全球战略平衡与稳定。

二是坚持以人为本。我们应遵守国际法和伦理道德，确保人工智能技术始终处于人类控制之下，建立相关问责机制，防止技术被滥用、误用甚至恶用，切实尊重和保障人类尊严和人权。

三是坚持多边主义。我们应充分发挥联合国在人工智能全球治理上的主渠道作用，不断增强发展中国家代表性和发言权，增进理解与共识。反对将人工智能问题政治化，反对人为制造科技壁垒，确保各国充分享有技术发展与和平利用的权利。

女士们，先生们，

中国将继续以开放包容的方式，与各方保持沟通交流，推动就人工智能全球治理形成更多共识。

最后，祝愿本次峰会取得成功！

外交部军控司司长孙晓波在"临甲7号沙龙

——日本福岛核污染水处置问题吹风会"上的发言

(2023 年 3 月 16 日)

各位媒体朋友，下午好！欢迎大家出席今天的媒体吹风会！我愿在此向大家介绍中国政府对日本政府单方面决定向海洋排放福岛核事故污染水的立场。

众所周知，12 年前，也就是 2011 年 3 月 11 日，日本福岛第一核电站发生最高级别核事故，三座堆芯熔化损毁，放射性物质大量释放。福岛核事故给日本人民带来深重的灾难，中国政府和人民对此深表同情，为日本政府和人民提供了力所能及的援助。但令人遗憾的是，日本在福岛核事故污染水处置问题上，却罔顾中国及世界各国人民的关切和利益，单方面决定向海洋排放核污染水。我愿指出以下几点：

第一，福岛核污染水排海的危害不容忽视。因为海啸涌入的海水、向堆芯注入的冷却水以及流经反应堆的地下水和雨水等受到污染，形成大量含有放射性核素的核污染水，初步估算有 60 多种。这些核素包括氚、碳－14、钴－60、锶－90、碘－129 等，其中氚的半衰期约 13 年，碳－14 的半衰期则超过 5 000年。很多核素尚无有效的处理技术，部分长寿命核素可能随洋流扩散并形成生物富集效应，将额外增加环境中的放射性核素总量，给海洋环境和人体健康造成不可预测的危害。日方有责任回应国际社会关切，以符合国际法义务、国际安全标准、国际良好实践的负责任方式处理核污染水。

第二，福岛核污染水处置绝不是日方一家私事。目前，福岛核事故产生的核污染水高达 130 多万吨，每天还新产生约 100 吨。日本将核污染水暂存在1 000 多个储罐中，预计向海洋排放时间将长达 30 年之久。德国海洋研究机构研究表明，自日本福岛核污染水排海之日起，57 天内放射性物质将扩散至太平洋大半区域，10 年后蔓延至全球海域。因此，福岛核污染水排海具有跨国界影响，关乎全球海洋环境和公众健康。中国、韩国、俄罗斯、朝鲜等日本邻国和太平洋岛国等利益攸关方已反复对日方错误决定表达严重关切。就在上个月，太平洋岛国论坛秘书长普那表示，日方排海决定不是日国内事务，而是全球性问题。就连日本国内也有强烈反对声音。但日方没有同邻国等利益攸关方进行充分、有意义的协商。2021 年 4 月 13 日，日方单方面决定将核污染水进行处理后向海洋排放。中国等利益攸关方理所当然地对此表达强烈关切和坚决反对。

第三，日方选择向海洋排放福岛核污染水是出于一己私利。核污染水处置本应慎之又慎，向海洋排放核事故污染水更是没有先例。据我们了解，日方曾提出五种核污染水处置方案，分别是对地层注入、海洋排放、蒸汽排放、氢气排放和地下掩埋。然而，我们认为日方未充分研究论证排海以外的其他处置方案，而以土地不足等为借口，不再新建储罐，决定将核污染水向海洋一排了之，将风险转嫁给全人类以及其他国家。

第四，日方并没有严肃回应和解决国际社会关切。向海洋排放核污染水是最佳方案吗？日方声称处理后的核污染水符合有关排放标准，那为何不能在日本国内排放？据媒体报道，东京电力公司曾多次造假，该公司公布的核污染水数据可信吗？日方核污染水净化装置的有效性和长期可靠性如何证明？日方排海环境影响评估报告考虑是否周全、科学，能不能确保不对环境产生负面影响？日方迄未对上述问题提供足够科学和有信服力的说明。中方一直基于科学精神，出于对本国民众健康负责、对全球海洋环境和国际公共利益负责的态度，向日方表达关切。2022 年 5 月，中、俄专业部门向日方提交了联合技术问题单，并在国际原子能机构散发。去年 11 月，中、俄针对日方所作答复，再次在机构散发了新的联合技术问题单，但日方迄未答复。今年 2 月，太平洋岛国论坛表示，该论坛专家组评估认为，目前并没有足够的数据能够证明日方排海方案对太平洋岛国人民和海洋生物多样性是安全的。在论坛多次向日方提出诉求后，日方仅提供了有限的信息和数据。日方理应直面国际社会关切，作出负责任的澄清。

第五，日方没有体现出对国际原子能机构权威的尊重。日方声称国际原子能机构认可其核污染水排海方案，这不是事实。国际原子能机构技术工作组尚未完成对日方排海方案的评估，更未得出最终结论，反而指出一系列日方排海方案同机构安全标准不符之处。尽管如此，日方仍一意孤行，于去年7月强行批准核污染水排海方案，加速推进排海工程建设等准备工作，并在今年1月16日机构技术工作组赴日考察评估前夕宣布将于今年春夏季启动排海。这绝不是负责任国家所为。更不用说，日方此举也违背了其应承担的国际法义务。

各位媒体朋友，

最后我想强调，太平洋不是日本倾倒核污染水的下水道。日方应从客观和科学角度出发，以安全且符合国际法义务、国际安全标准和国际良好实践的方式处理核污染水，包括充分研究论证排海以外的其他处置方案。在所有利益相关方和相关国际机构能够确认排海方案安全之前，日方不应启动向海洋排放核污染水。中方再次敦促日方重视国际社会关切，认真履行自身国际义务，同包括周边邻国在内的利益攸关方和有关国际机构充分协商，以科学、公开、透明、安全的方式处置核污染水，并接受严格国际监督，切实保护海洋环境和各国民众健康权益。

中国代表团在《禁止化学武器公约》第五次审议大会一般性辩论上的发言

（2023 年 5 月 24 日）

主席先生：

我代表中国代表团，对你当选《禁止化学武器公约》第五次审议大会主席表示祝贺。中国代表团将全力支持你的工作，并同主席团和各国代表团密切合作，坚持协商一致原则，推动审议大会取得积极成果。借此机会，我也对筹备工作组所做工作表示感谢。荷兰政府作为东道国，为禁化武组织各项工作作出了巨大贡献，中方对此表示赞赏。

主席先生，

当今世界变乱交织、动荡不安，国际社会面临前所未有的挑战。中国国家主席习近平提出全球安全倡议，倡导坚持共同、综合、合作、可持续的安全观，推动国际社会秉持团结精神和共赢思维，携手完善安全治理、解决安全难题、消弭安全赤字，实现世界持久和平与发展。中方将继续以此为遵循，践行真正的多边主义，深入参与《禁止化学武器公约》履约和审议进程，坚定维护《公约》的宗旨和目标。

《禁止化学武器公约》是全球安全治理体系的重要支柱，对维护国际和平与安全、促进化学领域科技和平利用发挥了重要作用。中方主张通过此次审议大会，全面、客观评估《公约》执行情况，既肯定成绩，又直面问题，规划好未来五年乃至更长远的工作。中方已向审议大会提交了履约国家报告以及关于日本遗弃在华化学武器、和平利用及国际合作、工业核查等问题的立场文件。我愿进一步阐述中方的立场和主张：

第一，坚持缔约初心，不断向无化武世界目标迈进。26 年来，全球 99% 以上的库存化武已销毁，8 个宣布库存化武的国家有 7 个已完成任务。今年库存化武销毁有望画上句号，这是具有里程碑意义的成就。希望唯一仍有库存化武的国家切实履行义务，在今年的规定期限内完成销毁。

随着库存化武销毁接近完成，日本遗弃在华化学武器已成为实现无化武世界最现实的挑战。近年来，日遗化武销毁虽取得一定进展，但销毁进程仍严重滞后。中方将在审议大会期间举办展览，全面介绍日遗化武的历史经纬和现实危害，欢迎各缔约国积极参加。展览中有一张对比图，《禁止化学武器公约》生效 26 年来，全球库存化武销毁了 99% 以上，而日遗化武仅销毁了已知总量的不到五分之一。同时，相关挖掘、销毁工作还存在埋藏线索缺失、水土污染严重等突出问题。

我要强调的是，销毁遗弃在华化武是日方应尽的历史责任和国际义务，而不是什么"付出和贡献"。衡量日方履约情况的标准是销毁多不多、进度快不快，而不是投入了多少人力、物力。中方高度赞赏国际社会和禁化武组织为促进日遗化武销毁所作的努力，希望禁化武组织保持对日方的监督、核查力度。日遗化武未完成销毁，无化武世界的目标就无法实现，禁化武组织作为政府间军控与裁军机构的属性就不能弱化。

第二，维护公约权威，探索热点问题解决之道。在国际社会的共同努力下，2012 年联合国安理会及禁化武组织先后通过决议，取得了叙利亚加入《公约》、销毁化武的重要进展。令人遗憾的，部分国家出于地缘政治私利，将叙化武问题乃至整个中东局势推向了错误的轨道。

中国古人讲，"道私者乱，道法者治"。《禁止化学武器公约》是解决化武热点问题的依据和准绳。当前局面的症结不在于《公约》过时了，而恰恰在于《公约》被过时的冷战思维政治化了。有些国家无视《公约》及核查附件明确规定，绕开缔约国协商一致谈判达成的指称使用调查等既有机制和程序，强行投票成立"调查鉴定组"，炮制一系列基于无法确保证据链完整性"证据"的调查报告，并推动所谓"问责"。这些国家以维护《公约》之名，行破坏《公约》之实，中方对此严重关切。

世界上只有一个秩序，就是以国际法为基础的国际秩序；只有一套规则，就是以联合国宪章宗旨和原则为基础的国际关系基本准则。中东地区近期一系列互动充分说明，求和平、谋发展是人心所向、大势所趋，地区国家有意愿、有能力掌握地区和平与发展主导权。中方呼吁缔约国总结经验教训，按照《公约》规定，努力回到对话协商的轨道，为解决叙化武问题及其他化武热点问题、维护国际和地区和平稳定创造良好条件。

第三，全面平衡履约，为和平利用与国际合作注入新动力。发展权是各国不可剥夺的权利。《禁止化学武器公约》第十一条明确规定，各国都享有和平利用化学技术的权利，同时承担促进和平利用及相关国际合作的义务，执行《公约》不得妨碍各国经济和技术发展。上述权利与义务与禁止化学武器、防止化学武器扩散同等重要。

《公约》生效26年来，在缔约国和技秘处共同努力下，落实第十一条取得积极进展。另一方面，化学领域的和平利用及国际合作仍面临严峻挑战。发展中国家所呼吁的制订落实第十一条行动计划迟迟未能实现，自2011年以来缔约国大会未通过新的落实第十一条的决定。个别国家出于意识形态和地缘政治目的，泛化安全概念、滥用出口管制工具，严重损害和平利用及相关国际合作。

联合国大会已连续两年通过"在国际安全领域促进和平利用国际合作"决议，强调和平利用科技对可持续发展至关重要、国际法赋予各国和平利用科技的权利不容剥夺，敦促有关国家取消对发展中国家的过度管制，并鼓励开展对话合作。这体现了国际社会特别是广大发展中国家的共同立场。中方呼吁审议大会将落实上述决议同落实第十一条结合起来，聚焦发展中国家长期关注的问题，将促进和平利用国际合作与发展问题置于更优先位置，并采取切实有效的行动。

第四，坚持团结合作，维护协商一致原则。禁化武组织处于转型发展的重要节点，肩负完善化学领域安全治理的重任。然而，个别国家利用化武热点问题进行政治操弄，引发禁化武组织陷入严重的政治对抗，对话合作的共识和基础日益削弱。

个别国家将动辄强推投票的错误做法推行到《公约》各个领域，连续 5 年强行表决禁化武组织预算草案，强行推动通过中枢神经作用剂决定，将完全可以协商一致的技术问题政治化，甚至技秘处人事任命也被强行付诸表决。不仅如此，美国还将中国的禁化武组织指定实验室列入所谓"军事最终用户清单"，严重影响中方实验室及禁化武组织正常履行职责。

任何一个领域的全球治理都必须坚持共商共建共享，任何一个国际组织的正常运转都离不开对话、协商、合作。中方呼吁缔约国以审议大会为契机，扭转政治操弄的逆流，尽最大努力推动禁化武组织回归正确轨道，避免国际禁化武体系受到进一步损害甚至陷于崩塌。审议大会成果文件是一个试金石。个别国家声称将付诸表决，中方对此坚决反对。希望各方展现最大诚意，全力推动协商一致达成成果文件。

第五，统筹安全发展，优化完善工业履约机制。化学领域科学技术的进步，对工业履约带来新的机遇和挑战。经过前段时间的讨论，改进宣布与核查机制已具有广泛共识，可成为此次审议大会成果的重要内容。

中方主张以不额外增加工业界负担为原则，确保视察资源均衡分配；加强科学技术发展对《公约》附表化学品影响的研究，继续修订完善《宣布手册》等相关标准和技术指引；授权工业问题工作组就解决视察任务积压，应对其他化学品生产设施视察"临界点"等问题开展进一步讨论。

主席先生，

作为《禁止化学武器公约》原始缔约国和第二大会费国，中国一贯严格履行义务，深入参与禁化武组织工作。2018 年至 2022 年，中国累计缴纳会费超过 3 900 万欧元，为禁化武组织的正常运行提供了最强有力的保障。作为化工业规模最大的国家、宣布化工设施最多的国家，中国已接受 621 次现场视察，居世界首位。

中国一贯坚决反对任何国家、任何组织、任何个人在任何情况下研发或使用化学武器，始终秉持客观公正立场，致力于推动通过政治外交手段解决化武热点问题。2023 年 2 月，中国发布《关于政治解决乌克兰危机的中国立场》，明确反对研发、使用生化武器。在联合国安理会、禁化武组织缔约国大会、执理会等场合，中方多次阐述在乌克兰局势及化武相关问题上的立场，强调各方都应严格遵守《公约》，避免火上浇油、激化矛盾，并鼓励有关当事方通过对话协商妥善处理相关问题。

中方致力于全面、有效落实《公约》第十一条，积极开展多、双边合作，促进化学领域和平利用。中方支持禁化武组织化学和技术中心在国际合作方面发挥重要作用，高度赞赏技秘处特别是阿里亚斯总干事以及荷兰政府所作的重要贡献。中方将进一步为化学技术中心提供资金、人力等各方面支持，包括开展联合研究项目以及海关实验室培训项目。

主席先生，

中国共产党第二十次全国代表大会对未来 5 年乃至更长一个时期国家发展战略作出规划，提出走中国式现代化道路，在坚定维护世界和平与发展中谋求自身发展，又以自身发展更好地维护世界和平与发展。在新起点上，中方愿同各方同舟共济、携手共进，为完善军控与防扩散领域全球治理，早日实现无化武世界宏伟目标作出不懈努力。

谢谢主席先生。

中国国家原子能机构主任张克俭出席国际原子能机构六月理事会

（2023 年 6 月 5 日）

6 月 5 日，国际原子能机构六月理事会在维也纳召开。中国国家原子能机构主任、国际原子能机构中国理事张克俭出席会议并在年度报告议题下发言。

张克俭表示，过去一年来，国际原子能机构大力推进"原子能促进净零排放""核协同和标准化""希望之光""核技术用于控制塑料污染"等倡议实施，帮助成员国应对气候、卫生、环境、粮食等领域所面临的挑战，取得积极成效；为促进人类和平利用核能事业发展，改革和完善全球核治理体系发挥建设性作用。中方对此表示赞赏。

张克俭指出，中国政府坚持积极安全有序发展核能，将核能作为实现绿色发展、建设新型能源体系的重要选择，华龙一号、第四代高温气冷堆、小型模块化反应堆等工程建设不断取得新进展，核能清洁供暖、工业供热、海水淡化等技术研发和示范应用不断深化，辐照育种、核医学诊疗技术增进了人民的福祉。

张克俭强调，中国高度重视与国际原子能机构合作，今年 5 月，格罗西总干事访问中国成果丰硕，在核能应对气候变化、核与辐射安全、核技术诊疗癌症、核数据应用与核燃料循环、涉核新闻传播与公众沟通等领域签署多份合作文件，中方愿与国际原子能机构一道，落实好上述合作文件共识，充分利用中国政府原子能奖学金二期项目、国际原子能机构在华设立的 8 个协作中心等资源平台，为广大发展中国家提供更多公共产品，让核科技更好地造福人类民生。

张克俭表示，中国愿与机构和成员国一道，践行习近平主席提出的全球发展倡议和全球安全倡议，为维护国际核不扩散体系，促进全球核能安全与发展作出积极贡献。

张克俭还会见了国际原子能机构总干事格罗西，就中国与国际原子能机构合作、日本福岛核污染水处置等双方关心的话题深入交换意见。格罗西高度肯定中国在核能与核技术领域取得的成就，并表示中国作为指定理事国持续深入参与机构各项事务，积极发挥核领域技术领先优势，与机构深入合作解决粮食安全、卫生健康、环境治理等全球性问题，机构愿意进一步与中国深化交流合作，共同推动利用核能助力实现联合国2030可持续发展目标。

中国代表在国际原子能机构理事会
严厉抨击日本排放福岛核污染水

（2023 年 6 月 5 日）

6 月 5 日，中国国家原子能机构主任、国际原子能机构中国理事张克俭在维也纳出席国际原子能机构六月理事会，就福岛核污染水排海问题发言，严厉抨击日本排放福岛核污染水。针对日方狡辩，中国常驻国际原子能机构代表李松大使行使答辩权，予以严词批驳。张克俭指出，日本福岛核污染水排海是关乎全球海洋环境和公众健康的重大问题，不是日方一家私事。日方无视本国国民及世界各国的正当合理关切，迄未就各方关切作出科学、可信的说明，也没有同包括邻国在内的利益攸关方进行充分协商，一意孤行加速推进核污染水排海计划，是极不负责任的行为。

张克俭强调，福岛核污染水总量之大、成分之复杂、处置周期之长史无前例。多核素净化处理系统（ALPS）处理后的核污染水中仍有多种放射性核素含量超标，成熟性和有效性有待验证；ALPS 系统需要在长达 30 年周期内处置超过 130 万吨核污染水，长期高负荷运行的性能与效率令人存疑。很多核素尚无有效处理技术、部分长寿命核素可能随洋流扩散并形成生物富集效应，这将给海洋生态和人类健康带来不可预测的影响。日本妄图掩盖核污染水排海危害，在未对有关技术和净化装置长期可靠性进行验证的情况下强行推进排海，不可接受。

张克俭敦促日方重视国际社会关切，认真履行自身国际义务，以科学、公开、透明、安全的方式处置核污染水，并接受严格国际监督，不得损害技术工作组权威，不得歪曲技术工作组报告，不得将技术工作组审查当作"护身符"。

希望国际原子能机构继续秉持客观公正立场，充分听取利益攸关方意见，严格贯彻落实相关国际安全标准和良好实践，技术工作组最终报告不得为日方排海方案背书，坚决杜绝日本不负责任的排海行径对全球海洋环境和公众健康造成危害。

日本代表狡辩称，经过 ALPS 净化的"处理水"与核电站正常运行排水并无不同，其排海方案是科学合理的、经过了国际原子能机构审查认证。

李松大使针锋相对地指出，日方偷换概念，福岛核事故中产生的核污染水排海与正常运行中核电站排放完全不同。自从日本政府不顾国际社会特别是邻国强烈反对，悍然决定排放福岛核污染水以来，反复辩称他们要排放的是经过 ALPS 净化的"处理水"，是安全无害的。既然无害，为什么执意要向海洋排放？日本自己的专家委员会给出的答案很明确：这样做最省钱，对日本自身的污染风险最小。

李松说，关于福岛核污染水处置问题，日方经济产业省曾提出五种方案，邻国专家也提出过有关方案。日方在没有充分论证排海以外其他处置方案的情况下，从一己私利出发，单方面决定将核污染水向海洋一排了之，这将使福岛核事故污染风险转移到邻国和周边环境，进而导致全世界、全人类受到二次伤害。这种长期、大规模污染海洋环境的行径史无前例。日方迄今都没有提供足够的科学和事实依据，解决国际社会对日排海方案正当性、净化装置有效性、核污染水数据可靠性、环境影响不确定性等方面关切。

李松强调，日方邀请国际原子能机构技术工作组赴日，其授权范围被严格限定于评估排海这一种方案，排除了其他选项。在这种情况下，无论技术工作组作出何种评估和结论，都不能说明排海是处置福岛核污染水唯一的、最安全和最可靠的选项。工作组开展的任何工作，也不能成为日方排海决定的"护身符""通行证"。日方排海决定既说服不了本国民众，更使包括中国在内的邻国及太平洋岛国民众不放心、不答应！中方强烈敦促日方正视国际社会严重关切，以最安全、最稳妥的方式处置核污染水，并接受严格国际监督，确保福岛核污染水不给世界带来长期危害。

在国际原子能机构六月理事会上关于伊朗核问题的发言

（2023 年 6 月 6 日）

主席先生：

中方注意到国际原子能机构（以下简称"机构"）总干事格罗西提交的"根据联合国安理会第 2231 号决议在伊朗实施监督与核查"的报告。

当前，全面协议恢复履约谈判陷入僵局，伊核局势走向不确定性突出。中方认为，全面协议是解决伊核问题的唯一正确途径，没有替代方案。有关各方要坚定维护全面协议及联合国安理会有关决议的权威性和有效性，坚持对话谈判的正确方向。美国单方面退出全面协议，引发伊朗通过恢复核活动进行反制，是造成当前困境的根本原因。美方应作出政治决断，采取理性务实态度，推动全面协议重返正轨。

中方坚决反对有关国家借伊核问题推进地缘政治议程。将伊核谈判与其他问题挂钩，有违达成全面协议的初衷，会严重损害恢复履约谈判进程，甚至导致围绕伊核问题的外交努力前功尽弃。有关各方应排除干扰，集中精力，回到将伊核问题与其他问题分开处理的正确轨道。

事实证明，施压和示强只会陷入恶性循环，导致紧张局势不断升级。我们敦促有关方保持冷静克制，为恢复谈判创造必要条件和良好氛围，为外交努力争取时间和空间。我们要支持国际原子能机构与伊方加强对话合作，重视近期双方合作取得一系列积极进展所释放的积极信号。中方同时认为，要坚决反对将保障监督问题政治化，避免相关问题损害伊核谈判进程。

中方坚定维护全面协议和安理会第 2231 号决议的权威性和有效性，为推进谈判发挥建设性作用。近一段时间，中方就伊核问题与有关各方保持密切沟通，积极劝和促谈。中方将继续为推动伊核问题政治外交解决进程作出不懈努力。与此同时，中方坚决反对单边制裁和"长臂管辖"，将坚定维护自身的合法正当权益。

谢谢主席先生。

在国际原子能机构六月理事会上
关于叙利亚核问题的发言

（2023 年 6 月 6 日）

主席先生：

中方注意到，机构近年来发布的报告均表示未能就该问题获得新信息，相关工作一直无实质性进展。在此情况下，中方认为理事会继续将该问题单列为议题进行讨论不具实际意义。为此，中方支持有关国家提议，不再将该问题列为理事会会议议题。同时，中方鼓励叙方认真履行保障监督协定义务，继续与机构加强合作。

谢谢主席先生。

在国际原子能机构六月理事会上
关于朝鲜半岛核问题的发言

（2023 年 6 月 6 日）

主席先生：

今年以来，朝鲜半岛局势不断趋紧。半岛问题的本质是政治和安全问题，根源在于冷战残余仍存、机制缺失，症结在于朝鲜的正当合理关切未得到应有重视。美方口头上说愿同朝方无条件对话，实际却继续加大对朝施压，大搞"延伸威慑"，持续在地区举行大规模联合军演，不断加大战略武器出动频次，上述举动对半岛局势的消极影响令人忧虑。中方呼吁各方保持冷静克制，正视问题根源，坚持政治解决方向，特别是美方要切实担起自身责任，放弃一味制裁施压的做法，尽快以实际行动回应朝方合理诉求，尽快为缓和紧张、重启对话创造有利条件。

作为半岛近邻和半岛问题重要攸关方，中方一贯坚持维护半岛和平稳定，坚持实现半岛无核化、建立半岛和平机制，坚持通过对话协商解决问题。中方愿同有关方和国际社会一道，秉持客观公正立场，按照"双轨并进"思路和分阶段、同步走原则，共同推动半岛问题政治解决进程。

谢谢主席先生。

在国际原子能机构六月理事会上
关于对伊保障监督问题的发言

（2023 年 6 月 7 日）

主席先生：

中方注意到国际原子能机构（以下简称"机构"）总干事格罗西提交的"伊朗履行《不扩散核武器条约》保障监督协定"报告。我们欢迎伊方与机构合作取得的一系列积极进展，鼓励双方进一步加强合作，共同落实好双方今年三月发表的联合声明，通过协商早日解决分歧。

中方想强调的是，对于机构理事会而言，当务之急是支持机构与伊方就保障监督问题通过建设性对话合作，尽快解决相关分歧，为恢复全面协议完整、有效执行的外交努力创造有利条件和氛围，而不是人为制造对抗、激化矛盾。我们呼吁所有各方都能为此发挥建设性作用，抵制任何将保障监督问题政治化的企图。

谢谢主席先生。

李松大使在国际原子能机构六月理事会上
关于中东无大规模杀伤性武器区问题的发言

（2023 年 6 月 8 日）

主席先生：

中方注意到许多成员国关于建立中东无大规模杀伤性武器区的呼声。建立中东无核及其他大规模杀伤性武器区是 1995 年《不扩散核武器条约》（NPT）审议和延期大会中东问题决议以及 2010 年《不扩散核武器条约》第八次审议大会行动计划的要求。当前，国际安全领域不确定、不稳定因素显著增多，多边军控、裁军和防扩散机制面临严峻挑战。在此形势下，尽快建立中东无核及其他大规模杀伤性武器区，更有助于减少大规模杀伤性武器扩散风险，遏制军备竞赛势头，提升地区国家互信，为中东实现长治久安提供重要保障。

中国一贯支持建立中东无核及其他大规模杀伤性武器区，支持继续推进建立中东无核武器及其他大规模杀伤性武器区会议进程，也支持国际原子能机构根据授权发挥应有作用。中方愿同有关各方一道，为建立中东无核及其他大规模杀伤性武器区国际进程凝聚更多共识、注入更多动力。

谢谢主席先生。

李松大使在国际原子能机构
深入揭批美英澳核潜艇合作：掩耳盗铃　暗度陈仓

（2023 年 6 月 8 日）

国际原子能机构（以下简称"机构"）六月理事会目前正在维也纳召开。在中国推动下，机构连续第八次以政府间讨论的形式审议美英澳核潜艇合作问题。6 月 8 日，中国常驻国际原子能机构代表李松大使作专题发言，揭批三国核潜艇合作实质，强调该问题的复杂性、争议性，呼吁各方共同推动机构框架内的政府间讨论进程，以实际行动践行真正的多边主义。俄罗斯、巴基斯坦、埃及、南非、印尼、巴西、阿根廷等二十余国代表在理事会期间踊跃发言，呼应中方立场和主张。李松表示，美英澳核潜艇合作的本质是美英作为核武器国家，与无核武器国家和军事盟国澳大利亚开展核潜艇合作，涉及数吨武器级高浓铀转让。美英澳出于众所周知的地缘政治目的，悍然开展上述战略性军事合作，史无前例地跨越了《不扩散核武器条约》原则和实践的门槛。此举严重冲击国际核不扩散体系，对机构保障监督机制构成严峻挑战。

李松指出，美英澳核潜艇合作是冷战思维和阵营对抗的产物。在机构把这个问题"政治化""两极化"，胁迫成员国选边站队，同样是冷战思维和阵营对抗的体现。美英澳企图把三国核潜艇合作包装成一个无核武器国家与机构秘书处之间的例行保障监督问题，要求援引全面保障监督协议第 14 条作出豁免安排，这无异于掩耳盗铃，实际上就是想暗度陈仓，胁迫秘书处为这一合作背书。

李松说，美英澳声称要与机构秘书处制定相关安排，从而对将来寻求海军动力堆的国家构成先例。谁赋予了三国这样的权利？其他国家有没有发表意见

411

的机会？李松质问三国，以前你们在给别人立规矩的时候，都强调"成员国主导的政府间进程"，这回你们想给自己立规矩，然后再把这样的规矩强加给其他成员国，就对应该由各方普遍参与的政府间进程很不情愿，百般阻挠，岂有此理！

李松强调，美英澳核潜艇合作涉及复杂的政治、安全、法律、技术等方面问题，在成员国间存在巨大争议。本次理事会期间，更多成员国从不同角度提出了很重要的看法和意见。当务之急是各国共同致力于稳步推进一个开放、包容、透明、可持续的政府间讨论进程。我们敦促美英澳以实际行动回应国际社会关切，忠实履行核不扩散义务，与其他各方在平等和相互尊重基础上保持坦诚、透明的沟通。中方希望机构总干事充分尊重、客观反映各方不同看法和关切，要求秘书处遵照机构《规约》和成员国授权，维护机构防扩散职能和权威，协助推进政府间讨论进程。

会后，李松大使接受了此间媒体专访。他表示，从本次会议看，中方的外交努力加深了机构成员国对美英澳核潜艇合作问题的认识，推动了机构围绕这一问题的政府间讨论进程走深走实。中国将继续积极倡导践行真正的多边主义，坚决维护国际核不扩散机制的权威性和有效性，坚定维护以联合国为核心的国际体系、以国际法为基础的国际秩序，坚决反对冷战思维、阵营对抗和双重标准。

中国代表再批日本福岛核污染水排海：
做贼心虚，覆水难收

（2023 年 6 月 9 日）

国际原子能机构六月理事会于 6 月 5 日至 8 日在维也纳国际会议中心举行。会议期间，中国常驻国际原子能机构代表李松大使再次抨击日本执意向太平洋排放福岛核污染水行径，敦促日方切实负起责任，以科学态度直面国际社会正当关切，不要让福岛核污染水长期危害国际海洋环境和人类健康。

李松表示，6 月 5 日是世界环境日，6 月 8 日是世界海洋日。本届理事会召开的这一周，全世界都在关心海洋环境安全问题。连福岛的渔民都在呼吁，要保护大海，不能只以日本为中心考虑问题。然而，就在理事会开幕当天，东京电力公司发布报告显示，今年 5 月在福岛第一核电站港湾内捕获的海鱼许氏平鲉体内放射性元素超标，放射性元素铯含量达每千克 18 000 贝克勒尔，超过日本食品卫生法所规定标准的 180 倍。也是在同一天，东京电力公司开始向福岛第一核电站核污染水排海隧道注入海水，加紧推动排海前的准备工作。

李松强调，日本完全无视自身应承担的国际义务，无视国际海洋安全和人类健康，无视国际社会包括本国民众的广泛质疑和强烈反对，无视国际原子能机构权威，一意孤行，强行排海。日方听不得国内外反对声音，不让其他国家表达正当关切，这是做贼心虚，是极其自私和不负责任的！

李松说，日方反复纠缠"核污染水"称谓，声称要排放的是经过"多核素处理系统"净化的"处理水"，甚至把福岛核污染水等同于全球核电站正常运行下的排放水。这种有悖科学常识的狡辩令人震惊。众所周知，正常运行核电站所排放的水不会与反应堆堆芯直接接触，经过成熟系统加以处理，并经严格检测达标；而福岛核污染水直接与核事故中熔化的反应堆堆芯接触，含有 60 多种放射性核素。日本专门为处理福岛核污染水设计的处理系统，其有效性、可靠性和稳定性均未经第三方检验和实践验证。连日本自己也承认，这个系统在运转后不久即发生故障，70%以上处理后的核污染水放射性核素活度超出排放限值。

李松指出，中国有句成语，覆水难收。中方再次敦促日方重视国际社会正当、合理关切，认真履行自身国际义务，同包括周边邻国在内的利益攸关方和有关国际机构充分协商，以科学、公开、透明、安全的方式处置福岛核污染水，并接受国际社会严格监督，不要让福岛核污染水长期危害国际海洋环境和人类健康。

李松大使为《环球时报》撰文：
日本强推核污染水排海极不负责、覆水难收

（2023 年 6 月 12 日）

国际原子能机构六月理事会于 6 月 5 日至 8 日在维也纳国际会议中心举行。会议开幕当日恰逢世界环境日，闭幕当日是世界海洋日。这一周，全世界都在关注海洋环境安全问题。然而，日本却不顾国际社会强烈反对，紧锣密鼓地加紧推进福岛核污染水排海前的各项准备工作。中国代表团在会议期间多次对日本福岛核污染水处置问题表达严正立场关切，严厉抨击日方排海行径。这一问题成为本届理事会焦点议题之一。

中国国家原子能机构主任、国际原子能机构中国理事张克俭在会议伊始就指出，福岛核污染水处置是关乎全球海洋环境和公众健康的重大问题，不是日方一家私事。日方无视本国国民及世界各国的正当合理关切，迄未就各方关切作出科学、可信的说明，也没有同包括邻国在内的利益攸关方进行充分协商，一意孤行加速推进核污染水排海计划，是极为自私和不负责任的行为。他强调，福岛核污染水总量之大、成分之复杂、处置周期之长史无前例。经过日方处理后的核污染水中仍有多种放射性核素含量超标，而日方设计的处理系统需要在长达 30 年周期内处置超过 130 万吨核污染水，长期高负荷运行的性能与效率令人存疑。很多核素尚无有效处理技术、部分长寿命核素可能随洋流扩散，并形成生物富集效应，这将给海洋生态和人类健康带来不可预测的影响。日本妄图掩盖核污染水排海危害，在未对有关技术和净化装置长期可靠性进行验证的情况下强行推进排海，不可接受。

日方代表反复辩称，日本排放的是经过"多核素净化处理系统"（ALPS）

净化的"处理水",是安全无害的,甚至把福岛核污染水等同于全球核电站正常运行下的排放水。我当即一针见血地指出,日方完全是在狡辩。正常运行核电站所排放的水不会与反应堆堆芯直接接触,经过成熟系统加以处理,并经严格检测达标后排放;而福岛核污染水直接与核事故中熔化的反应堆堆芯接触,含有 60 多种放射性核素,其中有些放射性核素难以处理。连日本自己也承认,ALPS 系统在运转后不久即发生故障,70%以上处理后的核污染水放射性核素活度超出排放限值。

我进一步指出,关于如何处置福岛核污染水,日本经济产业省曾提出过地层注入、海洋排放、地下掩埋、蒸汽排放、氢气排放等五种方案,邻国专家也提出过有关方案。既然日方声称经过"处理"的核污染水无害,为什么不采取其他处置方案,执意要向海洋排放呢?日本自己的专家委员会给出的答案很明确:这样做最省钱,对日本自身的污染风险最小。日方在没有充分论证排海以外其他处置方案的情况下,从一己私利出发,单方面决定将核污染水向海洋一排了之,这将使福岛核事故污染风险转移到邻国和周边环境,进而导致全世界、全人类受到二次伤害。

日方声称,正在围绕福岛核污染水排海问题与国际原子能机构开展合作。我在会议期间专门就这个问题阐明了中方立场。日方邀请国际原子能机构技术工作组赴日,其授权范围被严格限定于评估排海这一种方案,排除了其他选项。在这种情况下,无论技术工作组作出何种评估和结论,都不能说明排海是处置福岛核污染水唯一的、最安全和最可靠的选项。我强调,正因如此,工作组开展的任何工作,也不能成为日方排海决定的"护身符""通行证"。

福岛沿岸拥有世界上最强的洋流,部分长寿命核素一旦被排入海洋可能随洋流扩散并形成生物富集效应,这将给海洋生态和人类健康带来不可预测的影响。根据一般国际法和《联合国海洋法公约》等规定,日方有义务采取一切措施避免环境污染,通知并与可能受影响的国家充分协商,评估和监测环境影响,采取预防措施确保危险最小化,保障信息透明,开展国际合作。日方迄今都没有提供足够的科学和事实依据,解决国际社会对日本排海方案正当性、净化装置有效性、核污染水数据可靠性、环境影响不确定性等方面的正当合理关切。

随着日方排海行动迫近，国际社会质疑、反对之声此起彼伏。日方排海决定既说服不了本国民众，更使得包括中国在内的邻国及太平洋岛国民众不放心、不信任、不答应。我在针对福岛核污染水排海问题的最后答辩发言中严正指出，日方听不得国内外反对声音，把其他国家在国际场合针对福岛核污染水处置问题表达关切说成是搞政治化，这完全是做贼心虚的表现。我强调，中国有句成语，覆水难收。中方再次敦促日方重视国际社会正当、合理关切，认真履行自身国际义务，同包括周边邻国在内的利益攸关方和有关国际机构充分协商，以科学、公开、透明、安全的方式处置福岛核污染水，并接受国际社会严格监督，不要让福岛核污染水长期危害海洋环境和人类健康。

中国为《全面禁核试条约》国际监测系统惠及科技民生作出积极贡献

(2023 年 6 月 19 日)

6 月 19 日，《全面禁止核试验条约》（以下简称"条约"）2023 年科学技术大会在奥地利维也纳霍夫堡宫举行。中国常驻维也纳联合国和其他国际组织代表李松大使出席大会开幕式暨高级别研讨会，阐述了中方支持条约履约筹备工作、支持条约国际监测系统惠及科技民生的立场主张和积极举措。

李松大使表示，我从事多边外交工作初期有幸参加了条约谈判，见证了五核国首次携手努力，与国际社会一道，共同致力于达成这项重要条约，使在全球范围内禁止核武器试验爆炸成为重要国际规范。当时冷战刚刚结束，多边军控与裁军努力得以取得重要进展，根本原因在于各方摒弃冷战思维和阵营对抗，平等对待各方正当安全关切和不同立场主张，通过勠力同心、坚持不懈的多边主义努力，终于完成条约谈判。这段历史对今天尤其具有重要启发意义。

李大使谈到，谈判期间，为监测可能的违约活动，各方从地震监测、放射性核素监测、水声监测、次声监测等方面着手，构建了覆盖全球的台站和实验室网络。这一设计为国际监测系统临时试运行，以及后续该系统应用于其他民用领域打下了坚实基础。

李大使指出，中国一直以实际行动积极支持条约履约筹备工作。一方面，中方积极配合条约组织完成台站技术维护、仪器标定、数据授权、固件升级等任务，中方台站始终维持稳定运行的高水平状态，并提供高质量的数据传输。禁核试北京国家数据中心不断完善能力建设，在条约组织各类技术活动中发挥重要作用。与此同时，中国高度重视发展中国家履约能力建设，自 2008 年以

418

来多次向条约组织筹委会临时技术秘书处"发展中国家专家参会项目"捐款，用于资助发展中国家专家参加筹委会活动。中国愿举办国家数据中心研讨会、开展区域培训班，使更多签约国能够利用国际监测系统数据中心产品，在核查机制建设和国际监测系统惠及科技民生方面持续获益。

李大使强调，中国将继续支持科技大会在聚焦核爆炸监测这一条约根本职责的基础上，促进核查数据的更广泛应用。相信条约有关科技能够在未来更广泛地惠及科技民生，使国际监测系统在促进国际和平与安全、服务全球可持续发展方面发挥重要作用。中方将为此作出积极贡献，这也是中方积极践行习近平主席提出的全球发展倡议和全球安全倡议的具体体现。

此次科技大会为期一周。会议期间，中方国内技术专家将继续围绕条约核查技术在科技民生领域的应用、发展中国家能力建设等问题积极参与讨论。

中国国家原子能机构秘书长邓戈
就日本福岛核污染水排海问题对外发声

（2023 年 7 月 4 日）

中新网北京 7 月 4 日电（记者 马帅莎）7 月 4 日，国际原子能机构（IAEA）总干事格罗西在日本东京正式发布国际原子能机构关于日本福岛核污染水排海问题的综合评估报告（以下简称"报告"）。对此，中国国家原子能机构秘书长邓戈向媒体表示，国际原子能机构邀请多国专家参与对日本福岛核污染水处置问题审查评估，但报告却未能充分反映所有专家意见，相关结论存在局限性和片面性。中方对国际原子能机构仓促发布报告表示遗憾。

邓戈指出，第一，日方没有证明核污染水排海决定的正当合法性。日本政府在单方面作出核污染水排海决定后，迫于国内外压力请求国际原子能机构开展审查评估，日方刻意限制国际原子能机构技术工作组授权，使审查评估仅限于排海一种方案，而将其他可能的处置方案排除在外。即使国际原子能机构认为排海符合国际安全标准，也不能证明排海是处置核污染水的唯一或最佳方案。

第二，日方没有证明核污染水净化装置的长期有效性和可靠性。国际原子能机构报告指出，日方采用的多核素处理系统（ALPS）不能去除核污染水中的所有放射性核素。多核素处理系统从以往运转情况看，已证明无法有效去除氚、碳-14 等放射性核素，能否有效去除其他放射性核素也有待进一步试验和工程验证。据日方自己公布的数据，经多核素处理系统处理的核污染水仍有70% 以上未达到排放标准，须再次净化处理。在后续长期运行过程中，多核素处理系统的性能有效性和可靠性还会随设备腐蚀老化进一步下降。

第三，日方没有证明核污染水数据的真实准确性。东京电力公司近年来曾多次隐瞒、篡改核污染水数据。日方擅自批准排海方案、加紧推进排海准备，以各种手段对国际原子能机构审查评估设限施压。国际原子能机构仅基于日方单方面提供的数据和信息开展审查评估，仅对日方单方面采集的少量核污染水样本开展实验室间比对分析，在数据真实性、信息准确性有待确证，取样独立性和代表性严重不足的情况下，即使国际原子能机构审查评估作出排海符合国际安全标准的结论，也缺乏足够的说服力。

第四，日方没有证明核污染水排海对海洋环境和人类健康安全无害。福岛核污染水中含有 60 多种放射性核素，很多核素尚无有效处理技术，部分长寿命核素可能随洋流扩散，对周边国家海域生态平衡和海洋环境带来不确定影响；也可能通过生物富集效应随海洋生物迁徙和食物链对食品安全和人类健康造成潜在风险。即使日方承诺的核污染水影响评估和排放控制措施符合国际安全标准，在没有有效措施确保日方兑现承诺的情况下，也不能排除核污染水排海对海洋环境和人类健康的长期潜在危害。

邓戈表示，中方敦促日方，正视国际社会正当合理关切，正视国际原子能机构以及其他国际专业权威机构意见建议，在未就核污染水排海决定正当性、净化装置可靠性、源项数据真实性、环境影响不确定性等提供可信证据并获得邻国等利益攸关国家谅解，未就国际原子能机构提出的评估意见采取有效整改措施前，不得启动排海。

邓戈指出，国际原子能机构报告明确提出，在日方排海实施阶段，国际原子能机构将继续开展公正、独立、客观的审查评估，并进行独立取样监测。中方敦促国际原子能机构，尽快主导建立独立有效、有日本邻国等第三方实验室充分参与的长期国际监测机制；在制定长期监测机制的过程中，要充分听取各国专家意见，充分考虑日本邻国、太平洋岛国等利益攸关国家的关切和参与度。中方敦促日方，必须全面配合国际原子能机构主导的长期监测国际机制和后续审查评估任务，持续开展多核素处理系统（ALPS）长期可靠性监测、核污染水源项和环境监测、放射性环境影响评估，及时透明向邻国等利益攸关国家公布可信数据信息并接受监督质询,在长期监测机制建立之前,不得启动排海;一旦发现核污染水排放数据异常或控制系统失效,必须立即停止排海。

生态环境部（国家核安全局）相关负责人就国际原子能机构发布日本福岛核污染水处置综合评估报告答记者问

（2023 年 7 月 5 日）

问：近日，国际原子能机构发布了日本福岛核污染水处置综合评估报告，您怎么看？

答：外交部发言人已经代表中国政府表明了态度，这份报告未能充分反映所有参加评估工作各方专家的意见，有关结论未能获得各方专家一致认可。日方在排海的正当性、净化装置的可靠性、监测方案的完善性等方面还存在诸多问题。日方应正视各方正当合理关切，切实以科学、安全、透明的方式处置核污染水，并尽快建立一套包括日本邻国等利益攸关方参与的长期国际监测机制。

问：针对日本福岛核污染水排海有关辐射监测安排，生态环境部从专业角度怎样评价？

答：日方当前的监测安排还存在以下问题：一是核污染水排放前的监测有延迟，无法第一时间判断排放是否合格，由此可能导致不达标的核污染水直接排入海洋。二是核污染水混合后监测可能造成不合理稀释，日方将 10 罐核污染水混合后取样监测，可能造成高浓度的核污染水被低浓度的核污染水稀释成达标的核污染水。三是应有公开透明的长期国际监测，日本福岛核污染水排海关乎全球海洋环境和公众健康，应接受利益攸关方参与的公开透明的国际监测监督，而不应仅仅安排日方主导下的"摆样"式的监测。

问：针对日本福岛核污染水排海，我国海洋辐射环境监测的安排是怎样的？

答：我部高度重视日本福岛核污染水排海问题。2021年、2022年先后组织开展了我国管辖海域海洋辐射环境监测，摸清了目前相关海域海洋辐射环境的本底情况。

针对日本福岛核污染水排海后的海洋辐射环境监测，我部已经作出部署，如果发现异常将及时预警，切实维护我国家利益和人民健康。

问：网传我国核电厂氚排放是日本福岛核污染水氚排放的6.5倍，事实如何？

答：事实上，日本福岛核污染水和世界各国核电厂正常运行液态流出物有本质区别。一是来源不同，二是放射性核素种类不同，三是处理难度不同。日本福岛核污染水来自事故后注入熔化损毁堆芯的冷却水以及渗入反应堆的地下水和雨水，包含熔化堆芯中存在的各种放射性核素，处理难度大。相比之下，核电厂正常运行产生的废水主要来源于工艺排水、地面排水等，含有少量裂变核素，严格遵守国际通行标准，采用最佳可行技术处理、经严格监测达标后有组织排放，排放量远低于规定的控制值。

要高度警惕这种"恶人先告状"、企图混淆视听、蒙混过关的图谋。我们反对的是日本福岛核污染水排海，从来没有反对核电厂正常运行排放。日本福岛核污染水有关误导宣传代替不了事实真相，方案设计代替不了工程实践，口头承诺代替不了真实结果，精心包装的方案掩盖不了企图转嫁危害的图谋，有限的选择性抽查代替不了长期公正的国际监督。

李松大使为《中国日报》撰文：
在福岛核污染水里游泳荒谬至极

（2023 年 7 月 12 日）

国际原子能机构（以下简称"机构"）发布日本福岛核污染水处置综合评估报告，引起国际社会广泛关注。机构报告前言指出，报告并非对日方排海政策的"推荐"或"背书"。报告未能充分反映所有各方专家意见，相关安全性结论存在局限性和片面性，不是日方排海的"许可证""通行证"。

日本向海洋排放核事故污染水史无前例。针对福岛核事故污染水处置，有长期储存、氢气释放、地层注入、地下掩埋、蒸汽释放等多种方案。日方选择的是经济代价最小的方案。这并非最安全、最优化的选项，更未得到日本邻国和太平洋岛国的普遍认可。日方先决定排海，再找机构作安全评估，还千方百计寻求机构为其背书。日方对机构评估的要求是极具选择性的，仅限于排海方案，排除其他选项。无论由谁来做这样的评估，都无从审查和确认日方排海的正当合法性。

日方把排放福岛核事故污染水与其他国家核电站正常运行排水进行简单类比，违背科学常识。有人甚至声称，日方排放的核污染水可以饮用、游泳，这样的说法极其荒谬。福岛核污染水来自核事故后注入损毁反应堆堆芯的冷却水，以及渗入的地下水和雨水，与正常运行中的核电站排水来源不同、所含放射性核素种类不同、处理难度不同，根本不是一回事。

机构报告对日方排海方案安全性的结论是片面的。机构仅针对日方单方面采集的少量核污染水样本开展实验室间比对分析，仅基于日方提供的信息开展审查评估，得出的结论具有较大局限性，缺乏说服力和公信力。此外，机构因授权所限，没有评估日方净化装置的长期有效性，没有确证核污染水数据的真实准确性，也无法确保国际社会及时掌握超标排放的情况，更难以预估放射性核素长期累积和富集会给海洋生态环境、食品安全以及公众健康造成的影响。不能确认数据准确、设备可靠、监管有效，也就无从得出在长达30年的时间内向海洋排放超过130万吨核污染水是安全的这一结论。

中国严重关切、坚决反对日方排海决定，要求日方以科学、安全、透明方式处置福岛核污染水，不得强行推进排海方案。中方坚持要求机构主导建立独立有效、有日本邻国等第三方实验室充分参与的国际监测机制，对日方执意推行的排海计划开展长期有效的国际监督，其中包括对福岛核污染水源项和环境监测、放射性环境影响评估，以及时、透明的方式向利益攸关国家和国际社会公布可信数据信息，并接受监督质询。

过去一周以来，日本邻国和太平洋岛国民众针对日方排海和机构报告的质疑和反对声浪愈发强烈。民心不可侮，民意不可欺。无论是机构报告的片面结论，还是要在福岛核污染水中游泳，都不能掩盖福岛核污染水排海对人和环境长期的、不确定的风险。中方再次敦促日方停止核污染水排海计划，否则必须承担一切后果和历史责任。在福岛核污染水排海问题上，机构应该发挥负责任的专业作用。

中国代表团团长谈践大使出席禁化武组织
第 103 届执理会一般性辩论发言

（2023 年 7 月 12 日）

主席先生：

首先，请允许我代表中国代表团，对你当选执理会主席表示祝贺。中国代表团将积极支持你的工作，同主席团和各国代表密切合作，坚持协商一致原则，推动本届执理会取得积极成果。

中方认真听取了总干事所作发言和几位副主席的报告，赞同阿塞拜疆大使拉赫曼·穆斯塔法阁下代表不结盟运动和中国所作的发言。下面，请允许我进一步阐述中方立场。

主席先生，

当前，百年变局加速演进，地区安全热点问题此起彼伏，局部冲突和动荡频发，国际社会面临前所未有的严峻挑战。中国国家主席习近平提出全球安全倡议，倡导坚持共同、综合、合作、可持续的安全观，推动国际社会秉持团结精神和共赢思维，携手完善安全治理、解决安全难题、消弭安全赤字，实现世界持久和平与发展。

近日，上海合作组织成员国领导人发表《新德里宣言》，呼吁各方全面履行《禁止化学武器公约》（以下简称"公约"），使其成为裁军和防扩散领域的有效法律文书；呼吁尽快销毁所有已宣布的库存化武；重申支持禁化武组织，支持通过协商决策弥合分歧，确保该组织完整性并根据公约有效开展工作。

中方将以全球安全倡议为遵循，与各方一道，践行真正的多边主义，坚定推进公约宗旨目标，共同维护公约权威性和有效性。中国愿与各方进一步分享以下几点主张：

第一，坚守公约初心，加快推进化武销毁。全面、彻底销毁化武是公约的核心目标。当前，库存化武销毁宣告结束，日本遗弃在华化学武器已成为实现"无化武世界"最现实的挑战。近年来，日遗化武销毁虽取得一定进展，但销毁进程仍严重滞后。当前日遗化武仅销毁了已知总量的不到五分之一，日遗化武销毁计划已四次逾期。根据日方当前销毁效率，要在十分遥远的未来才能完成日遗化武销毁。同时，相关工作还面临埋藏线索缺失、水土污染严重等突出问题。在日遗化武完成销毁前，"后化武销毁时代"不会到来，"无化武世界"也不会实现。中方敦促日方全面、完整、准确落实新销毁计划，尽快完成日遗化武销毁，并妥善解决污染土壤等问题。中方赞赏国际社会和禁化武组织为促进日遗化武销毁所作努力，希望禁化武组织坚持裁军与军控机构属性，加大对日遗化武销毁的监督核查力度。

第二，维护公约权威，推动热点问题解决重返正轨。公约是全球安全治理体系的重要支柱，公约规定的核查与调查机制是解决化武问题的依据和准绳。近年来，部分国家出于地缘政治私利，无视公约及核查附件的明确规定，绕开公约既有机制和调查程序，强推投票通过所谓"追责决定"，成立超出公约授权的"调查鉴定组"，炮制一系列证据未经证实、证据链不完整的调查报告，进而推动所谓追责，造成禁化武组织内激烈政治对抗，严重损害公约权威性和有效性。当前局面的症结不在于公约过时了，恰恰在于公约被冷战思维裹挟，政治化问题日益突出，而严重影响公约的有效执行。中方愿与各方一道，推动指称使用化武调查重返正轨，坚持以公约为准绳，以事实为依据，得出经得起历史和时间检验的结论。

第三，坚持对话协商，回归协商一致传统。任何领域的全球治理都应秉持共商共建共享，任何国际组织的正常运作都离不开对话协商合作。禁化武组织是政府间化武军控与裁军机构，肩负化武军控领域全球治理重任。但近年来，个别国家动辄强推投票表决，甚至关于技术性、常规性议题的审议讨论也受到地缘政治干扰，严重削弱对话合作基础。中方呼吁各方重拾协商一致传统，通过对话协商解决分歧，共同抵制政治操弄逆流，反对通过集团化、意识形态化和对抗性思维解决国际和地区问题，避免进一步损害国际化武裁军与军控体系。

第四，加大资源投入，注入国际合作新动力。联合国大会已连续两年通过"在国际安全领域促进和平利用国际合作"决议。今年召开的公约第五次审议大会期间，中方代表 15 个缔约国提交了"关于在《禁止化学武器公约》框架下促进和平利用国际合作"的工作文件。上述决议和文件强调和平利用科技对可持续发展至关重要、国际法赋予各国和平利用科技的权利不容剥夺。中方敦促有关国家取消对发展中国家的过度限制，呼吁禁化武组织持续完善国际合作机制和框架，丰富国际合作工具箱，加大资源投入，使化学领域的科学技术成果切实惠及广大发展中国家。中方赞赏总干事和技秘处在化学和技术中心建设方面作出的大量努力。中方将充分发挥自身优势，积极参与有关项目合作。

第五，延续对话势头，开启合作新篇章。尽管公约五审会未通过成果文件，但在近一年的筹备进程中，各方理念、立场和诉求不断碰撞，在复杂矛盾分歧中寻求共识，这对思考当前化武领域以及国际裁军与军控体系面临的新形势、新挑战具有重要意义。特别是经过广泛深入讨论，各方就工业视察、组织管理等议题取得广泛共识，可以此为基础推进公约和禁化武组织下一步工作。在工业视察问题上，中方主张以不额外增加工业界负担为原则，推动视察资源合理均衡分布。中方愿建设性参与视察机制改革进程，支持各方加强关于科学技术发展对公约附表化学品影响的研究，就解决视察任务积压、应对其他化学品生产设施视察"临界点"等问题开展进一步讨论。在组织管理问题上，中方认为，确保广泛地域代表性是公约规定的重要组织管理原则。中方一贯支持提高发展中国家职员在禁化武组织中的代表性，期待各方加大关注和投入，推动上述原则切实有效执行。

谢谢主席先生。

张军大使阐述中国在朝鲜半岛问题上的立场

（2023 年 7 月 13 日）

7 月 13 日，中国常驻联合国代表张军大使出席联合国安理会公开会并阐述中国在朝鲜半岛问题上的立场。

张军大使表示，中方始终坚持半岛无核化、坚持维护半岛和平稳定、坚持通过对话政治解决问题。半岛问题作为冷战残余延宕至今，本质上是政治安全问题，核心在于和平机制缺失。美国等国家长期把朝视作安全威胁，执迷于制裁施压，使朝面临巨大安全威胁和生存压力，朝方合理安全关切始终未得到解决。特别是今年以来，美国等国家在半岛开展史无前例、规模空前的联合军演，进行极具针对性和挑衅性的演习科目，发表强化"延伸威慑"的《华盛顿宣言》，在军事施压的道路上越走越远。这种做法只会激化矛盾、加剧紧张，现实已经作出了回答。

张军大使指出，20 世纪 90 年代以来的半岛问题所走过的历程清楚表明，对话谈判是缓和半岛紧张局势、推动政治解决的唯一正确有效途径。只要美朝恢复对话谈判、彼此相向而行，半岛局势就能保持稳定，半岛问题的政治解决就有希望。美方与其指责别国阻挠安理会采取行动，不如提出切实可行的方案，采取有意义的行动，回应朝方合理关切，用行动将"无条件对话"的表态落到实处。

张军大使强调，安理会处理半岛问题的出发点应是缓和局势、推动对话谈判，而不是简单的制裁施压，更不能沦为个别国家实现地缘政治私利的工具。推动政治解决、增进团结互信才是维护安理会声誉和权威性的关键。各方应全面执行安理会涉朝决议，特别是其中恢复对话、政治解决等内容不应被选择性忽视。中俄此前共提的安理会涉朝决议草案的出发点，就在于释放善意和积极信号，为重启对话和形势转圜创造条件，推动半岛问题政治解决。中方呼吁那些要求安理会采取行动的国家，认真考虑这一草案。

维护《不扩散核武器条约》权威，服务国际安全与发展

——外交部军控司司长孙晓波在《不扩散核武器条约》第十一次审议大会第一次筹备会一般性辩论中的发言

（2023 年 8 月 1 日）

主席先生：

我谨代表中国代表团祝贺你当选本次筹备会主席，中方将全力支持你的工作。

当今世界变乱交织，地缘冲突加剧，军事同盟、阵营对抗等冷战思维回潮，全球战略平衡与稳定受到严重冲击，核军备竞赛、核冲突风险上升。世界经济复苏艰难，和平利用核能等发展领域矛盾突出。在此背景下，以《不扩散核武器条约》为代表的国际安全与发展治理体系面临严峻挑战。

面对国际形势深刻变化，习近平主席提出了全球发展倡议、全球安全倡议、全球文明倡议等一系列重大倡议，为解决人类面临的共同问题贡献了中国智慧、中国方案。中方愿同国际社会一道，以新一轮审议周期为契机，平衡推动核裁军、核不扩散与和平利用核能三大支柱，充分发挥《不扩散核武器条约》服务安全与发展的时代作用。对此，中方有以下四点主张：

第一，坚持维护战略平衡与稳定，理性务实推进核裁军。中国理解无核武器国家推进核裁军的迫切心情。中国一向主张全面禁止和彻底销毁核武器，承诺在任何时候和任何情况下都不首先使用核武器，无条件不对无核武器国家和无核武器区使用核武器。中国始终把自身核力量维持在国家安全需要的最低水平，不参加任何形式的军备竞赛。这是中国对国际核裁军事业的庄重承诺和重大贡献。个别国家对中国的核政策进行别有用心的曲解和指责，中国对此坚决

反对，也绝不接受。

核武器是历史的产物，核裁军也必然是一个历史的过程。核裁军进程必须遵循"维护全球战略稳定"和"各国安全不受减损"原则，循序渐进推进。要求核政策、核武器数量差别巨大的国家承担同等核裁军、核透明义务，不符合历史和现实逻辑，必将把国际核裁军进程带入死胡同。当务之急是，拥有最大核武库的国家，切实履行核裁军特殊、优先责任，继续有效执行《新削减战略武器条约》，进一步大幅、实质削减核武库，为其他核武器国家加入核裁军进程创造条件。

第二，坚持共同安全理念，努力减少战略风险。习近平主席多次指出，核武器用不得、核战争打不得，国际社会应共同反对使用或威胁使用核武器。五核国领导人去年1月发表了防止核战争联合声明，中方支持五核国在此基础上，继续开展对话合作，探讨减少战略风险的可行举措。同时，减少战略风险措施不存在普遍适用的模板，应充分考虑核武器国家核力量规模、核政策、安全环境等差异，根据各国战略互信水平循序渐进推进。

基于当前国际安全形势的现实和中方在减少战略风险问题上的一贯立场，中方呼吁核武器国家谈判缔结"互不首先使用核武器条约"，并主张在裁谈会谈判缔结无核安保国际法律文书，这些举措将显著减少战略风险。中方并呼吁有关国家降低核武器在国家和集体安全政策中的作用，放弃发展部署全球导弹防御系统，不寻求在亚太或欧洲部署中导，停止强化所谓的"延伸威慑"，撤回在境外部署的核武器，放弃在亚太地区复制"核共享"的企图，以实际行动减少核风险。在此方面，有关核武器国家与无核武器国家均应发挥积极作用。

第三，坚持真正的多边主义，维护国际核不扩散体系。伊核全面协议是解决伊核问题的正确有效途径，各方应加大外交努力，尽快重启谈判，恢复协议的完整、有效执行。朝鲜半岛核问题症结在于和平机制缺失和冷战残余犹存，各方应坚持通过对话均衡解决各方合理安全关切，按照"双轨并进"思路推进半岛建立和平机制及实现半岛无核化目标。同时，国际社会应继续支持建立中东无核武器及其他大规模杀伤性武器区，核武器国家应尽快批准有关无核武器区条约的议定书，中方重申愿率先签署《东南亚无核武器区条约》议定书。

任何国家均不应将地缘政治私利凌驾于核不扩散之上。美英澳核潜艇合作违反《不扩散核武器条约》目的和宗旨，冲击国际原子能机构保障监督体系，构成严重核扩散风险，破坏地区和平稳定。中方主张通过开放、包容、透明、可持续的政府间进程讨论相关保障监督问题，协商一致作出决定。

第四，坚持发展优先，促进和平利用核能。当前，全球核电发展势头强劲，国际社会特别是发展中国家对和平利用核能与核技术的需求日益上升。中方支持国际原子能机构在促进核能国际合作方面发挥中心作用，主张加大对发展中国家的资金和技术援助，助力落实2030年可持续发展议程。中方支持多边出口控制机制，但反对一些国家打着防扩散旗号，以意识形态划线，泛化国家安全概念，将出口控制当作脱钩断链的政治工具。

核能和平利用不能以牺牲自然环境和人类健康为代价。日本政府应全面回应国际社会对福岛核污染水排海计划的关切，履行应尽的道义责任和国际法义务，停止强推排海计划，以真诚态度同周边邻国充分沟通，确保核污染水得到安全处置，并接受严格国际监督。

主席先生，

中国始终是世界和平的建设者、全球发展的贡献者、国际秩序的维护者。中国愿与各方携手努力，不断加强《不扩散核武器条约》的普遍性、权威性和有效性，以共赢思维应对复杂交织的国际安全与发展挑战，让和平的薪火代代相传，让发展的动力源源不断，让文明的光芒熠熠生辉，为这个动荡变化的时代注入更多的稳定性和确定性。

最后，我祝愿本次筹备会取得成功。

谢谢主席先生。

中国新任裁军事务大使沈健
在日内瓦裁军谈判会议的到任发言

（2023 年 8 月 24 日）

主席女士：

很高兴时隔 8 年重返万国宫，作为新任中国裁军事务大使同各位同事在裁谈会相聚。祝贺舒奇大使担任裁谈会主席，我将全力支持你的工作，并期待同各位同事一道，在相互尊重的基础上增进互信、凝聚共识，共同推动裁谈会工作取得进展。

主席女士，

军控与裁军是一项神圣的事业。筑牢和平根基，共享持久和平，是世界各国人民的夙愿。这是裁谈会成立的初心，也是 40 多年来成员国共同为之奋斗的使命。

当今世界并不太平，人类社会正陷入前所未有的多重安全困境。冷战思维阴魂不散，大国博弈日趋激烈，地缘政治形势严峻，全球战略平衡与稳定面临严峻冲击。个别国家挑动意识形态对立，大搞"脱钩断链"，构筑"小院高墙"，世界面临再次分裂的危险。新兴科技对全球安全产生深刻影响，但新兴领域全球安全治理体系严重滞后，政治化、阵营化、碎片化不断加剧。刚刚结束的《不扩散核武器条约》十一审一筹表明，受地缘政治利益驱动，以阵营划线，推动损害他国安全利益的议程，很可能导致国际军控进程走入死胡同。

"世界需要什么样的安全理念、各国怎样实现共同安全"，已成为摆在所有人面前的时代课题。我来日内瓦赴任前也一直在思考，裁谈会如何在维护全球战略稳定、促进国际和平安全方面发挥更大作用，裁军与军控事业如何回应时代呼唤、为这个动荡的世界提供更多稳定性和确定性？

主席女士，

面对当前国际安全困境，中国的选择是明确的，那就是中国国家主席习近平郑重提出，并于近日在南非约翰内斯堡金砖国家领导人会晤重申的全球安全倡议。我的前任李松大使曾在裁谈会做过专题介绍。全球安全倡议的核心要义，就是坚持共同、综合、合作、可持续的安全观，以构建人类命运共同体为长远目标，倡导走出一条对话而不对抗、结伴而不结盟、共赢而非零和的新型安全之路。

人类命运共同体和全球安全倡议的理念和原则，就是我作为中国裁军大使参加裁谈会工作的根本出发点与落脚点，也是我对裁谈会如何顺应时代潮流、为世界提供更多稳定力量的答案。

我们要坚定维护裁谈会的权威。裁谈会曾作出重要历史贡献。只有旗帜鲜明维护裁谈会作为唯一多边裁军谈判机构的地位，才能使其在新的历史时期作出更大的贡献。贬低裁谈会，甚至谋求另起炉灶，只会进一步导致多边军控裁军进程政治化、阵营化、碎片化。

我们要正确把握裁谈会的方向。当前形势下，裁谈会无论是讨论传统议题还是新兴挑战，都应坚持真正的多边主义，尊重各方正当安全利益和关切，摒弃冷战思维和零和博弈，遵循各国安全不受减损原则，共同推进国际军控与裁军进程，推动构建均衡、有效、可持续的安全架构。

我们要努力激发裁谈会的活力。希望各方展现定力和智慧，本着团结合作、协商一致和与时俱进的原则，围绕裁谈会传统议题和新兴挑战开展良性互动，提出更多妥善解决问题的思路方案，争取裁谈会早日开展实质性工作并取得积极成果。

联合国秘书长古特雷斯先生最近发布了"新和平纲领"。中方赞赏秘书长所作努力，支持维护现有多边军控机制的权威性和有效性，希望在听取各方建议、尊重各国合理关切基础上，本着求同存异原则，努力推动明年举行的联合国"未来峰会"取得积极成果。

主席女士，

和平、发展、合作、共赢的历史潮流不可阻挡，人心所向、大势所趋决定了人类前途终归光明。中国有句古话，"志不求易者成，事不避难者进"。我和我的同事将一如既往以积极主动、认真负责的态度，同主席团和各成员国加强沟通，推动裁谈会工作取得进展，共同维护和加强现有多边军控、裁军和防扩散机制，为维护全球战略平衡与稳定、促进国际和平与安全作出新的贡献。

谢谢主席女士。

中国裁军大使沈健：外空安全治理必须杜绝冷战思维

（2023 年 9 月 15 日）

9 月 13 日，中国裁军事务大使沈健出席日内瓦外空安全研讨会。

沈大使在发言中强调，维护外空和平与安全符合全人类共同利益。联合国大会 40 多年来连年通过决议，呼吁谈判达成外空军控法律文书，但至今未有实质进展。其根源是个别国家执迷大国竞争、冷战思维，不愿自身军力发展受到约束，谋求称霸外空，推高外空军备竞赛风险。

沈大使强调，国际社会应坚持共同、综合、合作、可持续的新安全观，杜绝冷战思维，致力于在外空领域构建人类命运共同体。当前，外空安全治理新进程、新倡议频出，各方应加强顶层设计和统筹协调，引导不同进程有效衔接、形成合力，为推动外空军控法律文书谈判进程进一步凝聚共识。

陈旭大使
在人权理事会谴责日本向海洋排放核污染水侵犯人权

（2023 年 9 月 15 日）

9 月 14 日，中国常驻联合国日内瓦办事处和瑞士其他国际组织代表陈旭大使在联合国人权理事会与享有安全饮用水和卫生设施人权问题特别报告员互动对话时发言，指出日本政府单方面强行启动福岛核污染水排海，严重侵犯太平洋沿岸国家乃至全球人民的健康权、发展权和环境权。其正当性、合法性、安全性一直受到国际社会质疑，并遭到日本、韩国等国内民众强烈反对。

陈旭指出，如果福岛核污染水是安全的，就没有必要排海；如果不安全，就更不应该排海。中方呼吁人权理事会对这一问题加大关注，敦促日方立即停止排海行为。

耿爽大使在第十三届
促进《全面禁止核试验条约》生效大会上的发言

（2023 年 9 月 22 日）

我祝贺巴拿马和挪威当选本届大会共同主席，并对上届大会共同主席意大利和南非表示感谢。我还要对临时技秘处执秘弗洛伊德先生及其团队所做工作表示赞赏。

1996 年达成的《全面禁止试验条约》为遏制核军备竞赛、降低核战争风险、维护全球战略稳定发挥了重要作用，已经成为国际核裁军与核不扩散体系的关键支柱。当前，个别国家强化军事同盟，挑动阵营对抗，推进核武器现代化及核导战略力量前沿部署，破坏全球战略平衡与稳定，推升核军备竞赛与核冲突风险。这些消极动向和国际安全环境的持续恶化，进一步凸显了促进条约早日生效的紧迫性与重要性。国际社会应共同努力，推动加强条约活力，加快条约生效进程，维护并巩固国际核裁军与核不扩散体系。中方愿提出以下主张：

第一，树立共同安全理念，践行真正的多边主义。要坚决摒弃冷战思维和零和博弈，坚持通过对话协商解决彼此合理安全关切，弥合分歧争端，化解地缘冲突，为条约生效营造有利政治氛围。

第二，履行国际义务和承诺，摒弃双重标准。个别国家将地缘政治私利凌驾于防扩散之上，开展构成严重核扩散风险的核潜艇合作，违反《不扩散核武器条约》目的和宗旨，破坏地区和平稳定，应当立即停止。

第三，坚持核不扩散共识，降低核冲突风险。核武器国家应切实降低核武器在国家安全政策中的作用，恪守"暂停试"承诺，采取不首先使用核武器政策，缔结"互不首先使用核武器条约"。个别核武器国家应放弃所谓"延伸威慑"政策，不在亚太地区复制"核共享"安排。

第四，持续推进履约筹备工作，全面平衡开展国际数据中心、国际监测系统和现场视察机制建设，为条约早日生效提供坚实的技术和能力保障。

中国是最早签署《全面禁止核试验条约》的国家之一，坚定支持条约宗旨和目标，恪守"暂停试"承诺，积极支持并参与国际监测系统建设。中国愿继续推进与临时技秘处合作，为推动条约生效作出贡献。

中国从拥有核武器第一天起，就倡导全面禁止和彻底销毁核武器。无论国际风云如何变幻，中国将始终奉行自卫防御的核战略，把自身核力量维持在国家安全需要的最低水平，不寻求核均势，不与任何核武器国家开展核军备竞赛。我愿重申，中国从未动摇过对条约的支持，也绝不会成为条约生效的阻碍。中方将继续为推动国际核裁军进程、最终实现"无核武器世界"作出不懈努力。

谢谢。

中国代表团团长、裁军大使沈健在
《特定常规武器公约》五号议定书第 17 次年会上的发言

(2023 年 11 月 16 日)

主席先生：

祝贺你当选本次会议主席。中国代表团愿与你及各国代表团通力合作，共同推动会议取得成功。中方赞赏你及奥地利、菲律宾协调员组织开展五号议定书非正式磋商，支持各方继续利用专家组等平台就受害者援助、清除战争遗留爆炸物及技术援助等问题开展经验交流。

主席先生，

五号议定书平衡照顾了各国国防需求与人道主义关切，在解决战争遗留爆炸物引发的人道主义问题方面发挥了积极作用。各国履约工作持续深入，受害者救助工作取得积极进展，相关国际合作稳步推进。另一方面，战争遗留爆炸物在全球范围仍大量存在。当前武装冲突频发，持续的武装冲突又在继续产生新的战争遗留爆炸物，构成冲突后人道主义隐患。实现议定书的宗旨和目标依然任重道远。

中国高度重视战争遗留爆炸物的清除和销毁工作。自 2010 年批准议定书以来，中方忠实履行相关义务，每年按时提交国家年度报告，重视加强相关机制建设。过去一年，中国公安机关与军队密切配合，处置炮弹、航弹等各类战争遗留爆炸物共计 1.7 万枚。同时，中国军队注重加强能力建设，面向官兵开展了水下战争遗留爆炸物及未爆弹药的探测与排除培训。

作为曾经的战争受害国，中方对其他受害国面临的实际困难感同身受，积极开展国际合作与援助，迄今已向秘鲁、埃塞俄比亚、老挝、柬埔寨、黎巴嫩、斯里兰卡、约旦等国提供排爆及受害者援助支持。今年 6 月至 9 月，中方为 40 名柬埔寨、老挝学员提供了为期 3 个月的扫雷排爆培训，在培训中综合采用了无人机侦查、激光销毁、机器人排爆等新技术新方法。

主席先生，

目前，全球仍有几十个国家遭受战争遗留爆炸物的威胁，按目前进度，部分国家境内的战争遗留爆炸物需要几十年甚至上百年才能完全清除。在中国境内，仍有大量外国侵略者遗弃的各类爆炸物，对人民群众生命财产安全构成严重威胁。中方始终认为，国际社会应坚持"谁使用、谁清除"原则，在他国境内遗留爆炸物的国家须切实承担起应尽的历史责任，为清除和销毁工作提供必要的资金、技术等支持。

主席先生，

战争遗留爆炸物问题的解决非一日之功，须各方长期关注和不懈努力。只要存在武装冲突，就会产生新的战争遗留爆炸物。冲突和战争没有赢家。解决战争遗留爆炸物问题的根本途径就是坚持通过对话协商，以和平方式解决国家间的分歧与争端。同时，有关各方应严格遵守包括五号议定书在内的武装冲突法，采取包括战后清除、保护平民、预防性措施等在内的有效措施，切实防止和解决战争遗留爆炸物可能引发的人道主义关切。中方将秉持人类命运共同体理念，继续致力于提高议定书的普遍性与有效性，与有关国家加强国际合作，为国际社会彻底摆脱战争遗留爆炸物带来的阴霾作出更大贡献。

谢谢主席先生。

中国代表团团长、裁军大使沈健
在《特定常规武器公约》2023年缔约国大会上的发言

(2023年11月21日)

主席先生：

感谢主席及《特定常规武器公约》履约支助机构为目前的会议安排所作的努力。

当前，地区武装冲突频发，常规武器滥用进一步加剧地区紧张局势，引发严重人道主义危机。同时，以人工智能为代表的新兴科技蓬勃发展，其军事应用给国际社会带来的安全挑战引起各方普遍关注。

今年2月，中方发布《全球安全倡议概念文件》，明确将支持全球常规武器军控进程作为重点合作方向之一。作为《特定常规武器公约》及其五个附加议定书的"完全成员国"，中方严格履行相关国际义务，积极参与公约各项工作，按时提交国家履约报告，及时足额缴纳会费，向公约"资助计划"提供捐款，支持发展中国家参加公约相关会议和活动。

中国政府积极开展人道主义扫雷和清除战争遗留爆炸物国际合作，迄今已通过多种方式向40多个国家提供了价值2亿多元人民币的援助，培训1 000多名扫雷排爆技术人员。不久前，中方为柬埔寨、老挝两国举办国际人道主义扫雷援助培训班，第二届东盟扫雷问题区域高级别会议在中国南京成功召开。

主席先生，

中方倡导以人为本、智能向善、注重发展、伦理先行，致力于确保人工智能始终朝着有利于人类文明进步的方向发展。不久前，中方提出《全球人工智能治理倡议》，呼吁各国加强交流合作，共同做好风险防范，形成具有广泛共识的治理框架，不断提升人工智能技术的安全性、可靠性、可控性、公平性。

近年来，"致命性自主武器系统"问题有关讨论热度不断上升。中方建设性参与公约框架下相关政府专家组讨论，就规范人工智能军事应用、加强人工智能伦理治理等提交了立场文件。中方欢迎专家组工作取得的积极进展，支持在就"致命性自主武器系统"定义特征等问题达成一致理解的基础上，在条件成熟时就禁止使用全自主致命性武器系统缔结具有法律约束力的国际文书。中方认为，各国在军事领域研发和使用人工智能技术应该采取慎重负责的态度。中方主张实施分级分类管理，确保有关武器系统永远处于人类控制之下。同时考虑到人工智能技术的军民两用性质，在加强监管和治理的同时，应确保各国充分享有和平利用的权利。中方赞赏主席就推动达成专家组下步授权所作努力，期待达成各方均可接受的专家组授权。

主席先生，

中方倡导共同、综合、合作、可持续的安全观，呼吁平衡处理正当军事安全需要和人道主义关切，统筹发展与安全，妥善应对新兴科技安全挑战，不断提升公约的权威性和生命力。中方愿继续秉持人类命运共同体理念，为建设一个持久和平、普遍安全的世界作出不懈努力。

中国代表团团长谈践大使在《禁止化学武器公约》第 28 届缔约国大会一般性辩论中的发言

(2023 年 11 月 29 日)

主席先生：

祝贺你当选《禁止化学武器公约》第 28 届缔约国大会主席。中国代表团愿与你和各国代表团充分合作，推动大会取得积极成果。中方赞同委内瑞拉代表不结盟运动和中国所作发言，我愿进一步阐述中方立场。

主席先生，

面对百年未有之大变局，中方主张坚持共同、综合、合作、可持续的安全观，践行共商共建共享的全球治理观，坚持真正的多边主义，推进国际关系民主化，推动全球治理朝着更加公正合理的方向发展，共同构建人类命运共同体。《禁止化学武器公约》是全球安全治理重要支柱之一，也是促进化学经济和技术发展的重要国际法基础。中方呼吁缔约国以此次大会为契机，坚守《公约》宗旨和目标，维护团结合作，完善治理机制，避免《公约》权威受到更大挑战。中方愿提出四点意见：

第一，我们要为构建"无化武世界"凝聚更大合力。

尽管全球库存化武已完成销毁，但国际社会迈向"无化武世界"目标仍面临严峻挑战，最突出的是日遗化武问题。日遗化武已埋藏数十年，数量巨大，地点不明，多数是在生产生活过程中偶然发现，其现实危害性、销毁紧迫性远大于库存化武。

今年日遗化武销毁进程加快，全年销毁量已超过 2 万枚。技秘处全面重启现场视察，全年共开展 12 次视察，覆盖挖掘回收、销毁、托管库等设施，明年视察次数还将进一步增加。中方对技秘处和缔约国的支持表示高度赞赏。中方愿同日方共同探讨，邀请总干事和执理会代表团2024年再次访华，视察日遗化武销毁进展。

为尽快推进销毁日遗化武，中方同意在中国境内销毁日遗化武。过去26年来，中方为此投入了大量人力、物力，包括销毁设施土地、配套作业和工程施工人员等，日方人员设备通关、在华交通食宿、医疗等均由中方提供保障。以今年为例，仅参加现场作业中方人员达3 000人次，而相关人员和资源本可以用于发展经济、改善民生等更有用的领域。

销毁遗弃化武是遗弃国应尽的国际义务和历史责任。在政治欠账和现实危害面前，遗弃国妄谈所谓投入和贡献，是苍白无力的。26年来缔约国完成了72 304吨库存化武销毁，这充分表明化武销毁症结不是技术问题。日方应以更加坚定的政治意愿，更加扎实的投入，落实销毁计划，解决难点问题。

第二，我们要为化学经济和技术发展采取更多实质行动。

安全与发展是《禁止化学武器公约》的两大属性，应统筹推进。《公约》生效以来，缔约国和技秘处在促进和平利用及国际合作方面开展了大量工作，取得显著成果。化学和技术中心投入运营具有里程碑意义，中方对此表示赞赏。本月中国派出4名专家，依托化学和技术中心，为发展中国家开展海关实验室人员培训，取得良好效果。

另一方面，化学领域和平利用仍面临严峻挑战。个别国家泛化安全概念，滥用出口管制，大搞单边制裁，阻碍了化学等各领域科技和平利用，也阻碍了正常经贸往来。发展中国家呼吁制订落实《公约》第11条行动计划未能实现，自2011年以来缔约国大会未能就落实第11条通过新的决定。这充分说明，和平利用仍是全面、有效落实《公约》的短板弱项。我想强调的是，"遵约能力建设"只是国际合作的一方面。缔约国应按照《公约》规定，坚持问题导向，把广大发展中国家突出诉求摆在重点位置，聚焦和平利用采取切实举措。

今年5月，中方与14个缔约国共同向五审会提交《在禁止化学武器公约框架下促进和平利用国际合作》工作文件，呼吁结合执行第77届联大通过的

"在国际安全领域促进和平利用国际合作"决议，为化学领域和平利用凝聚新共识、注入新动力。今年第78届联大一委期间，中方和共提国作共同发言，重申和平利用是各国不可剥夺的权利，敦促有关国家落实决议要求，取消过度限制。中方和共提将向2024年第79届联大再次提交决议，欢迎所有缔约国积极参与联大后续进程。

第三，我们要为解决热点问题找到正确途径。

今年2月，中方发布《全球安全倡议概念文件》，全面阐释全球安全倡议核心理念和行动方向。在国际和地区热点问题上，中方一贯主张以劝和促谈为主要方式，以公平务实为主要态度，以标本兼治为主要思路，坚持对话谈判、政治解决。

"防止化武再现"的治本之策是维护《公约》权威，用好《公约》规定的核查机制，照顾各方合理合法关切，通过对话协商妥善解决问题，构建均衡、有效、可持续的安全架构。"调查鉴定组"是政治操弄的产物，事实证明既不符合《公约》，无法解决问题，也无法实现"防止化武再现"的目标。

叙利亚化武问题延宕至今，症结不是《公约》过时了，恰恰是《公约》权威未得到有效维护。今年以来，叙政府与技秘处合作取得积极进展。中方对此表示欢迎，鼓励双方持续开展建设性合作，为解决问题创造良好条件。中方也支持地区国家从改善关系、共建和平、共谋发展的大局出发，在叙化武问题解决进程中发挥更大作用。

第四，我们要为缔约国团结协作注入正能量。

团结协作是禁化武组织工作行稳致远的金钥匙。第103次执理会协商一致通过地域平衡决定，支持增强国际职员地域代表性，给予发展中国家更多代表性和发言权，给禁化武组织工作注入新的正能量，中方对此表示欢迎。

近年来，个别国家出于一己私利，利用化武问题进行政治操弄，严重阻碍禁化武组织健康可持续发展。个别国家罔顾积极进展，在未经协商的情况下，执意向此次大会提交叙化武问题新决定草案并强推表决，中方对此严重关切。

执理会是禁化武组织重要决策机构。按照《公约》规定，作为一项基本原则，各个地区组中具有最重要的本国化学工业的缔约国应成为执理会成员。部分国家寻求推翻这一基本原则，将严重影响《公约》的宗旨和目标，不符合缔约国共同利益。

2020年，美国将中国军事科学院列入"军事最终用户"清单，中方对此坚决反对。美方非法单边制裁已严重影响中方指定实验室正常活动，严重干扰禁化武组织和使用生化武器事件联合国秘书长调查机制相关工作。中方敦促美方立即纠正错误做法，取消非法单边制裁。

总之，一个被个别国家政治操弄所绑架的国际组织是不可持续的。中方呼吁有关缔约国本着负责任态度，妥善处理相关问题，寻求协商一致解决方案。

主席先生，

作为化工业规模最大的国家，中方一贯高度重视履约工作。今年全年中国将接受30余次视察，其中附表二视察约17次，占全球视察总数的35%，是接受视察最多的国家。中方国家履约机构连续26年开展禁化武组织宣传活动，通过举办履约普发知识竞赛和线上展览等方式加强宣传，面向地方政府和企业开展履约培训。中国政府指导香港、澳门特区政府，不断完善履约立法，及时提交宣布，加强附表化学品贸易管理。

主席先生，

今年是中国国家主席习近平提出构建人类命运共同体重大理念十周年。近年来，习近平主席提出全球发展倡议、全球安全倡议、全球文明倡议，进一步丰富了构建人类命运共同体理念的内涵和实施路径。中国将继续秉持人类命运共同体理念，与禁化武组织技秘处和缔约国一道，为实现"无化武世界"目标作出不懈努力。

谢谢主席先生。

四、其他军控与裁军问题

中国代表团
在国际原子能机构预算问题特别大会上的发言

（2023 年 1 月 27 日）

主席先生：

中方欢迎国际原子能机构（以下简称"机构"）特别大会以协商一致方式核准理事会提交的机构 2023 年预算更新修订案及有关决议。本次预算修订的讨论历时长达三个多月，经过理事会主席的不懈努力、成员国的大力配合和秘书处的及时调整，最终达成这一来之不易的成果。中方对各方展示的合作精神表示赞赏。

当前全球经济复苏仍面临严重挑战，各成员国普遍面临通胀等因素带来的财政压力。在此情况下，各成员国仍尽最大努力调增机构预算，充分体现了成员国对机构秘书处工作的大力支持。成员国作出的每一份财政贡献都殊为宝贵，希望秘书处科学、合规、精准、高效用好预算的每一分钱，进一步采取节支增效措施，确保各主计划全面有序实施，促进成员国经济社会发展和机构"原子用于和平与发展"宗旨的更好实现。

主席先生，

本次预算调整经过各方充分参与的大讨论，形成了各方普遍接受的几点重要共识。这些重要共识不仅对于机构预算，而且对于机构长久持续健康发展，都具有重要意义。

首先，要尊重规则、遵守规则、维护规则。唯有恪守规则，才能确保机构沿着正确的方向前进，不论是预算，还是伊核、日本福岛核污染水排海抑或是美英澳三国核潜艇合作等其他问题，都要讲规则。本次特别大会通过的预算修订案和相关决议强调必须完整有效地执行《规约》各相关条款。中方再次重申，机构预算不能用于美英澳核潜艇合作这样的核扩散活动。秘书处承诺于去年底之前完成因违规造成的 2020—2022 年经费缺口的整改，中方对此表示满意，希秘书处今后严格按规则办事，确保有关违规预算缺口问题在整改后不能再有反弹。根据机构《规约》，成员国是决策者，秘书处是执行者，机构的重大敏感问题必须由成员国共同决策，秘书处不得擅作决定。中方希望机构秘书处能和成员国一起共同遵守规则，依法依规履行机构职责。

其次，要继续优化机构预算结构。人员经费在机构常规预算中占比过高是机构预算结构的突出问题。中方理解此问题并非短期内形成，解决起来也需要一个过程，但"千里之行，始于足下"，正视问题、着手改变才是解决问题的正道。本次特别大会决定将 2023 年人员经费占比下调 1%，这是向正确的方向迈出的关键一步。希望秘书处制定规划，久久为功，将人员经费占比逐步降低至更加合理的水平，让机构的宝贵资金更多用于支持技术合作等机构主流业务活动。

最后，要持续增加对发展中国家至关重要的技术合作资金。刚刚通过的预算修订案及相关决议，实现了技术合作基金和常规预算同步调增，并将人员经费占比下调 1% 所节约的资金用于"技术合作等活动"。中方希望秘书处严格落实有关要求，切实增加技术合作资金。在预算调整讨论过程中，77 国集团和非洲组均强调了增加技术合作资金的重要性。中方呼吁机构保持并加大对技术合作活动的资金支持力度，同时呼吁所有成员国，特别是发达国家，积极履行自身政治承诺和分摊责任，及时、足额缴纳技术合作基金捐款，确保机构技术合作资源充足、有保障和可预测。

主席先生，

机构 2024—2025 年预算问题开放式工作组即将启动工作，机构理事会明确授权该工作组讨论提出包括优化人员经费占比在内的、进一步提高机构工作效率的可行方案。中方希望前述重要共识能在工作组后续讨论中得到进一步落实。中方愿以建设性姿态参与工作组磋商，与各方一道推动机构预算向着更加合理、健康的方向发展。中方希望，今后机构每一年的预算，都能在正确的方向上不断改进、持续优化。

主席先生，

正如中国国家主席习近平在2023年新年贺词中指出，"路虽远，行则将至；事虽难，做则必成"。我们相信，作为核领域最重要政府间国际组织，只要机构始终严格按照规则办事，全面落实本次预算调整讨论中形成的重要共识，就能实现自身的不断完善进步，更充分发挥自身不可替代的重要作用。作为机构第二大会费国和技术合作基金第二大贡献国，中方一直及时足额缴纳会费和技术合作基金分摊，并提供了大量预算外资源和实物捐赠。中方将继续支持机构工作，秉持人类命运共同体理念，与各成员国和秘书处一道努力，推动原子能事业行稳致远，为世界和平及繁荣作出新贡献。

谢谢主席。

中国代表团在联合国外空委科技小组委员会
第 60 届会议上的一般性发言

（2023 年 2 月 13 日）

主席先生：

感谢您和您的团队为此次会议所作的精心准备，中国代表团将一如既往支持主席的工作，积极参与大会的各项活动。预祝本届会议取得圆满成功。

2022 年，中国主要空间活动，共完成 64 次发射任务，中国空间站全面建成。嫦娥四号任务首次获得月球表面的宇宙线通量和能谱；嫦娥五号月球样品科学研究发现新的月球矿物嫦娥石；"祝融"号于火星次表层发现历史上大规模水活动的证据；夸父一号太阳天文台卫星获得中国首幅太阳硬 X 射线图像；"羲和"号卫星首次获取太阳 Hα 谱线、Si I（硅一）谱线和 Fe I（铁一）谱线精细结构；"悟空"暗物质卫星实现对宇宙射线中的次级/原初粒子比例进行精确测量；"慧眼"硬 X 射线调制望远镜再次刷新直接测量宇宙最强磁场纪录。

2022 年，中国广泛开展国际合作。中国同外空司联合主办"联合国/中国空间探索与创新全球伙伴关系研讨会——月球和深空探测会议"，发布《中国航天推动构建新型空间探索与创新全球伙伴关系的行动声明》和《海南倡议》；作为金砖国家主席国，推动金砖国家航天合作联委会成立，启动金砖国家卫星星座数据交换和应用；举办中国月球与深空探测国际合作机遇展望全球网络论坛，推动月球和深空领域国际合作；中国国家航天局签署空间气候观测平台（SCO）协定，推动 SCO 最佳实践活动；发射中学生科普卫星，中国、埃及、埃塞俄比亚等国中学生广泛参与相关活动；联合国附属空间科技教育亚太区域中心招收留学研究生 15 人，毕业留学生 10 人，成功举办第三十四届"国际科学与和平周"主题活动和南非中国卫星导航及遥感应用培训班。

在双边合作方面，中国与俄罗斯签署合作建设国际月球科研站的政府间协定；启动与巴西航天合作计划编制工作，明确开展中巴地球资源卫星05、06星的研制；举办中国—阿根廷航天合作论坛，签署中阿航天合作大纲；与巴基斯坦签署嫦娥六号任务搭载合作谅解备忘录；举办中法海洋卫星在轨运行四周年庆祝活动，完成中法海洋卫星延寿换函；与美国推进火星探测器轨道数据交换工作。

2022年，在空间应用方面，中国积极响应空间与重大灾害宪章（CHARTER）工作机制，为国内外灾害提供卫星应急监测服务，及时响应各类应急需求，完成应对全球地质灾害、森林火灾、洪涝灾害、极端天气以及各类次生灾害的信息保障；中国卫星通信广播累计为国内农村及边远地区的1.4亿多户家庭提供卫星电视直播服务；北斗系统持续提升服务性能，深化国际合作，拓展全球应用。

2022年，中国政府发布第五部航天白皮书《中国的航天》，全面介绍中国航天政策；向国际社会发布了《月球样品国际合作细则》《国家民用卫星遥感数据国际合作管理暂行办法》等法规文件，积极推动月球探测领域、遥感数据领域国际合作。

主席先生，

未来，中国将继续秉承平等互利、和平利用、包容发展的原则，与各国广泛开展航天国际交流合作，使航天科技更好地服务于人类科技进步、经济和社会发展。

中华人民共和国关于在《禁止化学武器公约》框架下促进和平利用国际合作的立场文件

（2023 年 3 月 27 日）

2023 年 3 月 22 日，中国向《禁止化学武器公约》第五次审议大会提交了《关于在〈禁止化学武器公约〉框架下促进和平利用国际合作的立场文件》。全文如下：

一、出于和平目的利用化工领域科学技术并开展国际合作是《禁止化学武器公约》赋予缔约国不容剥夺的权利。《公约》第十一条规定："执行《公约》各条款应避免妨碍缔约国的经济或技术发展，以及为《公约》不加禁止的目的而进行的化学活动方面的国际合作，包括为《公约》不加禁止的目的而进行生产、加工或使用化学品方面的科学和技术资料以及化学品和设备的国际交流。"

《公约》历次审议大会均重申和平利用国际合作的重要性，强调全面、有效和非歧视性落实第十一条对实现《公约》宗旨和目标至关重要，对缔约国经济技术发展具有重要意义。2005 年、2007 年、2009 年《公约》第 10 次、第 12 次、第 14 次缔约国大会分别就全面落实第十一条通过决定（C-10/DEC.14，C-12/DEC.10，C-14/DEC.11）。2011 年，第 16 次缔约国大会进一步通过《全面实施第十一条商定框架的构成要素》决定（C-16/DEC.10），提出加强缔约国在化学品的研究、发展、储存、生产及安全使用相关能力建设；促进科学界、学术机构、化工协会、非政府组织及区域和国际组织的交流；加强国际合作项目的有效性；促进缔约国化学品、设备、科技信息的交流等措施，要求为落实上述措施提供资金支持，加强缔约国会和执理会对落实国际合作的监督。禁化武组织执理会根据缔约国会相关决定，建立全面落实第十一条的开放性磋商机制。

二、不结盟运动和中国始终致力于在《公约》框架下推动和平利用国际合作。2007 年、2013 年不结盟和中国提交了《全面实施第十一条行动计划的指示性要素》（C-12/NAT.1）和《全面实施第十一条行动计划的建议》（RC-3/NAT.8）两份工作文件，呼吁制定落实第十一条的行动计划，并提出行动计划的基本要素。在历次审议大会、缔约国大会、执理会等场合，不结盟运动和中国反复呼吁切实加强和平利用国际合作，包括制订上述行动计划。

三、《禁止化学武器公约》生效 26 年来，在缔约国和技秘处的共同努力下，落实《公约》第十一条取得积极进展。技秘处同缔约国和世界海关组织、联合国环境规划署、国际科学基金、世界卫生组织等国际和地区组织密切合作，聚焦化学综合管理、实验室能力建设和化学知识交流普及三方面重点领域，开展能力建设培训、履约研讨会、视察员培训、防化与援助培训、实验室结对合作、奖学金项目等，就国际合作、国家履约、化工安全与安保、援助与化武防护等开展了广泛的交流与合作，惠及缔约国政府、研究机构、企业、实验室等大量化学相关从业者。通过开展"非洲项目"，为非洲国家能力建设提供重要支持。

另一方面，化学领域和平利用国际合作仍面临严峻挑战。发展中国家获取用于和平目的的材料、设备和技术仍然遭到过度限制。个别国家出于意识形态目的，泛化国家安全概念、滥用防扩散出口管制，严重损害和平利用及相关国际合作。发展中国家所呼吁的制订落实第十一条行动计划迟迟未能实现。落实第 16 次缔约国会通过《全面实施第十一条商定框架的构成要素》决定（C-16/DEC.10）仍存在显著差距，自 2011 年以来缔约国大会未通过新的落实第十一条的决定。禁化武组织工作严重极化和政治化，国际合作面临动力不足和投入不足等问题。这些情况加剧了发展中国家对和平利用权利无从保障的担忧，阻碍了关于促进和平利用及相关国际合作的讨论。

四、2022 年，第 77 届联合国大会第二次通过"在国际安全领域促进和平利用国际合作"决议（以下简称"决议"）。决议强调和平利用科技对可持续发展至关重要、国际法赋予各国和平利用科技的权利不容剥夺，敦促有关国家取消对发展中国家的过度管制，并鼓励就此开展对话合作。这份决议体现了国际社会特别是广大发展中国家的共同立场。中方将继续推动该决议得到全面、有效落实，维护国际社会的共同利益，呼吁所有国家支持该决议并积极参与后续进程。

上述决议同《公约》第十一条以及审议大会相关成果文件、缔约国大会相关决定一脉相承。决议中特别指出，欢迎旨在促进和平利用国际合作的各种倡议，包括通过制订行动计划以充分执行第十一条。全面、有效落实上述决议将为促进第十一条执行凝聚新共识、注入新动力。

五、我们呼吁缔约国以《公约》第五次审议大会为契机，将落实联大和平利用决议同规划落实《公约》第十一条结合起来，充分考虑联合国秘书长根据和平利用决议要求所提交的报告和所载的意见和建议，聚焦发展中国家长期关注的问题，将和平利用和发展问题置于更加优先位置，开辟落实第十一条的新思路和新局面。中方主张审议大会采取以下行动：

（一）重申全面、有效和非歧视性落实《公约》第十一条的政治承诺。

（二）强调各国在包括《禁止化学武器公约》等框架下承担防扩散义务，同时享有和平利用科技的权利，所有国家都有促进和平利用及相关国际合作的义务，这三方面同等重要。进一步指出，和平利用科技的根本目的是促进可持续发展，根据《发展权利宣言》的精神，和平利用权理应是发展权的重要方面，进而是一项不容剥夺的基本人权。

（三）敦促各国在不影响其所承担的防扩散义务的前提下，采取切实措施促进化学领域的和平利用及国际合作。取消所有过度限制，包括违反《公约》精神的单边强制性制裁措施。

（四）要求缔约国大会授权建立开放式工作组等对话机制，围绕促进化学领域和平利用及相关国际合作，开展缔约国普遍参与的、以结果为导向的对话，包括厘清存在的差距和挑战、加强合作的设想和方案等。在此基础上，请技秘处就全面、有效、非歧视性落实第十一条，特别是存在的差距和挑战，起草报告并提交缔约国大会审议。

（五）要求执理会讨论制定落实第十一条的具体措施和建议，在此基础上制订切实可行的行动计划，提交缔约国大会审议。要求缔约国大会建立审查机制，审查缔约国拒绝批准向其他缔约国转让化学领域材料、设备、技术的情况。

（六）鼓励缔约国采取旨在促进和平利用国际合作的建立信任措施，包括审查本国关于化学领域材料、设备、技术转让法规，确保其符合第十一条规定；梳理各自促进化学领域技术转让和国际合作的实际举措，定期向缔约国会提交报告；梳理各自拒绝批准向其他缔约国转让化学领域材料、设备、技术的情况，以及与有关国家就此类拒绝批准沟通的情况，定期向缔约国会提交报告。在此方面，拥有先进化学工业和技术的发达国家应作出表率。

（七）要求禁化武组织确保对第十一条相关活动的预算投入，并向发展中国家倾斜。建立由技秘处管理的国际合作基金，鼓励缔约国自愿捐款。支持禁化武组织化学和技术中心在国际合作方面发挥重要作用。

中华人民共和国
关于日本遗弃在华化学武器问题的立场文件

（2023 年 3 月 27 日）

2023 年 3 月 22 日，中国向《禁止化学武器公约》第五次审议大会提交了《关于日本遗弃在华化学武器问题的立场文件》。全文如下：

一、尽快彻底完成日本遗弃在华化学武器销毁，是践行《禁止化学武器公约》宗旨、实现"无化武世界"目标的重要方面。

《公约》明确规定，"缔约国承诺按照本公约的规定销毁其遗留在另一缔约国领土上的所有化学武器"，"为销毁遗留的化学武器，遗留缔约国应提供一切必要的财政、技术、专家、设施及其他资源"。《公约》还规定了销毁遗弃化武的时间框架。上述条款构成处理日遗化武问题的国际法依据。

《公约》历次审议大会和缔约国大会均对遗弃化武销毁相关问题进行审议，并在相关报告中强调彻底完成销毁的重要性和紧迫性。禁止化学武器组织第 46 次、67 次、84 次、101 次执理会以决定或报告的形式（EC-46/DEC.4，EC-67/DEC.6，EC-84/2，EC-101/DEC.2），对彻底销毁日遗化武和销毁时限提出明确要求。

作为遗弃国，日方应切实承担起国际义务和政治责任，按照《公约》有关条款和禁化武组织执理会决定，在禁化武组织有效核查下，早日彻底销毁日遗化武。

二、日本遗弃在华化学武器问题是《公约》框架下最严重的历史遗留问题，也是最严重的现实威胁和挑战之一。

二战期间，日本军国主义秘密生产大量化学武器，并违反国际法在侵华战争中使用，仅记录在案的多达 1 241 次，造成中国军民伤亡 20 余万人。1945 年战败前夕，侵华日军为掩盖罪行，将大量化学武器就地掩埋或弃于中国江河湖泊之中。截至目前，已在中国 18 个省、自治区、直辖市 120 多个地点发现日遗化武。日本侵华战争已结束 78 年，《公约》已生效 26 年，但日本遗弃在中国领土上的大量化学武器仍严重威胁和危害着中国人民生命财产和生态环境安全。据不完全统计，二战结束至今日遗化武已造成中国民众 2 000 余人伤亡。早日全面、干净、彻底销毁日遗化武刻不容缓。

迄今日遗化武销毁虽取得一定进展，但仍面临严峻、突出挑战。一是销毁进程严重滞后。《公约》规定日方应于 2007 年内完成遗弃化武销毁，同时设定了 5 年宽限期。由于重视不足、投入不够，日方于 2007 年、2012 年、2016 年、2022 年四次逾期。二是日方迄未提供全面、翔实、准确的日遗化武线索信息。日遗化武只能被动发现、紧急处置，极大增加了伤人风险，也迟滞了处置进度。三是难点问题的解决进度缓慢。佳木斯、尚志、珲春等地区挖掘回收极其缓慢，辽源日遗化武销毁技术和设备仍未确定。对于水域探测回收、地下探测等技术瓶颈，日方迄未拿出足够的政治决心予以突破。四是污染土壤处理问题悬而未决。日遗化武埋藏地下数十年，多数弹体锈蚀，因毒剂泄漏或毒气筒破损碎裂等原因，对土壤、水等造成严重污染，日方应承担责任、予以解决。

三、中国政府高度重视日遗化武销毁问题。作为领土国，中国认真履行《公约》规定，克服极大困难，同意日方在中国境内销毁日遗化武，并积极向日方提供协助。中国政府组织专家和技术人员，开展大量内部调查并协助日方完成数百次现场挖掘、鉴别和回收作业，为日遗化武的安全存放、集中运输、销毁技术选定、销毁场地选址及设施建设等付出巨大努力。新冠疫情暴发以来，中方克服困难、多措并举，积极探索视频访问、远程视察等新模式，有效统筹疫情防控和日遗化武销毁工作，全力保障各项作业的需要和中日双方人员的健康安全。

四、2022 年 10 月，禁化武组织第 101 次执理会通过了关于新的销毁计划的决定，要点包括：2027 年内完成哈尔巴岭和 2022 年底之前已向禁化武组织宣布的日遗化武销毁，2026 年早些时候开始辽源日遗化武销毁并尽早完成；力争 2025 年内完成牡丹江、伊春和敦化日遗化武挖掘回收，2023 年内制定佳木斯、尚志和珲春日遗化武中长期挖掘回收计划并全力落实；日方将提高挖掘回收效率，积极研究提升水域、地下探测和挖掘回收技术，全力搜集并及时提供日遗化武线索信息；中日双方将推进托管库标准化、集约化。

中方再次敦促日方全面、完整、准确落实新销毁计划，积极匹配资源、加大投入，早日彻底销毁日遗化武。

五、《公约》第五次审议大会应对日遗化武问题进行全面审议，并就下一阶段处理日遗化武问题作出决定。中方主张将以下内容写入审议大会成果文件：

（一）根据《公约》规定及执理会决定，重申销毁所有日遗化武的重要性和紧迫性，强调日方应切实承担相关义务。

（二）全面审议日遗化武销毁情况。对日方第四次未按期完成销毁表示严重关切。欢迎中日提交并由禁化武组织第 101 次执理会通过的新销毁计划，要求日方全面、完整、准确落实，早日彻底完成日遗化武销毁。

在此方面，敦促日方采取切实措施，尽快解决处理日遗化武过程中存在的投入不充足不平衡、工作效率不高、一些地点未制订有效作业计划、水域和地下探测及挖掘回收面临技术瓶颈等问题，为全面加快销毁进程创造条件。

（三）强调根据禁化武组织第 101 次执理会决定和中日提交的新销毁计划，日方应全力搜集并及时向中方提供日遗化武相关信息，积极配合中方做好线索排查和确认工作。

（四）考虑到《公约》的宗旨，呼吁各方关注日遗化武污染水和土壤现实威胁，敦促日方切实承担责任、妥善解决，授权禁化武组织科学咨询委员会研究上述问题。

（五）重申审议大会、缔约国大会和执理会在审议日遗化武问题方面的重要作用。重申执理会和禁化武组织对日遗化武销毁设施开展访问和核查的重要性，强调禁化武组织应确保用于销毁视察的资源。欢迎本轮审议周期内执理会和总干事于 2019 年和 2022 年两次访问销毁设施。

中国代表团在 2023 年联合国裁审会一般性辩论中的发言

(2023 年 4 月 4 日)

主席先生：

中国代表团愿与你及各国代表团通力合作，共同推动本次会议取得成功。

当前，国际安全形势正经历冷战结束以来最为深刻复杂的变化，多边军控、裁军和防扩散机制合作受到严重影响和冲击。面对新形势，中国国家主席习近平郑重提出全球安全倡议，主张坚持共同、综合、合作、可持续的安全观，倡导走出一条对话而不对抗、结伴而不结盟、共赢而非零和的新型安全之路。中国呼吁各方共同推进国际军控、裁军和防扩散进程，推动全球安全治理朝着更加公正合理的方向发展。

主席先生，

作为核武器国家，中国始终不渝奉行防御性国防政策和自卫防御的核战略，承诺在任何时候和任何情况下都不首先使用核武器，无条件不对无核武器国家和无核武器区使用或威胁使用核武器。

中国高度重视《不扩散核武器条约》的地位和作用，将继续以高度负责的态度履行条约义务。中国支持《全面禁止核试验条约》宗旨和目标，始终恪守"暂停试"承诺，稳步推进国内履约筹备，积极支持促进条约生效的国际努力。裁谈会是谈判达成"禁产条约"的唯一适当场所，中方支持裁谈会在达成全面、平衡工作计划基础上，根据"香农报告"及其所载授权，启动条约谈判。

中国积极倡导全面禁止和彻底销毁核武器，致力于实现无核武器世界的崇高目标。中国充分理解无核武器国家推进核裁军的良好意愿，愿与无核武器国家就维护和加强现有裁军机制、循序渐进实现无核武器世界最终目标保持沟通。拥有最大核武库的国家对核裁军负有特殊和优先责任，理应继续以可核查、不可逆和有法律约束力的方式进一步大幅度实质性削减核武库，为最终实现全面彻底核裁军创造条件。

美英澳核潜艇合作系核武器国家首次向无核武器国家转让核潜艇动力堆及武器级高浓铀，明显违反《不扩散核武器条约》的目的和宗旨，严重破坏国际核不扩散体系。三国应倾听国际社会和地区国家的关切，摒弃冷战零和思维，停止搞集团政治和阵营对抗，停止将地缘政治私利凌驾于核不扩散义务之上，停止胁迫国际原子能机构为其背书。

日本福岛核事故污染水处置问题关乎全球海洋环境和公众健康，日方强行批准核污染水排海方案，加速推进排海准备工作，这是不负责任的行为。日方应忠实履行自身国际义务，正视各方正当合理关切，切实以公开、透明、科学、安全的方式处置核污染水，并接受严格国际监督。

主席先生，

当前，个别超级大国奉行"主导外空"战略，将外空界定为"作战疆域"，并为此开展外空军力建设和军事活动。解决外空安全问题的最佳途径是通过谈判达成外空军控法律文书。外空透明与建立信任措施可作为防止外空武器化和外空军备竞赛国际法律文书的有益补充，但不能取代谈判缔结法律文书。多年来，中俄同其他相关国家一道，积极推动裁谈会谈判缔结防止外空武器化条约，并提出了条约草案。

中方重视外空透明与建立信任措施，积极参与联合国相关工作。与外空透明与信任措施不同，部分国家推动制定的"负责任外空行为准则"具有很强的主观性和选择性，尤其是该准则基于的"负责任与不负责任"二分法具有很大的逻辑缺陷，无法从根本上防止外空武器化和军备竞赛。

各国均享有和平探索利用外空的权利。个别国家至今抱着冷战思维和单边主义不肯放手，对他国进行外空技术封锁或制裁，阻挠甚至中断人员交流和对话。这些做法不利于世界各国尤其是发展中国家为和平目的开发和应用外空技术，也不利于维护外空和平安宁。

谢谢主席先生。

中国向国际社会介绍枪支管控成功经验

(2023 年 5 月 3 日)

5 月 3 日,《联合国打击跨国有组织犯罪公约》枪支问题工作组第十次会议在维也纳举行。中国代表团团长、外交部军控司副司长马升琨应邀代表亚太地区国家发言,全面介绍中国在枪支管控领域取得的成就及经验做法,表明中方愿与各方开展务实合作、严格管控枪支及其零部件非法跨境流动的诚意和决心。马升琨表示,当前国际控枪形势严峻复杂,在一些国家和地区,平民甚至妇女、学生、儿童等弱势群体伤亡居高不下。大量枪支流入冲突地区,增加了非法转让和转用风险。妥善解决这些问题,不仅需要各国加强跨部门协调,提高枪支管理水平,更需要国际社会加强合作,携手应对挑战。

马升琨指出,中国政府以人民安全为宗旨,坚持人民至上、生命至上,始终坚持严管严控枪支,探索出了一条行之有效的控枪道路。经过长期不懈努力,中国已成为世界上最安全、涉枪暴力犯罪案件发案率最低的国家之一。

马升琨表示,中国的控枪成就与以下努力密不可分。一是完善涉枪法律法规,为严管严控枪支、严打各类涉枪犯罪提供了坚实法律保障。二是建立打击整治枪爆违法犯罪部际联席会议制度,分工明确,各司其职,相互配合。三是持续开展专项行动,坚持标本兼治、多方施策、综合治理、系统治理。四是深入参与国际合作,认真履行所承担的国际义务,严格执行军品出口管理,与各国有关部门及国际组织密切合作。

马升琨强调,中方支持各国在打击涉枪犯罪方面加强跨部门协调和国际合作,构建均衡、有效、可持续的安全架构,共筑安全领域命运共同体。中方愿进一步加强与各方交流合作,严格管控枪支及其零部件非法跨境流动,积极开

464

展相关国际合作，为维护国际和地区和平与安全作出更大贡献。中方呼吁枪支暴力事件频发的国家切实履行国际责任，加强枪支管控，尽快加入《枪支议定书》。

《联合国打击跨国有组织犯罪公约》所附《枪支议定书》于 2001 年通过、2005 年生效，迄有 122 个缔约国。去年 9 月，中方宣布启动《枪支议定书》国内批准程序，目前正在稳步推进批约相关法律程序。

耿爽大使在第四届建立中东无核及
其他大规模杀伤性武器区会议上的发言

（2023 年 11 月 13 日）

主席先生：

中方欢迎第四届中东无核及其他大规模杀伤性武器区会议顺利召开，相信在你的带领和推动下，本届会议能够实现预期目标。

核武器等大规模杀伤性武器问题一直是导致中东地区互信不足、影响地区和平与稳定的重要因素。中方支持建立中东无核及其他大规模杀伤性武器区，认为此举有助于遏制大规模杀伤性武器扩散，维护国际防扩散体系的权威性和有效性，减少军备竞赛和冲突风险，为实现地区长治久安提供重要机制保障。

建立中东无核武器区会议已成功举行三届。本届会议召开正值巴以冲突加剧之际。中方对国际关系基本准则遭到肆意践踏感到忧心，对双方平民遭受大量伤亡感到痛心，更对加沙地带日益加剧的人道危机感到揪心。暴力无法换来真正安全，武力不能赢得持久和平。作为建立中东和平机制的重要一环，当前背景下，国际社会加大力度支持建立中东无核及其他大规模杀伤性武器区，对于促进中东地区国家和解与合作、推动中东和平进程的紧迫性和重要性更加凸显。

主席先生，

中东和平安全关乎地区国家利益，也关乎全球稳定。针对当前全球和地区安全困境，中方主张国际社会应当坚持共同、综合、合作、可持续的安全观，坚持构建均衡、有效、可持续的国际安全架构，坚持走对话而不对抗、结伴而不结盟、共赢而非零和的新型安全之路。这是中方为消弭国际冲突根源、实现地区长治久安提供的中国智慧和中国方案。

中东问题历史和现实矛盾交织，解决起来绝非一朝一夕，需要各方秉持共同安全理念，坚持安全不可分割原则，逐步塑造有利的政治外交氛围。地区国家应加强团结协作，不断积累互信、凝聚共识。某些域外国家应摒弃狭隘地缘政治私利和政治化操弄，停止在地区蓄意制造对立、煽动对抗，为维护地区安全作出切实贡献。

维护国际防扩散体系的权威性和有效性，对建立中东无核武器区至关重要。相关地区国家应尽快加入《不扩散核武器条约》《禁止化学武器公约》《禁止生物武器公约》等国际公约并严格遵守条约义务。日前以色列官员有关在加沙地带使用核武器的言论引起轩然大波，中方对此种言论感到震惊、表示关切。这种言论冒天下之大不韪，极其不负责任，极其令人不安。这种言论同核战争打不赢也打不得的国际共识相悖，同建立中东无核武器区的国际精神相悖，更同当前要求缓和局势、停火止战、保护平民的国际呼声相悖。我们敦促以方官员收回这些言论，敦促以方尽快以无核武器国家身份加入《不扩散核武器条约》，并将所有核设施置于国际原子能机构保障监督之下。

主席先生，

中国坚定奉行自卫防御的核战略。从拥有核武器的第一天起，中国就承诺在任何时间、任何情况下都不首先使用核武器，无条件不对无核武器国家和无核武器区使用或威胁使用核武器，中国是唯一作出上述承诺的核武器国家。中国主张，在实现全面禁止和彻底销毁核武器之前，所有核武器国家都应承诺不首先使用核武器，不对无核武器国家及无核武器区使用核武器。中国呼吁裁军谈判会议尽快开展工作，就向无核武器国家提供消极安全保障问题谈判达成法律文书。

中国一贯支持建立无核武器区的国际努力，签署和批准了所有开放供签署的无核武器区条约议定书，并严格履行相关义务。中国将继续以实际行动为维护中东地区和平、安全与稳定作出自身贡献，愿同其他有关各方一道，推动此次会议凝聚共识，为建设中东无核武器区注入新的动力。

谢谢主席。

中方支持国际原子能机构《净零需要核能》声明

(2023 年 12 月 7 日)

2023 年 12 月 1 日，在阿联酋召开的第 28 届联合国气候变化大会（COP28）上，国际原子能机构联合 40 余个成员国共同发表《净零需要核能》声明。中方对此表示欢迎，并已积极加入这一声明。

声明表示，进入 21 世纪以来，核能已帮助全球减少了约 300 亿吨温室气体排放。如今，核能为世界提供了四分之一的清洁电力，为实现联合国可持续发展目标作出了重要贡献。

声明指出，在确保最高核安全、核安保、核保障水平的前提下，核能的灵活和稳定部署有助于区域供热、海水淡化、工业生产和氢气制取等领域的去碳化，为实现净零排放发挥更广泛作用；核能的生产利用不产生温室气体，有助于保障能源安全和电网稳定，并促进太阳能、风能等其他清洁能源的更广泛利用。

声明强调，以负责任的方式推进小型模块化反应堆等技术创新进步，降低核能建设难度、提高核能部署灵活性和经济性，对发展中国家而言至关重要；为架设一座通往未来的"低碳之桥"，我们需要确保现有在运核电机组继续运行，通过持续的寿期管理和维护升级，不断提升其安全性和可靠性，向电网和其他行业提供低碳能源。

国际原子能机构和有关成员国一致认为，所有可行的低碳排放技术都应当得到认可和积极支持，净零需要核能。

我国是应对全球气候变化的坚定行动派和重要贡献者，将核能作为构建清洁低碳能源体系、实现碳达峰碳中和目标的重要选择。作为全球为数不多拥有自主完整核工业产业链的国家，中国大陆现有在运核电机组 55 台、核准及在建核电机组 32 台，并形成了具有国际竞争力的铀资源开发、核燃料保障、核装备制造、核工程建设、核废物处理、核技术应用等体系能力。

在 2023 年 10 月国际原子能机构举行的第二届气候变化与核能作用国际大会上，国家原子能机构主任张克俭曾强调，核能在应对全球气候变化、实现能源低碳转型进程中的作用毋庸置疑、优势不可替代。和平利用核能是国际原子能机构所有成员国享有的正当权利，要加大对发展中国家的支持和援助，坚持开放合作、共同发展，反对将和平利用核能政治化；要携手营造公平正义的发展环境，构建协同创新的发展格局，坚守安全第一的发展原则，让核能为共建清洁美丽世界作出更大贡献。